강 넘고 바다 건너

송기호 교수의 우리역사읽기 7

강 넘고 바다 건너

초판 1쇄 발행 2016년 5월 30일
초판 3쇄 발행 2022년 1월 20일

지은이 송기호

펴낸곳 서울대학교출판문화원
주소 08826 서울 관악구 관악로 1
도서주문 02-889-4424, 02-880-7995
홈페이지 www.snupress.com
페이스북 @snupress1947
인스타그램 @snupress
이메일 snubook@snu.ac.kr
출판등록 제15-3호

ISBN 978-89-521-1824-0 04900
978-89-521-0997-2 (세트)

송기호 교수의 우리역사읽기 7

국가 위상과 외교

강 넘고 바다 건너

송기호 지음

서울대학교출판문화원

시리즈를 마치며

서울대학교로 옮겨 온 지 벌써 28년째로 접어든 올해에 마지막 책인 제7책을 마침내 세상에 내놓아 완간의 기쁨을 맛보게 되었다. 국가 위상과 대외관계를 다루고, 시리즈 전체의 맺음말인 에필로그를 담은 책이다. 나이 쉰이 된 2005년에 글을 시작하여 올해 회갑에 마침표를 찍었으니, 본의 아니게 회갑 기념이 되었다. 글 쓰기 시작한 지 11년, 자료 수집부터 따지면 18년여의 세월이 흘렀다. 그동안 집필한 것이 총 127편으로, 원고지 8,500매, 17만 자 분량에 이르는 대장정이었다.

돌이켜 보건대 여기까지 이르는 과정은 결코 쉽지 않았다. 2005년 2월부터 2014년 12월까지 119회분을 대한토목학회 학회지에 연재하면서 매달 60매 이상의 원고를 써야 했다. 그 사이에 두 번 해외에서 연구년을 보낼 때에도 쉼 없이 글을 쓰면서 나머지 시간에는 실록을 읽으며 자료를 뽑았다. 내 스스로 이런 과욕을 부렸기에 결국은 몸을 해치게 되었다. 마지막 책을 써나가다가 2014년 10월 말에 더 이상 버티면 큰일 나겠다는 생각이 들 정도로 몸이 나빠졌다. 15년 전쯤부터 몸이 조금씩 쑤시기 시작하는 것을 조금만 더, 조금만 더 하면서 여기까지 끌고 왔더니, 마침내 내 몸을 모두 갉아먹어 버려서 통증이 온몸으로 퍼져버렸다. 이런 상태가 되니 다른 신체 기능들에도 이상이 오기 시작했다. 설상가상으로 오른손 중지와 검지 관절도 타자 충격으로 망가져 더 이상 자판 두드리는 것을 허락하지 않았다. 모두가 컴퓨터가 불러온 병들이다. 그 뒤로 모든 대외활동을 접고 네 곳 병원의 약을 함께 먹으면서 출퇴근 시 걷기, 헬스, 저녁 반신욕과 단전호흡 등 다양한 운동으로 보내왔으나, 1년이 훨씬 지난 지금도 호전의 기미가 잘 나타나지 않는다. 이 때문에 학과 일을 제대로 도와주지 못해 동료 교수들에게 미안하다.

그래도 약속을 어기지 않기 위해 마지막 책을 완성해야만 했다. 이미 14편을 써놓았으므로 나머지 6편을 더하는 데 정말 인고의 시간을 보냈다. 오전에 1시간을 넘겨 작업하면 밤에 잠을 깰 정도로 통증을 느끼곤 했다. 그러기에 하루에 원고지 5매를 넘기지 못했다. 게다가 손가락 통증으로 오른손에는 지우개 달린 연필을 잡고 자판을 일일이 눌러서 글을 쓰거나, 태블릿의 음성 입력 기능을 활용해야 했기에 오타가 많이 나 시간이 더 걸렸다. 그야말로 내 몸을 불사르며 마무리 작업을 한 느낌이다.

필자가 한국사를 전공하기로 마음먹은 것은 고등학교 때 한다발이란 대전 지역 고등학교 연합 서클에서 활동하면서였다. 잘 나가는 분야가 아니라 내가 기여할 수 있는 분야로 남과 다른 길을 가야겠다는 생각을 가진 것이다. 대학에 들어와서는 문학을 전공하려는 몇 명의 친구들과 미상불이란 모임을 만들어, 역사철학서와 역사서들을 읽어나갔다. 당시에는 유신 시절이라 모이는 것 자체가 불법이라서 이화여대 앞과 동숭동에 있던 기독교회관을 전전하였다. 당시에 읽은 내용 가운데 기억에 남는 것은 별로 없지만, 이때부터 역사란 무엇인가라는 질문을 끊임없이 던지며 살아왔고, 어떻게 지금과 다른 역사를 써야 할지 모색해왔다. 발해사 연구를 택한 것이나 생활사 책을 쓴 것도 다 이런 고민에서 시작한 것이다.

21세기도 15년이 지난 지금 우리에게 어떤 역사가 필요한지, 역사가들이 어떤 역사를 써야 할지 진지하게 다시 고민해봐야 한다. 21세기 역사가는 목전의 현실을 두고 싸울 것이 아니라 곧 닥쳐올 탈이념의 시대를 예비해야 한다. 적어도 미래의 연구자가 될 학생들은 그곳으로 인도해야 한다. 인문학은 당장의 실용에 쓰이는 사회과학과 달리 몇 백 년 뒤에 빛을 발할지도 모르는 안목을 가지고 연구하는 침묵의 학문이다. 역사는 과거와 현재와의 대화를 넘어서 과거와 미래와의 대화가 되어야 하는 것이다.

20세기에 위력을 발휘했던 민족주의 사학도 이제 수명을 다해가면서 그 끝자락에 서서 재야 국수주의 사학과 닮아가는 추한 모습까지 보이고 있다. 지금에 와서는 극복해야 할 낡은 이데올로기로 변해버린 것이다. 칭찬과 미화만 있고 자기 성찰과 반성이 없으면 역사서로서 이미 결격사유에 해당한다. 역사에서 교훈을 얻는다고 하지 않았던가?

우려한 바대로 중국의 동북공정, 일본의 극우사학에 맞선다는 미명 아래 지금 우리나라에서 사이비 역사학이 횡행하고 있다. 근대에 조작된 책이 분명한데도 위대한 우리의 고대 역사서로 내세우거나, 명망 있는 연구자들까지 가세하여 고고학 상식을 뒤엎고 만주 땅의 홍산문화가 우리 민족의 기원 내지 고조선과 연관된 문화라고 주장하고, 나아가 고조선과 낙랑군이 평양에 있지 않고 중국 땅에 있다는 것을 증명하라고 국가에서 몇십억 원의 연구비를 대는 상황까지 벌어지고 있다. 마치 고대 영국이 로마의 지배를 받지 않았다는 것을 증명하라는 것과 같다. 2015년 말에는 국내 고대사학자들이 총동원되다시피 하면서 여러 차례에 걸쳐 합동토론회까지 열어 최초로 우리나라의 역사지도를 완성했는데도 연구비를 지원해온 국가 연구기관에서 접수를 거부하는 사태도 벌어졌다. 이보다 앞서 2014년 6월에 이 기관의 요청으로 국수주의적 역사 시각을 비판하는 권두언을 썼다가 게재를 거부당한 일도 직접 겪었다.

상대국을 비판하면서 어느덧 스스로 그 자리에 함께 어깨동무하고 서 있는 것이다. 물론 여기에는 우리나라 지식인, 경제인, 정치인 등 사회지도층이 동조하며 후원까지 하고 있기에 가능한 일이다. 그러기에 대통령이 공식 연설에서 가짜 역사서를 인용하여 국격을 떨어뜨리는 사태까지 일어났다. 잘된 것은 잘된 대로 못난 것은 못난 대로 있는 그대로 보여주어야 하는 우리 역사일진대, 지금 우리 사회는 역사학자들이 우리 역사를 풍선처럼 부풀려주기만 바라고 있다. 역사에서 차가운 이성은 사라지고 뜨거운 가슴만 남기를 요구한다. 인터넷에 도배된 것들을 보면 이 사회에서 학문으로서의 역사학이 설 자리가 자꾸 좁아지는 것을 절실히 느낄 수 있다.

2015년 후반에 벌어진 국정교과서 논쟁도 한번 반성해볼 일이다. 우리 사회의 모든 논쟁이 그렇듯이 시간이 흐를수록 어떻게 학생들을 가르쳐야 하는지, 그러려면 어떤 교과서를 만들어야 하는지 하는 본질적 물음은 사라지고 이념과 진영 싸움으로 환원되고 말았다. 지금 중학교와 고등학교 한국사 교과서를 보면, 분량만 다를 뿐이지 체제나 내용은 대동소이하다. 똑같은 것을 두 번 배우는 꼴이다. 더구나 일본 교과서처럼 개조식으로 무미건조하게 정리되어 있고, 한자를 모르는 세대가 이해하기 어려운 한자어가 난무한다. 역사 교육이 오히려 역사에 흥미를 잃게 만드는 데 일조하고 있다. 물론 일반인을 위한 개설서들도 똑같은 형식으로 재미없게 쓴 것은 매한가지다.

그러하니 듣도 보도 못한 역사가 그 자리를 파고들면서 기왕의 역사는 식민주의 사학이라고 선전하며 사람들을 현혹하고 있다. 따라서 선배들이 해오던 방식대로 논문을 쓰고 책을 쓰는 것 말고 다른 신세계도 개척하려는 의지가 우리에게 필요하다. 그러지 않으면 학계 안에서의 놀음에 그치고, 일반인은 학계를 외면하고 엉뚱한 곳을 바라보게 될 것이다. 지금까지 써온 일곱 권의 책은 내 나름으로 이런 문제의식을 가지고 새롭게 시도해본 것이다.

필자는 지금까지 미국, 캐나다, 영국에서 각각 1년씩 세 번의 연구년을 보냈다. 그런데 이 책들에서 미국과 캐나다 얘기는 전혀 꺼내지 못하고, 영국과 유럽 얘기는 많이 활용한 것을 눈치챌 수 있을 것이다. 여행의 즐거움에는 볼거리, 먹을거리, 들을 거리의 삼박자가 갖추어져야 하고, 여기에 쉴 거리가 더 잘 갖추어져 있으면 금상첨화이다. 눈에 보이는 경관과 맛있는 음식, 구수한 역사 이야기가 삼박자이고, 편안한 숙소와 온천이 쉴 거리이다. 미국이나 캐나다를 여행할 때에 거대한 자연경관이나 휘황한 현대문화를 목격하고는 감탄을 금하지 못하였으나 그 감흥은 오래가지 않았다. 이 싱거움에 역사 이야기란 간이 쳐져야 제맛을 낼 수 있을 터인데 하는 아쉬움이 늘 느껴졌다.

우리와 비교할 수 있는 소재가 많은 나라가 바로 역사가 깊은 나라이다. 영국의 역사와 전통 앞에서는 한없이 작아지는 것이 미국이다. 그런 점에서 우리도 자부심을 가질 수 있겠다. 미국과 캐나다의 역사가 한 층으로 이루어진 백설기 문화라면, 영국이나 우리는 켜켜이 쌓인 시루떡 문화인 것이다.

중세 같은 분위기를 풍기는 영국 케임브리지대학교에 머무는 동안에 역사가 과연 그 사회에 어떤 영향을 미치고 있을까 하는 궁금증이 생겼다. 첨단 학문을 이끄는 이공계 연구소가 있는가 하면, 시니어 교수만 학교 잔디를 밟을 수 있는 칼리지가 있다. 우리 같으면 이런 규정에 난리가 났을 것이다. 또 헨리 8세 국왕의 대형 초상화 아래서 근엄한 노교수들이 기다란 식탁에 앉아 식사를 하는 장면도 목격했다. 사진을 찍으려 했더니 식당 안인데도 규정상 그러지 못한다고 했다. 저녁 만찬에 최소한 넥타이는 매야 참석할 수 있는 칼리지도 있었다. 근대 민주주의를 발전시킨 국가인데도 신분 상승을 꿈꾸기 쉽지 않을 정도로 사회 계층 구분이 뚜렷한 나라이기도 하다. 그런 사회인데도 세계의 첨단 유행과 문화를 창출해내는 불가사의한 나라다. 짧은 기간이지만 이러저러한 것을 경험하면서 역사는 발전의 추동력이 될 수도 있고, 때로는 뒤에서 붙잡아 끄는 장애물이 될 수도 있겠구나 하는 생각이 들었다. 역사와 전통은 자산이면서 한편으로 걸림돌인 것이다. 역사학자는 전자만 보려 하지 후자를 외면한다. 우리가 과거에 얽매여서 나아가지 못하는 부분이 있는지도 살펴볼 일이다. 어느 학문, 어느 분야를 연구하건 자칫 자신이 연구하는 것이 최고라는 착각에 빠질 수 있는데, 역사학자도 역사 만능주의에 빠질 위험성이 있다.

또 자기 전공에 자긍심을 가지는 것은 중요하지만 옹호자나 변호인이 되어서는 안 된다. 종교인이 자기 종교를 연구하면 객관적이 되기 어렵듯이, 신라사 연구자가 신라사를 가장 중요하다고 생각하거나, 독립운동사 전공자가 자신이 마치 독립군인 것처럼 행동하는 것을 보아왔다. 그리하면 그 시대의 명암을 제대로 볼 수 없다. 어느 시대건 비판적으로 서술하면 식민주의 사학으로 몰아붙이고, 한 인물을 부정적으로 평가하면 그 후손들이 들고 일어난다. 이래서는 균형 잡힌 역사가 나올 수 없다.

영국에서의 경험은 역사에서 조금 떨어져 객관적으로 바라보는 계기가 되었다. 역사는 일방적으로 미화할 것도 아니요 일방적으로 비판할 것도 아니다. 다만 있는 그대로 보여주어야 할 대상이다. 실증으로 되돌아가야 하는 것이다. 이 책은 그런 목적으로 썼다. 그래서 역사가의 목소리가 아닌 사료의 목소리를 들려주고 싶었다. 원사료에도 왜곡된 부분이 있을 수 있지만, 역사가들도 역사를 곡해하는 일이 많다. 그래서 원초적인 목소리를 들려주고 싶었다. 역사적 실상을 보여주는 것이라면 긍정적이건 부정적이건 가리지 않은 것도 이 때문이다.

역사의 127개 주제를 오랜 기간 홀로 감당한 것이 무리인 것은 사실이다. 그 분야 전공자가 보면 부족한 점이 눈에 많이 들어올 것이다. 2015년 2학기 수업에서 6권의 책에 대해서 서평을 쓰도록 했더니 제법 많은 오류가 발견되었다. 전혀 예상치 못한 오류도 있었고, 내가 봐도 어이없는 오류도 있었다. 이를 다시 점검하다 보니 권위 있는 사전이나 책에도 연대가 틀린 것이 제법 많다는 것을 깨달았다. 믿고 따른 자료에 오류가 제법 있었다. 앞으로도 오류가 발견되는 대로 수정해갈 생각이다.

학생들은 이 책을 읽으면서 '응답하라' 시리즈 드라마를 보는 느낌이 었는가 보다. 옛날 사람들의 글을 직접 읽으면서 호기심이 생겼던 모양이다. 그러면서도 과거에 살았던 사람도 시험에서 부정 행위를 하고 인사 청탁을 하는 등 지금과 같은 삶을 살았구나 하는 동질감도 가지게 되었다고 한다. 최고권위자로서 항상 근엄하게만 묘사된 임금도 때로는 임금 노릇 하기 싫어하는 평범한 인간이었음에 흥미를 느꼈다고도 적었다. 이처럼 이 책에서는 지금까지 배워온 역사의 이면을 보여주고 싶었다.

해안가의 커다란 패총을 보고 선사시대 사람들이 굴이나 조개를 주식으로 삼았을 것이라 생각하면 오산이듯이, 사료에 남아 있지 않은 부분도 염두에 두어야 한다. 우리 고유문화를 대표하는 온돌은 그 기록이 사료에 거의 남아 있지 않은 것만 봐도 그렇다. 흑백의 돌을 두면서 실제로는 이들에 둘러싸인 빈집을 지향하는 것이 바둑이듯이, 이 책이 그런 빈 공간 역할을 하였으면 하는 바람이다.

글 속에 사진을 많이 넣으려 하다 보니, 되도록이면 필자가 찍은 사진을 활용했으나 부족한 것은 다른 기관이나 책에서 인용하여 보충하였다. 일부 허락을 받지 않고 사용한 점에 대해서 지면을 빌려 사과를 드린다. 그 대신에 필요한 연구자에게 내 사진을 제공해줄 용의가 있다.

앞으로 건강이 허락하는 대로 고려와 조선 편만 남겨놓은 한국온돌사 책을 마무리하고, 그다음에 발해사로 돌아가 이미 약속한 발해 사학사 연구를 정리해내고, 발해사 개설서도 마무리한 다음에 5년 뒤에 올 정년을 맞고 싶다.

마지막 책을 내면서 연재의 기회를 주었던 대한토목학회에 다시 한

번 감사를 표한다. 2005년 2월호에서 시작하여 2014년 12월호까지 만 10년을 1개월 앞두고 중단이 되었지만, 이런 기회가 주어지지 않았으면 시작도 하지 못했을지도 모른다. 아울러 연재의 계기를 처음 마련해 주신 서울대학교 공과대학 김재관 교수님, '날짜와 시간', '책력과 역사관'을 검토해준 국사학과 문중양 교수, 일곱 책을 완결시켜준 서울대학교출판문화원과 편집과 디자인 실무를 맡아준 현우진, 장혜원 님, 그리고 이 책의 교정에 도움을 준 대학원생 김지희, 박주선에게도 고마움을 전한다.

올 1월에 결혼 30주년을 맞게 되니 '세월 유수流水', '소년이로학난성少年易老學難成'이란 말들이 구구절절이 가슴에 와 닿는다. 서로 믿고 의지하고 동고동락하며 보낸 세월 속에서 세 아이를 키운 아내 정학선에게는 어떤 말을 건네도 내 가슴속 마음을 갈음할 수 없을 것이다.

2015년 음력 1월 13일 회갑날
작고하신 어머님이 더욱 생각나는 날에
신선이 노닌다는 자하골에서 쓰다

차례

왕국과 제국

조선의 길, 일본의 길 | 왕과 황제 1 | 왕과 황제 2
날짜와 시간 | 책력과 역사관

조선의 길, 일본의 길

동아시아의 패권을 두고 미국을 등에 업은 일본이 중국과 경쟁을 벌이고 있다. 제2차 세계대전 이후 동아시아의 맹주를 자처했던 일본, 그리고 1990년대 이래 새롭게 부상한 중국이 섬 하나를 두고 맞붙어 누가 이기는지 상징적으로 힘겨루기를 하고 있다. 과거의 세력과 미래의 세력이 충돌하고 있는 것이다. 이 틈바구니에서 안보는 미국, 경제는 중국이란 안미경중安美經中의 정책을 취하고 있는 것이 지금 우리의 현실이다. 그러나 자칫하면 두 고래 싸움에 새우 등이 터지는 꼴이 될 수 있다. 중국과 일본 사이에서 샌드위치 신세가 되어가는 한국 기업을 보면 우리의 미래가 밝지만은 않다. 더구나 우리에게는 남북분단이란 약점이 있어서 강대국의 이이제이 전술에 휘둘릴 위험이 상존한다.

과연 두 세력 다툼 가운데서 어찌 살아가야 할지 국가의 미래를 위한 설계가 필요한 시점이다. 19세기 후반에 한국을 방문하고 한국사를 연구한 윌리엄 E. 그리피스1843~1928는 그의 유명한 저서에서 중국과 일본 사이에 낀 한국의 상황을 이렇게 묘사했다.

정치적 입장에서 본다면 한국의 지리적 위치는 매우 불행하다. 혈통과 기질과 정책의 면에서 이질적인 두 적대 국가 사이에 끼어 있는 한국은 중국과 일본이라고 하는 두 맷돌 사이에 끼어 있는 기름진 곡물이었다.

_W. E. 그리피스 책, 45~46쪽

이런 상황은 100여 년 전에만 그치는 것이 아니라 지금도 유효하다. 대통령이 되면 제일 먼저 미국, 그다음에 일본과 중국을 차례로 방문한다. 그러나 2013년에는 일본보다 중국을 먼저 방문하였으니, 외교의 풍향이 바뀐 것을 읽을 수 있다. 일본은 우방이지만 역사 왜곡이나 영토 분쟁으로 껄끄러워지면 소원해지고, 다른 한편으로 남북관계에서 중요한 이슈가 발생할 때는 중국을 우선시한다. 중국의 힘이 커질수록 우리는 과거에 그랬던 것처럼 일본보다 중국에 다시 기댈 수밖에 없을 것이다.

전통시대에 우리는 중국을 대국으로 섬기면서, 다른 한편으로 일본을 중국의 국제질서 안에 있었던 한 등급 아래의 이웃 나라로 보았다. 조선은 제후국이고, 일본은 제후의 대부大夫에 해당하는 것으로 여겼다.

예조에서 "지금 황후의 상 때문에 왜인에게 아직 고기를 대접하지 못하고 있는데, 어떻게 처리해야 합니까?"라고 아뢰니, 다음과 같이 전교했다. "천자가 붕어했을 때에 제후국의 대부는 복을 입지 않으니, 왜인이 고기를 먹는 것이 무엇이 해롭겠는가? 의정부에서 의논하게 하라."

의정부에서 "고기를 대접하는 것이 가능합니다"고 아뢰니, 그대로 따랐다. _세조실록 2년(1456) 3월 23일

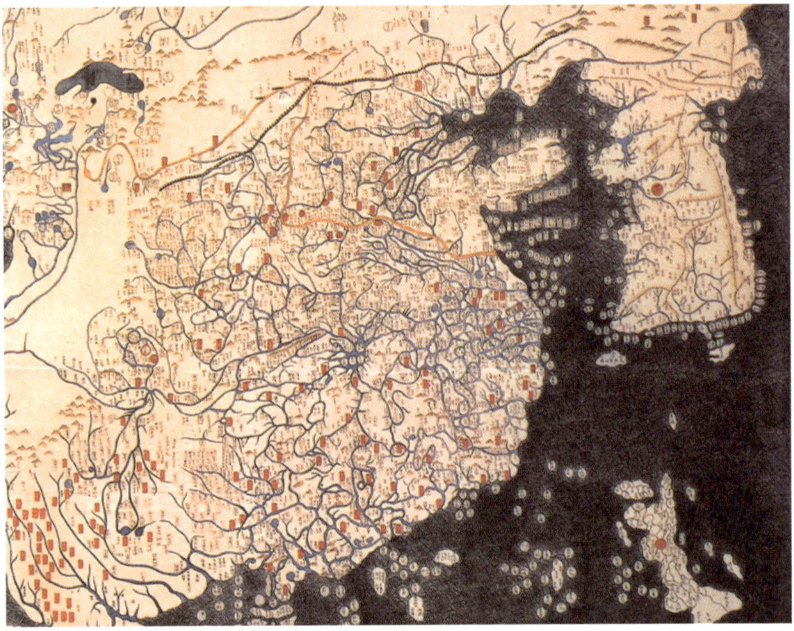

그림 1 「혼일강리역대국도지도」의 동아시아 부분

명나라 황후가 사망했을 때에 제후는 복을 입지만, 제후 아래의 대부는 그럴 필요가 없어서 고기를 먹어도 된다는 것이다.

조선 초기에 만들어진 것으로서 우리나라에서 그려진 가장 오래된 세계지도에는 중국이 아주 크게 가운데에 자리 잡고 있고, 그다음 크기로 조선이 보인다.그림 1 당시 조선 사람들의 동아시아 세계관을 반영하는 것으로서, 위와 같은 세조 때의 인식이 지도로도 표현된 것이다. 이 지도에는 중국이 세계의 절반을 차지하고 있고, 한반도가 아프리카·유럽 대륙과 비슷한 크기로 되어 있다. 반면에 일본은 바다에 아주 작은 섬들로 묘사되어 있다.

그렇지만 일본 스스로는 중국과 대등한 천하로 여겼으니, 지금까지도 이어지는 천황 제도가 이를 상징한다. 일본 군국주의 시대에는 쇼와천황昭和天皇이 신격화되었다가 2차대전 패전 후인 1946년에 신성神性을 부정한 적이 있다.그림 2 그러나 지금도 천황은 신성한 존재로 받아들여지고 있다. 얼마 전에는 일본의 한 초선 의원이 천황에게 편지를 건넸다가 불경한 일을 저질렀다고 크게

그림 2 시찰 중인 쇼와천황

질타당하면서 정치생명을 잃을 뻔한 일이 있었는데, 여기서 천황에 대한 일본인의 생각을 읽을 수 있다. 일제의 지배를 겪으면서 신사 참배와 천황 숭배를 강요당한 아픔 때문이기도 하지만, 우리가 일본 천황을 '일왕'이라 격하해서 부르는 것은 일본에 대한 우리의 전통적 사고로부터도 연유한 것이다.

일본은 일찍이 수나라에 국서를 보내서 스스로를 '해가 뜨는 곳의 천자'라 불렀다.

대업 3년607에 그 왕 다리사비고가 사신을 보내 조공했다. 그 사신이 "바다 서쪽의 보살 천자께서 불법을 중흥한다고 하기에 저희를 보내서 조공하고 배알하게 하였으며, 아울러 승려 수십 명을 보내서 불법을 배우게 하려 합니다"고 말했다. 그 국서에 "해 돋는 곳日出處의 천자가 해 지는 곳日沒處의 천자에게 무고한지 문안하는 글을 보낸다"고 하였다.

황제가 이를 보고 기분이 나빠서 홍려경에게 "오랑캐의 글 가운데 무례한 것은 내게 다시는 올리지 말라"고 했다. _『수서』 동이 열전, 왜국

일본은 아시아 대륙의 제일 동쪽에 있으니, '해 돋는 곳'에 있다고 할 수 있다. 7세기 무렵에 처음 채택되어 지금까지 사용해온 일본日本이란 국호도 '해 돋는 곳에 가까운 나라'란 의미를 지닌다. 그러기에 일본의 국기인 일장기, 군국주의의 상징인 욱일승천기에는 모두 태양이 그려져 있다. 해 돋는 곳의 천자란 생각은 그 뒤에도 바뀌지 않았으니, 고려에서도 이 사실을 잘 알고 있었다. 고려 원종 8년1267에 몽골이 사신을 파견하여 일본을 잘 타이르라고 하자, 고려 이장용이 어려운 일이라고 하면서 보낸 서신이다.

국서를 일본에 내려보낸다는 것도 합당한 일이 아닙니다. 수나라 문제 때에 일본에서 올린 글에 "해 돋는 곳의 천자가 해 지는 곳의 천자에게 글을 보낸다"고 했으니, 그 교만하고 명분을 모르는 것이 이러합니다. 지금도 그런 전통이 남아 있지 않다고 어찌 알겠습니까? 국서를 이미 보낸 뒤에 불경한 언사로 가득한 교만스런 답서를 받을 경우에, 이를 버리자니 귀국에 폐가 될 것이요, 이를 토벌하자니 바람이 거세고 파도가 험해서 귀국 군대가 만전을 기할 수 없을 것입니다. _『고려사』 이장용 전기

임진왜란 때에 명나라가 왜와 강화할 것이란 소문에 걱정이 된 선조가 말한 대목에도 이런 말이 나온다.

왜노倭奴가 중국 조정에 조회하지 않은 지 오래되었고, 스스로 정삭을 만들고 참람하게 연호를 고쳤으며, 해 돋는 나라의 황제니 해 지는 나라의 황제니 하고 말했다. 지난해 평양에서 심유경을 대할 때에도 동황제東皇帝니 서황제西皇帝니 하는 설이 있었으니, 그 패역무도함이 이와 같다. _선조실록 27년(1594) 2월 2일

물론 일본 천황은 해 뜨는 곳의 동황제이고, 중국 황제는 해 지는 곳의 서황제인 것이다. 여기에는 일본은 흥할 것이요 중국은 쇠할 것이란 의미도 내포되어 있을 것이다. 일본이 이렇게 중국과 대등한 천자나 황제를 일컬은 것은, 천하는 상하가 없이 기본적으로 평등하다는 생각에서 출발한 것으로 보인다. 고려 공양왕 때에 일본 승려가 대답한 말이다.

중국이 일찍이 신하로 칭하지 않는다고 하여 일본을 책망하였을 때에, 우리나라는 "천하는 천하의 천하이지 어찌 한 사람의 천하이겠는가?" 라고 대답하고 끝내 신하로 칭하지 않았었습니다. 이번에 귀국에 대하여 신하로 칭하는 것은 의로움을 사모하기 때문입니다. _『고려사』 공양왕 3년(1391) 10월 갑술

고려를 높이기 위해서 한 매우 의례적인 말이다. 그렇지만 임진왜란 때에 왜왕이 강화하자고 하면서 명나라에 올린 글에서도 역시 동일한 말이 반복되어 그들의 기본 생각임을 읽을 수 있다.

태평 세상에는 오제五帝가 지위를 서로 물려주었다고 하는데, 어찌 중화에만 임금이 있고 어찌 이적夷狄엔들 임금이 없겠습니까? 세상은 넓고 넓어 한 임금이 홀로 차지할 것이 아니요, 우주는 크고 커서 나라마다 지키는 구역이 있습니다. … 무릇 천하는 천하의 천하이지, 한 사람의 천하가 아닙니다. _『난중잡록』 계사년(1593) 7월 21일

근대에 일본인이 한반도 정세를 정탐하면서 남긴 기록에서도 당시 일본과 조선의 인식 차이가 드러난다.

조선의 선비는 중국을 불러 항상 중화라고 말하고 스스로 소화小華, 소중화라고 부른다. 조선 사람이 나에게 고국을 물으면 나는 항상 대화大華의 사람이라고 답한다. 그들은 나를 꾸짖어 오만함을 말한다. 그렇지만 오만하여 자랑하는 것과 비루하여 주눅 든 것 중에 어느 것이 나은가? _혼마 규스케 책, 23쪽

일본이 조선과 다른 생각을 갖고 있었던 것은 무엇보다도 중국과의 지리적 격리 때문이었다. 고려 때의 이장용 서신을 다시 보겠다.

일본은 만 리 바다를 사이에 두고 있어서, 간혹 중국과 서로 통한 적은 있으나 일찍부터 매년 조공한 적이 없습니다. 이에 따라 중국에서도 그들을 염두에 두지 않았으니, 찾아오면 어루만지고 떠나가면 끊어버렸습니다. 그것은 그들을 얻어도 교화에 도움이 되지 않고, 버려도 황제의 위엄에 손실이 없다고 생각하였기 때문입니다. … 또한 저들이 어찌

귀국의 공덕이 높다는 소문을 듣지 못하였겠습니까? 이미 들었다면 당연히 입조하였을 것인데 그러지 않은 것은 바다에 멀리 떨어져 있는 것을 믿기 때문입니다. _『고려사』 이장용 전기

조선 고종 때의 대화에서도 비슷한 설명이 보인다.

교를 내려 "일본에서는 이전부터 황제니 대일본이란 말을 칭했는데, 중국은 어찌하여 그대로 두고 따지지 않았는가?"라고 물으니, 이유원이 아뢰었다. "중국은 분명히 먼 곳이라고 생각하여 그대로 내버려두었을 것입니다. …" _고종실록 11년(1874) 9월 20일

지금에서 보면 일본은 원래부터 자주적이었던 반면에 우리는 중국에 조아리던 비자주적인 나라로 평가할 수 있겠다. 사실 일본 연구자의 글 가운데는 이런 식의 인식이 드러나곤 한다. 그러나 중국에서 볼 때에 일본 열도와 한반도는 지리적 조건이 달랐다. 중국 바로 옆에 붙어 있는 한반도에서 큰 세력이 일어나면 그들에게 위협이 될 소지가 있었다. 한반도의 향방은 그들에게 큰 영향을 끼칠 가능성이 항상 있었다. 중국이 근대에 러시아의 한반도 진출을 저지하려 한 것이나 지금 북한을 감싸고 도는 것도 한반도가 가지는 군사적 완충지대로서의 전략적 성격 때문이다.

한반도를 과거에는 토끼 모양이라고 가르치다가 지금은 호랑이 모양이라고 가르친다. 중국에서는 자신의 영토를 닭 모양이라고 설명한다. 머리에 해당하는 것이 만주 지방이고, 부리에 해당하는 것이 한반도이

며, 일본 열도는 닭이 쪼아 먹으려는 먹잇감이다. 부리가 없는 닭은 상상할 수 없으니, 한반도의 중요성을 상징적으로 보여준다.

왜가 쳐들어온 직후에 명나라 조정에서 조선을 도와야 할지 논란이 일었는데, 이때의 일을 통해서도 조선의 전략적 가치를 읽을 수 있다.

석성이 듣고 마음에 감동되어 군사를 출동시켜 구원하기를 청하였다. 이때 중국에서는 의논이 일치하지 않았다. 혹자는 압록강을 굳게 지켜 그 변화를 관망하자고 하였다. 혹자는 오랑캐끼리 서로 치는 것은 흔히 있는 일이어서 중국이 구원할 필요가 없으니, 마땅히 압록강을 지키면서 무력을 드러내서 위엄을 보이자고 하였다. 혹자는 외번外藩, 접경한 이웃 나라이 나라를 잃게 되었으니, 우리가 구하지 않으면 안 된다고 하였다.

석성이 또 화약과 적을 막아낼 병기를 먼저 주자고 하니, 과도관科道官, 명나라 관직 등이 글을 올려 "병기와 화약을 외국에 주는 것을 금지한 것은 고황제명나라 태조의 법이니 어길 수 없습니다"고 하자, 석성이 "이른바 외국이란 멀리 떨어져 있는 속국으로서 그 나라의 흥망이 중국과 무관한 곳을 말합니다. 그런데 조선의 일은 내복內服, 국내의 일과 같아서, 만약 왜가 조선에 소굴 삼아 살면서 요동을 침범하고 산해관에 이르게 된다면 경사京師, 중국 수도가 진동하게 될 것입니다. 이는 곧 배와 가슴에 있는 근심이 될 것인데, 어찌 예사로 논할 수 있겠습니까? 만일 고황제께서 오늘날에 계신다 하더라도 내려줄 것이 분명합니다"고 다투어 말했다. _『재조번방지』 권2

여기서는 왜를 언급했지만, 중국은 중원을 차지하려는 북방 유목민족과 대대로 싸워왔다. 지금은 중국의 자랑스러운 문화유산이 되었지만, 만리장성은 이들을 막아내려는 피눈물의 산물이다. 남북 세력 간의 대립 과정에서 한반도의 국가가 어느 쪽과 연계하느냐 하는 것이 중요한 변수가 되었다. 이에 따라 사전에 한반도를 침략하여 자기 편으로 만든 다음에 적과 상대하곤 했다.

한나라가 고조선을 멸망시킨 것은 흉노와의 연계 때문이었고, 거란이 발해를 멸망시킨 것은 중원과의 연결 가능성 때문이었으며, 여진족이 조선을 친 것 역시 중원으로 들어가기 전에 배후세력을 없애기 위한 정지 작업이었다. 여진족이 남쪽 왕조인 명나라를 공격하면서 조선에 보낸 서신에는 이렇게 적었다.

대금국 한汗, 임금이 조선 국왕에게 편지를 보내니 알아들으시오. 남쪽 왕조와 조선은 부자 관계의 나라로서 나라도 크고 군사도 많소. 이로 인해 군사를 일으킨 지 6년이 되었으니, 짐이 무엇인들 모르겠소? 짐이 보건대, 남쪽 왕조는 아비가 되고 조선은 아들이 되어 서로 의지하고 떨어지지 않는데, 짐이 그대 아비인 남쪽 왕조를 치고 있소. 그런데 어찌 군사를 머물러 두어 자기 나라를 보살피지 않고 마침내 경거망동하시오? 그대는 무엇 때문에 사람을 시켜서 소식을 탐지하시오? _『속잡록』 임술년(1622) 3월

바다 멀리 고립된 섬에서 황제를 외치는 것과 중국의 코앞에서 황제를 외치는 것은 다를 수밖에 없다. 그러기에 신하로서 중국을 섬기면서

도 내부적으로 자존심을 지키는 방법을 어쩔 수 없이 택해야만 했다. 이것이 일본과 다른 점이니, 한반도에서는 황제국과 왕국 사이에서 시소게임을 하며 나름대로 생존 방식을 터득해야 했다.

그러나 명분을 중시하는 조선시대에는 불가피한 사실을 드러내놓고 얘기하기 어려웠다. 물론 지금도 우리 사회에 그런 분위기가 있다. 명종 때에 사헌부가 왕에게 아뢴 것이 이런 현실을 직시한 것이지만, 바로 뒤에 사관이 옳지 않다고 비평을 달아놓았다.

『맹자』에 "소국으로서 대국을 섬기는 것은 하늘을 두려워하는 것이다"고 했는데, 이른바 두려워한다는 의미는 다른 것을 가리키는 것이 아니라 대국의 위세를 두려워하면서 자기 백성을 보전할 수 있는 것을 말합니다. 그러므로 대국을 섬기는 것은 단지 자기 백성을 보존하려는 것일 뿐입니다. 혹시라도 대국을 섬긴다는 명분만 헛되이 지키면서 오히려 백성을 해치는 실정을 초래한다면, 이를 깊이 생각하여 잘 처리해야 하지 않겠습니까?

고려시대에 남쪽으로 송나라를 섬기고 북쪽으로 금나라를 섬겼는데, 송나라에 조회할 때에는 금나라 섬기는 것을 숨기고, 금나라에 조회할 때에는 송나라 섬기는 것을 숨겼습니다. 원칙으로 따진다면 올바르지 못하지만, 임시방편으로 논한다면 백성을 보호하는 길을 잘 선택했다고 할 수 있습니다. 혹시라도 그렇게 하지 않고 송나라만 섬기면서 금나라와 관계를 끊었다면, 온 나라의 백성이 모두 생선 고기처럼 결딴났을 것이니, 고려가 어찌 500년이나 지속된 뒤에 망했겠습니까? 그러니 그 당시의 모신謀臣, 정책 담당 신하들이 계책을 잘 세웠음을 알 수 있습니다.

…

사신은 논한다. 고려가 남쪽으로 송나라를 섬기고 북쪽으로 금나라를 섬긴 것을 이미 올바르지 못한 것이라고 했으니, 간언을 드리는 사람들이 과연 올바르지 못한 것으로 임금을 인도해야겠는가? 비록 백성을 보전하는 길이 된다고 하더라도 이런 의논은 취할 만한 것이 못 된다. _명종실록 9년(1554) 7월 18일

이익도 사대는 생존을 위한 것이라 설파하였다.

우리나라는 고려 때에 요·금·원 세 대국을 차례로 섬기면서 거의 살아남지 못할 뻔했는데, 사대하는 성의에 힘입어 겨우 멸망하는 것을 면했다. 우리는 어느 때에 한번 위엄을 떨쳐 승리를 거둔 일이 있었던가? 저 세 대국은 중국에서도 일찍이 두려워하여 복종했는데, 소국이 감히 어찌할 수 있었겠는가? 가령 한때 공격하여 뜻을 얻는다 해도 그 후환을 어찌할 것인가?

원나라 때에는 우리의 국호를 없애고 행성行省, 정동행성을 설치하며 머리를 깎게 하고 관복 제도를 바꾸려고까지 했는데, 백방으로 애걸하여 모면하게 되었다. 또한 사대를 잘하겠다는 구실을 내세워, 저쪽에서 기뻐하면 다행으로 여기고 노하면 몸 둘 바를 모르듯이 하였다. 명나라 태조 때에 이르러서는 철령위를 설치하려 하였는데, 사신이 말을 잘하여 중지시킬 수 있었다. 세상이 크게 변할 때마다 이런 일이 한 번씩 있게 마련이다.

한나라와 송나라는 오히려 그들과 멀리 떨어져 있지만, 우리나라는

강역이 아주 가깝게 붙어 있다. 게다가 대소와 강약에서 하늘과 땅만큼이나 크게 차이가 난다. 그러니 비록 관중이나 제갈량이 이 땅에 다시 태어난다 해도 실로 어찌할 수 없는 것이다. _『성호사설』 인사문, 한공읍혈韓公泣血

거리상으로 가까이 붙어 있는 데다가 규모에서도 큰 격차가 벌어져, 부득이 사대를 하지 않을 수 없음을 강조하고 있다. 슬픈 일이지만 어쩔 수 없는 현실이었다.

중국에 유학한 학생이 중국 학생과 대화하다가 "너희는 원래 중국의 속국이었다"는 말을 들으면 정말 당혹스럽고 속상하고 화가 난다고 한다. 중국에서는 그런 사고방식이 팽배해 있다. 교육 과정에서 이런 사고를 조장하는 것 같다. 지금 중국 정부에서는 청나라 역사를 편찬하고 있는데, 조선을 청나라의 속국으로 넣을 가능성이 있어 긴장하면서 주시하고 있다. 만일 속국으로 기술하게 되면 또다시 역사 왜곡 논란이 불거질 것이다.

조선이 사대를 했다고 해서 중국의 속국이었는가? 당시의 기록들을 보면 조선은 중국 밖의 제후국이면서도 중국 내부의 제후국에 준하는 대우를 받았음을 알 수 있다. 임진왜란이 일어났을 때에 명나라 조정에서는 조선을 구원할지 여부를 둘러싸고 논쟁이 일어났고, 이런 과정에서 조선이 중국에 어떤 나라였는지를 종종 토로하였다.

원임태부·태자태사·건극전태학사겸이부상서 신시행이 벼슬에서 물러나 고소姑蘇, 중국 장쑤성 쑤저우에 물러나 살고 있었다. 어떤 사람이 그에게 "일본을 책봉하는 일이 어그러질 것 같은데, 장차 어떤 계책을 내야 하겠는가?"라고 물으니, 이렇게 대답했다. "조선은 본디 속국이다. 그러나 국가에서 그 강토를 차지하지 않고 그 조세를 징수하지 않으니 내지와는 다르다. '무신戊申에 허許나라에 수자리를 두었다'고 하여 『춘추』에서 비판했는데, 중국에서 외국에 수자리를 두는 것이 어찌 있을 수 있겠는가? 조선이 스스로 지킬 수 있다면, 우리는 군사와 군량을 지원하여 소국을 구원하는 자애를 보이면 된다. 혹은 일본을 깨우쳐 군사를 파하게 하는 것도 가하다." _『재조번방지』 권3

조선은 외국이니 여기에 수자리를 두는 것은 옳지 않다는 뜻이다. 수자리는 군대를 주둔시켜 국경을 지키는 것을 의미한다. 조선을 속국이라 규정하면서도 중국 땅이 아닌 데다가 조세도 바치지 않으니 중국 내지는 아니라고 하였으니, 여기서 말하는 속국은 근대적인 의미와 다른 것이다. 근대의 종속국은 명분상 독립국이면서 실제로는 타국의 지배를 받는 나라를 의미한다. 조선시대의 속국은 반대로 실제로는 독립국이면서 명분상으로는 중국에 속한 나라를 가리킨다. 그런데 근대에 중국이 서양의 속국 개념으로 치환해버렸고, 그 입장을 지금도 고수하고 있는 것이다. 명나라에서 조선에 보낸 칙서에서도 중국의 공식적인 조선관을 엿볼 수 있다.

짐이 왕을 볼 때에 비록 외번이라 칭하지만, 조빙하는 예문을 올리는 일 외에는 원래 왕의 군사 하나 사역인 하나도 번거롭게 한 바 없었다. 오늘의 일은 단지 큰 의리로 분노를 발하여 망해가는 것을 불쌍히 여겨 보존해준 것뿐이니, 진실로 왕이 짐에게 덕을 돌릴 일은 아니다. 대군이 또한 철수했으니, 왕은 지금부터 나라를 맡아서 다스릴 것이요, 한 치의 토지도 나는 간여하지 않을 것이다. 어찌 다시 국경을 넘어서 구원하는 일이 자주 있겠는가? _『재조번방지』 권3

조선의 생각도 다르지 않았다. 중국 산둥 지방에서 보리 한 줄기에 네댓 이삭이 나고 조 한 줄기에 서너 이삭이 나는 상서로움이 나타나자, 우리도 축하하는 글을 올려야 할지 논의하는 과정에서 나온 말이다.

세 정승과 승문원 제조가 함께 의논하여 "우리나라는 바다 밖의 나라이므로 내복과 같지 않습니다. 중국은 보리나 벼에 상서로운 현상이 나타났다고 하여 표문을 올려 축하하겠지만, 우리나라도 그렇게 하면 중국의 유식한 자들로부터 비웃음을 받을 것입니다"고 아뢰니 "알았다"고 전교하였다. _중종실록 38년(1543) 10월 2일

청나라가 들어선 뒤에도 속으로는 되놈이라 하면서도 그에 사대하며 머리를 조아리지 않을 수 없었다. 심지어 17세기 후반 약 40년 동안에는 마치 청 내지처럼 대우하는 사건이 몇 차례 발생했다. 청 황제가 징벌의 의미로 조선 국왕에게 여러 차례 은을 부과했고, 몇 번은 실제로 납부하기도 했다. 첫 번째로 벌금을 바친 사건에 대한 기록이다.

정미년1667 봄에 조정에서 청나라에 벌금을 바친 욕된 일이 있었다【이때 도망해 온 사람을 의주에서 숨긴 일이 있어 벌금으로 은 5천 냥을 바쳤다】. 대신들이 죄를 임금에게 미루었다고 하여 이들을 견책하기를

사헌부에서 합계合啓하여 요청하였다. 이 과정에서 임금이 크게 노하여 사헌부의 이숙·조성보·이후 등 8명을 모두 멀리 귀양 보냈다. _『연려실기술』 현종조고사본말

병자호란 때에 납치되었던 조선인이 도망해 오자 이를 받아들였다가 발각된 사건이다. 종래에는 문제가 발생했을 때에 황제가 왕을 꾸짖어 견책하는 것이 일반적이었는데, 청나라에서는 이렇게 벌금을 물렸다. 이것은 왕을 청나라 내부의 신하로 여겨 그들의 법을 적용한 것이나 다름이 없었다. 조선으로서는 치욕스런 일이었지만, 다행히도 18세기에 들어서면서 명나라 때와 동일한 외교 형식으로 회복되었다.

서구 열강이 밀려들어 오자 청나라는 조선에 대해서 '임금과 신하의 관계로 한 집안'에 속한다면서 종주권을 강조하였고, 조선 스스로도 중국의 속국을 자처하면서 한발 뒤로 물러서 숨는 정책을 취했다. 조선은 자주를 침해받지 않는 선에서 청나라의 보호막을 기대했던 것이다. 근대 서양인의 기록에 이런 대목이 보인다.

1866년 초, 원산항에 정박하고 있던 러시아인들이 조선 정부에 통상의 자유를 요청하였다. 이미 중국을 통해서 유럽 국가의 군사력을 알고 있었고 또 그것을 두려워하고 있던 조선 정부는 동요하였다. 그러나 조선 정부는 동양의 관습적인 정책에 따라서 시간을 끌려고 노력하며 다음과 같이 회신하였다. "조선은 중국의 속국이므로 북경 황실의 동의 없이 외국과 어떤 교섭도 할 수 없습니다." _펠릭스 클레르 리델 책, 24~25쪽

하지만 청나라가 힘을 잃어가고 다른 열강 세력들이 우세를 점하면서 조선은 새롭게 '자주'와 '독립'을 내세우기 시작했다. 갑오개혁의 일환으로 개화파 내각이 선포한 홍범 14조의 첫째 조항은 다음과 같다.

청나라에 의존하는 생각을 끊어버리고 자주독립의 기초를 확고히 세운다. _고종실록 31년(1894) 12월 12일

그런데 이 자주는 우리 스스로 선택한 것이 아니라 일본의 지원 아래 추진된 것이었다. 내무아문에서 각 도에 훈시한 다음 두 항목에서 일본의 영향력을 읽을 수 있다.

제86조 명나라와 청나라를 떠받들지 말고, 우리나라의 개국연호가 정해졌으니 모든 문서와 계약서 등에 청나라 연호를 쓰지 말 것.

제87조 인민들에게 일본이 우리의 독립자주를 도와주는 형편을 효유할 것. _고종실록 32년(1895) 3월 10일

원래 '독립자주'란 말은 일본이 자국의 독립을 위해서 만든 말이었는데, 이를 조선에 적용한 것이다. 일본이 그렇게 한 의도는 나중에 충청도관찰사가 고종에게 올린 상소문에서 잘 드러난다.

대체로 저들이 말하는 독립은 실지 독립이 아니라 우리를 고립시키려는 것입니다. 마관조약馬關條約, 1895년 시모노세키조약에서 말한 조선독립이란 청나라와 등지게 하여 고립시키려는 것이었고, 일아선전서日俄宣戰書, 1904년

러일전쟁 포고문에서 말한 대한독립이란 우리가 러시아를 거절하도록 만들어 고립시키려는 것이었습니다. 이렇게 날개를 모두 제거하여 장애가 되는 것을 모두 없앤 뒤에 하고 싶은 대로 자행하려는 계책이었습니다.

_고종실록 42년(1905) 12월 31일

반면에 청나라는 조선과의 관계를 설명하기 위해서 '속국자주'란 말을 만들어내어 조선이 자신의 속국임을 서양에 주지시키려 했다. 이리하여 청나라의 속국 논리와 조선의 자주 논리가 충돌하는 상황이 초래되었다. 조선과 청나라는 서로 평행선을 그었다. 조선에서는 어디까지나 자주적인 국가로서 단지 조공을 바치는 정도의 의례적인 종속관계로 인식했던 반면에, 청나라는 조선의 자주를 인정하면서도 단순한 의례적 관계가 아니라 자신들이 보호하는 종속관계에 있다고 주장했다. 조선이 자주에 방점을 찍은 반면에 청나라는 종속에 방점을 찍었다. 그런 청나라의 인식을 중국인들이 지금도 계승하고 있어, 한국이 중국의 속국이었다는 말이 계속되고 있는 것이다.

조선의 자주국 논리에 따라 1894년 12월에 주상 전하를 대군주 폐하로, 왕비 전하를 왕후 폐하로, 왕세자 저하를 왕태자 전하로 바꾸었다. 다음해 정월에는 내무아문에서 자주독립을 국시國是로 정했다는 포고령을 내렸다.

지난 12월 12일에 우리 성상 폐하께서 우리나라가 독립자주의 국가가 될 것임을 종묘에 맹세하여 고하셨고, 그다음 날 사직에 나아가 역시 그렇게 하셨다. 이를 계기로 신하와 백성들에게 포고하는 윤음을 내리셨으니, 우리 대조선국 대군주 폐하의 신하와 백성들은 폐하의 뜻을 존중하여 받드는 것이 옳을 것이다.

대저 우리 대조선국은 본래 당당한 자주독립국이었는데, 중간에 청나라의 간섭을 받아서 나라의 체면이 다소 손상되고 나라의 권위가 점점 손괴되었다. 이리하여 우리 성상 폐하께서 세상의 돌아가는 형세를 살피고 분연히 큰 결단을 내려서, 나라를 다시 일으키는 사업으로서 자주독립하는 큰 기초를 굳건히 세워 청나라에 의존하던 옛 습관을 끊어버렸으니, 나라의 경사와 신하·백성들의 영광은 더없이 큰 것이다.

국시가 이로 말미암아 역시 하나로 정해지니, 다른 논의가 없어야 할 것이다. 그런데 불량한 무뢰배들이 나라의 큰 뜻을 망각하고 아직도 청나라를 사모하여 근거 없는 거짓말을 꾸며내서 민심을 현혹하고 국시를 흔들어 놓으니, 이들은 우리 성상 폐하에게 충성스럽지 못하고 공경스럽지 못한 신하와 백성이다. _고종실록 32년(1895) 1월 5일

이 포고령에서 알 수 있듯이 청나라로부터 벗어나 일본에 의존하려는 세력과 옛날처럼 청나라에 의존하려는 세력 사이에 갈등이 있었다. 그러나 자주독립의 의지는 더욱 강해졌고, 그 상징물이 1897년 독립협회의 주도 아래 세운 독립문이었다. 원래 중국 사신을 맞이하던 곳으로 사대외교의 상징물이었던 영은문迎恩門을 헐어내고, 그 자리에 프랑스의 개선문을 모방하여 건설한 것이다.그림 3 문 앞뒤의 현판에는 한글과 한자로 '독립문'이라는 글씨가 쓰여 있고 그 좌우에 태극기가 새겨져 있다. 문 앞에는 영은문 주춧돌 2개가 서 있다. 이보다 앞서 1896년에는 독립신문이 창간되었으니, 서울 정동에 있는 배재학당 자리에서 독립

그림 3
독립문

그림 4 독립신문사터(2004. 3.)

신문사가 있던 자리를 알리는 표지석을 볼 수 있다.그림 4

이렇게 자주의 논리가 대세를 이룸에 따라 드디어 대한제국의 탄생을 보게 되었다. 어정쩡한 칭호였던 대군주 대신에 마침내 황제를 호칭하게 된 것이다.그림 5 황제라고 부르길 요청하는 한 상소문에서 자주와 황제의 상호 관계를 이해할 수 있다.

그림 5 대한국 태황제 폐하(고종) 사진

지금 자주국의 위치에서 조서·칙서로 명령을 내리고 연호를 세워 날짜를 정하고 있습니다. 이것은 이미 황제의 제도를 시행하는 것인데도 아직 군주의 자리에 계십니다. 군주와 황제는 지금 이 세상에서 볼 때에 그 뜻이 같지만, 우리나라의 신하와 백성의 어리석은 생각으로는 황제라고 칭하는 것보다 나은 것이 없습니다.

대체로 자주의 '자'와 독립의 '독'은 그 뜻이 전적으로 자기의 의사에 따라 홀로 마음대로 하는 데에 있지, 여기에 물어보고 저기에 의존하는 데에 있지 않습니다. 이렇게 놓고 볼 때에 자주적인 우리나라는 마땅히 황제라고 불러야 하는데, 어째서 크게 보배로운 자리에 나아가지 않으십니까? _고종실록 34년(1897) 5월 9일

서양에서는 황제니 대군주니 하는 것에 우열이 없지만, 동양에서는 역대 제왕에 대한 구별이 있어서 대군주보다 높은 황제를 칭하는 것이 옳다는 의미이다. 결국 이러한 의견들이 받아들여져 1897년 10월 12일에 대한제국이 탄생하였다. 이때에 만든 황제지보皇帝之寶 국새는 미군 병사에 의해 불법으로 반출되었다가 2014년 4월 오바마 대통령의 방한을 계기로 되돌려 받았다.그림 6

현재의 대한민국 국호는 1919년 4월에 선포된 것으로서 대한제국을 계승하는 의미가 들어 있다. 이보다 10년 전에 잃어버린 나라를 되찾는다는 의지를 표명하는 동시에, 군주제 대신에 민주체제를 표방함으로써 대한민국이란 국호가 탄생한 것이다. '공화국' 대신에 '민국'이란 용어를 사용한 것은 1911년 신해혁명이 일어난 뒤에 건국한 중화민국을 본받은 것이다.

그림 6 황제지보 국새(2014. 7.)

왕과 황제 1

왕은 황제보다 한 단계 아래의 지배자이니, 둘 사이에는 용어나 제도에서 각각 명확한 구별이 있었다. 예컨대 황제의 배우자는 황후인데 왕의 배우자는 왕비이고, 황제의 사망은 붕崩인데 왕의 사망은 훙薨이었다. 한반도의 국가들은 때로는 황제의 제도, 때로는 왕의 제도를 채택했다. 중국 세력이 위협적으로 느껴지는 상황에서 노골적으로 황제국을 표방하기는 어려웠지만, 발해와 고려에서는 내부적으로 황제의 제도를 많이 채택했다. 사대주의를 가장 적극적으로 표방한 조선에서마저 일부에서 황제의 제도를 포기하지 않았다.

당나라란 거대제국에 이웃하면서 통일신라와 발해는 각각 다른 길을 걸었다. 통일신라는 제후국을 자처했던 반면에, 발해는 대외적으로 왕국이면서도 내부적으로는 황제국을 지향한 외왕내제外王內帝의 국가였다. 신라에 비해 발해가 중원과 멀리 떨어져 있었기에 가능했을 것이다. 발해 정효공주의 묘지에는 이렇게 적혀 있다.

공주는 우리 대흥보력효감금륜성법'대왕'의 넷째 딸이다. 생각건대 고왕·무왕의 조상 임금들과 아버지 문왕은 왕도를 일으키고 무공에서 커다란 업적을 남겼다고 능히 말할 수 있다 … 공주가 사망하여 장례 지내니, '황상'은 조회를 파하고 크게 슬퍼하여 정침에 들어가 자지 않고 음악도 중지시켰다. _정효공주 묘지

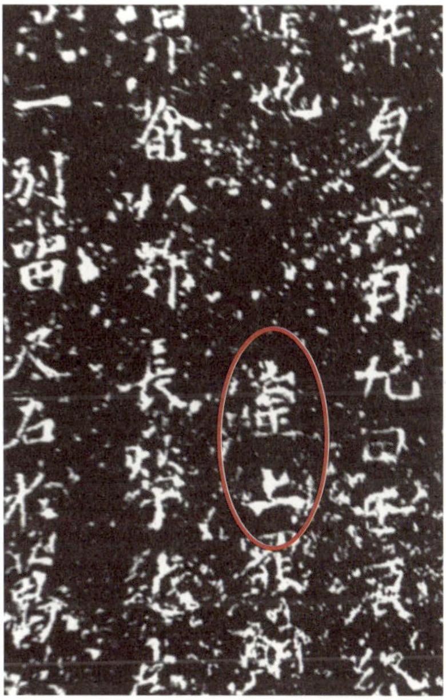

그림 1 발해 정효공주 묘지의 '황상' 부분

공주의 아버지인 문왕은 이처럼 대왕이면서 황상이었다. 황상은 황제를 부르는 말이니, 그는 왕이면서도 황제였던 것이다. 묘지에는 황상 앞에 두 글자를 띄워 경의를 표했다.그림 1 또 문왕이 스스로 천손이라 일컫자, 일본 천황이 발해 국왕에게 이런 답장을 보냈다.

지금 보내온 국서國書를 보니 갑자기 문투를 바꾸어, 날짜 아래에는 관품과 성명을 적어 넣지 않고, 국서 끝에는 허망되게 천손天孫이란 참된 칭호를 늘어놓았다. _『속일본기』 772년 2월

발해가 이전에 보내던 국서와는 다르게 썼다고 했다. 날짜 아래에 관품과 성명을 적는 것은 상대방 지배자보다 아래인 것을 보이는 것인데, 이를 폐기하고 천손이라고 자칭한 것이다. 이 천손은 고구려로부터 계승한 호칭이다. 함경도 오매리 절터에서 발굴된 고구려의 금동판에도 천손이란 용어가 보이기 때문이다.그림 2 고구려 건국자 주몽은 천제天帝

그림 2 고구려 금동판의 '천손' 부분(2005. 7.)

의 아들이었으니, 고구려 왕들은 하늘의 자손 즉 천손이었다. 중국의 천자나 일본의 천황과 동격의 의미를 지녔다고 할 수 있다. 그러기에 이전과 다른 발해 국서를 보고 일본이 반발했던 것이다.

고려도 왕국이었지만 내부적으로 황제의 제도를 많이 채택했다. 원나라 이전까지 중국에서는 한족 왕조와 북방 왕조가 난립하며 대결했기에 고려에 간섭할 겨를이 없었던 대외적 환경도 한몫을 했다. 베트남도 역대로 외왕내제의 국가였다. 내부적으로는 고려보다 더 철저히 황제국을 지향하였다. 예를 들어서 고려는 주로 왕이라 불렀으나 베트남에서는 황제라 불렀다.

윤관의 아들 윤언이는 외왕내제에서 나아가 고려 왕실을 높여서 황제라 칭하고 독자적인 연호를 사용하자고 건의한 적이 있다. 대외적으로도 적극적으로 황제국을 표방하자는 얘기이다. 이때 김부식이 이를 비판하자 다음과 같이 해명하는 글을 올렸다.

임자년1132에 주상께서 서경평양에 행차하셨을 때에 연호를 세우고 황제라 부르기를 청원하였고 … 아, 연호를 세우자는 청원은 본디 주상을 높이려는 정성에서 나온 것이니, 우리 왕조의 태조·광종 때에도 그런 사실이 있었습니다. 과거의 문건을 상고해보면 신라와 발해도 그랬으나 대국이 일찍이 무력을 행사하지 않았고, 소국에서도 감히 그 잘못을 쟁론한 바 없었습니다. 어찌하여 지금 같은 성스러운 시대에 오히려 참월한 행동이라 말합니까? _『고려사』 윤관에 붙은 윤언이 전기

윤언이의 생각은 결국 받아들여지지 않았고, 고려는 발해처럼 외왕내제의 국가에 머물렀다. 이렇게 대외적으로 왕국을 자처했지만, 예외적으로 금나라에서 고려국을 황제국으로 상대한 적도 있다. 이승휴는 『제왕운기』에서 "대금국大金國 황제가 고려국 황제에게 서한을 보낸다"는 말이 적힌 외교문서를 열람한 적이 있다고 적었다.

그러나 몽골 제국이 들어선 뒤에는 위상이 크게 떨어졌다. 고려 왕은 한 나라의 지배자로서의 국왕, 원나라 황실과 혼인한 부마, 몽골 관료로서의 정동행성 승상이란 세 가지 성격을 띠고 있었다. 충선왕이 1320년 몽골에서 하옥되었다가 토번으로 유배를 가는 일도 발생하였다. 결국 고려는 몽골 제국 밖에 있는 속국이면서 몽골의 한 부분인 부마국이란 성격을 동시에 띠게 되었다. 이런 고려의 이중적 위상은 당시 몽골 제국 안에서도 매우 특이한 사례였다. 몽골에 갔을 때에 역사박물관의 지도그림 3와 우표 도안을 보니 고려는 몽골 제국 판도 안에 들어 있었으나, 우리 역사 지도에는 판도 밖에 그려 넣고 이 시기를 '원 간섭기'라고 쓰고 있으니, 고려의 위상에 대해서 서로 자국에 유리한 쪽으로 해석하고 있다. 외국에서 '일본 식민지 시기Japanese Colonial Period'라고 부르나, 우리는 일본 제국주의에 의한 불법적 점령이란 의미를 강조하기 위해서 '일제강점기'라고 쓰는 것과도 비교된다. 한편으로 중국은

그림 3 「몽골제국도」의 고려(2004. 9.)

몽골에 점령당했으면서도 칭기즈 칸을 중국의 민족영웅이라 부르고 몽골이 넓혀놓은 땅마저 자기네 영역으로 지도에 그려놓아 몽골인의 분노를 사고 있다. 세계적으로 역사의 귀속을 판단하는 합의된 기준이 없는 것이다.

윤언이의 생각이 적극적으로 실현된 것은 결국 수백 년 뒤 대한제국이 성립되면서다. 고종이 황제에 즉위할 때의 모습에서 우선 황제의 제도를 몇 가지 엿볼 수 있으니, 이를 중심으로 황제의 제도와 왕의 제도를 비교해보겠다.

천지에 고하는 제사를 지냈다. 왕태자가 함께 참석했다. 예가 끝나자 의정부 의정 심순택이 백관을 거느리고 "고유제를 지냈으니 황제의 자리에 오르소서"라고 꿇어앉아서 아뢰었다.

그림 4
황궁우(2003. 1.)

신하들의 부축을 받으며 단에 올라 금 의자에 앉았다. 심순택이 나아가 열두 무늬의 곤룡포와 면류관을 성상께 입히고 씌웠다. 이어 옥새를 올리니 상이 두세 번 사양하다가 마지못해 황제의 자리에 올랐다. 왕후 민 씨를 황후로 책봉하고, 왕태자를 황태자로 책봉하였다. 심순택이 백관을 거느리고 국궁鞠躬, 삼무도三舞蹈, 삼고두三叩頭의 예를 행하고, 산호만세, 산호만세, 재산호만세再山呼萬世를 불렀다. _고종실록 34년(1897) 10월 12일

먼저 천지에 제사를 지낸 일이다. 세조 때에 폐지되었던 제천행사가 새로 지은 환구단圜丘壇에서 처음으로 거행되었다. 이 환구단은 일제강점기에 헐리면서 그곳에 호텔이 들어섰으니, 지금의 웨스틴조선호텔의 전신이다. 현재는 환구단 옆에 태조의 신위를 모셨던 3층 8각 건물인 황궁우만 남아 있다.그림 4

본래 천자는 천지에 제사 지내고, 제후는 산천에 제사 지냈다. 천명

그림 5 천단(2012. 2.)

을 받은 황제만 온 세상을 대상으로 제사를 지낼 수 있었고, 제후는 자기 지배 영역을 대상으로만 제사를 지낼 수 있었다. 중국 북경에는 자금성 남쪽 교외에 동짓날 제사 지내는 천단天壇이 있고,그림 5 북쪽 교외에 하짓날 제사 지내는 지단地壇이 있다. 이렇게 교외에서 제사를 지냈으므로, 천지 제사를 교사郊祀라고 했다. 그런데 조선시대에는 하늘이나 땅에 제사 지내는 곳이 없었고, 토지와 곡식의 신에게 제사 지내는 사직단만 있었다. 따라서 환구단은 황제국을 표방하면서 그에 맞추어 새로 지은 것이다.

고려시대에도 이런 환구단을 세워 하늘에 제사 지냈는데, 조선시대에 들어오면서 논란이 되었다. 조선 초기에도 고려제도를 계승하여 지금의 교외에 원단을 쌓고 제천을 행했지만, 이것은 제후국으로서 합당하지 않다고 하여 세조 때까지 폐지와 복구가 반복되었다.

이 과정에서 가뭄 때에 기우제를 지내서 하늘에 비는 것도 하지 말아야 하는지 문제가 되었다. 변계량은 하늘 제사로 비를 빌어야 한다면서 이런 상소문을 태종에게 올렸다.

또 예문禮文, 의례제도에 의거하여 국가의 제도에서 교사를 폐지한 지 지금까지 몇 년이나 되었습니다. 그러나 우리 동방에서는 하늘에 제사 지내는 이유가 있으니, 이를 폐지할 수 없습니다. 신이 그 이야기를 조목별로 말씀드리고자 하니 전하께서는 살펴주시기를 바랍니다.

우리 동방의 시조는 단군으로서 대개 하늘에서 내려왔으니, 천자가 분봉한 나라가 아닙니다. 단군이 요임금 무진년에 내려왔으므로, 오늘에 이르기까지 3천여 년이 되도록 제사를 지낸 셈입니다. 하늘에 제사하는 예법이 어느 시대에 시작하였는지를 알지 못하겠습니다만, 1천여 년이 되도록 이를 고친 적이 없었습니다. _태종실록 16년(1416) 6월 1일

세종은 임금을 '하늘'이나 '성인'으로 지칭하는 것마저 너무 지나치다고 하면서 불편해한 적이 있다. 이들은 황제 용어라고 생각했기 때문일 것이다. 그렇지만 비를 빌기 위해서는 하늘에 제사를 지낼 수도 있다고 생각했다. 기우제 문제가 다시 불거졌을 때에 신하들의 의견을 구하면서 세종이 이렇게 얘기했다.

고려 때에는 원단圓壇, 환구단 제사를 지냈는데, 우리 태종께서 참란한 의례는 모두 혁파하셨으니, 원단 제사의 혁파도 그 하나이다. 그러나 북방 사람들은 백마와 댓닭으로 하늘에 제사 지내고, 승냥이는 짐승으로 수달은 물고기로 제사 지낸다고 한다. 예법에 천자는 천지에 제사 지내고 제후는 산천에 제사 지낸다고 하였으나, 이는 중국 경내의 제후를 가지고 말한 것이다. 우리나라는 멀리 해외에 있으므로, 과거에 변계량이 "비를 빌려면 반드시 하늘에 제사 지내야 된다"고 강청하여 결국 비를 얻었다. 이리하여 "이것은 하늘에 제사 지냈기 때문이다"고 말했으니, 이제 만일 하늘에 제사 지낼 수 있다고 한다면, 내가 결심하여 지낼

것이다. _세종실록 25년(1443) 7월 10일

이전에 변계량이 "중국에서는 황제가 하늘이고, 한 나라에서는 임금이 하늘이고, 한 집안에서는 아버지가 하늘이니, 하늘과 성인은 고금을 통하여 흔히 사용해온 말입니다. 무엇이 문제가 되겠습니까?"라고 답하여 그대로 따르게 되었다고 한다.세종실록 1430. 11. 29.

성리학이 확고히 자리를 잡으면서 나중에는 별에 제사 지내는 소격서도 폐지해야 한다는 주장이 불거졌다. 시강관 구지신이 중종에게 이렇게 아뢰었다.

지금의 소격서가 바로 이것과 같습니다. 제사 규정을 보면 소격서는 바로 별에 제사 드리는 곳입니다. 천자인 다음에 하늘에 제사 드리고, 제후는 다만 산천에 제사 드립니다. 제천하는 일은 예에 크게 합당하지 않으니 혁파하는 것이 마땅합니다. _중종실록 6년(1511) 5월 12일

조선시대에 축소되기는 하였지만 도교의 제사를 관장하는 소격서는 성리학자들에게는 이단적이었다. 이들은 별에 드리는 제사를 빌미로 삼아 소격서 제사의 폐지를 강력히 제기하였다. 천자만 일월성신 즉 해와 달과 별에 제사 지낼 수 있고, 제후는 영토 안에 있는 명산대천 즉 산과 내에만 제사 지낼 수 있으며 비록 자기 영역에 해당하는 별에만 국한해서도 제사를 지내지 못한다는 이유에서였다.『응천일록』 1630. 8. 8.

광해군 때에는 세조의 사례를 들어서 하늘에 제사를 지내려다가 사헌부와 사간원 신하들의 반발을 샀다.

교사라는 것은 하늘 제사로서 오직 천자만이 할 수가 있는 것이요, 제후가 지낼 수 있는 것이 아닙니다. 지금 남쪽 교외에서 친제하는 날을 잡아 거행하고자 하여 백관과 유사들이 모두들 분주히 이바지하기에 겨를이 없으니, 매우 성대한 행사 모습입니다. 다만 생각건대, 이 행사는 예의에 어긋나니 오늘날 반드시 거행할 일이 아닙니다.

예전에 세조 임금 때에 우연히 한 번 거행하기는 하였으나, 그 이전에는 전례가 없고 그 후에도 계속되지 않았습니다. 이는 한때의 독단에 불과한 것으로서 참으로 후손이 따라 행할 것이 아닙니다. … 남교 친제의 명령을 속히 정지시키소서. _광해군일기 8년(1616) 8월 19일

환구단은 세조 무렵에 폐지되었고, 이후 숭례문 밖의 남교南郊에 있던 풍운뢰우단風雲雷雨壇, 즉 남단南壇이 제천의 상징적 장소로 인식되었다. 원래 남교에서 하늘에 제사 지냈기 때문이다. 광해군은 여기에 환구단을 새로 짓고 행차하여 제사를 지내려 했다가 신하들의 반발을 샀다. 하늘 제사는 대한제국 시기에 와서야 명실상부하게 부활했다.

참고로 한자는 동일한데 원구단으로 읽기도 하고 환구단으로 읽기도 해서 혼란스러웠다. 전통시대에는 천원지방이라 하여 하늘은 둥글고 땅은 네모지다고 생각했다. 이에 따라 하늘에 제사 지내는 곳은 둥근 건물이고, 땅을 제사 지내는 곳은 사각형 단으로 되어 있다. 하늘에 제사하던 곳을 조선시대에 원단圜壇으로 부른 것도 이 때문이다. 따라서 원구단도 옳은 말이지만, 근대에 독립신문에서 환구단이라 부른 것을 근거로 삼아 근래에 문화재청에서 환구단으로 통일하였다.

둘째, 금 의자에 앉아서 고종이 즉위한 일이다. 황색은 황제의 상징

이었다.그림 6 명나라에 다녀온 사신과 중종의 대화에서 황제의 복색을 알 수 있는데, 이와 더불어 명나라 가정황제의 얼굴을 묘사한 부분도 흥미롭다.

그림 6 황색 곤룡포를 입은 고종

상이 "황제의 얼굴을 자세히 보지 못했는가?" 물으니 홍경림이 대답했다. "하늘에 제사 지내고 궁궐로 돌아올 때에 신이 궁궐 마당에 차례대로 서 있었는데, 수레가 지나는 곳이 매우 가까워서 자세히 볼 수 있었습니다. 황제가 탄 수레는 모양이 둥글고 바깥에는 난간을 설치했으며, 그 전면과 양쪽은 개방해놓았습니다. 마침 소신이 서 있는 곳에 이르자 신이 고개를 들어 바라보니, 얼굴은 수척하고 턱은 뾰족하고 광대뼈는 튀어나오고 코는 길었으며 눈꼬리는 위로 올라가 별다른 풍채는 없었습니다."

상이 "황제의 복식은 어떻던가?" 물으니, 홍경림이 "하늘에 제사를 지낼 때에는 황색 포袍를 입었고,그림 7 평소에는 흑색 포에 황색 흉배를 착용했습니다"고 대답했다. _중종실록 23년(1528) 3월 25일

오방 색깔에서 중앙은 황색이다. 중국이 황토 고원지대에 있었기 때문에 중앙의 색으로 삼은 것인지는 모르겠으나, 절에서 부처상에 금칠하는 것도 이 영향일 것이다. 용은 최고 지배자의 상징이지만, 여기에 황색이 칠해진 황룡이라면 황제를 상징하게 된다. 고려 때에는 황룡 깃발이 있었으니, 이성계의 위화도 회군과 관련된 기록에서 그런 깃발이

등장한다.

그림 7 황포를 입은 가정황제

조민수가 흑색 큰 기를 세우고 영의교에 이르렀으나, 최영의 군사에게 격퇴되었다. 조금 뒤에 태조가 황룡을 그린 큰 기를 세우고 선죽교로부터 남산에 오르자, 흙먼지가 하늘을 덮고 북소리가 땅을 진동했다. _『연려실기술』 태조조고사본말太祖朝故事本末

고구려 벽화에도 황룡이 등장하는데, 고구려 왕이 스스로 황제와 같은 존재임을 내세웠던 증거로 해석하고 있다. 그러나 조선에서는 황색과 자주색은 금기색이었다. 북경에 사신으로 갔던 무관이 무식하게 자주색 옷 등을 함부로 입었다고 보고하자, 중종은 이제부터는 주로 문관을 파견하라고 지시했다. 이때 한숙이 아뢴 말이다.

지난번에 신이 방윤과 함께 연경에 갔었습니다. 황색과 자주색 두 가지는 중국에서 금지하는 것이어서, 우리나라 사람들은 본래 가지고 가지 않고 검은 옷을 늘 입었습니다. 또 중국에서는 갓끈을 달지 않으므로 우리나라 사람들은 실로 된 갓끈을 사용했습니다.

그런데 방윤은 성질이 고집스러워 남의 말을 듣지 않았습니다. 가는 길에서나 황제가 있는 도성에서나 검은 옷은 입지 않고, 자주색 옷을 입기도 하고 흰옷을 입기도 하여 제멋대로였습니다. 방윤은 무인이라도 품계가 2품에 이르렀는데, 오히려 사리를 알지 못하는 것이 이 정도나 되었습니다. _중종실록 33년(1538) 10월 11일

고려 때까지는 최고위 관료의 관복 색깔이 자주색이었으나, 조선시대에는 홍색으로 바뀌었다. 이 기록에서 알 수 있듯이 자주색이 중국에서 금지하는 색이었기 때문일 것이다. 황색도 당연히 금지색이어서 세종은 민간에서의 사용을 금지하는 조치를 내렸다.

황색은 참람하게 사용할 수 없으므로, 이를 금지하는 법이 『경제속육전』에 뚜렷이 실려 있다. 지금 양갓집 부녀자, 기생, 공노비와 사노비들이 길거리나 잔치에서 황색으로 물들인 옷을 공공연히 입고 있다. 심지어 신부가 혼인하는 날이나 처음 시부모를 뵐 때에도 황색 옷을 착용한다. 지금부터는 엄히 금한다는 사실을 거듭 밝혀서 입지 못하게 하라.
_세종실록 26년(1444) 윤7월 24일

세종은 심지어 의장대의 황색 깃발도 금지해야 하는 게 아닌가 하여 다소 과민한 반응까지 보였다.

황색을 엄하게 금지하지 않을 수 없다. 고려 때에는 황색 덮개일산를 사용하는 참람한 습관이 내내 고쳐지지 않았다. 우리의 앞 임금 때에도 간혹 황릉욕黃綾褥, 황색 비단요을 사용하기도 하였지만, 그 뒤로 점차 고쳐졌

다. 다만 의장대에 황색기가 있는데, 그 깃발에는 여러 가지 색깔이 섞여 있으니 그대로 괜찮을지, 아니면 그 바탕이 이미 황색이어서 참람하니 다른 색으로 바꾸어야 할지 의논하여 아뢰라. _세종실록 26년(1444) 10월 3일

세종은 자주의식을 분명히 가지고 있었던 임금이다. 다음은 그런 자주의식을 느낄 수 있는 발언이다.

임금이 음악을 논하면서 이렇게 일렀다. "지금 박연이 조회하는 음악을 바로잡으려 하는데, 바르게 한다는 것은 어려운 일이다. 『율려신서』송나라 음악서도 문장만 갖추어져 있을 뿐이다. 우리의 음악이 모두 잘되었다고 할 수는 없으나, 분명히 중원의 음악에 부끄러울 것은 없다. 그들의 음악인들 어찌 바르게 되었다고 할 수 있겠는가?" _세종실록 12년(1430) 12월 7일

그렇지만 그의 자주의식은 어디까지나 중국의 제후국에 합당한 범위 안에서의 자주의식이었다. 그런데 금기의 색에 도전장을 낸 임금이 있었으니, 광해군이 그러했다.

영건도감에 비밀리 전교했다. "성절사로 다녀온 당상 역관 방의남이 청기와·황기와를 굽는 방법을 배워 왔다고 한다. 방의남에게 자세히 물어서 사 가지고 온 두 가지 색을 넣어 만들도록 하고, 역시 사 온 염초도 속히 사용하라." …

전교했다. "알았다. 이 염초를 가지고 속히 청기와를 굽도록 하라. 또 방의남이 사 온 분량이 다른 역관보다 세 배나 많으니 품계를 올려주어

라. 천추사와 성절사가 사신으로 갈 때에 미리 가서 황기와 굽는 방법을 자세히 배워 오게 하라."

【황기와로 궁궐을 덮는 것은 천자의 제도이다. 왕의 사치스러운 마음에 끝이 없어서 청기와를 황기와로 바꾸겠다고까지 말하면서 중국에 사신으로 가는 역관에게 굽는 방법을 배워 오게 하였다. 스스로 참람한 죄에 빠지는 줄을 깨닫지 못하고 하늘을 두려워하지도 않았으니, 어찌 화를 면할 수 있겠는가?】_광해군일기 11년(1619) 1월 8일

마지막에 달린 사관의 논평을 통해 알 수 있듯이 황기와는 황제의 궁궐에만 사용할 수 있었다. 그런데 광해군은 이를 알면서도 황기와를 사용하려 하였다. 지금 광해군에 대한 평가가 상반되지만, 앞에서 하늘 제사를 강행하려 했던 것과 함께 이 기록을 보면 그가 황제국을 꿈꾸었던 면이 있었던 것은 분명하다. 경복궁 흥복전지를 발굴했을 때에 청기와와 함께 황기와 조각도 출토되었는데, 혹시 광해군 때의 이런 유품이 아닌가 생각된다.

중국의 자금성은 황기와로 덮여 있고,그림 8 황제국을 자칭했던 베트남의 응우옌 왕조 궁궐도 황기와로 덮여 있다.그림 9 반면에 경복궁 근정전 건물은 푸른 기와를 사용하였으니, 조선을 방문한 명나라 사신이 이렇게 적었다.

가운데 있는 궁전은 푸른 유리색을 낸다【근정이라 불리는 정전 건물에만 녹색 유리를 쓰고, 나머지는 모두 쓰지 않는다】. _『조선부』

그림 8 자금성의 황기와(2010. 6.)

그림 9 베트남 궁전의 황기와(2005. 12.)

여기서 말하는 유리는 지금 쓰는 유리가 아니라, 투명한 유리질 유약을 바른 것이다. 푸른 유약을 입힌 청기와이다. 가운데인 중국은 황색이요 동방은 청색이란 관념에서 나온 것이니, 우리나라를 청구靑丘라 부르는 것도 이 때문이다. 지금 근정전은 청기와가 아니고 잿빛 기와로 바뀌

그림 10 구장복

그림 11 십이류관

어 있지만, 대통령이 머무는 곳은 청기와를 사용하여 청와대라 부른다. 전통시대 중국 중심의 사고가 건물에 잔영으로 남아 있는 것이다.

셋째, 십이장복과 십이류관의 착용이다. 황제 옷에 장식된 무늬는 해, 달, 산, 꿩 등 열두 가지인 반면에 왕의 옷은 아홉 가지다. 황제는 모자 앞뒤에 달린 장식 끈이 각각 열두 줄인 반면에 왕은 아홉 줄이다. 이리하여 황제에 즉위한 고종은 구장복그림 10, 구류관을 바꾸어 십이장복, 십이류관그림 11을 착용하였다.

왕이 구장복, 구류관을 착용한 것은 고려 때에 중국에서 이들을 보내온 것이 계기가 되었으니, 대체로 국왕을 황제의 아들인 친왕親王과 동격으로 여긴 조치였다. 다음 사례들이 이를 잘 말해준다. 명나라 사신으로 온 조선 출신의 환관이 황제에게 바칠 용문석을 요구하면서 한 말이다.

황제가 나에게 "너희 조선은 외번이지만 친왕과 같이 여겨서 특별히 구장면복을 하사한다" 하였습니다. 이제 황제의 명령이 이같이 무거운데, 용문석龍文席이 무슨 물건이기에 바치지 않습니까? _단종실록 즉위년(1452)

용 문양의 발톱, 즉 발가락 개수는 지배자의 격을 상징하는 것으로 알려져 있다. 조선 초기에 발톱이 네 개인 옷을 입었다가 중국 친왕의 경우에 다섯 개가 달렸다고 해서 이에 맞추어 바꾸었다.

또 임금이 "예전에 내가 사조룡四爪龍 옷을 입었는데, 뒤에 들어보니 중국의 친왕은 오조룡 옷을 입는다기에 나도 이를 입고 중국 사신을 대접한 적이 있다. 그 뒤에 황제가 오조룡 옷을 하사하였다. 지금 세자로 하여금 사조룡 옷을 입게 하면 내게도 문제가 없고 조정의 법제에도 잘못됨이 없겠다"고 하니, 모두 "진실로 마땅합니다"고 하여 그대로 따랐다. _세종실록 31년(1449) 9월 2일

위의 지시만 보면 왕이 오조룡이므로 황제는 그 이상이어야 한다. 그런데 지금 자금성에서는 유명한 구룡벽九龍壁이나 계단 조각상에 오조룡만 보인다. 유구국오키나와 궁궐은 조선의 왕세자처럼 사조룡으로 장식되어 있다. 세종대학 박물관이 소장하고 있는 대한제국 시기 황제의 곤룡포에는 오조룡이 금실로 수놓여 있다. 덕수궁 중화전 천장이나 대한제국 이전인 고종 9년1872에 다시 그린 경기전 태조 어진에도 오조룡이 있는 반면에, 경복궁 근정전과 경희궁 숭정전의 천장은 칠조룡으로 조각되어 있다. 창덕궁 인정전과 창경궁 명정전의 천장은 봉황이 조각되어 있다. 자금성의 예로 보아서 황제가 오조룡이라면 조선에 오조룡 옷을 하사한 것이나 근정전에 칠조룡이 등장하는 것은 이해되지

않는다. 어떤 이유로 이런 괴리들이 발생했는지 모르겠다.

병자호란 때에 인조의 항복을 받는 자리에서도 홍타이지皇太極, 청 태종는 인조를 자신의 바로 아래, 그리고 친왕의 윗자리에 앉혔다. 이처럼 조선 국왕은 친왕과 동격이면서 조금 더 높은 대우를 받았다. 청나라에서 받은 국왕의 도장도 다른 조공국보다 격이 높았다고 한다. 이에 비교하여, "조선의 1품관은 중국의 3품에 준한다"고 한 세조의 지적에서 알 수 있듯이, 세조실록 1456. 2. 6. 조선의 관리는 중국에 비해 두 단계 아래로 대했다.

넷째, 황제의 칭호와 더불어 '황후' 및 '황태자'로 호칭한 일이다. 이보다 앞서 고종을 왕과 황제의 중간쯤 되는 대군주로 높였을 때에 왕비는 왕후, 세자는 왕태자로 고쳤다가, 이번에 황제 칭호에 호응하여 황후와 황태자로 책봉한 것이다. 사실 고대에도 왕후, 태자란 용어를 사용하였으니, 다음은 신라의 사례이다.

3월에 이찬 순원의 딸을 맞아들여 왕비로 삼았다. … 6월에 왕비를 책봉하여 왕후로 삼았다. _『삼국사기』 신라 성덕왕 19년(720)

11년795 봄 정월에 혜충태자의 아들 준옹을 태자로 봉했다. _『삼국사기』 신라 원성왕 11년

태자란 용어는 고려시대에도 사용하다가 원나라 간섭기부터 세자로 바꾸었고, 조선도 이를 따랐다. 반면에 '왕후'란 명칭은 조선시대까지 관습적으로 사용하다가 논란이 되었다. 고구려에서도 고국천왕이 우

씨를 왕후로 삼은 적이 있고, 고려시대에도 생존한 인물을 왕후로 칭한 경우가 있다. 그렇지만 점차 사망한 뒤에 추봉하는 경우에만 사용하게 되었고, 조선시대에도 그런 전통이 계승된 것이다. 그러나 왕후이건 황후이건 간에 '후'는 황제국의 용어였다. 이에 따라 선조 때에 왕후로 추봉하는 문제가 불거진 적이 있다.

광해군 때에는 선조의 후궁으로 생모인 공빈 김씨를 두 단계 높여 왕후로 봉하려 하자, 예조에서 왕후가 아니라 왕비가 합당하다고 하면서 다음과 같이 아뢰었다.

삼가 성상의 비답을 받들고 신들이 반복해서 여러 대신들과 상의했는데, 모두들 이렇게 생각했습니다. "명나라 효종이 생모인 귀비貴妃를 높여 후后로 삼았는데, 우리나라의 비妃는 바로 중국의 후와 같습니다. 그러므로 지금 빈嬪을 높여 비로 삼는 것은 바로 효종이 비를 높여 후로 삼은 뜻과 같습니다. 위호를 올리는 것에 조금이라도 차질이 있게 되면 예법이 정도에 맞지 않아 후세에 비웃음을 사게 될 것이니, 이것은 높이는 것이 아닙니다. …" _광해군일기 2년(1610) 3월 3일

배우자의 격은 후-비-빈의 순서이니, 왕비가 아니라 빈을 추존하여 왕후로 추존하는 것은 무리라는 논리였다. 며칠 뒤에 사간원에서도 반대의 의견을 피력하였다.

'후'라는 호칭은 바로 곤위를 지극히 높이는 것이므로, 천자의 짝만 이 호칭을 사용할 수 있습니다. 우리나라 묘호에서 후라 호칭한 것도 중국

에서 듣지 못하게 해야 하는 것입니다. 하물며 번국인 우리의 처지로는 자유롭게 정하지 못하고 천자에게 품의해야 하니, 그 위호를 정할 때에 명칭과 분수에서 규정을 어기고 뛰어넘을 수 없습니다. _광해군일기 2년(1610) 3월 8일

이런 반대에도 불구하고 광해군은 결국 공성왕후로 추봉했으나, 그가 폐위된 뒤에 삭탈되고 말았다.

왕과 황제 2

중국 둔황에 있는 막고굴은 불교 예술품으로 가득 차 있어 유명하지만, 벽화에는 당시 이 지역의 사회상도 담겨 있어 의미가 크다. 그중 하나로서 우전국于闐國의 지배자인 이성천李聖天, 912~966 재위의 공양상이 있는데, 그 옆에 '대조대보우전국대성대명천자大朝大寶于闐國大聖大明天子'라 쓰인 것이 내 눈에 뜨였다.그림 1 중국에서는 서역 왕국인 우전국을 번국으로 취급하고 지금은 지방정권이라 주장하지만, 이 당시에 그 지배자는 중국과 동격의 천자로 스스로를 일컬었던 것이다. 이를 참고로 생각하면서 다시 앞의 이야기로 돌아가겠다.

다섯째, 황제 앞에서 행한 예법들이다. 심순택이 백관을 거느리고 국궁, 삼무도, 삼고두의 예를 행하였다고 한다. 국궁은 읍하는 자세로 손을 맞잡고 허리를 굽혀서 경의를 표하는 동작이고, 삼무도는 손과 발을 세 번씩 구르는 동작이고, 삼고두는 머리를 세 번 바닥에 조아리는 동작이다. 세종은 무도와 고두가 황제의 예법인 듯하니 검토해보라고 지시한 적이 있다. 찬성 허조에게 이른 말이다.

우리나라에서는 크고 작은 축하 행사에서 고두를 하지 않는다. 고두는

그림 1 우전국 천자 공양상(2010. 8.)

황제에게 행하는 예절이라서 참람할까 의심하여 행하지 않는 것인가? 만일 상하 질서에 문제가 없다고 한다면, 옛 제도를 상고하여 아뢰라. 또 삼무도 예법은 신하가 임금에게 축수하다가 하게 되는 것이니 스스로 그칠 수 없는 것이다. _세종실록 12년(1430) 11월 29일

고두는 문제가 있는 것 같지만, 무도는 임금의 장수를 빌며 즐거워하는 나머지 행하게 되는 것이라서 금지할 수 없다고 말했다. 그렇지만 며칠 뒤에 고두와 무도에 대한 생각이 반대로 바뀌어 세종은 신하들에게 이렇게 얘기했다.

당나라 『개원례』에 "황제가 정월 초하루와 동짓날에 여러 신하들의 조하를 받을 때에 관리들이 무도례를 행한다. 황태자가 정월 초하루와 동짓날에 궁신宮臣, 태자의 관료들의 조하를 받을 때에는 궁신들이 무도례를 행한다"고 하였다. 이처럼 옛사람은 기쁜 일이 있을 때면 손으로 춤추고 발로 뛰었으니, 지금 조하하는 의식에 무도가 있어도 된다. 그러나 『원사』를 보니, 정동행성 평장 활리길사가 "고려의 임금 거眶, 충렬왕는 큰 잔치에서 곡개曲蓋, 대가 구부러진 양산와 용의龍扆, 용 병풍를 사용하고, 행차할 때에 경警과 필蹕을 외치며, 신하들은 무도하고 산호하였는데, 모두 황제 조

정의 의식과 같아서 참람함이 너무 심하다"고 말했으니, 곧 무도의 예는 행해서는 안 될 것이다. _세종실록 12년(1430) 12월 2일

그는 이렇게 무도의 금지를 언급한 다음에 고두는 허용하는 것으로 거론했다. 중국에서는 황제 앞에서만 아니라 친왕親王이나 도독都督 등에게도 일반적으로 머리를 조아리니, 조선에서도 행할 수 있다고 결론지은 것이다.

이렇게 고두와 무도가 과연 참람한 것인지 아닌지 논란이 일었듯이, 제후국의 제도에 관한 규정이 따로 명확히 있었던 것이 아니어서 어디까지가 황제의 제도인지 경계가 모호하였다. 국왕이 중국 황제의 아들인 친왕과 동격이라고 해도 일국의 지배자로서 갖추어야 하는 의례는 친왕 이상의 것이 필요했다. 따라서 중국의 친왕제도와 비교하면서 과거의 사례까지 참고하여 마련할 수밖에 없었다. 아니면 중국에 문의해 보아야 했으나 쉬운 일은 아니었던 것 같다. 세종은 문의 방법에 대해서 이렇게 지시를 내렸다.

또 우리 조정이 배워서 익힐 일들은 중국에 왕래하는 사람이 간혹 사사로이 견문한 것에 따르고 있다. 그러나 예법에 대해서는 이렇게 할 수 없으니, 천추절千秋節에 드리는 축하 행사에 참고하려 한다는 것을 빌미로 이를 요청하는 것이 어떠한가? 만일 우리 요청을 승낙하지 않거든, "본국에서 천추절을 축하할 때에 근거할 만한 의식 규정이 없어서 예법에 벗어날까 걱정된다"고 하면서 청할 것이니, 그리하면 중국 조정에서도 반드시 수긍할 것이다. _세종실록 12년(1430) 11월 29일

천추절은 명나라 황태자의 생일이다. 이때에 축하 행사를 하는 의례를 참고하여 조선의 제도를 마련하려 한 것이다. 세종은 이처럼 중국 황제의 제도를 범하는 일을 금지하면서 제후국에 걸맞은 제도를 마련해나갔다.

국궁, 삼무도, 삼고두를 행한 다음에는 산호만세, 산호만세, 재산호만세를 외쳤다고 하였다. 집행관이 '산호'라 말하면 신하들이 '만세'라 외치고, 다시 '산호'라 말하면 '만세'라 외치고, '재산호'라 말하면 '만만세'를 외치는 것이다. 산호山呼는 한 무제가 숭산에 올라 제사 지낼 때에 산에서 만세를 세 번 부르는 소리가 들렸다는 고사에서 유래한다. 그런데 산호만세는 황제에게만 하는 것이요, 산호천세가 왕에게 하는 것이다. 황제에게 만수무강하라는 기원의 의미로 만세가 되었고, 왕은 한 단계 아래로 천세가 된 것이다. 고려 충렬왕 때에는 황제제도를 낮추면서 만년, 만세라 부르던 것을 천추, 천세로 고쳐 불렀다.

충렬왕 원년1275 11월 경신일에 본궁에 행차하여 팔관회를 개설하였다. 금오산 판액에 쓰인 '성수 만년'의 넉 자를 '경력 천추'로 고치고, 그중 '한 사람이 경사가 나면 8방의 표문이 궁궐 마당에 이르고 천하가 태평하다'는 등의 글귀도 모두 고쳤다. '만세'라 부르던 것을 '천세'로 부르게 하고, 행차 길에 황토 까는 것을 금지했다. _『고려사』 예지, 가례잡의, 중동팔관회의仲冬八關會儀

이리하여 조선시대에 들어서도 내내 산호천세를 외쳤다. 지금 우리가 '대한민국 만세'를 외치는 것은 황제국인 대한제국을 계승하였기 때문이다.

이 밖에 황제로 즉위하기 2개월 전에 새롭게 연호를 채택하였다. 1894년 갑오개혁 때에 중국의 연호를 버리고 조선 건국을 기점으로 이해를 개국 503년으로 삼는 개국기원을 사용했고, 1895년에 '건양'이란 연호를 채택했다가 1897년에 '광무'라는 연호로 바꾸게 된 것이다.

의정부 의정 심순택이 "신들이 명령을 받들어 새로운 연호를 의논하여 정했으니, '광무', '경덕'을 후보로 써서 올립니다. 이를 감히 아룁니다"고 아뢰니, "광무 두 글자를 쓰도록 하라"고 제칙을 내렸다. _고종실록 34년(1897) 8월 14일

대한제국 시기에는 고종의 '광무'에 이어서 순종의 '융희'가 연호로 사용되었다. 연호도 황제만 세울 수 있었으니, 조선시대에는 중국의 연호를 받아서 썼다. 박지원이 청나라에 갔을 때에 강소성 사람 누일왕과 한 대화이다.

그가 또 "귀국 황제의 연호는 무어라 부릅니까?" 하여 내가 "무슨 말씀이오?" 하고 물으니, 누는 "원년으로 삼는 호칭 말입니다" 한다. 나는 "저희 작은 나라는 중국의 정삭을 받드니 어찌 연호가 있겠습니까? 금년이 곧 건륭 45년입니다" 하였더니, 누는 "귀국은 중국과 머리를 맞대는 천자의 나라가 아닙니까?" 한다. 나는 "만국이 함께 하나의 황제를 받드니, 천지가 모두 대청大淸이요, 해와 달이 다 건륭입니다"고 하였다.

누는 "그렇다면 관영이니 상평이니 하는 연호는 어디에서 나온 것입

니까?" 한다. 내가 "무슨 말이오?" 하였더니, 누는 "표류해 온 귀국의 배를 바닷가에서 보았는데, 관영통보라는 돈을 잔뜩 실었습디다" 한다. 나는 "그것은 일본에서 참칭한 연호요, 우리나라의 것은 아닙니다"고 하였더니, 누는 고개를 끄덕였다. _『열하일기』 태학유관록太學留館錄 8. 14.

독자적인 연호를 사용하면 화폐에도 표기하게 되는데, 조선에서는 그러지 못했다. 고종 때에 오연근의 상소문에서 자주권과 관련하여 이 문제가 거론되었다.

우리나라로 말하면 역서曆書에는 청나라 연호를 사용하고, 화폐에는 상평이라는 칭호를 새겼습니다. 이것은 모두 자주권을 일찍이 천명하지 못했기 때문이고, 연호를 세우는 법 또한 미처 마련할 겨를이 없었기 때문입니다. 지금 독자적으로 연호를 세운 뒤에 역서에만 이를 쓰고 화폐에는 끝내 새기지 않는다면, 자주권을 이웃 나라에 드러내기 어려울 것이고, 연대를 기록하는 연호가 백성들에게서 믿음을 얻지 못할 것입니다. 그러면 자주적으로 연호를 사용하는 본뜻이 어디에 있겠습니까?
_고종실록 34년(1897) 4월 13일

조선시대에는 그러지 못했지만, 고유의 연호가 역서 즉 달력에도 반영되고 역서 명칭도 독자적으로 붙이게 된다. 광무 연호를 사용함에 따라 역서 이름도 명시明時라고 정했다. 역서와 시간에 대해서는 글을 달리하여 다룰 것이다.

명절날을 정하는 것도 황제의 특권이었다. 고종의 생일은 만수성절이었고, 즉위 기념일은 흥경절이었으며, 황태자의 생일은 천추경절이었다. 또 순종의 생일은 건원절이었다. 이런 절일의 제정은 고려 때에도 있었다. 성종의 생일을 천춘절로 처음 정한 이래로 절일 제정이 지속되다가 몽골의 침략으로 충렬왕 때부터 중지되었고, 조선시대에는 왕의 생일을 단지 탄신일이라고만 불렀다. 양성지가 세조에게 상소할 때에 절일을 칭하지 않는데 꼭 그래야만 하는 것은 아니라고 지적하면서 "별도로 연호를 세우지는 못하지만, 고려제도를 계승하여 절일을 일컬을 수는 없겠습니까?"라고 건의했으나, 세조는 허락하지 않았다.세조실록 1457. 3. 15.

그런데 고려 때에는 일개 신하인 이자겸?~1126의 생일을 '인수절'로 부른 적이 있었다. 처음 이 제의가 있었을 때에 김부식은 이렇게 반박했다.

박승중은 또 이자겸의 생일을 인수절이라고 부르고자 했는데, 김부식은 이렇게 반대했다. "생일을 '절'이라고 부르는 사례는 예로부터 없었습니다. 당나라 현종 때에 처음 황제의 생일을 천추절이라고 불렀으나, 신하의 생일을 '절'이라고 칭했다는 말은 듣지 못했습니다." _『고려사』 김부식 전기

이자겸은 심지어 송나라에 개인적으로 조공하고 표문을 바치기도 했다. 신하가 독자적으로 외교를 한 것이다. 인신무외교人臣無外交, 즉 신하는 외교를 할 수 없다는 원칙을 어긴 것이니, 그가 왕과 동격으로 행동했던 징표이다. 우리 역사에서 신하가 이런 행동을 한 것은 이자겸이 유일할 것이다.

홍대용이 북경에서 사귄 친구인 반생은 이 원칙을 과민하게 받아들였다. 아마 만주족 치하에 있었기에 그런 반응이 나온 것 같다.

또 말하기를, "우리가 우연히 만나 한 번 보아도 오랜 친구와 다름이 없습니다. 이후에 다시 만나기를 기약함이 어떠합니까?" 반생이 말하기를, "옛사람이 '신하는 나라 밖으로 사귐이 없다' 하였으니 다시 만남을 도모하기 어렵습니다." 내가 말하기를, "이 말은 서로 적국 사람을 이르는 것입니다. 우리나라가 비록 중국과 다르나 해마다 조공을 통하는데 어찌 피차의 혐의를 의논하겠습니까?" _『을병연행록』 1766. 2. 3.

이 밖에도 황제와 왕에 관한 다양한 규정들이 있었으니, 몇 가지 사례를 더 찾아보겠다. 먼저, 간쟁하는 신하의 수에서도 황제와 제후 사이에 차이가 있었다. 대사간 김수녕의 상소문에 이렇게 적었다.

천자에게는 간쟁하는 신하가 7인이 있고, 제후에게는 5인이 있고, 대부에게는 3인이 있습니다. 간쟁 신하의 수는 동원東垣, 별자리과 북두칠성을 본떠서 설치한 것이니, 불필요한 잡된 관원이 아닙니다. _성종실록 1년(1470) 2월 14일

둘째, 음식 그릇 수에서도 차이가 있었다. 홍문관 부제학 이맹현 등이 성종에게 가뭄 대책을 상소할 때에 음식 사치를 논하면서 이렇게 얘기했다.

정식으로 올리는 그릇이 천자는 26개, 제공諸公, 공경은 16개, 제후는 12개, 상대부는 8개, 하대부는 6개입니다. 각각 그 지위에 맞추어 많고 적음에 정해진 제도가 있으니, 재력을 믿고 함부로 분수를 넘어서는 안 됩니다. _성종실록 12년(1481) 6월 21일

셋째, 술자리에서 잔을 돌리는 횟수에도 차이가 있었다. 성종이 명나라 사신을 접대하면서 술이 다섯 순배에 이르렀을 때에 중국 사신이 한 말이다.

천자의 술은 아홉 순배이고 제후의 술은 일곱 순배인데, 보통 예법으로는 세 순배나 다섯 순배에서 끝냅니다. 이제 술이 다섯 순배에 이르렀으니, 예도 다하고 우리의 주량도 얕아서 더 마실 수 없습니다. _성종실록 1년(1470) 5월 2일

지금도 술잔을 홀수로 돌리고, 늦게 온 사람은 '후래자 삼배'라 하여 세 잔을 먹인다. 음양에서 양에 속하는 홀수를 동양에서는 아주 좋아하였다. 1은 양, 2는 음이고, 3은 1과 2의 숫자 즉 음양이 결합된 숫자이고, 3이 세 개 있는 9는 중국인들이 전통적으로 가장 좋아하는 숫자이다. 이리하여 9는 하늘을 상징하기도 했고, 그의 소명을 받은 황제의 상징이기도 했다. 고대 중국인은 하늘을 아홉 층으로 나누었고, 천자는 1년에 아홉 차례 하늘에 제사를 지냈다. 중국 하나라를 세운 우왕禹王이 전국을 9주로 나누었다고 하는데, 신라가 삼국을 통일한 뒤에 이를 따라서 9주를 설치한 것으로 보인다. 신라 9주는 통일의 완성을 상징한다.

이와 비교해서 지금 중국인들이 8을 좋아하는 것은 부유해지고자 하는 희망에서 비롯된 것이다.

넷째, 황제의 제향에는 팔일무를, 왕의 제향에는 육일무를 사용했다. 현종 때에 청나라 사신을 평가하면서 이런 대화가 오고 갔다.

호조판서 김수흥이 아뢰었다. "청나라 사신이 춤추는 아이를 보고는 역관에게 '너희 나라에서는 팔일무八佾舞를 쓰는가?' 묻기에, '팔일무는 천자의 예법이니 어찌 쓸 수 있겠습니까?' 하자, 사신이 '그렇다. 성왕成王이 내려준 것이나 백금伯禽이 받은 것에 대해 성인들이 모두 잘못이라 여겼으니, 과연 쓸 수 없다. 하지만 육일무는 너희 나라에서 어찌 쓸 수 없겠는가?' 말했습니다." 이에 상이 "경전의 뜻을 이처럼 익숙히 알고 있으니, 그가 오랑캐라고는 하지만 어찌 깔볼 수 있겠는가?" 하였다.

_현종개수실록 8년(1667) 9월 13일

백금은 중국 주공의 아들인데, 주공이 죽자 성왕이 그를 높이는 뜻에서 아들에게 천자의 예악을 내려주었고, 이에 대해서 후대에 비판이 있었던 것이다. 일무의 일佾은 줄을 의미하니, 팔일무는 한 줄에 여덟 명씩 여덟 줄로 늘어서서 64명이 추는 것이고, 육일무는 자연히 36명이 추는 것이다. 우리나라에서는 종묘 제향 때에 추는데, 조선시대에는 육일무, 대한제국 시기에는 팔일무, 일제강점기에는 육일무를 추었고, 1960년대에 종묘 제향이 부활한 뒤로는 다시 팔일무를 춘다.그림 2

이 밖에도 천자가 죽으면 7개월만에 장사 지내고, 제후는 5개월만에 장사 지냈다. 또 최고 교육기관은 천자의 나라에서는 벽옹辟雍이고,

그림 2 종묘대제의 팔일무(2015. 5.)

그림 3 제후의 나라에서는 반궁泮宮이었다. 역사서에서 천자의 역사는 '본기'라 하고, 제후의 역사는 '세가'라 한다. 고려시대에 집필한 『삼국사기』에서는 삼국의 역사를 본기라 하였으나, 조선 초기에 집필한 『고려사』에서는 고려왕의 기록을 세가로 낮추었다. 그뿐 아니라 역사서를 편찬하면서 고려시대에 사용된 황제 용어를 제후의 용어로 바꾸었다가, 다시 원래대로 복구하는 우여곡절을 겪었다.

고려 원종 이전에는 참람한 일이 많았다. 정총·정도전 등이 역사를 편찬할 때 종宗을 왕王으로 쓰고, 절일을 생일로 쓰고, 조詔를 교敎로 쓰고, 짐朕을 여予로 썼으니, 명분을 바로잡은 것이다. _『해동잡록』 정총

단어 사용에서도 회피해야 하는 것들이 있었다. 정토征討가 우선 그러하다. 전쟁을 가리키는 용어는 전통시대에 상황에 따라 여러 가지가 있었는데, 지금도 침략, 토벌, 정벌, 공취, 공격 등 여러 단어가 쓰인다. 정

그림 3
북경의 벽옹
(2012. 2.)

토의 '정'이나 '토'는 황제가 아래로 제후를 징벌하기 위해 공격하는 것을 가리키고, 정벌의 '벌'은 제후 상호 간에 공격하는 것을 의미한다. 따라서 정토는 황제 전용어이다. 이 때문에 신숙주가 예종에게 이렇게 건의했다.

고령군 신숙주가 "지금 서쪽을 정벌할 장수들에게 모두 '정토'라고 이름을 붙였는데, 정토는 제후가 칭할 수 있는 것이 아닙니다. 만약 윗나라에서 이를 듣게 되면 문제가 될까 두려우니, 청컨대 정토라는 이름을 제거하고, …"라 아뢰니, 임금이 허락했다.

신숙주가 "정서征西를 고쳐 진서鎭西라 하고, 정로征虜를 고쳐 평로平虜라 하고, 토역討逆을 고쳐 파로破虜라고 하소서"라고 청하니, 그대로 따랐다. _예종실록 1년(1469) 1월 15일

중종 때에는 의금부의 감옥을 조옥詔獄이라 부르는 것도 피해야 한다고 하였다.중종실록 1538. 8. 19. '조'나 '칙'은 황제의 명령이라서 이와 겹칠 수 없기 때문이다. 그러나 이 건의는 받아들여지지 않고, 이 뒤에도 조옥이란 단어는 계속 사용되었다. 이와 유사한 것이 중국 사신을 맞이할 때에 쓰는 '접반'이란 용어이다. 접반사 이호민이 선조에게 아뢴 말이다.

접반사接伴使라는 호칭은 근래에 나온 것인데, 군문·경리·어사 등의 존귀한 관청에서는 모두 '접반' 두 글자에 대하여 불만스럽게 여기고 있으니, 이는 대체로 '접' 자를 대등한 처지에서 함께 만난다는 뜻으로 이해하기 때문입니다. 지난날 공용경이 사신으로 왔을 때에 '접' 자를 온당하게 여기지 않아서, 맞이할 때에는 원영사遠迎使라 하고 보낼 때에는 원송사遠送使라고 호칭하게 했습니다. 이 때문에 어사가 신이 있는 곳에 패문牌文, 공문서 일종을 보내면서 신을 영호사迎護使라고 불렀습니다. 그러므로 그가 접반이란 명칭을 듣기 싫어하는 것이 분명합니다. 그 명칭의 뜻을 따져보면 매우 불편하니, 조정에서 다시 헤아려보는 것이 마땅할 듯합니다. _선조실록 31년(1598) 7월 12일

군문, 경리, 어사는 전쟁을 돕기 위해서 조선에 나와 있는 명나라 장수들의 직책이다. 이들과 관련된 관청들이기에 여기서는 '존귀한 아문'이라 표현하고 있다. 그러나 조선 초기부터 써오던 '접반'이란 단어 역시 이 뒤에도 계속 사용했다. 그러나 '조옥'처럼 국내에서 관습적으로 사용한다고 해도 중국에 보내는 글에서는 피해야 했다. 자칫 불경죄에 걸릴 수 있기 때문이다. 전殿이나 선膳이란 글자도 그러했으니, 정조의

사망을 중국에 알리러 간 사신이 보고해 온 말이다.

왕의 행장에 쓰인 전 자와 선 자는 모두 대국에서 피해야 하는 글자라고 합니다. 이 때문에 침전寢殿을 침궁寢宮, 피전감선避殿減膳을 재감상공裁減常供으로 고친 다음에 예부에 나아가 글을 바쳤습니다. _순조실록 즉위년(1800) 10월 26일

이렇게 제후국의 격에 맞추어 고려시대 이래로 사용되던 각종 제도나 용어를 고쳤지만, 일부 제도에서는 황제국의 격식을 그대로 유지했다. 조선이 최소한의 자존심을 지킨 것인지도 모르겠다. 선조의 비가 사망했을 때에 시호, 능호 등을 정하는 것이 참람한 것이 아닌가 하는 논의가 있었다. 이에 대해서 신하들이 의논하여 아뢴 말이다.

우리나라는 제후의 법도에 정성을 다하며 대대로 예의를 지켜, 모든 예법과 명칭에서 조금이라도 참람한 데 가까우면 전부 회피했습니다. 다만 여러 임금의 묘호廟號와 능호陵號 및 후后 자 등의 칭호만 관습적으로 사용해왔을 뿐입니다. 이는 대개 국내의 신하와 백성들이 임금을 존경하여 받드는 뜻에서 나온 것입니다. _선조실록 33년(1600) 7월 4일

임금의 묘호, 능호 및 왕후 호칭은 혁파하지 않은 것을 지적한 말이다. 묘호는 종묘에 모신 뒤에 정하는 호칭으로 태조니 세종이니 하는 것이고,그림 4 능호는 무덤에 대한 호칭으로 선릉이니 유릉이니 하는 것이다. 이런 호칭들이 새삼 심각하게 된 것은 2년 전에 명나라 찬획주사

그림 4 묘호가 적힌 종묘 정전의 신위

정응태가 중국 조정에 모함을 한 사건이 벌어졌었기 때문이다.

정응태가 무고하여 "왜를 꾀어서 동쪽을 침범하여 요하 동쪽을 탈취함으로써 옛 땅을 회복하려 한다"고 아뢰고, 또 "조祖나 종宗으로 칭하여 큰 죄를 지었다"고 아뢰었다. 이정귀가 드디어 하나하나 진술하고 변명하려 할 때에 유성룡은 "조니 종이니 하는 칭호가 가장 큰일이다. 사실을 자백하면 화를 예측할 수 없을 것이니, 이 문제는 빼어버리고 논하지 않는 것이 낫다"고 하여 조정의 의견이 오래도록 결말이 나지 않았다.

임금이 친필로 전교하여 "군신은 부자와 같은데 어찌 숨길 일이 있겠는가? 이것으로 죄를 받더라도 나는 진실로 달게 여길 터이니, 이대로 바로 아뢰는 것이 옳다"고 하였다. _『연려실기술』 선조조고사본말, 양호핵거견사변무楊鎬劾去遣使辨誣

이에 따라 황제에게 올리는 글을 이정귀가 썼는데, 그는 신라, 고려 때부터 내려온 잘못을 고치지 않고 관습적으로 쓴 것이라고 해명하였다. 이때에 그의 문장이 훌륭하다고 하여 중국에서 칭찬을 아끼지 않았으니, 특히 조·종의 호칭 문제를 변명한 대목에 대해서 "노련하고 충실하구나, 노련하고 충실하구나. 임금에게 숨김없이 고하니 조선은 참으로 예의의 나라다"고 한결같이 찬탄했다고 한다. 이 뒤로 중국의 묵인 아래 조선의 마지막까지 조·종을 칭할 수 있게 되었다.

신라 때에는 무열왕을 태종으로 봉했다가 중국의 지적을 받고 중단되었고, 고려 때에 묘호 사용을 재개했다가 몽골이 왕으로 격하시켰다. 그러므로 조선의 묘호제도는 이정귀의 말처럼 고려를 곧바로 계승한 것은 아니고, 조선에서 자발적으로 복구한 것이다. 다른 제도는 제후국에 맞게 격하시켜 나간 것과 비교한다면 묘호는 반대의 길을 걸은 셈이다. 이러하니 성종 때에 이미 사대에 위배된다고 하여 묘호를 시호로 바꾸어 부르게 하려다가 포기하고 만 적이 있다.

동지사 김종직이 와서 "전에 받은 전교에 보면, 『여지승람』에서 우리 조정의 선왕을 '종'이라고 일컬은 곳은 시호로 고쳐서 일컫게 하라고 지시하셨습니다. 그런데 연혁·건치 등의 내용에서는 고치기가 아주 쉽지만, 여러 능陵의 비문과 각종 문장에서는 '종' 자로 운을 맞춘 것이 많아서 이런 것들은 고치기 어려울 듯합니다. 또 우리나라에서 일찍이 편찬한 서적이 아주 많은데, 어찌 다 고칠 수 있겠습니까? 그대로 두는 것이 어떠하겠습니까?"라고 아뢰니, "가하다"고 전교했다. _성종실록 18년 (1487) 2월 21일이보다 몇 년 뒤인 연산군 때에는 어차피 사사롭게 묘호를 칭하는 것이니만큼, 중국과 명칭이 중복되어도 무방하겠다는 결론이 내려졌다. 돌아가신 왕의 묘호를 처음에 인종으로 하자고 했을 때에 중국과 중복된다는 견해에 대해서 신하들이 의논하여 올린 말이다.

묘호는 중국에서 모르는 것으로, 우리나라에서 사사로이 칭하는 것입니다. 만약 중국을 걱정한다면 묘호는 당연히 칭하지 못합니다. 이미 중국을 고려하지 않고 묘호를 올릴 바에는, 중국 묘호와 중복되는 것을 결코 피할 수 없습니다. 우리 태조·태종의 칭호가 이미 중국에 있는 것을 회피하지 않았으니, 어찌 지금에 와서 의문을 품겠습니까? _연산군일기 1년(1495) 1월 14일

이에 대해서 연산군은 "우리나라에서 중국의 일을 모두 회피하는 것은 아니니, 인종을 칭하여 올리는 것이 옳다고 생각한다"고 하였으나, 결국은 성종으로 낙착되었다. 중국의 허락 없이 이렇게 사사로이 정한 것이기에 중국에 보내는 글에서는 중국에서 내려준 시호만 쓰고 묘호는 쓰지 못했다.

묘호와 관련된 종묘도 조선시대에는 특이하게 운영되었다. 원래 황제는 7묘, 제후는 5묘, 대부는 3묘를 두게 되어 있다. 사당의 개수가 다른 것이다. 당연히 조선의 종묘에는 5묘가 있어야 하는데, 공이 큰 임금의 신위를 따로 옮기지 않고 그대로 둔다는 명분 아래 지금 정전에는 5묘와 7묘를 넘어서 19묘로 확장되어 있다. 이 때문에 정면 19칸, 측면 3칸의 아주 기다란 독특한 건물이 되었다.그림 5

그림 5 종묘 정전(2009. 5.)

지금까지는 공식적인 제도에 대한 얘기이고, 일상적인 측면에서는 사정이 더욱 달랐다. 양주 회암사지와 양양 낙산사를 발굴했을 때에 조선시대 기와에서 '황제 만세'라고 쓴 명문이 각각 발굴되었다.그림 6 이것은 중국 황제가 아니라 조선 초기의 왕을 가리키는 것으로 보인다. 안동 봉정사의 극락전 외벽에는 '주상전하' '성수만세'라고 적혀 있다.그림 7 주상전하는 왕을 이르지만, 성수만세는 황제에게 어울리는 표현이다. 왕이라 칭하면서 황제의 격에 맞춘 것이다. 태인의 성황당에 안치된 위패에도 역시 '주상전하 수壽 만세', '세자저하 수 천추'라 적혀 있다.그림 8 그런가 하면 『한중록』에는 세자의 생일을 '천추절', 임금의 명령을 '조칙'이라 부른 것이 보인다.

앞서 박지원과 대화한 누일왕이 조선의 왕은 천자가 아니냐고 물은 적이 있지만, 중국에서도 조선 왕을 '조선 황제'라고 칭하기도 했다고 한다.

근세에 우리나라가 중국에 사대하면서 순종하지 않는 것이 없다. 그런

그림 6(위) 낙산사 황제 명문 기와(2007. 5.)
그림 7(아래) 봉정사 극락전 외벽(2010. 3.)

그림 8 태인 성황당 위패(2009. 12.)

> 데 요양과 심양 지방에서는 '조선 황제'라고 일컬으니, 이 말은 그 유래가 오래되었다. 우리 종조할아버지 두봉공이지완이 만력 말기에 주청사로 연경에 가서 주청의 일에 대하여 특별히 비준을 받은 적이 있다. 이때 집에 보내온 편지 가운데 "모두 조선 황제라 칭한다"고 하였으니, 대개 상국의 은혜가 우리나라에 대해 이와 같이 후했던 것이다. _『성호사설』 경사문, 조선황제

한편으로 일본에서 보내온 글에 조선 국왕을 '황제 폐하'라 칭하고,

조선 조정에서도 일본 천황을 황제라 부른 사례를 실록에서 찾아볼 수 있다.

날짜와 시간

최초의 시간 단위는 낮과 밤의 순환이었으니, 여기서 하루의 개념이 생겨났다. 좀 더 큰 시간 단위는 달의 주기로서, 여기서 한 달이 만들어졌다. 여기에 다시 더운 것과 찬 것, 우기와 건기, 풍요기와 곤궁기와 같은 계절적인 주기가 인식되었고, 맨 나중에 태양년의 주기가 알려져 1년의 개념이 형성되었다.

그림 1 동짓날의 고분 내부

아일랜드 더블린 북쪽에는 5,000년 전에 만들어진 뉴그레인지Newgrange 유적이 있다. 내부에는 기다란 무덤길이 있고, 그 끝에 몇 개의 방이 만들어져 있는 대형 봉토 무덤이다. 1998년에 이곳을 답사했을 때에 흥미를 끌었던 것은 무덤 출입구 위에 만들어진 광창光窓, roof-box이었다. 매년 동짓날에 이곳을 통해서 빛이 들어와 가장 깊숙한 곳에 있는 방을 17분간 비춘다는 것이다.그림 1 새해의 시작을 알리는 신호이면서 부활을 상징하

그림 2 스톤헨지(2013. 8.)

는 것으로 해석된다. 선사시대에 이미 시간을 측정하고 이를 활용하는 지혜를 지녔던 것이다.

뉴그레인지보다 조금 늦게 장기간에 걸쳐 만들어진 영국의 스톤헨지Stonehenge 유적도 중심축이 동지의 일몰 지점과 하지의 일출 지점을 연결하고 있다.그림 2 2012년 12월 21일 동지의 일출을 보기 위해 스톤헨지에 5천 명 이상의 인파가 모였다고 한다.

뉴그레인지와 비슷한 광창이 석굴암에도 있었다. 석굴암의 정면은 멀리 동해 바다에 있는 대왕암을 바라보는 것으로 이해되어 왔다. 그렇지만 이들이 정확히 일직선상에 놓여 있지 않기 때문에, 오히려 동짓날 일출 지점과 일치한다는 주장이 제기되었다. 동짓날 일출시에 광창을 통하여 들어온 빛이 본존불그림 3을 비추었을 것이라는 것이다. 그런 점에서 시간과 장소는 판이하지만, 동짓날 일출을 신성시한 것은 동일하다.

그림 3 석굴암 본존불(2002. 9.)

동지는 1년 중 해가 가장 짧은 날이고 하지는 가장 긴 날이다. 동지에서 동지 또는 하지에서 하지까지의 길이를 재면 그것이 1년이 된다. 중국에서는 춘추시대 중기인 기원전 600년경에 1년의 길이가 확립되었다. 8척 길이의 막대를 세워서 그림자의 길이를 측정하면, 가장 긴 날이 동지가 되고 가장 짧은 날이 하지가 된다. 이것이 365일을 주기로 반복되다가 4년째에는 366일만에 되돌아온다는 사실을 알게 되었다. 이를 평균하면 365.25일이 1년이 되므로 지금 알려진 365.2422일과 거의 일치한다.

동서양을 막론하고 동짓날을 1년의 시작으로 생각한 곳이 많았다. 아일랜드 유적처럼 이미 선사시대부터 동짓날은 상징적인 날이었다. 예수가 언제 탄생했는지 기록이 없지만, 전통적인 동지 축제일을 원용하여 크리스마스를 12월 말로 정했다고 한다.

중국의 주나라는 동지를 설로 생각하여 11월인 자월子月을 1년의 시작으로 삼았다. 반면에 상나라는 12월인 축월丑月, 하나라는 1월인 인월寅月을 시작으로 삼았다. 음양설에서 동짓날은 음의 계절에서 양의 계절로 바뀌는 날이기도 하다. 이에 따라 사형을 집행하는 것도 음의 계절인 동짓날 이전에 하였다.

당나라 역법을 사용한 고려 후기까지는 동지가 설이었다가, 충선왕이 원나라 수시력을 받아들이면서 정월 초하루가 설로 바뀌었다고 한다. 그렇지만 동지가 설이라는 관념이 그 뒤에도 계속되어서, 동지를 작은설 즉 아세亞歲라고 부르며 "동지팥죽을 먹어야 진짜 나이를 한 살 더 먹는다"는 말이 전해졌다. 동지와 갑자일이 겹치는 날이 새로운 세상의 출발점이라고 한 인종의 명령서에서도 고려시대의 관념을 읽을 수 있다. 동지가 1년의 시작이요 갑자는 육십갑자의 시작이니, 이들이 만나는 때가 새로운 세상의 시작이라는 것이다.

옛날 사람의 훈계에 "수만 년이 지나면 반드시 동짓날에 갑자일을 만나게 되어 일월과 수화금목토 5성이 모두 북쪽으로 모여드니, 이를 상원上元이라 하며 이것을 역법의 출발점으로 삼았다. 또 천지개벽 이래로 성인의 도道가 이로부터 출발했다"고 하였다. 금년 11월 6일이 동지이고 그날 밤중이 바로 갑자로서 삼원三元, 세상의 시작·중간·끝의 시초가 되니, 이로써 낡은 것을 버리고 새 제도를 세우고자 한다. _『고려사』 인종 10년(1132) 11월 기묘

1년의 명칭도 주나라는 연年, 상나라는 사祀, 하나라는 세歲, 요순 임

금 때에는 재載라 불렀다. 여기서 연유하여 과거 역사에는 세, 연, 재란 명칭이 혼용되어 나타난다. 목성은 연도를 가리키는 별, 즉 세성歲星이라 부른다. 이 별의 공전 주기는 11.86년으로 대략 12년인데, 이를 12등분하여 목성의 위치에 따라 자·축에서 시작하여 술·해로 끝나는 12차次의 명칭을 붙였다. 우리가 축문에 '유세차 갑자년'식으로 부르는 것의 '세차'는 바로 '세성의 차례', 즉 그 위치를 가리킨다.

태양의 주기를 통하여 1년의 길이를 알아냈고, 다시 1년은 달의 주기를 통하여 12개로 나눌 수 있게 되었다. 달의 운동이 30일 정도의 주기를 가지며, 이러한 달의 주기가 12번 정도 지나면 전과 같은 계절로 돌아온다는 사실을 알게 되었다. 이리하여 중국뿐 아니라 바빌로니아, 그리스 등 대부분의 문명은 달을 기준으로 달력을 만들었다. 우리의 음력도 이에 기반한 것이다. 다만 이집트에서는 나일강의 주기적 범람 때문에 태양력을 채택하였고, 로마의 시저가 율리우스력을 만들면서 보편화되어 근대 시기에 우리나라에까지 전래되었다.

서양에서 그레고리우스 13세가 1582년에 율리우스력을 대신하여 그레고리력을 반포하였으니, 지금 우리가 쓰고 있는 태양력이 그것이다. 이때에 달력과 계절을 일치시키기 위해서 1582년 10월 4일 다음 날을 10월 15일로 하여 10일을 없애버렸다. 이와 비슷한 일이 우리나라에서도 일어났다. 을미개혁을 할 때에 음력 1895년 11월 17일을 양력 1896년 1월 1일로 선포하면서, 우리 역사에는 그해 11월 17일부터 12월 30일까지가 존재하지 않는다. 고종실록에서 고종 32년은 11월 16일까지만 나온다. 이리하여 음력 생활에서 양력 생활로 일대 전환을 이루었지만, 지금까지도 양력과 음력을 혼용하고 있다. 그러나 양력 사용의 법적 장치는 115년이 지난 2010년에 와서야 마련되었다. "날짜는 양력인 그레고리력을 기준으로 하되 음력을 병행하여 사용할 수 있다"는 규정이 천문법에 처음 삽입된 것이다.

물론 양력을 처음 시행할 때에 반대가 없을 리 없었다. 지석영의 상소문은 그런 생각을 대표한다.

지금 우리나라의 종묘·사직·전각에서 지내는 제사, 경축일, 기원절紀元節은 음력을 쓰는데, 이것은 음력 정월 초하루를 정삭正朔, 1년의 시작으로 삼기 때문입니다. 또 행정의 조서와 칙서 및 중앙과 지방에 보내는 각종 공문은 양력을 쓰는데, 이것은 양력 1월 1일을 정삭으로 삼기 때문입니다. 이로 본다면 정삭이 두 개인 것이니, 어찌 한 나라에서 두 가지 정삭을 쓸 수 있겠습니까? 지금 폐하께서 요·순 임금과 같은 성인으로서 황제의 자리에 올랐으니 마땅히 이것을 먼저 결정하여 정삭을 제시해야 하겠는데, 한 달이 지나도록 아직도 말씀이 없으시니 신은 심히 의혹을 가지게 됩니다.

가만히 생각해보건대, 양력을 수년간 사용한 것은 외국과의 교제 및 국내의 예산 사용에서 이미 관습화되어 변통하기 어렵기 때문에 그런 것입니까? 아니면 뭔가 손해되는 것이 있어서 그런 것입니까? 예산을 가지고 말한다면, 평년에 열두 달로 나눈 것을 윤년에는 열세 달로 나누면 예산에 털끝만치도 착오가 없을 것입니다. 외교문건으로 말하자면, 크게 음력 정월 초하루를 쓰고 옆에 양력 몇 월 며칠이라고 써놓으면 외교에도 손실이 없을 것입니다. 무엇 때문에 양력 월일을 섞어 쓰고 정삭을 정하지 않음으로써, 나라의 체모를 손상시키고 민심을 현혹시키는 것입니까? 신은 실로 부끄럽게 생각합니다. … 엎드려 바라건대, 성상께서는 과단성 있게 결단하시어 양력을 폐지하고 전적으로 음력을 사용함으로써 정삭을 온전히 하고 나라의 체모를 높이기 바랍니다. _고종실록 34년(1897) 12월 21일

우리나라에서 종두법을 처음으로 시행한 것으로 유명한 지석영이 양력과 음력을 혼용하는 것을 반대하고 다시 음력을 기준으로 삼기를 요구한 상소문이지만, 고종은 갑자기 논의할 일이 아니라고 하여 거절하였다. 이후에도 관청에서는 양력을 강요하고 민간에서는 음력을 고집하며 긴장관계가 지속되었으니, 음력설과 양력설의 역사가 이를 실증해준다. 일본의 지배를 겪은 뒤로 양력설은 왜놈설이라 하여 배척의 대상이 되었고, 음력설을 진정한 설로 여겨왔다. 하지만 정부에서는 음력설의 공휴일을 점차 줄이면서 쇠지 못하게 하였고, 이를 구정이니 민속의 날이니 하는 어정쩡한 이름으로 부르다가, 1989년에 와서야 설날로 복구시켜 제자리를 찾게 하였다.

이렇게 해서 신정보다는 구정을 쇠는 쪽으로 다시 기울게 되었다. 일본에서는 서구화되면서 음력설은 사라졌지만, 중국에서는 반대로 음력설을 춘절이라 하여 대단한 명절로 삼고 있다. 이때가 되면 심지어 한 달 가까이 휴가를 얻어 머나먼 고향을 다녀오고, 수억 명이 귀성하는 전쟁을 치르곤 한다. 이에 반해서 우리는 신정에도 쉬고 설날에도 쉰다.

이것은 마치 세 나라에서 전통의학과 서구의학의 상관관계가 달리 나타나는 것과 유사하다. 일본에서는 전통의학이 사라진 반면에 중국에서는 전통의학이 서구의학과 자연스럽게 결합되었으니, 이 두 나라

에서는 양의사와 한의사가 따로 있지 않다. 반면에 우리나라에서는 양자가 대립되는 구도로 자리 잡게 되면서 병원과 함께 한의원이 별도로 있다. 한의원이 있는 나라는 우리밖에 없는 것이다. 병원에 가면 한약을 먹지 말라고 하고, 한의원에 가면 양약을 먹지 말라고 하는 것은 이런 대립을 상징적으로 보여준다. 서구 문명을 받아들이면서 전통문화와 어떤 관계를 맺었는지가 세 나라에서 상이하게 나타나는 것이다.

양력과 음력의 혼용은 때때로 혼란을 일으켰다. 2000년 1월 1일을 조선일보에서는 음력을 기준으로 해서 단기 4332년이라 쓴 반면에 동아일보에서는 양력을 기준으로 하여 단기 4333년이라 썼다. 단기는 음력을 기준으로 해야 할지 양력을 기준으로 해야 할지 지침이 없어서 발생한 혼란이었다. 양력 설날에서 음력 설날 사이에 태어난 아이는 어느 것을 기준으로 띠를 정해야 할지에 대해서도 정해진 규정이 없다. 띠는 전통시대 음력을 기준으로 해야 한다는 주장과 새로운 역법에 따라야 한다는 주장이 엇갈리기 때문이다.

이와 비슷한 것이 역사적 사건에서도 보인다. 무오독립선언은 제1차 세계대전의 종전에 맞추어 조국의 독립을 요구한 선언으로서 1919년 2월에 발표되었다. 이해는 양력으로 기미년이지만 음력을 기준으로 해서 '무오'란 명칭이 들어가 있다. 청나라가 조선을 침략한 병자호란도 마찬가지다. 병자년 12월 10일에 전쟁이 발발했는데, 이를 양력으로 환산하면 1636년이 아니고 1637년 1월 5일에 해당한다. 따라서 병자호란이 일어난 해를 양력인 서기로 쓸 경우에는 1637년이라 해야 한다는 것이다. 그렇다고 과거의 역사를 모두 양력으로 환산하게 되면 큰 혼란이 벌어질 수밖에 없다. 그래서 음력의 연도를 양력의 연도로만 바꾸어

적당히 사용하고 있는 게 현실이다.

사실 역사학자들은 연대를 표기할 때에 서양에서 들어온 100년 단위의 세기를 사용하여 '8세기의 발해 사회'니 '18세기의 화폐유통'이니 하고 논문 제목을 단다. 그러나 중국 한나라 때부터 갑자에서 계해에 이르는 육십갑자를 이용하여 60년 단위로 시간의 흐름을 이해했으니, 음력을 양력으로 환산할 때의 문제점이 여기서도 노정될 수밖에 없다. 다시 말해서 60년 단위로 살았던 시대의 사건들을 현대 역사가들이 100년 단위로 이해할 때에 역사상이 자칫 어그러질 가능성이 있는 것이다.

60년이 넘으면 다시 육십갑자가 시작되어 사람도 회갑을 맞게 된다. 이처럼 60년 단위로 반복되다 보니 옛날 기록에 단지 '병신년' 하는 식으로 연대가 표기되어 있으면 도대체 어느 왕 때 또는 서기로 어느 연도의 병신년인지 파악하는 데 애를 먹게 된다. 서양으로부터 서력기원을 도입한 뒤로 이런 불편이 비로소 해소될 수 있게 되었다. 『삼국사기』에서 신라 건국일은 기원전 57년으로 환산되어 무의미한 숫자처럼 보이지만, 육십갑자로 따지면 갑자년이 되어 결국 실제 건국 연대가 아니라 역사의 첫 출발점이란 의미를 담고 있다.

왕이나 왕조의 교체를 변화의 한 단위로 이해한 것은 동양이나 서양이나 마찬가지일 것이다. 그런데 동양에서는 왕이 새로 즉위했을 때에 언제를 원년, 즉 제1년으로 삼는지에 대해서 두 가지 다른 방법이 있다. 하나는 즉위한 그 해를 원년으로 삼는 즉위년칭원법即位年稱元法이고, 다른 하나는 해를 넘기는 유년칭원법踰年稱元法이다. 후자의 경우에 즉위한 해는 즉위년이라 따로 부르고 다음 해가 원년이 되는 것이다. 공자는 『춘추』를 지을 때에 유년칭원법을 택했으니, 그러지 않으면 선왕의 마지막 연도와 중복되어 누를 끼치는 것으로 생각했기 때문이다. 이 때문에 중국에서는 유년칭원법을 원칙으로 삼았으나 항상 그랬던 것은 아니다. 당나라만 해도 유년칭원에서 즉위년칭원으로, 다시 유년칭원으로 변경했다. 발해도 이를 따라서 전반기에 즉위년칭원, 후반기에 유년칭원을 택했다. 반면에 우리나라에서는 고려시대까지 즉위년칭원법을 기본으로 삼다가 성리학 이념이 들어오면서 유년칭원법으로 바뀌었다. 『삼국사기』는 즉위년을 원년으로 삼았고, 『고려사』는 조선 초기에 저술되는 바람에 실제와는 달리 유년칭원법으로 고쳐 서술되었다. 이에 따라 금석문 등의 고려시대 기록과 1년 차이가 나는 괴리가 나타난다. 조선왕조실록은 당연히 유년칭원법을 따랐으나 폐위된 왕인 단종, 연산군, 광해군은 왕으로 인정하지 않았기에 그다음 왕은 예외적으로 즉위년칭원법을 따랐다. 유년칭원법 때문에 왕의 재위년을 따질 때는 즉위한 해부터 시작하고, 원년 즉 제1년은 이듬해부터 시작하게 된다.

하루는 태양이 남중했을 때부터 다음 남중했을 때까지를 이른다. 서양에서 하루를 24시간으로 나눈 것은 14세기에 와서의 일이고, 1시간을 60분으로 나눈 것은 바빌로니아의 60진법에서 유래한 것이라 한다. 동양에서는 이를 12개로 나누어 밤 12시 무렵인 자시子時, 11~1시에 하루가 시작된다. 사람이 밤에 죽었을 때에는 바로 자시를 새로운 날의 시작으로 생각하여 제삿날을 정했다.

"주나라는 야반夜半, 한밤중을 초하루로 삼고, 상나라는 닭 울음雞鳴을 초하루로 삼고, 음양가는 모두 자시를 다음 날로 삼았다. 그렇다면 닭이 울기 전 자시에 죽은 사람은 어느 날을 따라야 하는가?"라고 물으니, 우암이 "날짜의 구분은 반드시 해시亥時에서 끝나고 자시에서 시작하니, 초이틀의 자시는 당연히 초하루와 무관하다"고 대답했다. _『상변통고』 상례喪禮, 초종初終

그렇지만 하루의 시작을 해 뜰 무렵으로 생각하기도 했으니, 고려 성종이 송나라로부터 책봉을 받은 것을 축하하기 위해서 국내에 내린 사면령의 기준 시점이 그러하다. 새롭게 밝아 오는 새벽을 출발점으로 생각했기 때문일 것이다.

금년 즉 태평흥국 8년 3월 22일 새벽昧爽 이전을 기준으로 이미 발각되었거나 아직 발각되지 않았거나, 벌써 판결되었거나 아직 판결되지 않았거나를 막론하고, 서로 다투다가 살인한 자를 제외하고 그 이하의 범죄인은 죄의 경중에 관계없이 모두 사면한다. _『고려사』 성종 2년(983) 3월 무인

조선시대의 사면령도 모두 새벽을 기준으로 삼았다. 해가 뜨는 시각이 하루의 시작이 된 것은 시계가 없어도 사람들이 가장 손쉽게 알 수 있었기 때문일 것이다. 지금은 시계가 흔한 시절이지만, 과거에는 시계를 차고 다니는 것 자체가 자랑할 만한 일이었다. 거기에 금장까지 한 오메가 시계 같은 것은 부의 상징이었다. 서울대학교 기록관에는 과거 동숭동 시절에 학생들이 중국집에 맡겼다가 찾아가지 않은 시계들이 보관되어 있다.그림 4 1996년에 중국음식점 진아춘에서 기증하여 신문 기사가 난 적이 있다. 이처럼 1970년대만 해도 돈이 없으면 시계를 맡

그림 4 진아춘 시계들

기고 돈을 빌리거나 음식을 사 먹을 수 있었다.

몇 년 전 동티모르에 시계탑을 세워주었다는 기사가 났다. 국민소득이 낮은 이 나라에서는 시계가 부의 상징일 정도로 일반 가정에서 시계를 찾아보기 어렵다고 한다. 이곳 아이들은 태어난 날짜와 시각을 알지 못해서 자기 나이를 모르는 것이 다반사이고, 등하교 시간에 지각이나 결석을 하기 일쑤라고 한다. 비 오는 날이나 궂은 날씨에는 시각을 알아내기가 더욱 어렵다. 이에 따라 사람들이 제일 많이 모이는 광장에 시계를 세워서 주민들에게 시간을 선물했다고 한다.경향신문 2011. 5. 3. 시계가 없는 사람들에게는 새벽닭 울음이 일과의 시작이었다.

전날에 수탉을 함열에 보내면서 인아로 하여금 바꿔 보내라고 했었다. 마침 잘 우는 수탉이 없어서 암탉으로 바꿔 보냈으니, 이제 바야흐로 알을 낳으므로 씨닭을 삼을 작정이다. 다만 집에 새벽을 알리는 수탉이 없는 것이 한스럽다. _『쇄미록』 1595. 5. 2.

암탉은 달걀을 낳아서 보탬이 되고, 수탉은 새벽을 알리는 시계로서 보탬이 되었다. 닭이 시간을 알려주기에 이를 신성시한 곳이 많다. 신라의 계림 이야기처럼 경주 김씨도 닭을 신성시했다. 그러기에 인도에서는 '꼬꼬댁을 귀하게 여기는 나라'란 뜻으로 신라를 구구탁예설라矩

矩吒磬說羅라 불렀다. 포르투갈에서는 수탉이 행운, 정의를 상징하여 수탉 인형을 많이 팔고 있는 것을 볼 수 있다. 수탉le coq gaulois, Gallic rooster은 프랑스의 국조이며 신성의 상징인데, 이는 라틴어 갈루스Gallus가 수탉과 갈리아족고대 프랑스 일대 주민을 의미하는 동음이의어인 데다가 이후 거기에 기독교적 요소까지 가미된 결과물이다. 그러기에 프랑스의 화폐 문양에 들어 있고, 교회 첨탑에는 흔히 풍향계가 달린 수탉을 장식하였으며, 르꼬끄 스포르티브Le Coq Sportif라는 상표까지 만들어졌다. 북유럽 신화에서는 수탉이 보초병의 상징으로 생명의 수호자로 여겨진다고 한다.

내가 아는 분은 시골에서 초등학교를 다니면서 딱 한 번 지각을 했다고 한다. 날이 밝아야 새날이 된 것을 알 수 있는데, 그날따라 지척을 분간하기 어려울 정도로 안개가 자욱이 껴서 어머니가 시간을 미처 알지 못했었다고 한다. 그 집에 가난해서 울어줄 닭이 없었는지 아니면 그날만 닭이 울지 않았는지 모르겠다.

오래전에 일본 나라 지방을 여행하면서 이상한 사이렌 소리를 들은 적이 있다. 주위를 둘러보니 별다른 움직임이 없어서 이상하다 생각했다가, 어릴 적 기억이 떠올라서 "아, 그것이구나" 하고 깨달은 적이 있다. 어렸을 때에 시계가 없어서 12시 정오가 되면 사이렌이 울렸다. 이것을 '오종 분다'고 했다. 아마 옛날 정오에 치던 종이 사이렌으로 바뀌어서 이 말이 생겨났을 것이다. 아니면 오정에 사이렌이 분다고 해서 '오정 분다'고 한 것인지도 모르겠다.

종 대신에 대포를 쏘기도 했다. 임진왜란 때에 이순신 장군이 활약했던 목포의 유달산에 올라가면 시간을 알리던 대포가 지금도 남아 있다.그림 5 종이나 북을 대신해서 근대에 새롭게 시작한 것으로서, 이를 오

그림 5 유달산의 오포(2008. 3.)

포午砲라고 한다.

전교하였다. "지금부터 정오와 인정人定, 통금 시작과 파루罷漏, 통금 해제 때에 금천교에서 대포를 쏘라고 친군과 삼영에 분부하라." _고종실록 21년(1884) 윤5월 20일

인천 자유공원이 있는 응봉산 꼭대기에는 근대 기상관측의 효시를 이룬 인천관측소가 자리 잡고 있다. 1905년에 세운 이곳에서는 기상관측만 했던 것이 아니라 시민들에게 시간을 알려주기 위해서 정오가 되면 산 위에서 공포를 쏘았다고 한다. 이에 따라 이 산을 오포산이라 부르기도 했다. 그런데 포를 잘못 쏘아서 부상당하는 일이 잦아지자, 1931년부터 사이렌으로 바뀌었다고 한다.중앙일보 2009. 12. 9. 일본 오사카

성 안에 있는 천수각 입구에도 1870년부터 시각을 알려주던 호포號砲가 전시되어 있다. 처음에는 하루 세 번 공포를 쏘다가 몇 년 뒤부터 정오에만 쏘았다고 한다.

스코틀랜드의 에든버러성에서는 'one o'clock gun'이라고 해서 지금도 매일 1시에 대포를 한 발 쏘아 시간을 알리고 있다. 원래는 항해하는 배들에게 시간을 알려주기 위했던 것이 지금까지 계속되면서 관광자원이 되고 있다.

전통시대에는 시간 측정에 해시계나 물시계가 활용되었다. 해시계는 역사의 시작과 더불어 사용되었을 것이지만, 태양이 뜬 때에만 측정할 수 있다는 단점이 있다. 이를 극복할 수 있는 것이 물시계이니, 우리나라에서 가장 오래된 기록으로는 통일신라 때인 성덕왕 17년718에 누각전漏刻典이란 관청을 설치하고 이를 담당하는 누각박사 등을 두었다고 한 것이 있다. 이 누각이 바로 물시계이다. 조선시대에 와서 물시계는 국가의 표준시계가 되었다. 세종 때에는 장영실 등이 자동 물시계인 자격루自擊漏를 완성하였다. 현재까지 전해져 덕수궁 뜰에 전시되어 있는 물시계는 중종 때에 완성한 것이다.그림 6 그러나 때때로 시간 측정이 고르지 않았던 모양이니, 다음은 성종이 지시한 말이다.

지난밤에 내가 책을 읽는데, 물시계 소리가 나지 않다가 4경四更, 1~3시에 이르니 점점 빨라졌다. 물시계更漏가 이와 같으면 궁중에서 시간을 어찌 알 수 있겠는가? 물어보고 보고하도록 해라. _성종실록 23년(1492) 11월 21일

물시계와 실제 시간 사이에 나타난 차이는 낮과 밤의 길이가 동일한

춘분이나 추분에 교정하였다. 관상감이 인조에게 아뢰어 허락을 받은 사항이다.

그림 6 덕수궁 자격루(2009. 6.)

물시계刻漏가 천시天時, 자연시간와 매번 서로 어긋나고 있습니다. 춘분과 추분에 낮과 밤의 길이가 같아서 물의 성질이 딱 중간이 되었을 때에 으레 이를 교정하여 천시와 합치되게 합니다만, 그래도 혹 어긋날까 걱정이 있곤 합니다. 그런데 지난해 춘분에는 전혀 교정하지 않아서 봄과 여름 사이에 물시계가 두 시각이나 어긋나기에 이르렀습니다. 올해 춘분에는 교정하지 않을 수 없으니, 장인을 모집하여 교정하게 명하소서. _인조실록 8년(1630) 2월 3일

물은 덥거나 추우면 성질이 달라진다. 따라서 그 중간 시기로서 음양이 균형을 이룰 때인 춘분이나 추분에 시간을 조정하였다.

궁궐 안에서는 시동時童이라 부르는 아이가 소리를 쳐서 시간을 알렸다고 한다.

궁궐 안의 시패時牌, 시각을 적은 나무패는 궁중 물시계를 담당한 군사가 거행하는데, 으레 아이들에게 이를 시켜서 '시동'이라 불렀다. 비록 침전과

지척인 곳이라도 반드시 큰소리로 시각을 알리며 패를 꽂고 나간다. 그 소리가 마치 노랫소리와 같다고 하여 영조 때에 백금百金의 상을 주었는데, 다음 날 다른 아이가 그것을 바라고 더 큰소리를 질렀다가 상의 잠자리를 어지럽혔다고 하여 벌을 받았다. 순조 때에는 잘 알리는 자를 가려 십금十金의 상을 주었고, 헌종 때에도 하사한 적이 있다. 이는 내가 사관으로 입직하였을 때 본 일이다. _『임하필기』 춘명일사, 시동고사時童故事

본격적인 기계 시계는 중국을 통해서 들어온 서양 시계인 자명종이었다. 인조 때인 1631년 정두원이 명나라에 사신으로 갔다가 서양인에게서 선물로 받아서 가져온 것이 최초이지만, 당시에는 사용법을 몰라서 활용하지 못했다. 효종 때에 와서야 그 구조를 이해하게 되었고, 마침내 현종 때에 청나라에서 가져온 자명종을 본떠서 새로운 자명종을 제작하게 되었다.

홍문관이 자명종과 물의 힘으로 돌아가는 혼천의渾天儀, 천문시계를 바쳤다. 이에 앞서 상이 이민철에게 물의 힘으로 돌아가는 혼천의를 만들게 하고 홍문관이 맡아 감독하게 했는데, 이때에 이민철이 만들어 올린 것이다. 또 송이영에게는 자명종을 만들어 바치게 했었다. 상이 "두 사람이 몸과 마음을 기울인 공로가 결코 작지 않다. 해당 관청은 이를 참작해 포상을 논하고, 장인들에게도 해당 관청이 쌀과 옷감을 지급하게 하라" 하였다. 이민철은 자급을 올리고 송이영은 실직實職을 주었다. _현종실록 10년(1669) 10월 14일

그림 7 자명종

지금 서울대학교 박물관에는 개화기 이전에 만들어진 자명종이 전시되어 있는데,그림 7 우리나라에 별로 남아 있지 않은 희귀한 유물이다. 경종 때에는 문신종이란 시계를 제작하였다고 한다.

서양국의 문신종問辰鐘을 관상감에 내려서 새로 만들게 하였다. 이것은 진하사로 갔던 밀창군 이직이 돌아올 때에 청나라 임금이 우리나라에 보낸 것이다. 그 사용법이 매우 정밀하고 교묘하여, 밤이나 낮이나 비 올 때나 흐릴 때나 쉽게 시각을 추정할 수 있다. 관상감에서 이를 모방하여 새로 만들 것을 아뢰니, 임금이 윤허하였다. _경종실록 3년(1723) 10월 9일

평양에 소장되어 있는 김홍도의 그림에는 선비 뒤쪽으로 자명종이 달려 있는 것을 볼 수 있다.그림 8 중국에 갔던 홍대용은 중국인과의 대화에서 이렇게 전했다.

또 묻기를, "조선에도 자명종이 있습니까?" 내가 말하기를 "우리나라에서 만든 것이 있지만 많지 않고 중국에서 만든 것과 일본에서 나온 것이 많으며 혹 서양국 제작도 있습니다." _『을병연행록』 1766. 2. 2.

19세기에는 이런 시계가 제법 많이 보급되었던 것으로 보이는데, 심암 조두순1796~1870의 고사에서 이를 추측할 수 있다.

내가 일찍이 심암 조공에게 "요즘에 태서泰西, 서양의 시종時鍾을 모든 사람들이 좋아하는데, 공께서만 유독 그러지 않으신 것은 어째서입니까?" 여쭈니, 공이 "내가 그것을 좋아하지 않는 것이 아니라, 그것이 늙음을 재촉하기 때문에 멀리하는 것이네. 대개 종이 울리면 시간이 가고 시간이 가면 사람이 늙는데, 그처럼 시간을 재촉하는 물건을 날마다 상대하면, 사람이 어떻게 견딜 수가 있겠는가?" 하였다. 공의 이 얘기는 의탁하여 비유한 것인 듯하나, 그 견해만큼은 명철한 것이다. 시종을 대할 때마다 문득 공의 말씀이 떠오르곤 한다. _『임하필기』 춘명일사, 심암명견心庵明見

그림 8 자명종이 보이는 선비 초상

괘종시계처럼 시간마다 종을 치는 것을 여기서는 시종이라 했다. 우리는 지금 시간을 알려주는 기계를 시계라고 하는데, 이것은 일본에서 들어온 말이다. 중국은 종표鐘表 또는 표表라고 한다. 처음 중국에 갔을 때에 간판에 '표'란 글자가 쓰인 것이 종종 눈에 띄어 무슨 가게인가 궁금했었다. 알고 보니 시계 가게였는데, 이것은 전통시대 천문관측기구인 규표圭表에서 유래한 말이다. 지상에 수직으로 세운 막대가 '표'이고, 그 아래에 수평으로 북쪽을 향해 누인 자가 '규'이다. 이것으로 앞서 얘기한 것처럼 1년의 길이를 재고, 시각을 정하고, 방향을 결정하였으니,

그림 9 그리니치 천문대 자오선에서(2013. 10.)

지금의 시계와 같은 것이라서 이 명칭이 살아남은 것이다.

영국에 체류하는 동안에 시간을 내서 그리니치 천문대를 다녀왔다. 학생 시절에 많이 들은 곳이라서 꼭 가보고 싶었다. 천문대는 런던 교외의 언덕 위에 자리 잡고 있어서 템스강과 런던 도심이 한눈에 내려다보일 정도로 전망이 좋았다. 지금은 천문대가 이전하여 박물관으로 이용되고 있으나, 건물을 관통하는 자오선 위에서 기념사진을 찍는 사람들로 붐볐다.그림 9 이것이 세계 시간의 기준이 되는 본초자오선이다. 건물 밖 담장에 달린 둥근 시계 아래에는 영국의 표준 길이도 제시되어 있었다.

우리는 지금 한반도에 태양이 남중했을 때보다 30여 분 일찍 12시가 되는 표준시를 채택하고 있다. 서울은 동경 127도인데, 이보다 동쪽에 있어 한반도를 지나가지 않는 동경 135도를 표준 자오선으로 채택했기 때문이다. 여기에도 역사적 우여곡절이 있었다.

> 칙령 제5호 대한국의 표준시에 관한 안건을 재가하여 반포하였다【종래에는 관용적으로 서울의 시각을 써왔다. 이번에 영국 그리니치 관상대의 자오선을 기본 중심으로 삼아 동경 127도 30분을 기준으로 대한국의 표준시를 정했다. 융희 2년[1908] 4월 1일부터 시행하였다】. _순종실록 1년(1908) 2월 7일

그러나 일본이 식민 통치의 편의를 위해서 일본의 표준시인 동경 135도로 바꾸었고, 해방 후에 대한제국 시기의 기준으로 환원되었다가 1961년부터 또다시 바뀌게 되었다. 135도로 할 경우에 영국과 9시간 차이가 나지만, 127도 30분으로 할 경우에는 8시간 30분 차이가 나서 세계 시간과 맞추기에는 불편한 점이 있는 것도 사실이다. 2015년 광복절부터는 북한에서 평양시를 채택하여 남한과 30분 차이가 나게 되었다.

중국으로 여행할 때에는 한국에서보다 1시간이 늦으니 아침에 느긋하게 일어날 수 있지만, 동쪽으로 연해주에서는 1시간 일찍 일어나야 되고 여름 서머타임 때에는 2시간 일찍 활동해야 해서 부담이 된다. 그러기에 연해주의 중·러 국경지대에서는 양국 사이에 무려 3시간의 시차가 발생한다.

우리나라는 작아서 별 문제가 없지만, 동서로 기다란 미국이나 캐나다는 6개, 이보다 더 긴 러시아는 9개의 표준시를 사용한다. 그러나 특이하게도 중국은 베이징을 중심으로 하나의 시간대만 가지고 있다. 중국은 유럽 대륙과 크기에서 비슷하다. 동서 거리가 약 5,200킬로미터

에 이르러 정상적으로 하면 5시간의 시차가 있다. 이에 따라 과거에 5개의 시간대를 사용한 적이 있지만, 1949년부터는 베이징 표준시를 채택하고 있다. 이 때문에 베이징에서 먼 곳에 있는 사람들은 자연시간과 표준시간의 괴리를 지닌 채 생활한다. 베이징보다 동쪽에 있는 옌볜에서는 8시 무렵에 출근하고, 저 멀리 서쪽 신장 지역에서는 10시 무렵이 되어야 하루 일과가 시작된다. 실크로드 답사를 갔을 때에 보니 현지 사람들은 느지막하게 일어나고 점심도 2시가 되어야 먹었다. 식당 안내를 보니 자연시간으로 몇 시, 베이징 시간으로 몇 시 하는 식으로 적혀 있었다. 공무원들은 베이징 시간에 맞추어 생활하지만, 농민은 자연시간에 맞추어 생활하는 것이다.

이는 베이징에서 전국을 효율적으로 통제하려는 정책 때문이다. 중국은 한족과 55개의 소수민족으로 구성된 나라이다. 그런데 소수민족 가운데는 독립을 꿈꾸는 곳이 여럿 있다. 따라서 이들에게 자율성을 부여할 경우 그것이 독립의 명분이 될 가능성을 항상 우려하고 있다. 이에 따라 시간도 전국을 하나로 통일하여 독립을 미연에 차단하고 있는 것이다. 과거에 베이징의 황제 아래에 모두 복종해야 했듯이 시간에 있어서도 베이징을 추종하게 만든 셈인데, 이에 따라 이를 '황제시각'이라고 부른다. 시간에 관한 정책에도 정치적 목적이 담겨 있는 것이다.

책력과 역사관

지금 우리가 사용하는 서기 몇 년 하는 것은 서양의 역법, 즉 서력西曆을 따른 것이다.그림 1 기원후 6세기경에 로마의 수도사가 만든 것으로 예수 탄생 이전을 BCBefore Christ, 탄생 이후를 ADAnno Domini로 표기한다. 세계가 공통으로 사용하고 있지만, 이슬람 등 비기독교 국가에서는 거부감을 갖지 않을 수 없다. 그래서 명칭을 바꾸어 BCEBefore Common Era와 CECommon Era로 바꾸어 부르기도 한다. 중국에서도 서기란 말 대신에 공통기원, 즉 공원公元이란 말을 사용한다.

2000년이 시작되었을 때에 사람들은 21세기가 시작된 것으로 생각했지만, 21세기가 시작된 것은 실제로는 2001년부터였다. 이는 서력에 0년이 없기 때문에 발생한 일이다. 예수의 탄생을 1년으로 잡아서 기원전 1년에서 기원후 1년으로 바로 넘어가는데, 0이란 개념은 인도로부터 나중에 전파되었다. 이에 따라 1년에서 100년까지가 1세기가 되어, 자연히 1901년에서 2000년까지가 20세기가 되는 것이다.

조선왕조실록에서 서력의 연대 표현이 처음 보이는 것은 1846년에 프랑스 배에서 세 사람의 신부가 살해된 것을 추궁하며 보낸 편지 말미에서이다.

그림 1
교황 그레고리 13세 무덤에 새겨진 새로운 역법 채택 축하 모습

충청감사 조운철이 이양선異樣船, 서양배과 섬 백성이 문답한 것을 적은 종이와 이양인의 글을 베껴 올려 보고했는데, 그 글은 이러하다. "대프랑스국 수사제독으로서 명을 받들어 인도 및 중국의 군함을 맡고 있는 원수 세실은 무고하게 살해된 것을 조사하는 일 때문에 알립니다. 살피건대, 기해년1839 8월 14일에 프랑스인 앵베르, 샤스탕, 모방 세 분이 있었는데, … 구세救世 1846년 5월 8일." _헌종실록 12년(1846) 7월 3일

서양의 역법이 채택되기 전까지는 당연히 중국의 역법을 활용했다. 태양의 운동으로 하루와 1년이 생기고, 달의 운동으로 1개월이 생긴다. 그런데 1년과 1개월이 1일의 정수배가 아니어서, 이 세 가지 변수를 합리적으로 조정할 필요가 있다. 윤년이니 윤달이니 윤초를 정하는 것이 그런 것이다. 이에 관한 규정이 역법이고, 이를 바탕으로 만든 달력이 역서曆書 또는 책력冊曆으로서, 여기에는 연, 월, 일, 각종 절기와 축제일 등뿐 아니라 복잡한 천문 현상까지 기재되어 있다.

역서를 만들고 시간을 정하는 것은 농업이나 어업 등의 생업과 직결

되어 지배자의 주요 임무였다. 동양에서는 황제만 그 권한을 가지고 있었고, 제후는 이를 받아서 사용해야 했다. 황제의 통치권 범위에 역서가 배포되었으므로, 우리나라에서도 중국에서 반포된 것을 받아다가 사용했다. 그러기에 매년 중국에 사신을 보내서 역서를 받아왔는데, 조선 선조 때에는 사신들이 무슨 이유에서인지 이를 하인들에게 주어버리고 빈손으로 왔다고 해서 임금이 그들을 추궁하라는 지시를 내렸다.

중국이 우리나라에 역서를 나누어주는 것은 곧 옛날에 정삭을 주던 것과 같으니, 그 의미가 매우 중하다. 동지사 정사위와 서장관 최철견이 이를 받아오다가 하인배들에게 주어버리고 빈손으로 와서 복명하였으니, 매우 해괴하다. 모두 추고하라. _선조실록 24년(1591) 2월 10일

그러나 이 사건은 상상 밖의 일이라서 정말 일어났는지 의심이 들 정도이다. 정삭은 원래 정월과 삭일로서 정월 초하루를 의미한다. 왕조가 바뀌면 정삭을 달리했고, 주변국에서는 이를 따르게 마련이다. 1년의 시작을 정한다는 의미에서 정삭은 역서란 의미로 발전하게 된다. 그리고 중국의 정삭을 받든다는 말은 바로 신하로서 복종하는 것을 의미한다.

그런데 중국에서 받아 온 역서는 지리적 차이 때문에 그대로 사용하기에 불편하여, 조선시대에는 우리 실정에 맞게 고쳐 사용하기 시작했다.

역서는 국가의 큰 정사이니, 중국에서 매년 역서를 반포하면 우리나라도 역서를 만든다. 우리나라 역서는 중국 것과 동일하여 차이가 없으

나, 오직 낮과 밤에서 중국은 최대 길이가 60각刻인데 우리나라는 61각이고, 중국은 최단 길이가 40각인데 우리나라는 39각이다. 우리나라가 한쪽에 치우쳐 해가 뜨는 곳과 가까우므로, 1각의 가감이 있는 것이다.

항상 활자로 인쇄하여 서울과 지방에 반포하였는데, 임진년1592 여름에 왜구가 도성을 함락하자 역曆과 관련된 기구들이 모두 망실되어 남은 것이 없었다. 그해 겨울에 임금을 따라 의주로 갔던 일관日官 몇 명이 우연히 『칠정산七政算』과 『대통력주大統曆註』 등의 서적을 얻어서 계사력癸巳曆, 1593년 달력을 만들어 목판으로 몇 권을 인쇄하여 반포하였다. 계사년 겨울에 임금이 도성으로 귀환했는데, 어떤 사람이 역서를 인쇄하던 활자를 구해 바쳤다. 이리하여 옛날처럼 역서를 만들어 인쇄하여 반포하게 되었으니, 다행이라 하겠다. _『견한잡록』

우리가 동쪽에 치우쳐서 그런 것이 아니라 실은 북경과 서울의 위도 차이 때문이다. 옛날 역법에 따르면 하루는 100각刻으로 나눴는데, 춘분과 추분에는 주야가 각각 50각씩이고, 낮이 가장 긴 하지에는 낮이 60각, 가장 짧은 동지에는 낮이 40각이었다. 그런데 한반도에서는 중국과 비교하여 1각이 더 길거나 짧다는 것이다.

칠정산은 세종 때에 만든 조선의 역법이고, 대통력은 명나라에서 사용하던 역법이다. 1580년의 책력인 『경진년대통력』그림 2이 현재까지 전해지는 조선시대 것 가운데 가장 오래되어 보물로 지정되어 있다. 위와 같은 천문 현상뿐 아니라 절기 표기에서도 차이가 있었다.

새 책력 한 권, 대구 한 마리, 말린 열목어 세 마리를 보내왔다. 이제 새

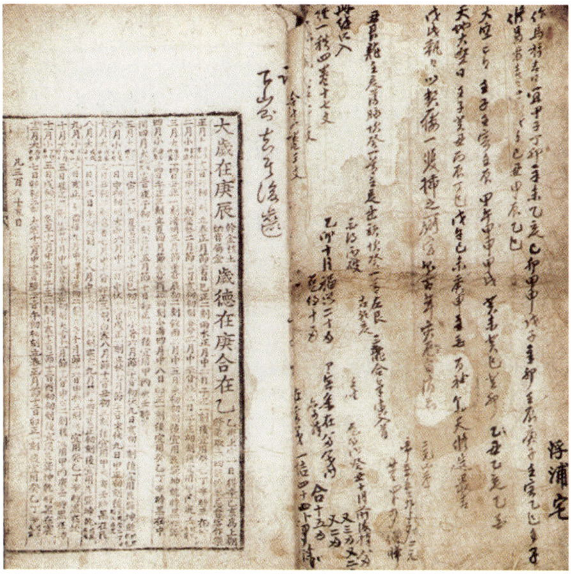

그림 2
『경진년대통력』의 일부분

책력을 보니 한식은 지난 12일이었다. 우리나라 책력을 보지 못하고 모두들 11일이라고 말해서 11일에 제사를 지낸 것은 잘못이었다. 우스운 일이다. 중국 책력만 보았었는데, 중국 책력에는 한식을 쓰지 않았기 때문이다. _『쇄미록』 1599. 3. 29.

이렇게 민간에 보급된 책력은 복잡한 천문 현상을 삭제하고 지금의 달력처럼 1년의 전체 일수, 달의 크고 작음, 24절기, 일출과 일몰 시각, 밤낮의 길이 등 실생활과 관련된 기본 내용으로 채운 일과력日課曆이었다.

독자적인 역서 제작은 세종 때인 1442년에 만들어진 칠정산이 그 효시를 이룬다. 칠정산은 '일곱 개의 천체 운행에 관한 계산'이란 의미로서, 서울을 중심으로 한 천체 관측이 처음 이루어짐으로써 가능하게 되

그림 3 세종 때의 관측기구들(2009. 5.)

었다. 세종 때에 혼천의 등 천문관측기구가 제작된 것그림 3도 이 때문이니, 중국 역법을 그대로 사용하던 이전에는 이런 독자적인 기구를 만들 필요가 없었다.

그런데 칠정산이라 명명하였을 뿐 중국의 수시력이니 대통력처럼 '역'이란 명칭을 붙이지는 못했다. 당시에 중국 역서는 당력唐曆이라 하고 조선 역서는 향력鄕曆이라 불렀다. 독자적인 역이라기보다는 제후국의 격에 어울리는 지방의 역서란 의미를 지니고 있었다. 이마저도 중국의 허락을 받지 않은 사제 역서였다. 이에 따라 중국에 알려져 문제가 될까 봐 조바심을 가졌다. 예종 때에 명나라 사신에게 향력을 보여주지 말라고 지방에 지시한 것에서도 이를 알 수 있다.예종실록 1469. 1. 2.

대표적인 사건은 1598년 11월 명나라 사신 정응태가 조선에 왔을 때에 벌어졌다. 선조는 그가 조선의 역서를 혹시라도 보면 큰일이라고 하여 대책을 강구하도록 지시를 내렸다.

관상감에서 올린 것은 이미 인쇄한 역서를 사용하자는 데에 불과한데,

이는 잘 생각해보지 못한 말인 듯싶다. 중국 조정에서 정삭을 팔방에 반포하니, 그 팔방 안에 어찌 두 가지 역서가 있을 수 있겠는가? 우리나라에서 사사로이 역서를 만드는 것은 매우 비정상적인 일이다. 중국 조정에서 알고 힐문하여 죄를 가한다면 답변할 말이 없을 것이다. 무릇 중국의 역서에는 도장이 찍혀 있으니, 이것이 없는 것은 모두가 사제품이다. 사제품을 만든 자는 율법에 참형을 당하게 되어 있고, 그를 체포하여 고발한 자에게는 은 50냥을 포상하게 되어 있다.

지금 당력을 인쇄해낸다면, 이를 비난하는 자가 있더라도 국내에서 두루 볼 수 없어서 형편상 부득이 인쇄해낸 것이라고 말할 수 있고, 이것이 도리에도 맞을 것이니 우리들이 저들을 어찌 두려워하겠는가? 그러나 만일 우리나라에서 만든 역서를 인쇄해낸다면, 이는 중국의 역서를 사용하지 않고 독자적으로 국내에 정삭을 시행하는 것이 된다. 관상감에서 역서의 일부를 지우거나 덧붙여서 그대로 반포하자고 한 것은 거짓으로 꾸미자는 말이다. 우리나라 사람은 본시 게을러 근실하지 못하니, 수천 부의 역서를 누가 일일이 지우고 덧붙이고 하겠는가? 더구나 밤낮의 시각을 그대로 두고 고치지 않는다면, 보는 사람마다 사제 역서라고 생각할 것이 분명하다. 예로부터 천하의 제후국들은 동서로 원근이 같지 않지만, 그렇다고 어찌 그 나라 사정에 따라 시각의 숫자를 고쳐야 했었는가?

역서를 반포하는 명령이 한번 내려지면 서로 가져가기도 하고 서로 판매하기도 하여 온 나라에 배포되어 도처에 이르게 된다. 지금 정응태가 국내에 있는데, 그는 우리와 틈이 있어 사소한 흠이라도 찾아내려고 두리번거리며 엿보고 있다. 만일 그가 이 역서를 구해 황제께 올려

탄핵하기를 "조선이 스스로 천조天朝, 중국의 정삭을 받들고 대명력을 사용한다고 하면서 이러한 사제 역서를 갖고 있으니, 신이 황상을 속이는 것입니까, 조선이 천조를 속이는 것입니까? 원컨대 폐하께서 이 역서를 조선에 내려 힐문해보도록 하소서" 한다면, 모르긴 해도 이런 경우에 관상감 제조가 책임을 지고 대답할 수 있겠으며, 관상감에서 오래 근무한 자가 중국 서울에 달려가 변명할 수 있겠는가? 나는 참으로 알지 못하겠다.

어디 그뿐인가. 정응태가 지난해의 역서를 구해 자신을 내세우고 남을 무함하는 자료로 삼을까 심히 걱정하여 나는 지금도 섬뜩한데, 여기에 새 역서까지 만들어서야 되겠는가? 역서는 폐지할 수 있지만, 화는 예측할 수 없다. 내 생각에는 우리나라에서 만든 역서를 결코 사용해서는 안 된다. 대신들에게 묻도록 하라. _선조실록 31년(1598) 12월 22일

우리나라 역서를 일부 수정해서 반포한다고 해도, 중국 도장이 찍혀 있지 않고 중국과 다른 주야의 시각이 적혀 있기에 사제품인 것을 금방 알 수 있다는 말이다. 더구나 중국 사신은 조선과 사이가 좋지 않은 터였다. 이리하여 인쇄한 우리나라 역서의 반포 여부를 결정해야 하는 어려운 지경에 빠졌다. 결국 첫 장에 대통력이라는 제목을 넣어 중국 역서인 것처럼 꾸며서 반포하기로 했지만, 이듬해 봄에 중국 사신이 돌아간 뒤에야 전국적으로 배포할 수 있었다. 그렇지만 이보다 전에 이미 조선에서 독자적인 역서를 사용한다는 사실을 중국이 알고 있었다. 조선이 왜병을 끌어들여 명나라를 침범하려 한다고 무고한 정응태 때문에 선조가 과민하게 반응했던 것으로 보인다.

만주족인 청나라가 중원을 차지하면서 중국의 역법도 바뀌었다. 1644년에 반포하고 이듬해부터 시행된 시헌력時憲曆은 독일인 신부 탕약망湯若望, 아담 샬이 서양식 계산법을 도입하여 만든 것이다. 조선에서는 곧바로 이를 비밀리에 사 오려고 시도했다. 사은사로 청나라에 다녀온 이경석이 아뢴 말이다.

이경석 등이 급히 아뢰었다. "… 신들이 또 시헌력을 몰래 사고자 널리 사람을 구했으나 얻기가 매우 어려웠고, 이른바 탕약망이란 자도 만날 길이 없었습니다. 마침 우리나라의 일관日官인 이응림의 아들 이기영이 포로로 잡혀 가 그곳에 있었습니다. 그 사람이 제법 산술에 능통하고 중국 말에 익숙하기에, 신이 그로 하여금 탕약망에게 역법을 배우도록 하고 훗날 그의 아버지를 보내 배운 것을 전수할 것을 약속했습니다. 또 백금 수십 냥을 주어 역법에 관한 책을 탕약망에게서 사들여서 훗날 가져올 수 있도록 하였습니다. 그 책은 모두 1백 4, 5십 권이라고 합니다."

시헌력이란 서양 사람 탕약망이 만든 것이다. 우리나라 사신이 북경에 들어갔을 때 한 책을 구해서 옛날 역서와 비교해 보게 하였더니, 24절기가 드는 날들이 매우 달랐다. 탕약망이 북경에 그대로 머물러 있다는 소식을 듣고 이경석이 사신으로 갈 때에 그 방법을 구하게 했던 것인데 얻지 못했다. _인조실록 24년(1646) 6월 3일

2년 뒤에는 청나라에서 시헌력을 보내주었고, 이듬해에 일관 송인룡을 보내서 역법을 배워 오게 했다. 그러나 역서를 사사로이 배우는 것은 엄금되어 있어서 겨우 탕약망을 만나 간략한 정보만 얻어 올 수 있

었다.인조실록 1649. 2. 5. 청나라를 오랑캐로 보는 조선의 분위기에서 이 역법을 쉽게 받아들이기가 어려웠지만, 청나라 역법이라기보다는 서양 역법이라 부르면서 조심스럽게 도입이 추진되었다. 하지만 시헌력을 사용한 뒤에도 대통력으로 되돌아가자는 주장이 제기되곤 했다.

관상감 직장을 지낸 송형구가 상소하여, 시헌력을 폐지하고 다시 대통력을 사용하자고 청했다. 관상감 도제조가 "역법 계산에서 얼마나 차이 나는지를 일식과 월식으로 시험해보았는데, 옛 역법으로 시험해보니 차이가 많이 났고 새 역법으로 시험해보니 상당히 비슷했습니다. 당초 이것으로 정해서 사용한 것도 이 때문이었습니다. 더구나 새 역법을 시행하라는 과거 임금의 명이 있었으니, 지금 경솔히 고칠 수 없습니다"고 아뢰니, 상이 따랐다. _현종개수실록 2년(1661) 윤7월 13일

이로부터 몇 년 뒤에는 일시적으로 대통력을 사용한 적이 있는데, 시헌력에서 대통력으로 바꾸다 보니 날짜가 크게 달라졌다. 이때의 기록을 통하여 두 역법의 차이를 추측해볼 수 있다.

왕세자의 탄신일을 9월 15일로 고쳐 정했다. 관상감이 "왕세자의 탄생이 신축년1661 8월 15일에 있었는데, 대통력으로 보면 이해에는 윤달이 10월에 있으니, 시헌력의 신축년 윤7월은 당연히 8월이 되고 8월은 9월이 됩니다. 그리고 달의 크고 작음을 따져보면 시헌력의 윤7월과 대통력의 8월은 모두 작고, 15일은 간지가 모두 계유입니다. 나라에서 지금 대통력을 기준으로 삼고 있으니, 왕세자의 탄생 날짜는 9월 15일로

정하는 것이 마땅합니다. 이것은 중대한 일이니 예관으로 하여금 대신들에게 가서 의논하게 하는 것이 어떻겠습니까?" 아뢰니, 상이 대신들에게 의논하도록 명했다. 모두 대통력으로 시행하는 것이 마땅하다고 하자, 이렇게 정했다. _현종실록 8년(1667) 8월 7일

신축년 윤달이 서로 달라서 왕세자의 탄신일이 한 달이나 차이가 나게 되었다. 중국의 새로운 역법에 맞추어 다시 조선의 것을 일치시키는 계산법을 익히는 일이 쉽지 않았다. 차이가 날 때마다 관상감 관원은 그 이유를 찾아내야 했고, 그러지 못하면 관원을 북경에 파견해서 알아오거나 배워 오게 했다. 시헌력을 완전히 익히는 18세기 중반까지 이런 과정이 지속되었다.그림 4

이에 앞서 올해 을유년1705 역서가 이미 완성되었는데, 청나라의 역서가 나오자 11월과 12월의 크고 작음이 서로 어긋났다. 이 때문에 관상감에서 아뢰어 해당 역관曆官을 가두고 다시 산술에 밝은 자를 시켜 두세 번 검산하게 하였더니, 역관들이 "모두 해당 관원들이 계산한 것과 같고 조금도 착오가 없다"고 하였다. 관상감에서 해당 관원을 석방하기를 청하고, 이어서 우리나라의 역서를 반행하기를 청하였다. _숙종실록 31년(1705) 6월 10일

시헌력은 근대에 서양 역법이 도입되기 전까지 사용되었다. 이처럼 우리나라에서는 중국의 새로운 역법을 매번 받아들였던 데에 비해서, 일본은 발해 사신이 859년에 전해준 장경선명력長慶宣明曆을 1684년까지

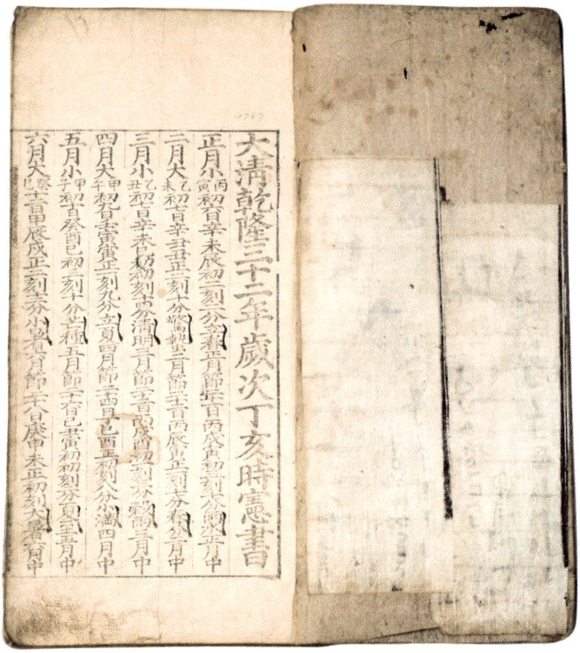

그림 4
1767년 시헌서

장기간 사용하였다. 장경선명력은 당나라에서 822년에 제정하여 70년간 사용한 것인데, 일본에서는 공식 사용을 결정한 862년부터 무려 822년간 사용하다가 원나라 수시력으로 바꾸었다.

마야 달력이 2012년 12월 21일에 끝난다고 해서 이때 세상의 종말이 올 것이란 믿음이 전세계적으로 확산되었으나, 아무런 변화도 없었다. 이를 계기로 마야 달력이 새삼 우리의 관심을 끌었다. 멕시코의 치첸이트사Chichén Itza에 있는 천문대 유적에서 추측할 수 있듯이, 마야인은 정밀한 천문관측을 통해서 독자적인 역법에 따라 달력을 만들었다. 몇 년 전에 멕시코시티의 인류학박물관에서도 그 실물을 직접 본 적이 있다.그림 5

그림 5
마야 달력
(2006. 12.)

이처럼 마야 달력이 종말론으로 주목을 받았지만, 과거에 보편적으로 퍼져 있던 것은 순환론이었다. 세월의 흐름은 우기와 건기, 더운 것과 차가운 것, 풍요기와 곤궁기, 달과 천체의 운동, 낮과 밤의 교체를 통하여 인식되었다. 그런데 이들은 무한히 반복하는 것이므로, 사람들은 기본적으로 세상의 변화를 순환적으로 보게 되었다.

불교의 윤회사상도 순환을 강조한 것이다. 그런데 인도에서는 시간보다 공간이 우선한다. 시간은 자꾸 순환되므로 현재의 세계는 궁극적 가치를 지니지 못하면서 초역사적 사고가 발달하였다고 한다. 이에 비해 기독교는 시간이 공간보다 우선하고, 시간의 흐름이 일정한 방향성 내지 목적성을 가지게 되면서 역사적 사고를 발달시킬 수 있었다.

동양에서는 일정한 주기마다 왕조가 교체되는 것으로 보았으니, 이는 일종의 순환사관이다. 맹자는 500년을 주기로 왕조가 교체된다고 하였고, 조선의 건국도 역시 이에 부응한 것으로 해석되었다. 다음은 건국 이듬해에 세운 비문의 한 부분이다.

일찍이 맹 씨의 말을 살펴보니 "5백 년 만에 반드시 새로운 왕이 일어난다"고 하였으니, 고려 왕조는 시조 왕 씨 이후로 5백 년이 되어 국운이 이미 쇠퇴해지자 공민왕의 후사가 끊어졌습니다. … 하늘과 사람으로부터 상하의 도움을 얻은 것이 이와 같았으니, 진실로 이른바 5백 년에 부응하여 일어난 것입니다. _태조실록 2년(1393) 9월 18일

500년 국운설은 이익의 글에서도 보인다.

중국 역대 왕조가 누린 햇수를 당우唐虞, 요·순 임금 이전은 자세히 알 수 없다. 『맹자』를 근거로 하면, "요·순에서 성탕成湯, 은나라 첫 임금까지, 성탕에서 주나라 문왕·무왕까지, 문왕·무왕에서 공자까지 대략 5백 년이라고 한다.

우리 동방은 한 모퉁이에 있는 별다른 구역으로서, 역대 왕조의 연조가 더욱 길었다. 단군이 요 임금과 같은 시기에 일어나 1,212년이나 계승되었고, 기자는 주 무왕과 함께 일어나 999년이나 계승되었으며, 마한과 합쳐서는 1,131년에 이르렀다. 모두 대략 1천여 년이나 지속되었으니, 하·은·주 삼대에 비하면 곱절이 된다. 삼국이 병립하여서 고구려는 703년, 백제는 678년을 보냈고, 고려의 왕씨가 또 475년이나 지속되었으니, 대략 5백 년의 운명에 어긋나지 않았다.

이제 영남은 다시 우리나라의 별다른 구역으로서, 신라가 고구려·백

제와 함께 병립하면서 연조가 992년이나 계속되어 홀로 단군과 기자의 운명을 이어받았다. 지금 우리 조선도 4백 년이 되도록 국운이 면면히 이어져왔으니, 무궁한 운명을 기대할 수 있겠다. _『성호사설』 인사문, 역년대운 歷年大運

중국은 대체로 500년 단위로 교체되었고, 우리나라의 고구려, 백제, 고려도 이에 부합하였다. 다만 우리나라는 중국과 다른 곳으로 별개의 운수를 지녔으니, 단군조선과 기자조선이 1천여 년의 연조를 지녔던 것은 이 때문이다. 우리나라 안에서는 영남이 역시 다른 운수를 지닌 곳이기에 신라가 1천 년이나 계승되었다고 지적했다. 이처럼 일정한 시간이 흐르면 운명이 바뀌어 새로운 왕조가 탄생한다고 보았고, 이것은 천명으로서 인간의 힘 밖에 있는 것으로 인식되었다.

그러나 500년 주기설만 있었던 것은 아니다. 중국 북송 때의 학자인 소옹邵雍, 1011~1077은 360년 주기설을 주장했고, 고려 말에 백문보1303~1374는 공민왕에게 올린 상서문에서 이와 다른 주기설을 피력했다.

하늘의 운수는 순환하여 한 바퀴 돌면 다시 처음이 됩니다. 700년이 하나의 작은 주기小元가 되고, 3,600년을 쌓으면 하나의 큰 주기大周元가 되니, 이것이 황·제·왕·패皇帝王覇의 주기요, 잘 다스려진 세상과 어지러운 세상의 주기요, 융성과 쇠락의 주기입니다.

우리 동방은 단군부터 지금까지 이미 3,600년이 되어 하나의 큰 주기에 이르렀습니다. 마땅히 요·순·육경六經, 여섯 개 유교 경전의 도리를 따라야 하고, 공리功利, 공명과 이익나 화복禍福의 설을 실행해서는 아니 됩니다.

이렇게 한다면 하늘의 도움을 받아서 음양이 때를 맞추어 순조롭게 되고 국운이 연장될 것입니다. _『고려사』 백문보 전기

황·제·왕은 도덕이나 의로움으로 다스리는 임금인 데 비해서, 패는 힘으로 다스리는 임금이다. 시간이 흐름에 따라 황·제·왕, 패의 시대로 전개되며 순환된다는 주장이 담겨 있다. 이는 유교 사상에서 출발한 것이니, 유교 원리에 따라 통치를 해야지 공리나 화복을 주장하는 불교 등에 입각해서는 안 된다고도 했다.

순환론은 음양오행설과 결합되어 다른 모습으로도 나타난다. 당나라 왕발王勃, 650~676은 왕조의 운수가 토덕은 1천 년, 금덕은 900년, 수덕은 600년, 목덕은 800년, 화덕은 700년간 지속된다고 설명했다. 당 왕조는 토덕에 속하여 1천 년간 지속될 것이란 얘기이다. 이처럼 왕조의 길이도 오행에 따라 달라지는 것으로 보았다.

왕조 교체는 오행상승설에 따라 화·수·토·목·금의 순서로 이루어진다고 생각하여, 우 임금은 토, 하나라는 목, 은나라는 금, 주나라는 화, 진나라는 수, 한나라는 토에 속한다고 설명하는가 하면, 오행상생설에 따라 목·화·토·금·수의 순서로 이루어져 수나라는 화, 당나라는 토에 해당한다는 견해도 있다. 오행상승설은 중국 한나라 이후에 오행상생설로 바뀌었다고 한다.

왕조의 교체와 오행상생설이 결합된 생각은 우리나라에서도 보인다. 신라는 김씨 왕조이니 금덕에 속하고, 그 뒤를 이은 태봉과 고려는 수덕에 속하고, 조선은 이씨 왕조로서 이李에 목木이 들어 있으니 목덕에 속한다. 태봉의 연호인 수덕만세도 수덕을 강조한 것이다. 지방제도에

서 신라는 9주, 고려는 12목, 조선은 8도가 된 것도 금은 9, 수는 6, 목은 8의 숫자와 대응하기 때문이라 한다.

역사가 단순히 반복하는 것이 아니고, 시간이 흐를수록 오히려 쇠퇴한다는 생각도 있었다. 고대 그리스나 로마 사람들도 자기네 사회가 쇠퇴한다고 믿으며 살았다. 그리스의 헤시오도스는 황금시대, 은시대, 청동시대, 반신半神의 영웅시대, 철의 시대로 구분했는데, 황금시대에 인간은 늙지 않고 풍요와 평화를 누리다가 청동시대에 전쟁이 발생하였다고 설명하면서 자신은 철의 시대에 살고 있는 것으로 묘사했다. 석가모니도 과거보다 현재가 더 나빠졌다고 생각했고, 공자도 물론 하·은·주 삼대를 이상향으로 생각하면서 춘추시대에 이르러 난세가 되었다고 생각했다.

이에 따라 우리 역사 기록에서도 쇠퇴관을 종종 읽을 수 있다. 왕조의 길이가 점점 짧아지는 원인도 여기서 찾았으니, 송희경이 태종에게 아뢴 말에서 그 예를 찾을 수 있다.

> 삼대와 한나라의 왕조 길이가 많게는 8백 년이고, 적게는 4백 년을 밑돌지 않았으니, 이것은 모두 은혜로서 인심을 얻어서 사람들이 잊지 못했기 때문입니다. 그러나 이 뒤로 내려오면서 많게는 60년, 적게는 겨우 20년이었으니, 이것은 모두 백성에게 원망을 사서 근본이 단단하지 못했기 때문입니다. _태종실록 9년(1409) 12월 21일

여기서 숙계叔季, 즉 말세 의식도 생겨났다. 훈련대장 구선복이 정조에게 상소한 말이다.

예전에는 백성에게 항산恒産, 일정한 재산이나 생업이 있어서 농·공·상 종사자가 각각 제 일에 근실하였고, 서리나 군인들이 각각 그 직무를 살폈습니다. 그런데 숙계로 내려오면서는 명분이 크게 무너져 서로 경쟁적으로 분수를 넘었으니, 농사짓지 않고 장사하지 않으며, 놀며 입고 놀며 먹습니다. _정조실록 4년(1780) 2월 21일

서양의 과학사상을 담고 있는 홍대용의 글에도 그런 전통적인 역사관이 담겨 있다.

수고邃古, 먼 옛날에는 오로지 기화氣化로 탄생했기 때문에 사람과 사물은 많지 않았다. 그러나 타고난 품성이 깊고 두터웠고, 정신과 지혜가 맑고 밝았으며, 행동거지도 순수하고 두터웠다. 먹고 사는 것도 사물에 의지하지 않았고, 기쁨과 노여움도 마음에 싹트지 않았으며, 숨만 쉬어도 배고프지 않고 목마르지 않았다. 해야 할 일도 없고 하고 싶은 것도 없이 유유자적하였다. 새와 짐승과 물고기도 모두 제 생을 다하였고, 초목이나 쇠붙이와 돌도 각기 자신의 형체를 보전하였다. 하늘에는 음습하고 요사스러운 재앙이 없었고, 땅에는 무너지거나 메마르는 피해가 없었다. 이것이야말로 인간과 사물의 근본이요, 진정으로 태평한 세상이었다.

중고中古로 내려오면서부터 땅의 기운이 비로소 쇠해지자, 사람과 사물의 생성이 마침내 뒤섞여 혼탁하게 되었다. 남녀가 서로 모이면 정욕이 생기고 정신에 감응하여 잉태하게 되었으니, 비로소 형화形化가 있게 된 것이다. 형화가 있으면서 사람과 사물은 번성하였고, 땅의 기운은

더욱 줄어들어 기화가 끊어졌다. 기화가 끊어지면 사람과 사물은 오로지 정혈精血, 정기와 피만 타고나기 때문에, 찌꺼기와 더러운 것만 점점 자라나고 맑고 밝은 것은 점차 사라졌다. 이것이 천지의 불행이요, 재앙과 난리의 단초였다. _『담헌서』 의산문답

여기서는 기운이 뭉쳐서 탄생하는 것을 '기화'라 하고, 남녀의 몸을 통해서 탄생하는 것을 '형화'라고 하여 구분하고 있다. 그는 이어서 중국 역사의 흐름을 이렇게 설명했다.

무릇 복희·신농·황제·요순이 일어나서 띠로 지붕을 이고 흙으로 계단을 만들어 스스로 검소한 덕을 우선하면서 백성의 생업을 마련해주었으며, 글을 숭상하고 공손·겸양한 모습으로 밝은 덕을 몸소 실천하여 백성의 질서를 바로잡았다. 문명한 가르침이 차고 넘쳐서 천하가 밝게 되었다. 이것이 중국에서 이른바 성인의 공덕과 교화로 가장 잘 다스려진 시대였다. … 하나라가 충성을 숭상하고 상나라가 질박을 숭상했으나 요·순에 비하면 이미 꾸민 것이었고, 성주成周, 서주 시기의 제도는 오로지 사치와 화려만 숭상하였다. 소왕과 목왕부터는 임금의 기강이 이미 떨어져 정치가 제후들에게 있어서 한갓 헛이름만 끌어안고 윗자리에 기생했으니, 유왕·여왕이 천하를 망치기 오래전에 이미 주나라는 사라진 것이다. … 주나라 이후로 왕도王道가 날로 쇠퇴하고 패술覇術, 무력이 횡행하여, 거짓 어진 자가 황제가 되고 병력이 강한 자가 왕이 되었으며, 지략을 쓰는 자가 귀하게 되고 아첨을 잘한 자가 영화롭게 되었다.

_『담헌서』 의산문답

그림 6 중국 화상석의 전쟁 모습(2013. 1.)

전설시대가 가장 이상적이었고, 하·은·주 삼대로 내려올수록 쇠퇴하였으며, 더구나 주나라 이후에는 어질고 덕이 있는 왕이 다스리는 시대가 아니라 힘이 있는 자가 무력으로 다스리는 패권의 시대가 되었다고 하였다.그림 6 자연히 돌아가야 할 곳은 과거 전설의 시대였다고 보았으니, 우리나라도 이러한 중국의 사상에서 벗어날 수 없었다.

위와 비길 수 있는지 모르겠으나, 수렵과 채집에 의존해 살던 신석기시대 사람들은 굶주림에 쫓기면서 살았을 것으로 추측하지만, 사실은 음식과 여가에서 여유가 있었다고 한다. 인류학자 마셜 살린즈Marshall Sahlins가 칼라하리의 부시맨 사회를 연구하여 이런 결론을 내리고, '원초적 풍요 사회original affluent society'라고 명명한 적이 있다. 그러나 현재는 특수한 사례에 불과하다고 해서 비판적으로 보는 것이 일반적이다.

조선 후기 실학사상도 유학의 본래 모습으로 되돌아가자는 것이요,

영조의 탕평정치도 결국은 요·순 임금과 같은 성인 정치시대로 되돌아가자는 것이었다. 과거에는 실학사상이 미래지향적인 근대사상으로 평가받은 적이 있지만, 지금은 그렇지 않다고 생각하고 있다. 서양의 르네상스가 중세를 극복하고 그 이전의 그리스와 로마 시대로 되돌아가려고 한 것과 같은 맥락이다. 자연히 과거를 숭상하는 상고주의나 과거로 돌아가자는 복고주의가 전통 사회를 지배했다.

그림 7 마르크스 무덤(2013. 10.)

동양이나 서양이나 과거로 돌아가는 것이 역사의 목표였다고 한다면, 이 생각을 근본적으로 바꾸어놓은 것이 진보사관이요 발전사관이다. 그 결정적인 계기는 19세기에 완성된 진화론이었다. 생물은 단순한 것에서 복잡한 것으로, 하등한 것에서 복잡한 것으로 진화한다는 사상이 사회 현상에도 적용되면서, 인류 사회도 이런 과정을 거쳐 발전한다는 생각을 가지게 된 것이다. 헤겔의 역사관이나 마르크스[그림 7]의 역사관이 여기에 속한다. 이에 따라 역사의 목표는 과거가 아니라 미래에 설정되었고, 이것이 근대 역사학의 출발점이 되었다. 원시사회에서 고대사회를 거쳐 중세사회, 근대사회로 발전한다는 시대구분 개념도 생겨났다. 앞서 홍대용의 글에서 수고에서 중고로 쇠퇴해갔다는 생각과 정반대인 것이다. 그러나 지금에는 인구 문제나 환경 문제 등에 봉착하면서 과연 인류가 무한히 발전할 것인지 의문시되기도 한다.

이웃 나라
이웃 민족

중국과 다른 우리 | 명나라와 청나라 | 중국에 간 사신 | 유학과 급제
칙사 대접 | 조공과 책봉 | 사무역과 밀무역
생각보다 다른 일본 | 임진년 전쟁 | 산성과 편전 | 만주와 여진족

중국과 다른 우리

우리가 중국 옆에 붙어 있는 것은 행운이자 불행이다. 세계 4대 문명의 하나와 인접하여 그 수혜를 받은 점이나 지금 중국이란 거대한 시장과 인접해 있다는 점에서는 행운이지만, 대부분의 시기에 중국의 눈치를 봐야 했던 점에서는 불행이다. 이미 다룬 조보, 서점, 수레 얘기도 그러하거니와 과거에 사대를 하고 지금도 역사 전쟁을 하고 있는 것만 봐도 강대국의 옆에서 산다는 것이 얼마나 힘든 일인지 짐작된다.

스페인의 지중해 연안에 있는 미하스Mijas란 마을에 갔더니 집들이 온통 흰색이었다. 지중해 연안에는 푸른 바다에 대비되어 이처럼 유독 하얀 집이 많다. 강렬하게 내리쬐는 햇빛을 반사시켜주기 때문이라고 한다. 또 우리의 전통 가옥은 추위 때문에 벽이 두텁고 창문이 작은데, 이곳은 열기와 햇빛을 차단하기 위해서 그렇게 만든다고 한다.

하얀 집을 보니 만주에서의 기억이 떠올랐다. 조선족 집은 외벽에 하얀 회칠을 하지만,그림 1 다른 중국인 집은 그러지 않는다. 압록강과 두만강을 사이에 두고 북한의 집은 하얀 칠이 되어 있는 반면에 중국 쪽 집은 벽돌을 쌓은 벽이 민낯으로 드러나서 어디가 북한이고 어디가 중국인지 구별된다. 중국에서는 무덤에나 회칠을 한다는 관념을 가지고 있

그림 1 중국 투먼의 조선족 집(2000. 9.)

기 때문이라고 한다.

영국인 선교사 언더우드는 한 역사학자의 말을 인용해 한국인과 중국인, 일본인의 특징을 이렇게 적었다.

> 조선인은 지식욕이 강하고 학자가 되는 것이 모든 사람들의 이상으로 되어 있다. 이에 반해 중국은 기질이 상업적이고 상인의 국가인 것 같고, 일본은 군국주의적이고 무사의 나라인 것 같다. 그러나 조선은 학문적이고 학자의 나라라는 인상을 준다. _백성현·이한우 책, 162쪽

서양인의 눈에도 동아시아 3국인의 기질이 다르게 보였던 모양이다. 유럽 길거리에서 만나는 동양인을 보면 행색이나 행동거지에서 한국인인지 중국인인지 일본인인지 대충 짐작이 간다. 울긋불긋한 등산복을

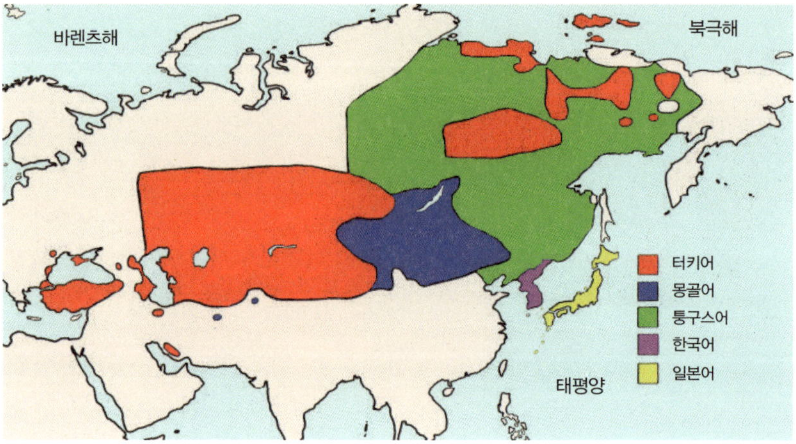

그림 2 알타이어 분포도

입은 단체관광객이 보이면 필시 한국인이다. 줄 지어 조용히 따라다니는 일행은 일본인 관광객일 가능성이 크다. 크게 떠들거나 대오가 흐트러지는 사람들은 중국인이거나 한국인이다.

우리가 아무리 중국 문화를 받아들여 비슷해졌다고 해도, 지리적으로 격리되어 있는 데다가 국가를 중단 없이 독자적으로 유지했던 만큼 여러 방면에서 중국과 다른 모습을 지니고 있다. 우선 두 나라는 말이나 글부터 크게 다르다. 우리말은 알타이어족에 속하여 그 남쪽의 중국어권과는 판이하다.그림 2 두 나라는 동사와 목적어의 위치가 정반대일 정도로 어순이 다르다. 세종 임금이 있었기에 중국과 다른 독립적인 글자도 가지게 되었다.

우리말의 계통에 대해서 첨언하자면, 알타이어족에 속하는 것으로 '추정된다'는 말이 정확하다. 가령 우리말과 일본어에는 다른 알타이어에 없는 주격 조사가 있는 등 다른 점이 많이 보인다. 이처럼 알타이어족 안에서도 이질적인 요소가 많다. 우리말이 알타이어족에 속한다고 해서 알타이산맥이 우리 민족의 고향이란 의미도 아니다. 단지 알타이어의 분포지에서 상징적인 지명을 차용한 것일 뿐이지, 그곳이 발상지란 뜻은 아니다. 아무튼 우리말이 중국어와 계통이 다른 것은 분명하다.

조선시대에 중국어를 잘하는 안정란이 중국 기생집에서 중국인 행세를 하다가 들킨 야담에서도 두 나라의 차이점을 찾을 수 있다.

기생집에서 술과 안주를 마련하여 대접하였다. 기생이 상을 마주하고 앉아서 안정란을 자세히 보니, 귀에 둥근 구멍이 뚫려 있었다. 비로소 의심하고는, "당신의 귀가 늘어지고 구멍이 있는 것을 보니 고려인이 아니냐?"라고 했다. 안정란이 말했다. "내가 어렸을 때 부모님이 나를 지극히 사랑하여 여자아이 옷을 입히고 여자아이 치마를 둘러주고 두 귀를 뚫어서 귀고리를 달아 여자아이 모습으로 꾸며 놀리셨다. 이 때문에 귀에 두 개의 구멍 자국이 있는 것이다." 기생들은 웃으며 그 말을 믿었다.

술잔을 들어 서로 권할 때에 안정란이 잔을 들면서 손톱으로 잡고 술을 따랐다. 중국 사람은 술잔을 잡을 때 으레 두 손가락을 사용하여 술잔 바깥쪽을 잡으며, 손톱을 술에 닿게 하지 않는다. 그런 까닭에 기생들은 안정란이 술잔 잡는 것을 보고는 크게 놀라 "술잔 잡는 것이 정말 고려인이구나" 하고는 손바닥으로 안정란의 등을 때리며 매우 화를 내고 내쫓아 버렸다. _『어우야담』 만물편

남자가 귀에 구멍을 뚫어 귀고리를 하는 일은 고대부터 있었다. 삼국

그림 3 협시불의 귀고리와 목걸이

시대에는 왕도 귀고리를 했다. 국립민속박물관에 전시된 백제왕 부부상을 보면 모두 귀고리를 하고 있는 것을 볼 수 있다.

귓불을 뚫어서 장식을 다는 귀고리나 뚫어진 귓불 안에 끼워 넣는 귀꾸미개는 선사시대부터 사용된 장식물이다. 일본 호류지 금당벽화의 협시불을 자세히 보면 목에 두르고 있는 장신구가 두 개인 것을 볼 수 있다. 아래쪽에 있는 것은 목걸이이고, 그 위로 걸친 것은 길게 찢어진 귓불에 건 귀고리이다.그림 3

부산 동삼동 신석기 유적에서는 둥근 귀꾸미개가 다수 발굴되었고, 칠곡 송림사 사리기 공양품에는 지름 2.9센티미터의 원판 모양의 귀꾸미개도 들어 있었다. 잉카의 귀족은 큰 귀를 가진 사람이란 뜻인 오레혼Orejon이라 불렸는데, 무거운 장식 때문에 귀가 기형적으로 커진 것을 보고 에스파냐인들이 그렇게 지었다고 한다. 에티오피아 슈마족도 귓불에 큼지막한 귀꾸미개로 장식한다. 요즘 인터넷을 보니 심지어 귓불에 휴대폰까지 끼워 달고 다니는 사람도 있다.

귀고리나 귀꾸미개는 이렇게 고금을 막론하고 세계 곳곳에서 사용되는 장식인데, 신체를 훼손하지 말라는 유교의 가르침에 따라 조선 선조 때에 금지령을 내린 후로는 사라지게 된다. 이 책은 광해군 때에 유몽인1559~1623이 지었으므로, 안정란은 금지령이 내리기 전에 귀를 뚫은 사람이다.

그림 4 술 마시는 모습(성협)

술에 손톱을 담근다고 한 것으로 보아 조선인은 술잔 안팎을 잡는 버릇이 있었던 것 같다. 반면에 중국인은 지금처럼 술잔 밖을 감싸 잡았을 것이다. 혹시 성협의 그림에서 보는 것처럼 막걸리를 담은 큰 잔을 잡던 버릇 때문은 아닌지 모르겠다.그림 4

이런 두 가지 풍습은 당시에 중국과 구별되는 것이었고, 이 때문에 조선인이라는 본색이 드러났다. 또 중국인은 고대에 회를 먹었으나 점차 기름기 많은 음식을 먹기 시작하면서 회 먹는 문화가 사라졌다. 근래에 와서야 중국인들이 다시 회에 맛을 들이기 시작했다. 따라서 조선시대에는 회를 먹는지의 여부도 두 나라를 가르는 기준이 되었다. 우리역사읽기 제2권 『시집가고 장가가고』의 '끼니와 상물리기'에서 소개했지만, 더 자세히 다시 인용해보겠다.

지난번에 십만 중국 군사가 우리나라에 오랫동안 머물렀는데, 풍속의 다름을 서로 비난하며 비웃었다. 우리나라 사람은 회를 즐겨 먹지만 중국인은 대부분 침을 뱉으며 더럽게 여겼다. 우리나라 선비가 말했다. "『논어』에 '회는 얇게 뜬 것을 싫어하지 않으셨다'고 했고, 그 주석에 '쇠고기·양고기와 물고기의 날것을 얇게 썰어서 회를 만든다'고 했다. 공자도 맛보고 즐기던 것을 어찌해 당신들은 잘못이라 하는가?" …우리나라 사람이 말했다. "회든 구운 것이든 옛사람이 좋아했고 옛 책에 많이 보이는데 무엇이 해롭겠는가?"

우리나라 사람이 밤에 어두운 방에 앉아 있었다. 중국인이 문 밖에서 들어와 냄새를 맡으면서 "분명히 고려인이 있군" 하였으니, 이는 비린내가 난다는 말이다. 우리나라 사람은 물고기를 많이 먹어서, 비록 스스로는 냄새를 맡지 못해도 반드시 비린내가 나기 때문이다. _『어우야담』

의식

선조가 중국에서 온 사신이 꼭 먹을 수 있게 대접해야 한다고 하면서, 우리 상차림은 가짓수 많은 것만 예의로 여기고 생숙生熟, 날것과 익힌 것에 대해서는 전혀 주의를 기울이지 않아서 비린내가 풍기게까지 한다고 지적했다.선조실록 1606. 1. 23. 이 때문에 중국 장수가 마지못해 수저를 드는 척만 하고 먹지 않았다고 한다.

일본도 그렇지만 우리에게 회를 먹는 풍습이 있는 것은 고대로부터의 전통이 사라지지 않았기 때문이다. 숟가락과 젓가락을 함께 사용하는 식습관도 실은 고대에 중국이나 일본에서도 있었다가 사라지고, 우리나라만 그 전통을 지키고 있는 것이라 한다. 우리 음식은 밥과 국이 기본이기 때문에 국을 뜨기 위해 숟가락을 젓가락과 병용하는 독특한 문화가 고수되어온 것이다. 고려 말 또는 조선 초에 해당하는 군산시 미룡동 14호 토광묘에서 밥그릇과 국그릇, 숟가락과 젓가락이 한 세트로 발굴된 적이 있다.그림 5

중국을 여행하면 식당에서 이가 빠지거나 금이 간 그릇이 나오는 경우가 있는데, 한국인들은 당혹스러워하거나 기분 나쁘게 생각한다. 우

그림 5 여말선초 식기 세트(2010. 10.)

리는 손님이 오면 새 그릇을 내서 대접하기 때문에, 뭔가 무시당한 것이 아닌가 오해하기 십상이다. 그러나 중국에서는 우리 가게가 이럴 정도로 전통이 있고 손님이 많다는 좋은 의미가 들어 있다. 이렇게 서로 다른 풍속들은 그 나라의 정체성을 보여주는 지표이다.

우리나라는 지리적으로나 역사적으로도 중국과 달랐다. 명나라가 우리 국경에 가까운 요동의 요충지에 군대를 주둔시키려 한다는 소식을 듣고 걱정한 양성지1415~1482가 성종에게 이렇게 아뢰었다.

생각건대 우리 대동大東은 요하의 동쪽과 장백산의 남쪽에 있으면서 삼면이 바다와 접하고 한쪽은 육지에 연결되어 있으며, 땅의 크기는 1만 리에 가깝습니다. 단군이 요 임금과 함께 즉위한 뒤로 기자·신라가 모두 1천 년을 누렸고, 앞 왕조인 왕씨 또한 5백 년을 누렸습니다. 서민

남녀는 농사와 누에치기에 부지런하였고, 문무의 사대부는 안팎의 일을 잘 받들었으니, 집집마다 봉군封君의 즐거움이 있고, 대대로 사대事大하는 격식을 지켰습니다. 따로 하나의 세계를 이루어 '소중화'라 부르면서 지금까지 3,900년이나 내려왔습니다.

황진黃溍은 고려를 벼슬살이할 만한 나라라고 하였고, 황엄黃儼은 또한 천당이라 하였습니다. 원나라 세조는 우리로 하여금 옛 습속을 그대로 따르게 하였고, 명나라 고황제태조는 우리 스스로 통치하여 교화하는 것을 허락했습니다. 우리 스스로 통치하게 한 것은 언어가 중국과 통하지 않기 때문일 뿐 아니라 습속도 역시 다르기 때문입니다. _성종실록 12년(1481) 10월 17일

'봉군의 즐거움'이란 『소림광기笑林廣記』에 나오는 것으로서 자식이 관료가 되어 아버지가 조정으로부터 군君으로 봉해지는 것이고, 반대로 아버지가 관료가 되어 자식이 혜택을 보는 것은 '공자公子의 즐거움'이라 한다. 황진1277~1357은 원나라 때의 학자요 관료이고, 황엄?~1425?은 조선에 사신으로 왔던 명나라 환관이다. 두 사람 모두 고려나 조선을 살기 좋은 곳으로 칭찬했다고 한다.

2013년 영국 케임브리지대학에서 연구년을 보낼 때에 보니, 그곳에 오는 동양인 관광객의 태반이 중국인이었다. 관광객만 아니라 유학생의 비율도 아주 높은 것 같았다. 중심가 길거리에서는 중국어가 끊임없이 들렸다. 중국인이 유럽에 몰려가고 있다는 생각이 절실히 들었다. 유럽에서 근래에 한국에 대한 관심이 높아지고 있는데, 한류의 영향도 있겠지만 유럽인의 중국에 대한 두려움 때문이기도 하다고 한다. 거대

한 중국에 붙어 있으면서 살아남은 한국의 저력이 무엇인지에 대해 유럽인이 관심을 갖게 된 것이다. 이 대학에 있는 엔진연구소에서는 기밀 문제 때문에 중국인 유학생은 받지 않을 정도로 경계를 하고 있다는 말을 들었다.

면적과 인구에서 중국은 유럽, 한국은 영국과 비슷하다. 중국은 면적 960만 제곱킬로미터, 인구 13억 5천만 명인데, 유럽 50개국을 합쳐 면적 1,018만 제곱킬로미터, 인구 7억 4천 명이니, 중국은 유럽 전체보다 약간 작으면서 인구는 거의 두 배나 된다. 또 한국은 면적 22만 제곱킬로미터, 인구 7,400만 명이고, 영국은 24만여 제곱킬로미터, 6,300여 만 명이다. 우리가 얼마나 큰 중국에 이웃하고 있는지는 유럽 전체를 마주하고 있는 영국을 상상하면 될 것이다. 중국의 랴오닝성이 남한 면적보다 약간 크고 인구는 조금 적은 정도이니, 고종 때에 우리나라가 중국 중간급 2개 성省에 미치지 못하고 인구도 그리 차이 나지 않는다고 한 것은 과장이 아니다.

정조는 이런 규모의 차이 때문에 이단의 용납 여부가 중국과 다를 수밖에 없다고 지적했다. 사헌부가 천주학의 엄금을 요청했을 때에 정조가 대답한 말이다.

대저 중국은 육합六合, 천지사방 밖에 다시 끝없는 땅이 펼쳐져 있기 때문에 설사 우리 유학과 배치되는 것이 그 사이에서 싹트더라도 마치 태양 앞의 반딧불 같아서 굳이 신경 쓰지 않아도 해를 끼칠 것이 없다. 그러나 우리나라는 그렇지 않다. 풍토가 치우치고 산천으로 막혀 있으니, 이런 궁벽진 곳에서 많은 사람들이 가증스런 말을 입에 올리며 문제를

키우고 있다. 이것이 조정에서 반드시 엄금하고자 하는 이유이다. _정조실록 15년(1791) 10월 16일

우리와 중국은 자연 환경도 크게 다르다. 유럽은 알프스 산지를 제외하고는 대평원을 이루고 있고, 중국의 핵심지에도 산지가 거의 없다. 곳곳에 비옥한 농경지가 한없이 펼쳐져 있는 것을 목격할 수 있다. 반면에 우리는 산지가 거의 70퍼센트를 차지하는데, 이런 자연조건은 구릉과 산지가 70퍼센트를 넘는 이탈리아와 유사하다. 두 나라는 삼면이 바다로 둘러싸인 반도이면서 가운데에 각각 태백산맥과 아펜니노산맥이라 불리는 등줄기가 지나가는 공통점이 있다. 이 때문에 우리나라 농촌은 단위 면적당 세계 최고의 수확량을 거두는 이탈리아 농촌을 모델로 삼았고, 사과나 포도 등의 묘목도 이곳에서 수입하고 있다고 한다. 이탈리아를 여행할 때에 마을이 산 위에 형성되어 있는 것을 종종 목격할 수 있었으니,그림 6 슬로시티를 상징하는 산상 도시 오르비에토Orvieto도 그런 곳이다. 저습지대를 피하면서 방어를 고려했기 때문이라 한다. 이 점은 산기슭에 자리 잡은 우리 마을과 달랐다.

산지가 많은 우리와 평야가 드넓은 중국은 당연히 다른 역사적 결과물을 낳았다. 토질 비옥도에서 차이가 나서 산물의 크기가 다르다고 지적한 윤국형1543~1611의 말이다.

을유년1585 겨울에 내가 응교로서 야대夜對에 입시하였다. 강론을 마치자 술을 하사받았는데, 술상에 귤이 놓여 있었다. 수찬 홍이상이 몹시 취해서 손가락으로 가리키며 "이것은 전에 중국에서 보니 크기가 유자만

그림 6 이탈리아 산상 마을(2013. 11.)

하던데 우리나라에서 나는 것은 이렇게 작으니, 물산도 다르구나" 하므로, 나도 말했다. "중국에는 가본 적이 없지만, 통역관에게 들으니 무도 큰 것은 양끝을 마주 매서 말갈기 위에 걸어놓으면 말이 무거워한다고 한다. 물산이 다른 것은 귤뿐만 아니다. 생각건대, 반드시 토질이 기름지고 메마른 데에 따라 그런 것이다. …" _『문소만록』

사실 중국에서 채소나 과일들이 우리 것보다 큰 것을 볼 수 있다. 다만 무의 크기에 대해서는 과장되어 있다. 실학자 유수원1694~1755의 문답 가운데에 이런 질문이 나온다.

중국은 물산이 풍부하고 지세가 평탄하여 배와 수레 및 노새와 말들이 밤낮으로 수송할 수 있으므로, 교역이 쉽게 이루어지고 공업과 상업이 크게 일어난다. 우리나라는 3분의 2가 산이어서, 툭 터진 들판이 극히

그림 7 가족 행상(선암사 감로탱)

적고 바위투성이 험한 땅이 매우 많다. 사람들은 모두 돌산이나 자갈땅에서 옹색하게 살고 있고, 배나 수레가 다닐 만한 곳은 열에 두셋도 되지 않는 데다가 물산마저 심히 빈약하여 교역이 번성하지 못한다. 이른바 마판자馬販子, 말짐장수나 배부상背負商, 등짐장수의 부류들이 종일 분주히 다녀도 별로 팔지 못하고,그림 7 서울 입전立廛, 시전 비단가게의 상인들이 눈이 빠지도록 손님을 기다려도 소매를 뿌리치고 시장을 지나치는 사람이 십중팔구가 된다. 이러하니 공업이나 상업을 성행시키고자 해도 그것이 가능하겠는가? _『우서』 총론사민總論四民

물론 실학을 주창한 그는 이런 숙명론을 비판한다. 그는 오히려 장사하는 이치를 모르기 때문에 상업이 발달하지 않았다고 한다.그림 8 그러나 산지가 많아서 도로가 발달하지 않았고, 이 때문에 수레가 다니지

그림 8 시장 풍경(19세기 후반 감로탱)

못해 말짐장수나 등짐장수와 같은 소규모 상인만 돌아다닌 것은 사실이다. 중국과 다른 자연조건이 경제 발달을 가로막았던 것을 부인할 수 없다.

이제부터는 우리가 중국과 어떻게 다른지, 이런 인식이 어떻게 변했는지를 알아보겠다. 성현1439~1504은 상당히 길게 우리와 중국이 다른 점을 찾아내 서술했다.

우리나라는 중국과 같지 않다. 우리나라 사람은 책을 읽을 때에 구결口訣로 해석하고 늘어놓는 소리가 있어 쉽게 배울 수 없다. 그러나 중국에서는 말하는 것이 모두 문자로 대응되어 구결로 해석하는 소리가 없어서 쉽게 배울 수 있다.

우리나라 사람은 간교하고 의심이 많아서 항상 사람을 믿지 않으므로 남도 나를 믿지 않는다. 그렇지만 중국인은 순후하고 의심이 없어서 외부인과 상거래를 하더라도 심히 다투거나 비난하지 않는다.

우리나라 사람은 비록 조그마한 일에도 경솔하게 떠들어대기 때문에 사람은 많아도 성취하는 일은 별로 없다. 그렇지만 중국인은 조용하고 말이 없으므로 사람이 적더라도 쉽게 일을 이룬다.

우리나라 사람은 많이 먹고 마시는데, 만일 한 끼라도 놓치면 배가 고파 어쩔 줄을 모른다. 가난한 사람은 부잣집에서 꾸어 먹으면서도 낭비만 하고 아낄 줄을 몰라서 곤경에 이르며, 귀한 집에서는 술과 음식을 많이 벌여놓고도 물릴 줄을 모른다. 군사가 출정하게 되면 식량 운송이 반 이상을 차지하고, 길을 떠나게 되면 몇 리 거리라도 짐바리가 길을 메울 정도이다. 중국인은 많이 먹지 않아서 한 번에 구운 떡 하나면 조석 끼니를 때울 수 있고 꼭 밥을 먹어야 하는 건 아니다. 군졸은 마른 양식을 말안장에 걸어놓아 굶주림에 대비하고, 길 떠나는 사람은 비록 천만 리 먼 길이라도 은전銀錢만 가지고 가면 밥을 구해 먹을 수 있고, 술을 구해 마실 수 있고, 말을 구해 탈 수 있고, 종을 구해 거느릴 수 있고, 머무르려면 집이 있고, 자는 곳엔 계집이 있어 가기 어려운 곳이 없다.

우리나라 사람으로 관청에 있는 자는 이른 아침早飯·아침朝飯·점심晝飯을 먹는다. 때론 아무 때고 모여 술을 마시는데, 종들을 들볶아 성찬을 가져오라 하고, 조금이라도 어긋나면 반드시 매질을 한다. 그러나 중국인으로 관청에 있는 자는 공경대부라 해도 집에서 밥과 고기 한 그릇을 잘 차려서 관청으로 가져와 먹는다.

우리나라 사람으로서 지방에 출장을 가는 자는 관리官吏, 지방관과 아전들이 그 지방 경계에서 맞이하고 보내며 술과 음식을 미리 준비한다. 고을에 들어오면 며칠 동안 머물게 하고 크게 잔치를 베풀어 흠뻑 취해서 깨어 있는 날이 없게 하니, 이렇게 하여 병을 얻어 폐인이 된 사람이 헤아릴 수 없을 정도이다. 송별할 때는 경치 좋은 산과 물을 골라 장막을 치고 소매를 붙잡아 놓지 않으면서 종일 그치지 않는다. 그러므로 능력이 모자라는 사람은 관청 자금을 소모하여 날로 피폐하게 만들고, 능력이 있는 사람은 영리를 꾀하여 자기의 사욕을 채우므로, 관가는 날로 쓸쓸해지고 관리와 백성은 날로 고달프게 되어 그 괴로움을 이기지 못한다. 반면에 중국인으로서 지방에 출장을 가는 자는 1만 기병이 앞에서 인도하고 절월節鉞, 지휘관 상징물이 휘황하니, 그야말로 성대한 일이라 할 수 있다. 고을에 들어오면 현지 관리들은 대청 아래에서 절한다. 사신이 방에 들어가서는 다만 돼지 족발과 현미밥을 먹으며, 따라온 사람과 같이 한 평상에서 잔다. 이튿날 즉시 떠나는데 관리들이 5리 밖까지 나와서 석 잔 술로 전송한다. 관리가 인정人情, 선물을 주고 싶으면 개인적으로 술과 음식을 갖추어 길 떠남을 이유로 대접하기 때문에, 사신은 오래 머물지 아니하고 관청에서는 낭비하는 물건이 없게 되어 주州·현縣은 늘 넉넉하다.

우리나라 사람은 노비가 반을 차지하므로 유명한 고을이나 큰 고을이라도 군졸이 적다. 중국은 모두 나랏사람이라서 집집마다 정예의 병사들이 되므로 아무리 작고 궁벽진 고을이라도 수만 명의 무리를 급히 마련할 수 있다.

우리나라 사람은 경솔하고 불안정하여 백성은 아전을 두려워하지 않고, 아전은 사士를 두려워하지 않으며, 사는 대부大夫를 두려워하지 않고, 대부는 공경公卿을 두려워하지 아니하여, 상하가 서로 업신여기고 서로 헐뜯을 생각만 한다. 중국은 백성이 서리를 승냥이나 호랑이처럼 두려워하고, 서리는 공경대부를 귀신처럼 두려워하며, 공경대부는 임금을 하늘처럼 두려워하므로, 일을 처리하면 능히 성취하고 명령을 내리면 쉽게 따른다. _『용재총화』

그의 비교는 극단적이다. 조목마다 중국에 대해서는 긍정적이고 우리에 대해서는 비판적이다. 조선시대 역사 문헌에서 이처럼 중국을 이상적인 나라로 그린 사례를 종종 발견하게 된다. 중국을 실제로 경험하지 못한 채 문헌으로만 접하여 실상과는 동떨어진 이상적인 나라로 이해하는 것이다. 상상의 중국을 끌고 와서 우리 스스로에 대한 반성의 대안으로 삼은 결과이다.

이런 사례는 종종 보인다. 세종이 중국에는 남녀 분별이 있어서 자매 사이라도 서로 보지 못하지만 우리나라 풍속은 그렇지 않다고 지적하였고,세종실록 1429. 6. 16. 광해군이 우리나라는 도로에 남녀가 섞여 다녀 중국 사신을 놀라게 하니 금지하라고 지시하였다.광해군일기 1609. 1. 19. 두 경우 다 중국은 유교의 가르침대로 남녀 구별이 뚜렷한 것으로 상상하고 있다.

성현이 여러 조목에 걸쳐서 두 나라를 비교한 것과 유사한 것이 유수원의 글에도 보이지만, 그 취지는 상반된다.

대저 음식으로 말한다면, 중국 사람들은 고기를 즐기고 단 것을 좋아하지만, 우리나라 사람들은 물고기를 즐기고 짠 것을 좋아한다. 그러하니 참으로 각자의 토속을 따를 것이지 구태여 똑같을 필요는 없다.

의복으로 말하더라도, 중국 사람은 방건方巾에 난삼襴衫을 입는데, 우리나라 사람은 칠립漆笠에 도포道袍를 입는다. 이것도 굳이 똑같을 필요가 없다.

언어로 말하더라도, 중국 사람들은 말하는 것이 모두 문자로 대응되지만, 우리나라 방언은 모두 속된 말이어서 참으로 중국에 따를 수 없다. 그러나 우리가 고유한 말로 서로 통하고 문자로 마음을 표현할 수 있으니, 이것 역시 무방하므로 구태여 똑같을 필요가 없다.

혼례로 말하더라도, 중국 사람들은 오랫동안 오랑캐 풍속에 물들어 최복衰服을 벗고 혼인해도 수치스럽게 여기지 않지만, 우리나라 사람들은 기복朞服에 해당하는 사람도 장사를 지내기 전에는 감히 아내를 맞아들이지 않는다.

상례로 말하더라도, 단상短喪, 단축된 상을 한 후로 중국 사람들은 상복입는 제도를 잘 지키는 이가 적은 반면에, 우리나라에서는 서민들도 모두 부모 상복을 3년 동안 입는다. 5호16국 시대 이후로 중국에서는 장사를 치르지 않는 사람이 많은데, 우리나라에서는 더러 장사에 3개월을 넘기기도 한다. 이런 것들은 바로 중국에서 우리나라를 따르지 못하는 점들이다.

이러한 일들은 한두 가지에 그치지 않는다. 강역이 이미 구별되어 있고 기풍이 또한 다르니, 제각기 자기 풍속을 따르며 풍토에 순응하는 것이 어찌 문제가 되겠는가? _『우서』 논변통규제이해論變通規制利害

최복은 부모가 사망했을 때 3년간 입는 상복이고, 기복은 이보다 먼

그림 9 방건 쓴 선비

관계에 있는 사람이 사망했을 때 1년간 입는 상복이다. 허균의 형인 허봉이 1574년에 쓴 일기에는 상중喪中에도 평소처럼 술을 마시고 고기를 먹는 풍습을 요동에서 목격하고는 오랑캐에 물들어서 그렇게 되었다는 내용이 있다.

유수원은 음식, 의복, 언어, 혼례, 상례의 차이점을 제시하면서 굳이 우리가 중국과 똑같아질 필요는 없다고 역설했다. 그런데 여기서 중국과 조선의 복식에 차이가 있는 것처럼 서술했지만, 중국 복식을 받아들인 사대부들은 방건과 난삼도 착용했다. 다만 일상복 차원에서 볼 때에 조선에서는 갓과 도포, 중국에서는 방건과 난삼이 애용되어 대비한 듯하다.

명나라 때에 문인이 쓰던 두건인 방건은 조선 양반들이 집 안에 있을 때에 사용하였다. 정선의 「독서여가도」에 선비가 쓰고 있는 사각형의 관이 방건이다.그림 9 난삼도 유생이나 진사, 생원들이 예복으로 입었으니, 영조 때의 학자인 윤봉구의 초상화에서 보듯이 난삼은 옷깃이 둥글고 소매가 크고, 옷과 다른 색인 흑색 선襈이 곳곳에 돌려져 있다.그림 10

칠립은 옻칠한 갓으로서 검은색을 띠고 있어 흑립이라고도 한다. 우리가 일반적으로 알고 있는 갓으로, 사대부들이 외출용으로 가장 많이 애용하였다. 고대부터 여러 형태가 사용되다가 마지막에 만들어진 것이 흑립이다. 깃이 곧고 소매가 넓은 도포는 뒷모습이 단정하도록 뒤트

임을 덮는 뒷자락이 더 붙어 있는 것이 특징이다. 이 뒷자락이 바람에 펄럭이는 모습이 도포의 멋으로 알려져 있다. 도포는 선비들이 평상시에 입던 겉옷으로서 흔히 흑립과 함께 착용되었다.

다만 갓을 매는 갓끈그림 11은 조선에서 유독 성행하여 사치의 수단이 되었다. 경세창이 명나라 사신을 접대하는 일과 관련하여 중종에게 이렇게 건의했다.

그림 10 난삼 입은 선비

경세창이 "… 청컨대 중국 사신이 올 때에는 중국의 제도에 의거하여 예식을 집행하기 바랍니다. 신이 일찍이 『나충록蠃蟲錄』을 보았는데, 우리 조정에만 갓끈이 있다고 했습니다. 갓끈은 중국 제도가 아니어서, 중국 사람이 턱 아래에 드리운 구슬을 비웃고 있습니다. 중원 사람이 갓끈을 만드는 것은 우리나라의 수요 때문입니다. 폐주연산군의 법률과 제도들이 비록 정상적이지 않았으나, 이 일에 대해서만은 간편하게 했습니다. 소용없는 물건을 비싼 값에 마구 사들이고 있으니, 그 제도를 폐지하기를 청합니다"고 아뢰니, 상이 "예법이 이미 풍속을 이루었고 명나라 사신도 일찍이 이를 보았으니, 지금 고칠 수는 없다. 갓끈은 비록 중국 제도는 아니지만 우리 조정에서 중국 제도를 따르지 않는 것이 자못 많다. 그러니 다 고칠 필요는 없다"고 일렀다. _중종실록 3년(1508) 1월 8일

그림 11 곽재우 갓끈

『나충록』은 고려나 일본 등 해외 121개 나라나 지역의 지리, 민속, 물산을 그림과 함께 설명한 명나라 때의 책이다. 앞에도 갓이 언급되었지만, 갓 모양도 시간이 흐르면서 점차 모자대우 높이가 높아지고 챙이 극단적으로 넓어지는 과정을 겪었다.그림 12 이 때문에 근대에 외국인에게는 갓을 쓴 것이 가장 인상적인 모습으로 묘사되곤 했다. 효종은 당시의 갓 제도가 해괴하다고 하면서 이렇게 언급했다.

우리나라의 갓은 중국의 입장에서 말하면 매우 이상한 제도이지만, 이것은 옛날에 만들어져 내려온 것이니 지금 말할 필요가 없다. 그러나 모자가 너무 높고 양대涼臺, 챙가 매우 넓어 문을 드나들 때 방해가 된다. 이 제도가 어찌 매우 괴이하지 않은가? 지금부터는 갓의 양대가 너무 넓은 자는 법을 맡은 관청에서 단속하도록 하라. 또 요즈음 의복의 제도도 역시 옛날과 달라졌다. 소매가 너무 넓어 긴 곳이 땅에 끌릴 정도이니, 보기에 괴이할 뿐 아니라 보행을 할 때도 역시 불편하다. _효종실록 8년(1657) 1월 10일

갓은 머리를 덮는 부분인 모자와 얼굴을 가리는 차양 부분인 양대 또는 양태涼太로 이루어져 있다. 서양인도 큼지막한 양태가 인상적이었던

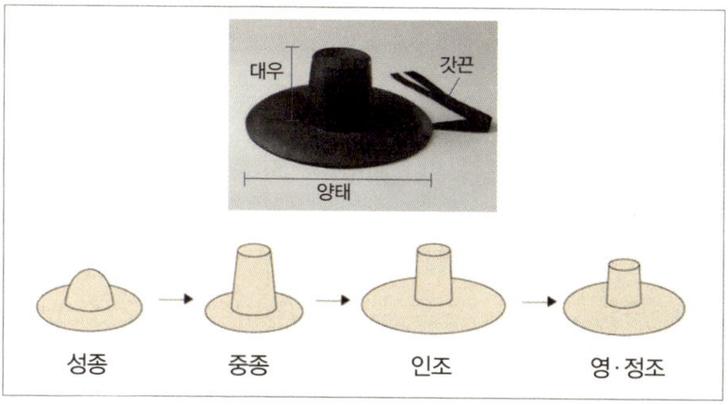

그림 12
갓의 변화(김은정)

지 조선 관리를 그리면서 이를 과장해 그렸다.그림 13 이런 특이한 의복은 청나라에서 때로는 웃음거리가 되었다. 중국인들이 무식해서 명나라 때의 의복인 줄 모르고 조소한다고 했지만, 일반인에게는 매우 낯선 풍경이었음에 틀림없다.

내가 말하기를, "중국 의관이 변한 지 이미 100년이 넘은지라 지금 천하에 오직 우리 동방만이 오히려 옛 제도를 지키거늘, 중국에 들어오니 무식한 부류들이 보고 웃지 않는 사람이 없습니다. 근본을 잊음이 어찌 가련치 않겠습니까? 모대帽帶, 모자와 띠 한 거동을 보면 창시倀戱, 광대 같다고 이르고, 머리털을 보면 계집 같다고 이르고, 소매 너른 옷을 보면 중 같다고 하니, 습속의 이목이 변하여 옛일을 생각지 못하는 것입니다." _『을병연행록』 1766. 2. 17.

이제 『우서』로 되돌아가 보자. 성현의 관념적 중국과는 달리 유수원의 글에서는 실상의 중국이 드러난다. 그러면서 중국과 우리를 서로 차이가 날 수 있는 대등한 관계에서 바라본다. 오히려 혼례나 상례는 우

그림 13 조선 관리의 갓

리가 원래 제도를 지키고 있어서 오랑캐 습속에 물든 중국보다 우위에 있음을 지적한다. 앞서 성현이 살았던 조선 전반기는 배움의 대상인 명나라가 존재했던 시기이지만, 유수원이 살았던 시기는 경멸의 대상인 청나라 때라서, 서로 다른 시대적 상황이 반영되어 있다.

중국과 비교할 때에 우리가 더 뛰어나다고 인식하는 것이 다른 글에서도 보인다. 이수광1563~1628의 지적이다.

> 우리나라 사람의 일로서 중국 사람들이 미치지 못하는 것이 네 가지가 있다. 부인이 절개를 지키는 것, 천한 사람도 상喪을 치르는 것, 소경이 점을 잘 치는 것, 무사가 편전片箭을 쏘는 재주이다.
>
> 또 우리나라 산물로서 중국에 없는 것이 네 가지가 있다. 경면지鏡面紙, 황모필黃毛筆, 화문석花紋席, 양각삼羊角參이다. _『지봉유설』 어언부語言部, 잡설雜說

경면지는 거울처럼 매끈하고 반짝거리는 종이이고, 황모필은 족제비 꼬리털로 만든 붓이고, 화문석은 강화도에서 유명한 꽃돗자리이다. 양각삼은 작고 희고 단단하고 둥근 백제삼百濟蔘으로서 중국에 조공하는 귀한 인삼인데, 선조 때에는 한 근에 베 30여 필을 주어도 구하기가 어렵다고 하였다. 선조실록 1603. 5. 14. 편전은 애기살이라고도 하는 것으로서 보통 화살보다 훨씬 작아서 30센티미터 남짓인데, 우리나라 사람들이 잘 쏘기로 유명하였다. 이수광은 편전에 대해서 이렇게 설명했다.

편전이란 우리나라의 묘한 재주이다. 쏘면 멀리 가는데 반드시 적중한다. 그러므로 오랑캐가 이를 두려워하여 고려전高麗箭이라 부른다.

왜적이 일찍이 "중국의 창, 조선의 편전, 일본의 조총은 천하에서 제일이다"고 말했다. _『지봉유설』 기예부技藝部, 잡기雜技

박지원1737~1805도 중국인과 대화하면서 우리나라의 훌륭한 점 네 가지를 들었다.

혹정이 "귀국의 아름다운 점 몇 가지를 들려주시길 바랍니다" 하기에, 나는 "우리나라가 비록 바다 한구석에 자리 잡았으나, 네 가지 좋은 점이 있습니다. 유교를 숭상하는 풍속이 첫째요, 황하처럼 큰 수해 걱정이 없는 땅이 둘째요, 고기와 소금을 다른 나라에서 사 오지 않아도 되는 것이 셋째요, 여자가 두 지아비를 섬기지 않는 것이 넷째입니다" 하였다.

지정이 혹정을 돌아보며 오랫동안 서로 말을 하더니, 혹정이 "좋은 나라입니다" 하고, 지정은 "여자가 지아비를 바꾸지 않는다니 어찌 온 나라가 모두 그럴 수 있겠습니까?" 한다. 나는 "온 나라의 천민이나 백성까지 모두 그러는 것은 아닙니다. 명색이 사족이면 비록 아무리 가난하고 또 삼종三從의 길이 이미 끊어졌다 하더라도, 평생 과부의 절개를 지킵니다. 이러한 기풍이 노비나 아전들에게까지 미쳐서, 저절로 풍속을 이룬 지 400년이 되었습니다" 하였더니, 지정은 "금지령이 있는 겁니까?" 하기에, 나는 "드러난 법령은 없습니다" 하였다. _『열하일기』 태학유관록太學留館錄

그는 다른 글에서 중국에는 하河와 호胡란 커다란 두 가지 근심이 있다고 하였다. 내부적으로 황하의 홍수를 막는 데 따르는 근심과, 외부적으로 북방 오랑캐의 침입을 막는 데 따르는 근심이다. 이것이 대대로 중국 황제의 큰 숙제였다. 과부의 수절에 관하여서는, 물론 중국에도 과부가 수절하는 일이 있지만 우리나라에서는 극단적으로 강요되면서 아름다운 일로 여겨졌다.

명나라와 청나라

몇 년 전에 주한 중국 외교관의 발언이 위키리크스에 공개된 적이 있다. 그는 북한의 폐쇄적인 대외정책이 과거의 전통에 뿌리를 두고 있다고 하면서, 청나라가 명나라를 대체한 지 100년이 지나도록 조선은 명나라의 풍습과 전통을 고수했다는 사실을 지적했다. 작은 나라인 한국은 변화에 굴복하면 생존할 수 없다는 공포심을 가지고 있다는 것이다.중앙일보 2011. 1. 5. 조선 후기에 청나라를 백안시하면서 명나라를 고수했던 것은 사실이지만, 이를 북한의 폐쇄성과 연결한 것은 적절하지 않은 것 같다. 남한의 개방성은 무엇으로 설명할 수 있겠는가? 하지만 한편으로는 중국 외교관의 한국관을 엿볼 수 있어 흥미롭다. 이미 사라진 명나라의 유령에 홀려 있던 조선을 떠올리는 듯하다.

병자호란 때에 인조가 항복한 것은 조선 사람들에게는 심대한 충격이었다. 오랑캐라고 생각한 왜에 당하더니 이제는 여진족에게 당한 것이다. 더구나 왜의 침략에는 끝까지 저항했지만 여진족에게는 허무하게 무릎을 꿇었다. 인조는 당시 피신해 있던 남한산성에서 나와 한강변의 나루터인 삼전도에서 항복하는 참담한 모습을 보였다.

용골대와 마부대가 성 밖에 와서 상이 성에서 나오기를 재촉했다. 상이 푸른 옷 차림으로 백마를 타고 의장 갖춤은 모두 생략한 채 시종 50여 명을 거느리고 서쪽 문을 통해 성을 나갔고, 왕세자가 뒤를 따랐다. 뒤에 남은 백관은 서쪽 문 안에 서서 가슴을 치고 뛰면서 통곡하였다. … 용골대 등이 인도하여 들어갔다. 단 아래에 북쪽을 향해 자리를 마련하고 상에게 자리로 나가기를 청하였다. 청나라 사람을 시켜 의식절차를 외치게 하니, 상이 세 번 절하고 아홉 번 머리를 조아리는 예를 행하였다. … 도승지 이경직으로 하여금 옥새를 바치게 하니 용골대가 받아서 갔다. … 상이 밭 가운데 땅바닥에 앉아 진퇴 지시를 기다렸는데, 해질 무렵이 되어서야 도성으로 돌아가게 하였다. … 상이 소파진을 경유하여 배를 타고 건넜다. 이때에 뱃사공은 거의 죽고 빈 배 두 척만이 있었다. 백관들이 다투어 건너려고 어의를 잡아당기기까지 하면서 배에 올랐다.

_인조실록 15년(1637) 1월 30일

그림 1 삼전도비(2008. 5.)

압록강을 건넌 지 두 달도 되지 않아 12월 9일에 항복하였다. 거란이 발해를 멸망시킨 것도 거의 같은 계절이었다. 거란이 925년 12월 21일에 출정하여 이듬해 1월 14일에 발해의 항복을 받았으니, 그 기간은 한 달도 되지 않는다.

인조가 항복한 자리에는 청 태종의 공덕비인 삼전도비가 세워졌다.그림 1

그림 2
인조의 항복 모습
(2008. 5.)

원래 다른 곳에 있던 것을 옮겨 와 작은 공원을 조성해놓았는데, 여기에는 무릎을 꿇고 항복하던 모습을 묘사한 부조물도 세워져 있다.그림 2

이로부터 조선 왕은 신하로서 상대를 폐하로 부르게 되었다. 이런 청나라에 대한 조선 사회의 적개심은 정유악에 대한 사관의 평가에서 드러난다.

정유악의 아버지 정뇌경은 소현세자를 따라 심양에 들어갔다가 화를 만나 오랑캐에게 해를 당했었다. 그런데 정유악이 오랑캐의 사신이 왔을 때에 말을 바치고 그 대가를 받았으므로, 사람들이 모두 침을 뱉고 욕하였는가 하면 심지어는 '말을 바치고 아버지를 잊었다'는 비난이 있었다. _현종실록 11년(1670) 12월 27일

효종 때에 대제학을 지낸 김익희는 어머니가 병자호란 때에 죽었다

고 해서 청나라 사신이 올 때마다 벼슬에서 물러났고, 현종 때에 우의정을 지낸 홍중보는 아버지가 평안감사로 있다가 병자호란 때에 전사했기에 청나라 사신이 올 때마다 의식에 참여하지 않거나 사직서를 올렸다. 이렇게 개인적으로 화를 당한 사람들이 적개심을 품었음은 물론이고, 정유악에 대한 비난에서 보듯이 전반적인 사회 분위기 또한 그러했다.

심지어는 청나라를 공격하여 명나라를 회복하려 한 '청북삼호淸北三豪'라는 결사대도 조직된 적이 있다. 청북삼호란 '청천강 이북 세 명의 호걸'이란 의미이다. 이들은 사건이 발각되어 1641년에 죽임을 당하고 말았다. 정조 때에 이들을 추증하거나 현충사에 배향하는 조치를 내렸을 때에 평안도 관찰사가 올린 장계에 그 시말이 보인다.

훈련부정을 지낸 안극함?~1641은 용천 사람이고, 교수를 지낸 차예량은 선천 사람입니다. 이들은 젊어서부터 인품이 탁월하고 절개가 뛰어났는데, 병자년 이후로 북방을 회복하려는 뜻을 두었습니다. 또 의주 사람 최효일?~1644이 기백이 넘친다는 말을 듣고는 서로 죽음을 함께할 친구를 맺어 '청북삼호'라 불렀습니다.

하루는 안극함과 차예량이 최효일에게 "옛날에 노중련이 있었으니, 그가 어떤 사람인가?" 하니, 최효일이 "좋다. 내게 뜻이 있었는데 그대가 감히 말을 하니, 따르지 않을 수 있겠는가?" 하였습니다. 이리하여 세 사람이 서로 모의하여 "한 사람은 등주登州, 산동성로 들어가 천조天朝, 명의 여러 장수를 설득하여 곧장 심양을 치고, 한 사람은 심양으로 들어가서 내응하며, 한 사람은 청천강 이북의 의로운 선비들을 동원하여 들어가면 일을 이룰 수 있다"고 하였습니다. 그러자 안극함이 "안에서 좇는 것은 최 군이 제일이고, 정탐하는 것은 차 군이 제일이며, 동지들을 인솔하여 기회를 보아 북쪽을 치는 것은 내가 그대들에게 뒤지지 않는다" 하였습니다.

이리하여 세 사람이 결사대 100여 명을 몰래 모집하고, 기묘년1639에 최효일이 미곶彌串, 용천에 있는 곶에서 배를 타고 등주로 향했는데, 이때 세 사람이 시를 지어 눈물을 흘리면서 작별했습니다. 신사년1641에는 차예량이 몰래 강을 건너 곧장 심양으로 들어갔습니다. 이때부터 안극함은 날마다 싸울 도구들을 마련하면서 북쪽에서 소식이 오기를 기다렸습니다.

그러다가 일이 마침내 발각되었습니다. 차예량은 체포되어 심양 옥에서 혹형을 받았는데, 죽음에 임하여 한 손가락을 깨물어 줄줄 흐르는 피로 글을 써서 가족에게 부치고는 계속 적을 꾸짖다가 죽었습니다. 안극함은 형구를 쓴 채로 서울로 송치되어 황일호와 함께 저자에서 죽임을 당했는데, 형을 당할 때에도 안색을 변치 않고 정명수?~1653를 크게 꾸짖기를 "너를 먼저 베지 못한 것이 한스럽다"고 하였습니다. 최효일은 오삼계의 군영으로 갔는데, 북경이 함락되자 숭정황제의 능에 올라가 7일 동안 통곡하다가 죽었습니다. _정조실록 20년(1796) 3월 19일

여기에 인용된 노중련은 진나라를 황제로 섬기는 것을 반대했던 제나라의 지사이고, 오삼계는 청나라의 공격을 방어했던 명나라 무장이다. 또 정명수는 조선을 배반하고 청나라에 붙은 인물이다.

이처럼 청나라에 복수하여 치욕을 씻겠다는 대청복수론과 더불어 임

진왜란 때에 도와준 명나라에 의리를 지켜야 한다는 대명의리론이 조선 사회를 지배하였다. 대청복수론은 청나라를 정벌하자는 북벌론北伐論으로 나타났고, 대명의리론은 중화의 핵심인 주나라를 높이자는 존주론尊周論으로 나타났다. 주나라는 중화의 출발점으로서, 그 정통을 명나라가 계승했으므로 결국은 명나라를 존숭하자는 논리이다. 명나라와 청나라에 대한 상반된 인식은 박지원이 청나라 황제의 행재소를 견문한 글에 잘 나타나 있다.

아아, 황명皇明은 우리의 상국上國이다. … 무엇이 상국인가? 중화를 이르는 말이다. 우리 선왕들과 여러 조정이 칙명을 받은 곳이다. 그러므로 도읍한 연경을 경사京師라 하고, 순행하는 곳을 행재行在라 하며, 우리나라가 토산물 바치는 것을 직공職貢이라 한다. 또 당시의 임금을 천자라 하고, 그 조정을 천조天朝라 하며, 사신이 그 조정에 가는 것을 조천朝天이라 하고, 그 나라 사신이 우리나라에 오는 것을 천사天使라 한다. 우리나라의 부인이나 어린애들까지도 상국을 말할 때는 언제나 하늘天이라 부르며 존경하지 않는 법이 없다. 4백 년을 하루같이 하였으니, 대개 우리가 명나라 황실의 은혜를 잊을 수 없기 때문이다. … 지금의 청나라는 명나라의 옛 신하들을 어루만져 온 세상을 통일하였고, 여러 대에 걸쳐 우리나라에 은혜를 베풀어 왔다. … 그러나 우리는 혜택으로 여길 뿐 은혜로 생각지 않고, 걱정으로 여길 뿐 영화로 생각지 않는데, 이는 무슨 까닭일까? 상국이 아니기 때문이다. 우리가 지금 황제 소재지를 행재라 일컬으며 사실을 기록하지만 상국이라 부르지 않는 것은 무슨 까닭인가? 중화가 아니기 때문이다. 우리가 힘이 부쳐서 저들에게 복종했으니 그들은 대국이다. 대국이 능히 힘으로써 우리를 굴복시켰으나, 우리가 처음 칙명을 받았던 천자는 아닌 것이다. _『열하일기』 행재잡록서行在雜錄序

수도에 대해서 명나라는 경사요 청나라는 연경이라 하거나, 사신 파견에 대해서 명나라에게는 조천사요 청나라에게는 연행사라 하듯이 두 나라에 대한 용어마저 달랐다. 한쪽은 중화이고 한쪽은 오랑캐로 생각했기 때문이다. 청나라를 배우자고 주창한 박지원마저 이런 생각을 피력했을 정도이다.

북벌론은 효종 때에 송시열 등을 중심으로 활발히 전개되었다. 청나라를 공격할 군사적 준비도 했으나, 한창 세력을 뻗어 나가는 청나라를 공격하는 것은 현실적으로 한계를 지닐 수밖에 없었다. 결국 북벌론은 잦아들면서 존주론을 강조하는 쪽으로 기울게 되었다.

명나라에게 입은 은혜는 두 가지이다. 대조大造의 은혜와 재조再造의 은혜이다. 위 인용문의 마지막에 명나라가 조선 건국 시 처음 칙명을 내려준 은혜를 거론하고 있는데, 생략한 부분에서는 임진왜란 때에 우리를 구해준 은혜도 거론하였다. 조선을 건국하게 해준 은혜와 나라를 재건해준 은혜인 것이다. 이 두 은혜에 대해서 숙종이 언급한 말이다.

금년이 곧 갑신년으로, 명나라가 이해 3월에 망했다. 과거 역사를 두루 살펴보면 망한 나라가 수두룩하지만, 유독 숭정황제가 나라를 잃은 곳에 이르러서는 목이 메어 차마 읽을 수가 없다. 우리나라가 개국한 초기에 황제께서 은혜를 베풀어 조선이라는 국호를 내리고 중국 내지와 똑같이 대우하였으니, 선대 임금들께서 서로 계승하며 지성으로 사대하였다.

임진년의 변란 때에는 선조 임금께서 멀리 의주로 파천하시어 중국으로 들어가려고까지 하였는데, 신종황제께서 천하의 힘을 다 기울여 동쪽으로 출병하여 구원함으로써 다시 나라를 재건할 수 있었다. 우리 동방의 곤충과 초목까지도 무엇 하나 황제의 은택을 입지 않은 것이 없다. _숙종실록 30년(1704) 1월 10일

숙종은 이런 은혜를 점차 잊어버리고 있다고 개탄하면서 명나라 황제를 제사 지낼 사당을 짓는 문제를 이날 발의했다. 이로부터 긴 논의 과정을 거친 뒤 공사를 시작하여 석 달 만인 12월 21일에 완공했다. 임진왜란을 도와준 신종을 위한 제단이었으니, 이를 대보단大報壇이라 부르고, 때로는 황단皇壇이라고도 한다. 북쪽의 높은 산봉우리를 주봉으로 하여 방단을 쌓고 그 외곽에 방형의 담장을 둘러 사직단과 유사하게 만들었다. 영조 때에 이르러서는 명나라 태조와 마지막 임금인 의종도 여기에 합사하였다. 이 대보단은 창덕궁 후원 제일 뒤쪽 후미진 곳에 위치하였는데,그림 3 지금은 모두 철거되어 숲으로 변해버렸다.

그림 3 「동궐도」의 대보단

이보다 앞서서 민간 차원에서도 비슷한 움직임이 있었다. 1689년 송시열이 사약을 받았을 때에 그의 제자인 권상하에게 신종과 의종의 사당을 세워 제사 지낼 것을 부탁했고, 이 유지를 받아서 충북 괴산군 화양리에 있는 화양서원에 1703년 만동묘萬東廟를 세웠다. 「화양구곡도」의 하나인 읍궁암泣弓岩 그림그림 4에는 맨 위에 만동사萬東祠가 있고, 그 아래에 서원이 있으며, 냇가에 읍궁암이 보인다.

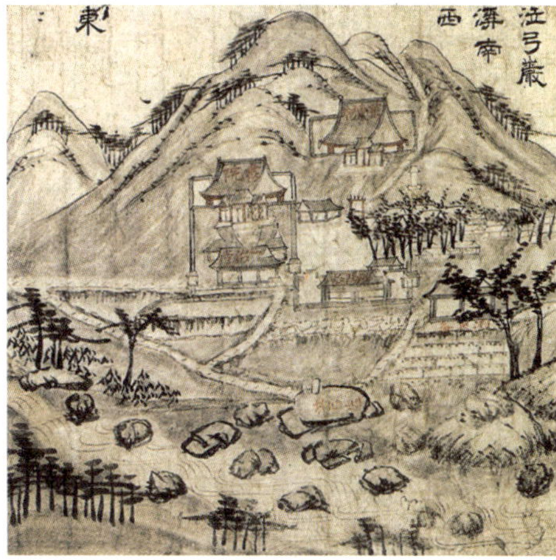

그림 4 「화양구곡도」의 만동묘(맨 위)

만동묘란 말은 경기도 가평군에 있는 조종암朝宗巖에 새겨진 선조의 어필인 만절필동萬折必東에서 따온 것이다.그림 5 중국의 황하가 아무리 꺾여도 결국은 동쪽으로 흘러 황하로 들어간다는 말로서, 어떠한 시련이 있어도 명나라에 대한 조선의 충성심은 변하지 않는다는 의미를 지닌다. 우리나라 하천은 거의가 서쪽이나 남쪽으로 흐르는데, 이곳을 흐르는 하천은 지형적 특성 때문에 동쪽으로 흘러서 이름도 조종천이라 한다. 조종朝宗이란 제후가 천자를 알현한다는 의미를 담고 있다. 이곳에도 선조의 글씨인 재조번방再造藩邦, 명나라 의종의 글씨인 사무사思無邪가 새겨져 있어 명나라에 대한 추모의 장이 되었다.

송시열은 이처럼 숭명배청 사상의 상징적 인물이었다. 박지원의 오래전 목격담에서도 송시열에 대한 흠모와 함께 숭명배청의 분위기를 잘 읽을 수 있다.

그림 5 조종암의 재조번방(왼쪽)과 만절필동(오른쪽) (2014. 7.)

내가 백문白門, 서대문에 살 때였다. 마침 숭정 기원 뒤 137년1764으로서 세 번째 맞는 갑신년이었고, 3월 19일은 곧 의종 열황제가 나라의 멸망과 함께 세상을 떠난 날이다. 시골 선생이 동네의 어른과 아이 수십 명과 함께 도성 서쪽에 있는 송 씨의 셋집에 찾아가서 우암 송 선생의 영정에 절하고, 담비 갖옷을 내어서 어루만졌는데, 비분강개하여 눈물을 흘리는 이까지 있었다. 돌아오는 길에 성 밑에 이르러서 팔을 쥐고 서쪽을 향하여 '되놈' 하고 외쳤다.

시골 선생은 제수로서 고사리나물을 차렸다. 이때 금주령이 내려서 꿀물로써 술을 대신하여 그림 있는 도자기 주발에 담았는데, 그 주발에는 '대명大明 성화成化 제작'이라는 글자가 쓰여 있었다. 음복하는 자는 춘추의 의리를 잊지 않기 위해 반드시 머리를 숙여 주발을 들여다보곤 한다. _『열하일기』 관내정사關內程史, 1780. 7. 27.

그림 6 동일한 명문의 자기

성화는 명나라 연호이니, 이 주발은 '대명성화년제大明成化年製'란 글이 바닥에 쓰여 있는 중국 자기 주발일 것이다. 양주 회암사지에서도 같은 글자가 있는 청화백자 사발 조각이 발굴된 적이 있다.그림 6 이 글자를 들여다보며 춘추 의리, 즉 명나라에 대한 의리를 생각했다는 것이다. 대보단과 만동묘를 세워 제사를 지냈을 뿐 아니라, 청나라 연호를 거부하고 명나라 연호를 고수했다. 조정에서는 어쩔 수 없이 청나라 연호를 사용했지만, 민간에서는 그러지 않았다. 이규경1788~1856은 이에 대해 자랑스러워했다.

명나라 말기에 이르러 우리나라의 처신은 해와 별처럼 명확하여 후세의 온 세상에 할 말이 있게 되었다. 어찌 고려에서 원나라를 대하던 것과 비교할 수 있겠는가? 황명의 계보가 끊어졌는데도 우리에겐 대보단과 만동묘가 있다. 일반 백성들로 말하더라도 벌써 망해버린 명나라를 끝내 존숭하여 연도를 기록할 때는 반드시 '숭정 기원 뒤 몇 번째 해'라고 썼다. 23사중국사를 펼쳐보아도 이렇게 간절한 충성을 보지 못했다.

_『오주연문장전산고』 경사편 6, 논사류 1, 원말명초명말청초변증설元末明初明末清初辨證說

명나라 연호를 부득이 쓰지 못할 경우에는 단지 간지만 사용했다. 1729년 대만에 표류한 윤도성 일행은 청나라 관원이 짐을 조사하는 과정에서 천계天啓, 1621~1627라는 명나라 연호가 쓰인 마패를 들키고 말았다. 명나라 시절에 만들었기 때문이라고 둘러댔지만 결국 북경에서 상부의 조사를 받았다.

통사가 와서 말했다. "마패의 일로 예부禮部에서 너희를 부를 것이다. 너희는 조심하여라. …" 얼마 있다가 예부에서 몹시 꼼꼼하게 캐어물었다. 다행스럽게도 말에 착오가 없었다. 시랑侍郎, 벼슬 이름이라는 사람이 또 물었다. "오늘날 너희 나라에서는 어떤 연호를 쓰는가?" "옹정 연호를 씁니다." "옹정 이전에는 어떤 연호를 썼는가? 어느 해부터 옹정 연호를 썼는가?" "옹정 이전에는 강희 연호를 썼습니다. 계묘년부터 옹정 연호를 썼습니다." 이후로는 다시는 따져 묻지 않았다. _『탐라문견록』 72쪽

묘비나 제문에는 청淸 대신에 유명有明이라 했으니, '과거 명나라 때'의 조선이란 의미를 지닌다. 심지어 시간을 더 거슬러서 정통 중화왕조를 거론했으니, 유한有漢이나 유송有宋이라 쓰기도 했다. 조선에 들어온 명나라 유민에 대한 우대 조치도 종종 있었다.

다시 대명大明에서 흘러들어 온 사람 한등과·유태산 등에게 의복 등의 물자를 내려주고, 이어서 생전에 한하여 요미料米, 급료 쌀를 주게 명했다. 두 사람은 일찍이 을묘년1675에도 옷과 음식을 하사받았었는데, 이때에 다시 아뢰어 은전을 빌었다. 호조에서 "한등과는 늙었으니 그에게만 요미를 주도록 하소서" 하니, 임금이 "모두 타국에 흘러온 한인들이다" 하고, 특별히 모두에게 지급하도록 지시를 내리게 했다. _숙종실록 6년(1680) 10월 12일

정조는 1788년 정월 대보단에서 예를 행한 후에 명나라 자손들을 불러보고 벼슬을 내려주었고, 4년 뒤에는 명나라 자손 49명과 충신 자손 121명이 대보단 망배례에 참여하게 하였다. 충신 자손으로는 왜란과 호란에 목숨을 바친 이순신이나 3학사 등의 후손들을 배려했다. 숙종 33년1707 2월에는 충청도 아산에 있는 이순신 사당에 '현충사'란 명칭을 내려주고, 평안도 안주에 있는 을지문덕·최윤덕 장군 등을 함께 모신 사당에 '청천사淸川祠'란 명칭을 내려주었다. 이처럼 외적을 물리치며 고구려를 지켜낸 을지문덕까지 숭앙되었다.

중원에 정통성을 지닌 나라가 사라졌으니 이제는 조선이 그 중화의 후계자라는 의식으로도 발전했다. 과거 소중화의식이 조선중화의식으로 변모한 것이다. 1711년 일본에 사신으로 간 정사 조태억1675~1728이 일본인과 나눈 대화이다.

또 "지금 서방 여러 나라들도 모두 대청大淸의 관복 제도를 쓰고 있는데, 귀국만이 대명大明의 옛 의례를 지키고 있는 것은 무엇 때문입니

까?" 물으니, 평천조태억이 "천하가 모두 오랑캐 복장을 하지만 우리나라만은 중화의 제도를 고치지 않으니, 청나라도 우리를 '예의의 나라'라고 하면서 감히 예의에 벗어났다고 문제 삼지 않습니다. 너른 하늘 아래 우리만이 동쪽의 주周나라가 되었으니, 귀국에서도 중화의 것을 쓸 용의가 있습니까? …"고 대답했다. _『해사일기』 강관필담江關筆談

'동쪽의 주나라'란 조선을 가리키는 것으로서, 주나라는 중화의 상징이니 '동쪽의 중화', 즉 '조선 중화'란 의미와 같다. 청나라 견문기에서도 이런 생각이 종종 드러난다. 머리를 깎고 청나라 의복을 입은 그들의 모습그림 7은 상투를 틀고 명나라 때의 의복을 입은 우리와 대비되었다. 이를 통하여 오랑캐 청나라와 중화 조선이 극명하게 대비되었다. 홍대용의 연행기에도 이에 대한 언급이 몇 차례나 보인다.

내가 묻기를, "그대는 우리의 의관을 어떻게 보십니까?" 등생이 말하기를, "그대의 의관이 진짜 의관이고 명나라 복색입니다. 우리 선조의 화상을 보니 그대의 의관과 방불하니 어찌 반갑지 않겠습니까?" 내가 다시 묻기를, "그대들이 머리털을 깎는 법은 어떻게 보십니까?" 등생이 말하기를, "어려서부터 이미 풍속에 익어 불편함을 깨닫지 못합니다." 내가 묻기를, "그러면 몸과 털을 감히 상하지 말라 함이 성현의 가르침이 아니더이까?" 등생이 말하기를, "위안威顔이 지척인데 어찌 이런 말을 하십니까?"라고 하니, 말이 황제를 침범함을 이르는 것이다. _『을병연행록』 1766. 3. 2.

그림 7 청나라 사람들

후두부만 남기고 나머지 머리털을 깎아버리는 만주족의 변발그림 8을 했으니, 근대 단발령에 목숨을 내놓고 항거할 정도로 부모에게서 받은 신체를 훼손하지 않으려 한 조선 사람들에게는 그야말로 오랑캐 풍속으로 보였을 것이다.

참고로 단발령은 1895년에만 있었던 것은 아니었다. 1970년대에는 젊은이들 사이에서 남성은 장발, 여성은 미니스커트가 유행하였다. 이를 퇴폐 풍조라고 하여 경찰은 바리깡이라 부르는 이발 기계와 대나무 자를 지참하고 다니면서, 장발은 머리 일부를 밀어버렸고,그림 9 미니스커트는 무릎 위 20센티미터 이상 올라갔는지를 쟀다. 40년 전에 또 다른 단발령이 있었던 것이다. 필자가 대학생일 때라서 경찰을 피해 다니던 추억이 생생하게 남아 있다.

명나라 전통을 보여주는 조선 사신은 만주족 옷을 입은 한인들에게 일종의 우월감을 내비치곤 했다. 박지원은 우리 스스로 옛날 의관 차림

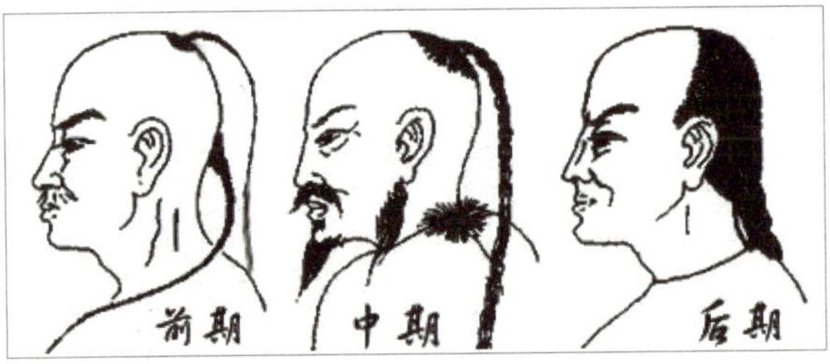

그림 8
변발의 변천

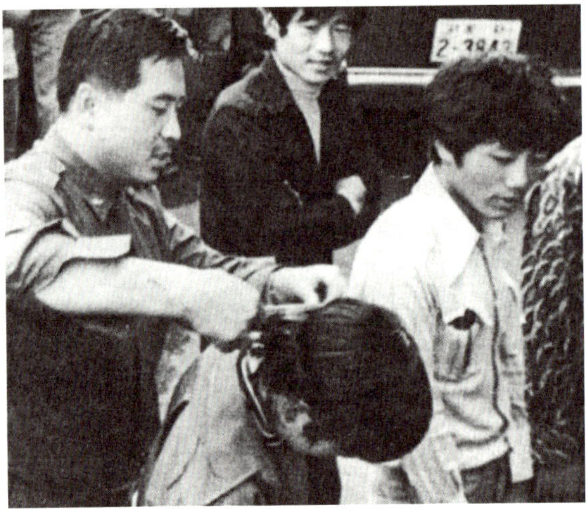

그림 9
장발 단속(1973년 자료)

을 자랑하면서 저들이 부끄러워하는지 아닌지를 살피고, 저들이 중화를 생각하고 있는지 대놓고 물어 말문이 막히게 한다고 비판했다. 하지만 중국 아이들은 조선 사신을 보고 장희, 즉 연희 마당의 광대패쯤으로 여겼다. 명나라 의복은 연극 마당에서만 전해지고 있었기 때문이다.

세팔을 데리고 나귀를 타고 뒤를 따르는데 여남은 역관이 모자와 띠를 갖추고 앞에 섰다. 옥하교를 지나자 길가의 여러 아이들이 모대를 한 모양을 보고 다 웃으며 말하기를, "저것이 무슨 모양이냐?" 혹 말하기를, "장희場戱하러 가는가 싶다"라 하니, 대개 중국의 의관이 끊어지고 다만 창시의 천한 노름만이 옛 제도를 전하는지라 아이들이 이렇게 말하는 것이었다. _『을병연행록』 1766. 2. 6.

조선중화의식은 급기야 우리가 황제국이 되자는 김약행의 상소로까지 발전했다.

이에 앞서 김약행이 올린 상소에 "숭정 갑신년1644 이후로는 천하에 진정한 임금이 없고, 예악과 문물이 모두 우리 동방에 있습니다. 청컨대 교체郊禘의 예를 행하고 태묘에는 구헌九獻과 팔일八佾의 의식을 행하소서. 인조 이하 5묘에 휘호를 소급해 올리소서" 하였는데, 임금이 크게 놀랐다. _영조실록 44년(1768) 6월 11일

명나라가 망한 후로는 중국에 진정한 임금이 없고 조선에만 중화의 전통이 전해졌다고 하면서, 이제는 황제국의 제도를 마련해야 한다고 건의함으로써 영조를 놀라게 한 것이다. 교체는 수도 남쪽에서 하늘에 제사를 지내는 것이고, 구헌은 술잔을 아홉 번 돌리는 것이고, 팔일은 여덟 줄로 나열하여 춤을 추는 것이니, 이 모든 것이 황제국의 제도이다. 흉한 상소를 올렸다고 해서 그를 흑산도에 유배 보냈으나, 조선이 중화라는 의식이 발로된 결과이다. 이 생각은 마침내 명나라 제도를 본받아 황제국을 건설한 대한제국에 와서야 실현되었다.

그러나 대명의리론도 한계가 있을 수밖에 없었다. 명나라 연호를 쓴 마패 때문에 청나라 관리로부터 추궁을 받았듯이 현실적으로 그들의 눈치를 살펴야 했다. 그 대표적인 것이 1667년 제주도에 표류한 한인

95명을 청나라로 압송한 사건이었다. 이들은 대만을 거점으로 청나라에 항거하던 사람들로서, 일본 나가사키로 무역하러 가다가 표류하였다. 이들을 통하여 명나라의 후신이 남방에 아직 존재한다는 사실을 알게 되어 이들을 극진히 대접했지만, 대책회의에서 현실론과 명분론으로 갈렸고 결국은 이들을 고향으로 돌려보내지 못하고 청나라로 압송하게 되었다. 이들이 죽을 것임을 알면서 사지로 보냈으니, 조선의 말과 행동, 이상과 현실이 괴리를 일으키게 된 사건이다.

대보단을 세울 때에도 청나라가 알면 사달이 날 것이기에 처음 논의할 때부터 현실론자들은 소극적인 태도를 취했다. 대보단의 설립을 논의하던 과정에서 명나라 멸망 60주년이 되는 날을 맞이하여 제사를 지내게 되었을 때에도 청나라를 의식하여 경복궁이 아닌 창덕궁에 제단을 설치했다.

임금이 또 "경복궁이 어떠한가?" 하고 물으니, 예조판서 민진후가 입대하여 "지금의 형세가 병자년1636 · 정축년1637을 겪은 때와는 차이가 있으나, 역시 이목이 너무 많은 곳은 마땅하지 않으니 은밀히 가릴 만한 곳에 나가 거행해야 합니다. 경복궁은 궁궐창덕궁 안과는 달라서 대가大駕, 임금 수레의 거둥과 의례의 집행에서 너무 번거로울까 걱정됩니다. 대신들도 불편하다고 생각하니, 후원에다 제단을 설치하는 것이 옳을 것 같습니다"고 아뢰니, 임금이 그렇게 여겼다. 드디어 한성부에 명하여 후원의 춘당대에다 제단을 만들도록 명령했다. _숙종실록 30년(1704) 3월 7일

제사를 마친 뒤에 축문이나 폐물 및 지방을 모두 불태우고 즉시 제단

을 철거하였다. 이런 사정 때문에 대보단을 세우게 되었을 때에도 눈에 드러나는 사당 건물보다는 제단으로 낙착이 되었다.

청나라에 가면 머리와 의복을 중점적으로 보듯이 청나라를 바라보는 조선인의 시각은 일관되게 편향적이었다. 청나라 자체가 아니라 명나라의 시각에서 바라보려 하였기 때문이다. 정조가 심염조와 나눈 대화이다.

임금이 "중국의 문물이 어떠하던가?" 하니, 심염조가 "만 리의 중국 땅이 모두 비린내와 노린내로 가득 찼습니다. 숭상하는 것은 성지城池와 군사이고, 소중히 여기는 것은 불교와 장사 잇속이니, 중화의 문물은 땅을 쓸어버린 듯 깨끗이 사라져버렸습니다. 심지어 대성전과 그 회랑까지 거리의 아이들이 노는 마당이 되어버렸고, 건물은 황폐해서 무너지고 뜰에는 잡초만 우거진 채 곁에서 지키는 한 사람의 청금靑衿, 유생도 보이지 않았습니다. 이를 보고 있으니 자신도 모르게 탄식이 나왔습니다. 간혹 강남 지방의 선비들 가운데 글에 능한 사람을 만나보면, 머리를 깎고 옷섶을 왼쪽으로 여미고 있어도 식견이 넓고 응대하는 말이 단정했으니, 강남이 본래 문명하다고 일컬어 온 것이 진실로 지나친 말이 아니었습니다"고 말했다. _정조실록 2년(1778) 7월 9일

북학파인 박지원도 우리가 홀로 선왕의 제도를 지켜 명나라 황실이 압록강 동쪽에 존재한다고 하였다. 박제가는 청나라에게 복수하려면 20년간 힘써 중국을 배운 다음에 함께 논의하자고도 하였다.

한편으로 북벌론이 수그러들면서 이제는 청나라가 언제 멸망할 것

그림 10 청 태종이 묻힌 북릉(1993. 8.)

인지에 관심을 쏟았다. 이런 생각은 숙종과 영조 때에 집중적으로 나타난다. 오랑캐는 백 년의 운수가 없다는 말을 믿었고, 중국에 재변이 생기면 망할 징조라 여겼다. 심지어 청 황제가 고향인 심양에 행차한다는 소식을 들어도 그들이 쫓겨 오는 것이 아닌가 가슴이 철렁했다. 심양은 원래 청나라가 흥기한 곳으로서 현재 고궁이 남아 있고 청 태종의 무덤 그림 10도 있는 신성지역이다. 만주족이 쫓겨서 고향으로 돌아가게 되면 반드시 우리 땅을 거칠 것이란 생각에 사로잡혀 있었기에 더욱 그러했다. 이태좌가 경종에게 아뢴 말이다.

강희康熙, 강희제가 이미 죽은 뒤에는 십중팔구 화란이 일어날 것입니다. 내란이 발생한 뒤에 혹시 다른 적이 다시 생기거나 진인眞人, 구세주이 일어난다면, 저들은 그대로 중국 땅에 버티고 있을 수 없어서 반드시 영고탑寧古塔, 헤이룽장성 닝안을 소굴로 삼을 것입니다. 대저 산해관 밖은 동북쪽으로 심양까지 이르고, 심양의 서북쪽은 모두 몽고 지방입니다. 그들이 쇠잔해진 틈을 타서 몽고가 만약 그 귀로의 한 부분을 끊으면, 저들은 나아가 영고탑에 도달할 수 없고, 물러나 다시 산해관에 들어갈 수도 없습니다. 그 형세는 봉황성鳳凰城, 랴오닝성 펑청으로 달아나거나, 남쪽으로 금복주金復州에 나가거나, 혹은 애양靉陽에 나가게 될 것입니다. 그런데 금복주는 우리의 선사포와 마주하고 있고, 애양은 우리의 서쪽 변방의 강변에 있는 7군郡과 대치한 땅입니다. 만약 이로부터 길을 취하면, 청천강 이북의 여러 고을을 약탈하고 곧바로 설한령을 거치고 함경도를 경유하여 두만강을 건너서 북쪽으로 장백산의 곁에 도달할 수 있어서 영고탑으로 가는 지름길이 됩니다. _경종실록 2년(1722) 12월 1일

만주족이 쫓겨 와 우리나라를 분탕질할까 두려워하면서도, 다른 한편으로는 그들이 망하기를 간절히 고대했다. 그렇게 과거의 명나라를 부여잡고 현실의 청나라는 받아들이지 못한 채 200여 년의 조선 후기가 흘러갔다. 학자들의 사회라 할 수 있는 조선시대의 근본주의적 논리에서 본다면 이해가 가지만, 지금으로 봐서는 마냥 손뼉만 칠 일은 아닌 듯하다. 지금 중국에서 내세우는 그들의 상징적인 여성 옷은 옆이 터진 원피스 모양의 치파오旗袍이니, 이것은 원래 만주족 여성들이 입던 것이다. 오랑캐 것까지 자기 것으로 만들어버린 중국이다. 그런 중국인 외교관의 말을 고깝게만 생각할 일은 아닐 듯하다.

중국에 간 사신

중국에서는 왕조마다 직공도職貢圖를 그렸다. 중국에 조공하는 주변 종족의 모습이나 복식, 풍속 등을 그림과 글로 남긴 것이다. 양나라의 직공도에는 530년 전후 백제에서 보낸 사신이 그려져 있어 유명하다. 두루마리로 된 이 직공도는 원본이 사라지고 후대에 다시 그린 네 가지 모사본이 전하는데, 우리에게 잘 알려진 백제 사신도그림 1는 북송 때에 다시 그린 것이다. 머리에는 관을 쓰고 있고, 겉옷은 소매가 넓고 무릎까지 내려오고, 바지는 통이 넓으며, 겉옷과 바지에는 모두 넓은 선襈, 가장자리 장식이 달려 있다. 맨발에 상체를 많이 드러내고 있는 왜국 사신과 대조가 된다.

그림 1 백제 사신과 왜국 사신

청나라 때에 만든 『황청직공도皇清職貢圖』에는 조선 관리와

그림 2
조선 관리와 부인

부인, 남녀 백성의 그림이 수록되어 있다.그림 2 관리는 흉배가 달리고 복두를 쓰고 있는 공복 차림이다. 여성도 포함되어 있는 것으로 보아서 청나라 사신이 조선에서 보고 그린 것인 듯하다.

성종 때 사신 복장을 논한 것을 보면, 사신은 관리의 정식 예복인 조복朝服이나 공복公服이 아니라 업무를 볼 때 일상적으로 입는 시복時服을 입었다.성종실록 1487. 2. 28. 시복은 흉배가 없는 간편복으로 머리에는 사모를 썼다. 다만 최덕중의 『연행록』을 보면 황제의 궁궐에 나아갈 때는 공복을 입었다.

조선 사신은 청나라 때까지도 명나라 옷을 입었지만 청나라에서는 이를 문제 삼지 않았다고 한다. 북경 간정동에서 만난 중국인 엄생이 말한 대목이다.

엄생이 말하기를, "본조 초년에 동방의 조공하는 사신이 대명 의관을 바꾸지 않았지만 마침내 금하지 않았으니, 또한 충후한 뜻을 볼 수 있

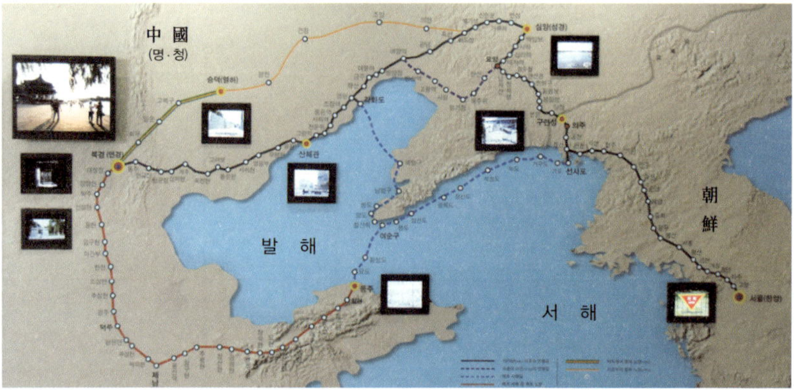

그림 3 조선시대 사신 행로(2010. 11.)

습니다." … _『을병연행록』 1766. 2. 12.

사신을 파견한 구체적 실상은 조선시대 자료에 자세히 보인다. 명나라에 파견된 사신은 천자를 뵙는다고 하여 조천사朝天使라 불렸지만, 청나라가 들어선 뒤에는 그저 북경을 다녀오는 사신이라 하여 연행사燕行使라 불렸다. 연행사란 말에는 청나라를 인정하지 않으려는 조선의 자존심이 담겨 있다.

조선시대에 중국으로 들어가는 사행길은 주로 육로를 이용했고, 명나라 초기나 말기처럼 부득이할 경우에 해로를 이용했다.그림 3 이에 비해 고대에는 해로를 많이 이용했으니, 당나라 재상 가탐賈耽, 730~805이 8세기 후반의 대외교통로를 서술한 글을 통해서도 알 수 있다. 중국의 산둥반도에서 배를 타고 먀오다오 열도廟島列島를 따라 랴오둥반도에 도착한 뒤에 연안을 따라 압록강 입구에 다다르고, 여기서 강을 거슬러 올라가 신주神州에서 육지에 내린 뒤에 발해 왕경으로 가거나, 압록강

그림 4 당성과 그 주변

입구에서 남하하여 당은포구唐恩浦口에 도착한 뒤에 역시 육로로 신라 왕경으로 갔다.

당은포는 지금 경기도 화성에 있는 당성唐城으로 신라가 중국과 교통하는 주요 길목이었으며, 당항성黨項城이라고도 했다. 822년에 낭혜화상도 사신 일행을 따라 이곳에서 배를 타고 당나라로 갔다. 과거에는 당성이 해안가에 있었을 터이지만, 지금은 서해안이 간척되어 바다를 멀리 바라보게 된다.그림 4 성벽 정상부에 바다를 바라본다는 의미의 망해루望海樓 정자터가 남아 있다.

당성의 당唐은 당나라를 가리킬 터인데, 시간이 지남에 따라 중국을 가리키는 범칭으로도 쓰인다. 일본 규슈 사가현에 가라쓰唐津가 있는데, 예로부터 한반도, 중국과 교류한 대륙 교통의 관문이었다. 백제 무령왕이 태어난 곳이기도 하고, 임진왜란을 일으킬 때에 군사 거점이기도 했다. 흥미롭게도 우리나라 충남에도 당진이 있으니, 역시 중국과 통하던 거점이었다.

명나라가 처음 건국되었을 때에 수도가 남경南京이었으므로 배를 타고 건너갔다. 명나라 태조의 생일을 축하하러 가는 사신을 모두 꺼려서 정몽주가 맡게 되었을 때의 일이다.

정몽주가 "… 우리나라에서 남경까지는 대략 8천 리이니, 발해에서 바람을 기다리는 날을 제외하고도 실로 90일 거리입니다. 오늘부터 황제의 생일까지는 겨우 60일밖에 남지 않았는데, 만일 열흘 동안 바람을 기다린다면 겨우 50일이 남게 됩니다. 이것이 제가 걱정하는 바입니다"고 대답했다. 신우가 "어느 날 떠날 것인가?" 하자 "어찌 감히 지체하겠습니까?" 대답하고 드디어 출발하였다. 새벽부터 밤까지 이틀 거리를 하루에 달려서 생일날에 표문을 올릴 수 있었다. _『고려사』 정몽주 전기

남경까지 90일이 걸리는 것이 정상인데, 정몽주는 강행군해서 60일 만에 도달했다고 한다. 발해에서 바람을 기다린다고 했는데, 이때에 개성에서 황해를 직접 건너지 않고 랴오둥반도에서 산둥반도로 넘어가는 연안항로를 택했다. 바다를 횡단하는 일은 조선시대에도 쉬운 일이 아니었다. 랴오둥반도와 산둥반도 사이에는 섬들이 이어져 있어서 선사시대 이래로 안전한 항로로 이용되어 왔다.

명나라가 1421년에 수도를 북경으로 옮긴 뒤로는 육로를 택하였다. 서울에서 북경까지는 대략 3천 리가 넘는 길이었다. 거리 계산은 기록마다 조금씩 다른데, 『통문관지』에는 압록강에서 북경까지 2,049리에

28일 거리라 적혀 있고, 1712년 청나라에 파견된 군관 최덕중의 여행기에는 이렇게 적혀 있다.

도합 3,126리 가운데 한양에서 의주까지 1,070리, 의주에서 봉성까지 150리, 봉성에서 심양까지 443리, 심양에서 산해관까지 803리, 산해관에서 북경까지 660리. _『연행록』 노정기

김창업1658~1721은 1712년 11월 3일에 서울을 떠나 이듬해 3월 30일에 되돌아오기까지 146일간 6,028리의 길을 다녀왔다. 그동안 얻은 시문詩文이 402편이라고도 적었다. 홍대용1731~1783은 1765년 11월 2일에 서울을 출발하여 11월 27일에 압록강을 건넜고, 12월 27일에 북경에 들어갔다. 이듬해 3월 1일에 북경을 출발하여 4월 12일에 의주에 이르고, 27일에 서울로 돌아왔다. 그는 일기 말미에 소요된 날짜가 170여 일이고, 왕복한 거리가 6,200여 리라고 적었다.

서울에서 출발하여 의주에 도착하면 며칠간 묵으면서 중국으로 들어갈 준비를 했다. 그런 다음 압록강을 건너서 진강성鎭江城, 즉 구련성九連城을 지났다. 이 성은 지금 폐허가 되어 길가에 팻말로 남아 있다.그림 5 압록강에서 110리 떨어진 봉황성 부근의 책문柵門까지 가서 성문을 통과하는 수속을 밟았다. 봉황성은 고구려 때의 오골성인데, 가끔 안시성으로 오인되곤 했다.

명나라 때에는 압록강을 건넌 뒤에 진강성에서 입국 절차를 밟다가 청 태종 때에 책문이 세워진 뒤로는 장소가 옮겨졌다. 그런 다음 명나라 때에는 요양, 청나라 때에는 심양에서 공식 절차와 준비를 마치고

그림 5 구련성터(2002. 8.)

산해관을 지나 북경에 도달했다.

북경에 체류하는 기간은 명나라 때에 40일로 제한했으나, 청나라 때에는 60일까지 가능했다. 이 기간에 공적인 활동 이외에도 중국 학자들과 교유하거나 서점에서 책을 구입하거나 명승지를 방문하며 시간을 보냈다.

압록강을 건너 요양에 이르는 길과 산해관 일대는 산길이어서 험난했지만, 나머지는 밋밋한 평지였다. 특히 요동 평야는 눈앞에 가리는 것이 없이 끝이 보이지 않는 데다가 흙먼지가 풀풀 날리는 곳이다. 이런 길을 며칠씩 말을 타고 가면 지루할 수밖에 없다. 그러기에 아랫사람들은 입으로 첩을 삼는 구첩口妾이란 심심풀이를 했다.

> 비장과 역관들이 말을 타고 가면서 목격하는 만주족·한족 여자 가운데 각기 첩 하나씩을 정한다. 만일 남이 먼저 차지하면 감히 이중으로 정하지 못하여, 서로 회피하는 법이 몹시 엄하다. 이를 구첩이라 한다. 종종 시샘하면서 화도 내며 욕도 하고 농담하고 비웃기도 하는데, 이 역시 먼 길 가는 데 소일하는 한 가지 방법이다. _『열하일기』 도강록渡江錄

여행길에서 서낭당을 만나면 돌 하나를 올려놓아 무사하기를 빌듯이,

북경에 가는 사신도 압록강을 건넌 뒤에 사행길이 무사하길 빌었다.

길가에 외로운 나무가 하나 있으니, 북경에 가는 사람들이 다 종이에 밥을 싸서 가지에 걸고 두어 번 절하여 바라는 일이 이루어지기를 빌고 가는지라, 온통 나무에 꽃이 핀 듯하였다. _『을병연행록』 1765. 11. 27.

사신단은 정사 1인, 부사 1인, 서장관書狀官 1인이 핵심을 이루어 삼사三使라 한다. 정사는 사신을 대표하고, 부사는 정사를 보좌하는데, 원래 2품 이상의 대신에서 선발하였다. 서장관은 매일 일어난 일을 기록하고 귀국 후에는 국왕에게 그동안의 일을 보고했으며, 사신단을 감독하는 일도 겸하였다. 그 아래에 통역 등을 담당한 관원인 역관을 위시하여 호위를 맡은 군관, 글씨를 쓰는 사자관, 그림을 그리는 화원, 건강을 돌보는 의원 등의 수행원까지 합쳐서 정식 관원이 30명 또는 40명 정도였다. 종사관從事官이라고도 부른 역관은 정해진 정원이 없이 필요에 따라 늘기도 하고 줄기도 했다.

정사나 부사로 선발되는 것은 영광스런 일이겠으나, 항상 그랬던 것만은 아니다. 나이 지긋한 고관이 그 먼 길을 다녀오기가 고단했으므로, 이러저러한 이유로 기피했던 모양이다. 대사헌 허침이 성종에 아뢴 말에서도 그런 풍조를 엿볼 수 있다.

지금 정조사正朝使로 임명된 사람이 모두 병을 내세워 사양하므로, 이덕숭에게 임시 직함을 주어 보내도록 명하셨습니다. 북경에 가는 사신은 2품 이상을 임명해 보내는 것이 법에 있는데, 또 임시 직함으로 속이는 일이 사대하는 예법에 적절하겠습니까? 재상들은 항상 좋은 관작을 탐내며 조금도 사양하지 않다가, 중국에 사신으로 가게 되면 멀리 가는 것을 꺼리면서 처자를 돌아보고 모두 병을 칭탁하여 가지 않으니, 대신의 체통을 아주 잃어버렸습니다. 큰 병이 아니면서 면하기를 바라는 자는 모두 심문하여 죄를 주고, 다시 2품 이상을 선발하여 보내게 하소서.

_성종실록 24년(1493) 8월 25일

정조사는 새해를 축하하기 위해서 보내는 사신이다. 1년에 네 차례 정기적으로 중국에 사신을 보냈는데, 동지에는 동지사, 정월 초하루에는 정조사, 황제 생일에는 성절사聖節使, 황태자 생일에는 천추사千秋使를 보냈다. 청나라가 들어선 뒤에는 네 차례의 정기 사행이 동지사 하나로 통합되었다. 그 나머지 명목의 사신은 모두 비정기적인 사행이었으니, 은혜에 감사를 표하는 사은사謝恩使, 축하하기 위한 진하사進賀使, 위로하기 위한 진위사陳慰使 등이 그러하다. 또 두 가지 사행을 겸하여 '동지 겸 사은사'라든가 '동지 겸 진하사'와 같은 호칭을 갖기도 했다.

고려의 경우에는 거란과 금나라에 대해서는 매년 세 차례 사신을 파견하였으니, 정월 초하루와 황제 생일, 고려 국왕 생일 축하 사신에 대한 답례 사절이 그것이었다. 금나라 때에는 여기에 방물을 바치는 사절이 하나 더 추가되었다. 그러나 몽골에 대해서는 정월 초하루와 황제 생일 두 차례로 줄어들었다. 몽골에서 국왕 생일을 축하하는 사절을 파견한 적이 없기 때문이다.

조선시대에 정례적으로 중국에 보내는 사신은 2품 이상에서 선발하게 되어 있으나, 대체로 아랫사람에게 임시로 벼슬을 올려서 보냈다.

이를 임시 직함, 즉 가함假銜이라 한다. 중국에서 외국에 파견하는 사신에게도 임시 직함을 주었으니, 당나라의 경우에 직함 앞에 가加, 차借, 겸兼, 섭攝, 가假, 검교檢校, 사賜 자를 붙였다. 허침은 이러한 가함이 중국을 속이는 것이 아닌가 했지만, 이처럼 동아시아에서 고대부터 관례적으로 내려온 것이다. 성공적으로 임무를 수행하고 돌아오면 품계를 올리는 등의 표창이 이루어졌다.

전교하였다. "진주사陳奏使 민형남에게는 품계를 올려주고 토지 30결과 외거노비 5명을 하사하라. 부사 허균에게는 품계를 올려주고 토지 20결과 외거노비 4명을 하사하고, 서장관 최응허에게는 품계를 올려주고 토지 10결과 외거노비 2명을 하사하라." _광해군일기 8년(1616) 10월 26일

서거정1420~1488도 가함을 띠고 1460년에 사은사의 부사로 명나라에 다녀왔으나, 예상과는 달리 승진하지 못해서 이런 기록을 남겼다.

옛날 관례에 의하면, 이조참의는 반드시 2품 벼슬에 승진하게 되어 있었다. 내가 이조참의로 사은사가 되어 북경으로 가게 되었는데, 임시로 금띠를 띠고 갔다. 사람들이 모두 내가 분명히 2품직에 임명될 것이라 하였고, 나도 전례로 보아 스스로 기대했었다. 사명을 마치고 돌아와 압록강에 이르니, 의주목판관이 와서 배 위에서 나를 맞으며 "군께서 예조참의로 전임되었습니다"고 말했다. 나는 금띠를 벗고 다시 은띠를 착용하고, 주관하는 자와 더불어 서로 쳐다보며 웃었다. 내가 취하여 한 구절의 시를 지었다.

일찍이 귤이 회수를 건너면 탱자가 된다고는 들었으나
曾聞橘渡淮爲枳
금이 물을 건너오면 은이 되는 건 처음 보았네
未見金過水作銀

자리에 있던 사람들이 모두 크게 웃었다. _『필원잡기』

금띠는 2품 이상이 띠는 것이고, 은띠는 그 아래 벼슬이 띠는 것이다. 이조참의는 이조참판 아래의 벼슬로서 정3품 당상관에 속한다.

사신 일행에는 역관과 군관 외에 자제군관도 포함되어 있었다. 조선 후기에 견문을 넓히게 하려고 사신이 자제나 친척을 군관으로 데리고 갔으니, 이를 자제군관이라 한다. 박지원도 이런 자격으로 청나라에 다녀와서 『열하일기』를 쓰게 되었는데, 여기서는 '반당'이라 불렸다.

사신을 따라서 중국에 들어가는 이는 반드시 칭호가 있게 마련이다. 역관을 종사從事라 부르고, 군관을 비장裨將이라 부르며, 나처럼 한가로이 놀러 가는 이는 반당伴當이라 부른다. 우리나라 말에 소어蘇魚를 반당盤當, 밴댕이이라 하니, 반盤과 반伴은 음이 같다.

압록강을 건너고 나면 이른바 반당은 은빛 모자 정수리에 푸른 깃을 꽂고 짧은 소매에 가벼운 행장을 차리게 된다. 길가의 구경꾼들은 손가락으로 이를 가리키면서 새우라고 부른다. 왜 새우라 하는지는 모르나, 대체로 무인의 별칭인 것 같다. 지나는 마을마다 아이들이 떼를 지어 일제히 "가오리가 온다. 가오리가 온다" 하고, 때로는 말꼬리를 따라오면서 다투어 크게 떠든다. 가오리가 온다는 것은 고려高麗가 온다는 말이다.

나는 일행에게 "이제 세 가지 물고기로 변했네" 하며 웃었다. 사람들이 "어째서 세 가지 물고기라 하는가?" 하니, 나는 "길을 떠날 때에 반당이라 하였으니 이는 밴댕이요, 압록강을 건넌 뒤로 새우라 하니 새우도 역시 물고기의 한 족속이요, 되놈 애들은 떼를 지어 가오리 하고 부르니 이는 홍어가 아닌가?" 하니, 사람들이 모두 크게 웃었다. _『열하일기』 피서록避暑錄

공작 깃을 머리에 꽂은 호위무사를 만주어로 히야hiya라 하는데, 이 발음을 따라서 한자로는 하蝦로 표기한다.숙종실록 1682. 3. 17. 이 한자 때문에 새우란 말이 나왔다. 서유문은 그의 기행문에서 무관의 위엄을 상징하는 놀랄 해駭와 새우 하를 일치시킨 것으로 보았으나,『무오연행록』 사실이 아니다.

조선 초기까지는 중국어에 능숙한 사신이 파견되어 업무 처리가 수월한 경우가 있었다. 조선 건국과 더불어 파견된 조반이 그러했다.

태조가 개국하자 재상 조반趙胖, 1341~1401이 중국에서 자랐다고 하여 주문사奏聞使로 삼아 보냈다. 고황제가 불러보고 꾸짖으니, 조반이 "역대로 창업한 임금은 모두 하늘의 뜻에 따라 혁명을 하였으니, 비단 우리나라만이 아닙니다"고 대답하고, 은연중 명나라의 개국에 빗대었다. 그가 중국 말을 쓰는 것을 보고 황제가 "너는 어찌 중국 말을 아느냐?" 하니, 조반이 "신은 중국에서 자랐고 전에 원나라 탈탈의 군영에서 폐하를 뵌 일이 있습니다" 하니, 황제가 당시의 일을 물었다. 조반이 일일

그림 6 조반 부부 초상

이 말하니, 황제가 용상에서 내려와 조반의 손을 잡고 "만약 탈탈이 그대로 있었다면 짐이 여기에 이르지 못했을 것이다. 경은 실로 짐의 친구다" 하면서, 빈객의 예로 대접하고 '조선'이라는 두 글자를 써서 보냈다. _『용재총화』

조반은 부부 초상이 남아 있어 유명하다.그림 6 조선 초기까지는 이렇게 부인까지 초상화에 등장하지만, 성리학이 정착되면서 부인은 그림에서 사라지고 말았다. 이와 유사하게 점차 중국어를 할 수 있는 사대부는 사라지고, 이후로 외국어 습득은 역관의 전유물이 되어 이들에게 전적으로 의존할 수밖에 없었다. 그에 따라 부실한 통역이 문제가 되는 경우도 있었다. 숙종 때에 역관이 중국 말을 알지 못해 사명 수행에 문제가 있다고 정재륜이 보고한 적이 있고,숙종실록 1711. 4. 4. 귀국한 서호수가 정조에게 서투른 통역 문제를 거론한 적도 있다.

서호수가 "열하에서 두 번째로 신 등을 불러볼 때에 대화가 상당히 길었는데, 통관이 계문啓文을 전하는 말이 매우 서툴렀고 청나라 말로 통역하는 것은 계문보다 더 서툴렀습니다. 앞으로는 청나라 말을 하는 역관을 특별히 더욱 공부시켜 사신이 갈 때마다 몇 사람씩 뽑아서 데리고 가게 하는 것이 좋을 것 같습니다"고 아뢰니, 상이 "청나라 말은 당장의 실용성이 중국어보다 낫지만, 공부를 시키는 방도는 도리어 그만 못하다. 사역원司譯院에 신칙하라"고 일렀다. _정조실록 14년(1790) 10월 22일

역관은 중인 신분으로서 사역원에 속해 있었으며, 정3품 당하관까지 승진할 수 있었다. 이들은 통역이 주된 업무라서 흔히 역관을 통역관이라 부르지만, 실제로는 사행길에서 말이나 짐을 감독하는 등 다양한 일을 맡았으며, 3사 다음으로 사신단의 중추가 되었다. 지금도 외교에서 통역이 문제가 되는 경우가 있지만, 선조 때의 역관 표헌의 사례에서 볼 수 있듯이 과거에도 통역관의 역할이 지대했다.

선조가 중국 사신을 접견할 때에 임금이 중국 사신에게 읍하고 "왕인王人, 황제 사신은 벼슬이 낮더라도 서열이 제후보다 위이니, 먼저 의자에 앉으시오" 하고 사양하여 말했는데, 중국 사신이 임금의 말을 잘 이해하지 못하고 노한 기색이 있었다. 공이 어전통사御前通事, 임금 통역관로서 곧 한마디를 덧붙여서 "사신은 벼슬이 낮더라도 서열이 제후보다 위인데,

더구나 귀인貴人이겠습니까?" 하고 전하니, 중국 사신이 수긍했다. 임금이 잘 대답한 것을 가상히 여겨 특별히 품계를 올려주라고 명했다. _『통문관지』 인물, 표헌表憲

상대방을 귀인이라 불러주는 역관의 임기응변 통역이 난처한 상황을 모면하게 해주었다. 중국에 사신으로 갔던 채제공도 역관에게 물어서 사태를 파악했었다.

이에 고친 주본奏本, 황제에게 올리는 글을 내보였더니, 예부상서 사용이 받아서 책상 위에 놓고 한참 동안 들여다보고 나서 자못 주저하는 기색이 있었습니다. 신이 역관들에게 물어보았더니, 역관들이 "황상이 연로하여 '노老' 자를 보기 싫어하는데, 자문에 '노' 자가 있어서 상서가 이를 난처하게 여기는 것입니다"고 말했습니다. _정조실록 2년(1778) 7월 2일

역관은 이처럼 국가 중대사의 담당자였으면서도 다른 한편으로는 천대를 받곤 했다. 연경에 가는 사신들에게 정조가 하교한 말에서 역관의 이중적 대우가 드러난다.

나라의 풍속이 오로지 신분을 숭상하고 벼슬길에서는 이를 더욱 중하게 여기는데, 사족士族을 제외하면 의원과 역관이 그다음이다. 사족이라야 경대부가 될 수 있고, 사족이 아니면서도 경대부의 자격이 되어 무소뿔 띠를 띠고 옥관자를 꽂을 수 있는 사람은 의관과 역관이다. 옛적에는 사무를 잘 아는 역관에게 곧바로 사신의 임무를 맡긴 적이 있으

니, 이는 대개 역관을 특별히 대우하는 데서 나온 것이다.

그런데 근래에 들으니 사신 일행이 연경으로 갈 때에 수역首譯, 수석 역관의 볼기를 벗기고 곤장을 치는 것을 예사롭게 여긴다고 한다. 지금 사람들이 옛날 사람들만 못해서 스스로 몸가짐을 잘못하여 중하게 여김을 받지 못해서 그런 것인가? 수역은 사신의 다음가는 자리인데 그와 같이 처리하는 것은 자못 위엄과 존중을 받게 한 의도와는 다른 것이다. _정조실록 18년(1794) 10월 13일

숙종 때에 이여李畬가 지적했듯이, 역관과 의관은 신분이 낮지만 그들의 역할 때문에 높은 벼슬에 오를 수 있는 기회가 주어졌다. 그러나 사행에 파견된 여러 명의 역관 가운데 우두머리인 수역그림 7마저도 실제로는 위와 같은 푸대접을 받았다. 한편으로 역관은 자주 외국에 드나드는 것을 기회로 삼아 사무역을 통해 상당한 부를 축적하기도 했다.

사신단에는 마부나 하인 등의 수행원도 따라붙어 총 인원은 몇백 명에 이르렀다. 1712년 김창업이 갔을 때에는 인원이 537명, 마필이 435필이었고, 1765년 홍대용이 갔을 때에는 수행 하졸만 4, 5백 명이나 되었다고 한다.

대저 사행의 일행 하졸이 4, 5백 명이요, 그중 의주 사람이 거의 반이 되고 역마 담당자로 들어온 부류는 거의 다 도적질을 일삼는다. 이러므로 들어올 때 사람마다 백지 수십 권을 노자로 주는 것이 있으나 한 권을 가져오는 일이 없고, 강을 건널 때면 더러운 의복이 걸인의 모양이로되, 도로 나올 때면 양피 등걸이와 약간의 중국 물건을 아니 가져가

는 놈이 없으니 그 소상이 통분하고 나라의 욕됨이 적지 아니하나 사행이 이를 금지할 길이 없었다.

_『을병연행록』 1766. 1. 21.

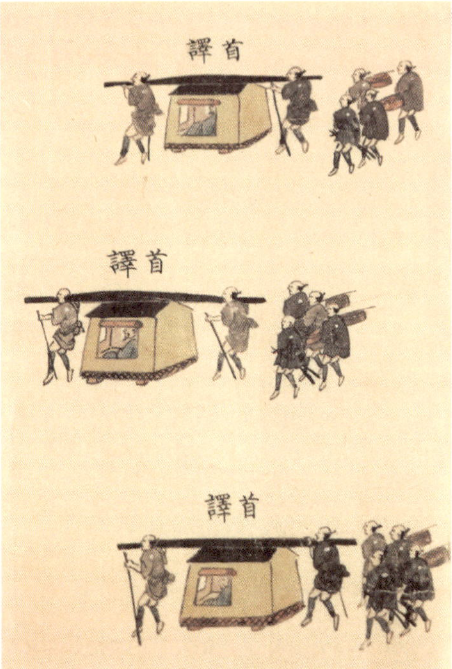

그림 7 통신사 행렬도의 수역(2014. 7.)

사신이 중국에 도착하면 외교를 담당하는 예부의 접대를 받으면서 회동관會同館에 묵었다. 나중에 회동관이 러시아 사절의 숙소가 된 뒤로는 옥하관玉河館을 사용했다. 숙소에 도착한 다음에 관복을 갖추어 입고 관청에 나아가 황제와 예부에 올리는 글을 전달하고, 조회가 있는 날을 기다려 황제를 알현하였다. 조회 때에 홍려시의 안내를 받아서 태화전으로 들어가는 궁궐 남문인 오문午門, 그림 8 밖에서 기다린 다음에 황제가 도착하면 안으로 들어가 문무관원 반열 뒤에 서 있다가, 조회가 끝나면 앞으로 나아가 황제를 알현하고 사신 임무를 아뢰었다. 건륭제 때에 각국의 사신이 조공하러 와서 자금성 태화문 밖에서 대기하고 있는 모습이 그려진 「만국래조萬國來朝」란 그림이 참고가 된다. 문 양쪽으로 깃발이 있는 곳에 서 있는 사람들이 각국에서 파견된 사신일 것이다.그림 9

동지사로 파견된 황인점이 정조에게 보고한 내용에 도착 후의 활동 상황이 일부 묘사되어 있다.

그림 8 자금성 오문(2010. 6.)

그림 9 사신의 대기 장면

신들이 12월 27일 북경에 도착했습니다. 28일 황제가 친히 태묘에서 제사를 지냈으므로, 신들이 오문 밖에 나아가 머물러 기다리고 있었습니다. 황제가 돌아올 적에 신들에게 "국왕은 평안한가?" 물었습니다.

정월 5일에 태화전 뜰에 들어가서 정조正朝, 설날의 조회에 참여하였습니다. 황제가 예부상서 조덕보에게 외국의 차례에 대해 물으니, 조선이 첫째이고 유구琉球, 오키나와 · 남장南掌, 라오스 · 섬라暹羅, 타이 이 세 나라가 그 다음이라고 대답했습니다.

8일에 이르러 정사와 부사가 황제가 머물고 있는 영수각 밖으로 들어가서 황제의 지시를 청취했습니다. 9일에 자광각 안뜰로 들어가 세수연歲首宴, 새해 축하 잔치에 참여했는데 비단, 색 주머니, 술잔을 나누어 받았습니다. 물러 나올 적에는 오문 밖으로 나아가 은혜에 감사드렸습니다. 10일 황제가 원명원에 행차했으므로, 신들이 배웅하고 나서 원명원으로 따라갔습니다. 12일에는 잔치에 참여하였고, 13일에는 후원의 연희 무대에 들어가서 불놀이를 관람했습니다. 14일에는 어좌 앞의 반열에 참여하여 연희 놀이를 구경했습니다. 파할 무렵에 호부상서 화신이 황제의 지시를 전했는데, 시절이 상원上元, 정월 보름에 이르렀으니 '놀이를 설행하고 등불을 켠다'는 제목으로 즉각 칠언사운시七言四韻詩를 지어 올리라는 것이었습니다. 신들이 각각 부賦 한 수씩 지어서 대신 아뢰도록 했습니다.

15일에 또 잔치를 열었으므로 신들이 정대광명전 뜰로 들어가서 연회에 참석하였는데, 명령에 응해서 시를 지었다고 하여 특별히 비단을 상으로 내렸습니다. 신들은 따로 계단 위로 올라가서 은혜에 감사를 표했습니다. 오후에 또 상원의 불놀이를 설행했는데, 신들은 어좌 앞에서 참례하였으며, 종이 두루마리와 붓, 먹을 나누어 받았습니다. 전해지는 말이 "이번에 조공하러 온 외국이 매우 많으나, 그대들이 유독 문장에 능하기 때문에 짐이 가상히 여긴다"고 했다고 합니다. _정조실록 6년(1782)

이처럼 사신은 시문에도 능해야 대접을 받았고, 그 나라의 국격을 높일 수 있었다. 이보다 몇 년 뒤에 청나라 황제가 지은 시를 보고 문장가를 선발하여 보내기로 결정한 적도 있다. 이때 청나라는 건륭제1711~1799가 통치하며 전성기를 구가하던 시절이었다.

좌의정 채제공이 "청나라 황제의 시에 '조회하러 오는 사람은 응당 시를 잘 지어야 한다'고 했으니, 이는 이번에 가는 성절사를 가리켜 말한 것입니다. 이번 사행은 여느 때에 비하여 각별한 것이니, 문임文任, 문장 담당 관리 중에서 비록 정경正卿, 정2품 이상이라도 강세황의 전례에 따라 특별히 선발하여 보내는 것이 좋겠습니다"고 아뢰니, 그렇게 하라고 하였다. _정조실록 14년(1790) 4월 25일

이해는 건륭제가 80세가 되어서 각별하다고 말한 것이다. 이보다 6년 전에 연로한 신하 이휘지와 강세황을 특별히 선발하여 각각 정사와 부사로 파견한 일이 있었다.

황인점의 보고에서 보듯이 조선은 외국 사신의 반열에서 제일 윗자리를 차지했다. 사신의 순서는 그 나라의 국력이나 양국 관계의 긴밀도 등으로 결정된다. 때로는 국가의 성쇠가 바뀌면서 중국 조정에서 자리다툼이 벌어지기도 했다. 897년 7월에 발해 왕자가 제기한 쟁장사건爭長事件이 그런 것이다. 최치원이 당나라에 올린 글에 그 시말이 간략히 보인다.

신이 우리나라의 숙위원宿衛院에서 올린 보고를 보니, 지난 건녕 4년897 7월에 하정사로 왔던 발해 왕자 대봉예가 글을 올려 발해가 신라보다 윗자리에 앉기를 요청하였으며, 이를 처리한 칙지를 보니 "국가의 선후는 본래 강약으로 따지는 것이 아니므로, 조정에서의 지위를 지금 어찌 성쇠를 근거로 바꿀 수 있겠는가? 마땅히 과거의 관례에 따를 것이니, 이에 두루 알리노라"고 하였습니다. _『동문선』 사불허북국거상표謝不許北國居上表

이 무렵 신라가 하대의 혼란을 겪던 반면에 발해는 해동성국을 구가하였다. 이에 발해 왕자가 신라보다 상석에 앉혀달라고 요구했지만, 당나라 황제는 지금의 국력으로만 따질 것이 아니니 전례대로 신라를 상석에 그대로 앉게 했다. 신라는 이 조치에 감사를 표하는 글을 올렸으니, 이 글이 그것이다.

여기서는 자리 변경이 이루어지지 않았지만, 730년에는 돌궐突厥이 요구하여 소록蘇祿보다 상석으로 바뀌게 되었고, 753년에는 일본이 요구하여 신라보다 위쪽으로 바꾸어 앉았다. 일본 사신 오토모노 코마로大伴古麻呂가 당나라에서 귀국하여 보고한 내용이다.

대당 천보 12년753 정월 초하루에 백관과 여러 번국이 신년을 축하했는데, 천자는 봉래궁 함원전에서 조하를 받았습니다. 이날 우리는 서반의 제2 토번 아래에 있었고, 신라 사신은 동반의 제1 대식국 위에 있었습니다. 코마로가 "예부터 지금까지 신라가 대일본국에 조공한 지 오래되었는데, 지금 동반의 위에 있고 우리는 오히려 그 밑에 있으니, 이치에 맞지 않습니다"고 따졌습니다. 이때 장군 오회실이 코마로가 좋아하지 않는 것을 보고 신라 사신을 서반 제2 토번 밑에 두고 일본 사신을 동반 제1 대식국 위에 서게 하였습니다. _『속일본기』 천평승보 6년(754) 정월 병인

신라가 일본에 조공했다는 것은 그들의 주장일 뿐이다. 이 당시에 당나라에서 신라는 일본보다 윗자리 대접을 받았다. 따라서 이 기록을 허위로 보기도 하고, 때로는 어떤 특별한 사정 때문에 이런 사건이 벌어졌다고 보기도 한다.

조선 사신이 북경에 도착한 뒤에는 원래 행동에 제약이 없었다. 그러나 역관 김이석의 사건이 발생한 뒤로는 사정이 달라졌다고 한다.

본국의 신하가 연경에 도착하면 옛날에는 출입을 금지하는 법이 없었다. 가정 초년1522에 역관 김이석이 책방에 걸터앉아 『대명일통지』를 사려고 하였다. 그런데 주객낭중 손존인이 마침 일찍 관청으로 가다가 그 책을 가져다 보고 놀라서 "이 책은 외국인이 살 수 없는 것이다"고 말했다. 이로 말미암아 숙소의 문을 닫고 우리나라 사람들로 하여금 일절 바깥출입을 못하게 하였는데, 이것이 드디어 전례가 되었다. 가정 갑오년1534에 중종이 판서 소세양에게 명하여 예부에 글을 올려 옛날 제도대로 편히 출입할 수 있도록 해주기를 청했더니, 상서 하언이 아뢰어 황제의 허락을 받아 5일에 한 번씩 정사와 서장관 등이 숙소를 나가 구경하며 놀도록 하였으나, 따라다니는 사람들은 마음대로 출입하지 못하게 하였다. _『패관잡기』

이 뒤로도 때로는 조선의 요청을 받아들여 자유롭게 다니게 하기도

하고, 때로는 출입을 엄히 금하기도 했다.

사신단을 보호하기 위해서 무기를 휴대한 군관이 파견되었으나, 이들은 점차 호위보다는 무역할 물건을 운반하는 짐꾼처럼 되어버렸다. 명나라 예부에서도 사신을 호송하기 위해 호송관으로 홍려시의 벼슬아치인 서반序班을 파견하였다. 때로는 요양에 있던 요동도사遼東都司의 책임자가 조선 사신을 접견하여 잔치를 베풀고, 무관인 천호千戶나 백호百戶를 파견하여 북경까지 호송하게 했다.

우리나라 사신이 연경에 갔다가 돌아올 때에 정덕 16년1521 이전에는 예부에서 서반 한 사람을 보내어 연도에서 호위하여 곧장 요동에까지 이르게 하였다. 이해 10월 지금의 황제가 즉위하자 서반이 지방에서 시끄럽게 해를 끼친다고 하여 예부에서 의논하여 개혁하였다. 이에 지금은 다만 요동에서 천호·백호를 보내서 호송한다. 가정 을미년1535에 요동의 백호 고숭이 호송하고 서울로 왔는데, 서반 등이 고숭에게 뇌물을 주고 글을 올리게 하였다. 그 대강은 "조선국 사신이 귀국할 때에 다년간 일을 해온 수레꾼들이 기회를 틈타서 사신의 짐을 훔치니 관원을 보내 호송하여 그 폐단을 막아주소서" 하는 청원이었다.

예부에서 아뢰어 황제의 허락을 얻어 다시 서반을 보내어 호송하도록 하였다. 그런데 산해관에 이르면 으레 소리 내어 "조선의 통역관 등이 길에서 궁각弓角을 많이 샀다"고 말한다. 그리고 일일이 짐을 검사할 것처럼 하고, 또 하인을 시켜 큰 칼을 가지고 일행의 보따리를 찢고 묶은 끈을 자르려 한다. 일행은 부득이 여러 물건을 모아서 뇌물로 주어 무사하기를 바라니, 은으로 계산해본다면 많게는 7, 8천 냥에 이르고 적게는 2, 30냥에 밑돌지 않았다. 그중 가진 것이 없는 자는 옷을 벗어 충당하기까지 하였다. _『패관잡기』

궁각은 활을 만드는 데에 쓰는 물소뿔로서, 무기 재료로 이용되었기에 금수 품목이었다. 호송관이 오히려 이를 기화로 착취를 하곤 했던 것이다. 그런데 박지원은 일행을 호송하는 청나라 군사로부터 흥미로운 말을 들어 일기에 적었다.

저녁에 여럿이 술을 몇 잔 마시고, 밤이 이슥하여 취해 돌아와서 누웠다. 정사의 맞은편 캉炕, 온돌인데, 다만 베 휘장이 중간에 가려져 있었다. 정사는 벌써 잠이 깊이 들었고, 나 혼자 담배를 피워 물고 정신이 몽롱하였다. 그때 머리맡에서 별안간 발자국 소리가 나므로 깜짝 놀라서 "거 누구냐?" 하고 물으니 "도이노음이오"라고 답했다.

말소리가 심히 이상해서 나는 다시 "거 누구냐?" 하고 소리치니, "소인 도이노음이오" 하고 큰소리로 대답했다. 시대종 이름와 상방 하인들이 모두 놀라 일어났다. 빰을 때리는 소리가 들렸는데, 등을 밀어서 문밖으로 끌어가는 모양이었다. 갑군甲軍이 밤마다 우리 일행의 숙소를 순찰하여 사신 이하 모든 사람의 수를 세어 갔는데, 매번 밤이 이슥하여 깊이 잠든 뒤에 해서 그런 줄 몰랐던 것이다.

갑군이 제 스스로 '도이노음'이라 함은 더욱 포복절도할 일이다. 우리나라 말에 오랑캐를 '되'라 하니, 이는 대개 '도이島夷'가 와전된 것이다. '노음놈'은 낮고 천한 이를 가리키는 말이요, '이오'란 높은 어른에게 아뢰는 말이다. 갑군이 다년간 사행을 치르는 사이에 우리나라 사

람들에게 말을 배우면서, 다만 '되'란 말이 귀에 익었기 때문이다. _『열하일기』 도강록

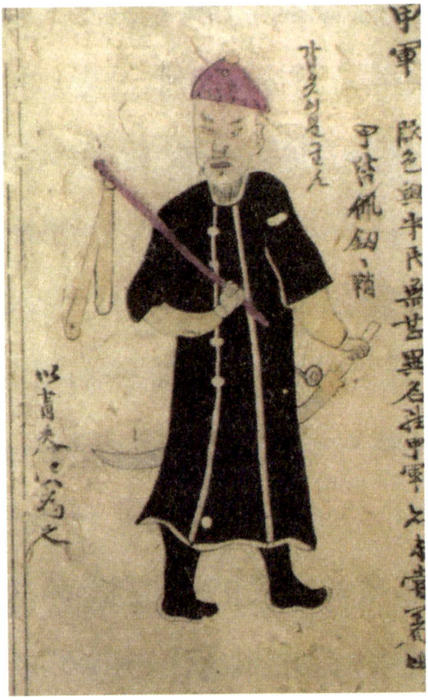
그림 10 갑군

갑군은 원래 갑옷을 입은 군인인데, 국립중앙박물관에 소장되어 있는 「여지도」의 그림을 보면 검은 평상복에 붉은색 모자를 쓰고 왼편에 칼을 차고 있는 모습을 하고 있다.그림 10 그런데 만주족 갑군이 익히 들어온 되놈이란 말을 그 뜻도 모르고 스스로 "되놈이오"라고 대답한 우스운 일이 벌어졌다.

2014년 가을에 국립제주박물관에서 말 관련 전시회를 준비하다가 새로운 자료를 발굴하였다. 1390년 명나라에서 발행한 부험符驗이었다.그림 11 비단 직물에 말 그림과 함께 공무로 가는 관리에게 말을 제공하라는 명령을 적은 것으로서, 조선시대의 마패와 같은 역할을 한 것이다. 글자는 검은 실로 수를 놓았다. 이보다 앞서 말 두 필이 있는 것도 소개된 적이 있다. 이들은 교통 편의를 위해서 고려 사신에게 제공했던 문서로서, 조선시대 들어와서도 명나라 말기까지 사용되었다. 사신이 이런 부험을 잃어버렸다가 찾은 일이 알려져 세종 28년1446 정월 귀국한 뒤에 징계를 받은 적도 있다.

시대를 더 거슬러 올라가 당나라 때에는 외국 사신이 배로 도착하면

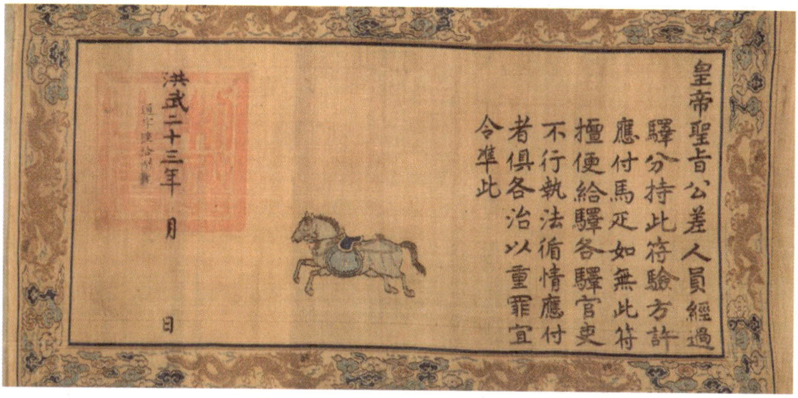

그림 11 명나라 부험

현지의 관청에 도착 사실을 알리고 상부로터의 입국 허가를 기다렸다. 허락 통보가 내려지면 식량과 숙박지를 제공받고, 본국에서 운반해 온 각종 물건을 운반하기 위한 배와 수레 등의 운송 도구를 지원받았다. 이와 함께 관할 관청에서 파견한 호송 겸 안내인을 따라 정해진 길을 통하여 장안으로 들어갔다.

고대에는 불법을 구하러 가는 승려들도 사신과 동행하곤 했다. 일본 승려 엔닌圓仁, 794~864도 그런 경우였다. 중국에 도착한 뒤에는 성지 순례를 위해서 사신단과 떨어져 여행을 해야 했고, 그럴 경우에 별도의 통행증을 발급받았다. 엔닌이 838년에 사신을 따라 당나라로 들어갔을 때 쓴 일기에 따르면, 각 고을 경계나 관문, 나루터 등지의 검문을 통과하기 위해서 황제가 내려준 공험公驗이 필요했다. 이를 받기 위해서 수 개월을 허비하며 장보고의 적산 법화원에서 기다렸다. 그는 847년 장보고의 배를 타고 귀국하였고, 입적한 뒤에 자각대사慈覺大師의 시호를 받아 일본 최초의 대사가 되었다. 그의 묘소가 교토 근교의 히에산比叡山

에 있다.그림 12

마지막으로 사신 행차에 들어가는 비용 문제이다. 광해군 때 호조가 아뢴 말에서 그 사용처의 일부를 찾아볼 수 있다.

그림 12 엔닌 묘소(2008. 8.)

오늘 아침에 역관 정언방과 형언길을 불러 물으니, 이렇게 말했습니다. "한 사람의 하루 양식비가 1전 8푼인데, 북경에서 머무르는 동안과 돌아올 때까지의 날짜를 합하여 60일의 양식을 마련하려면 10냥 6전이 듭니다. 그리고 노새를 고용하는 값은 요동에서 북경까지 한 사람이 타는 비용이 6냥인데, 역관이 두 사람이고 노새 주인도 도보로 따라갈 수 없어 노새 한 마리를 고용해야 됩니다. 가지고 갈 자문咨文은 이들로 하여금 등에 메고 달려가게 해야 합니다. 이 세 사람이 탈 노새 세 마리의 값을 합하면 18냥이니, 돌아올 때까지 계산하면 36냥입니다. 진강鎭江을 지나갈 때 쓸 뇌물이 3냥이고, 요동에서 속히 출발할 때 드는 뇌물이 10냥입니다. 이것을 모두 합산하면 59냥 6전입니다. …" _광해군일기 6년(1614) 7월 1일

자문은 예부와 같은 중국 관청에 보내던 외교문서이다. 중국에 들어서면 일꾼을 고용해야 했다. 여기서는 노새를 고용했지만 화물이 많으

면 수레꾼도 고용했다. 그런 비용이 추가로 드는 것은 물론이고, 압록강을 건너 구련성을 지날 때에도, 요동에서 속히 출발하려 해도 뇌물이 들었다.

유학과 급제

동서와 고금을 막론하고 선진 지식을 습득해 오기 위해서 외국에 유학을 가게 된다. 지금은 공부의 성과로 박사학위를 취득해 오지만, 과거에는 과거시험에 급제하고 돌아온 것이 다를 뿐이다.

2007년에서 2012년 사이 한국연구재단에 등록된 외국 박사학위 취득자를 보면, 7,802명 가운데 미국 박사가 4,589명으로 59퍼센트를 차지한다.[표] 그다음으로 일본, 영국, 중국의 순인데, 그 수치에서 현격한 차이가 난다. 2013년 9월 현재 서울대학교 전임교원 1,902명 가운데 미국 박사가 959명으로 50퍼센트를 차지하고, 국내 박사가 657명으로 그다음을 차지한다. 다음으로 독일, 영국, 일본, 프랑스의 순이지만 역시 비율은 아주 낮다. 이전보다 낮아지기는 했지만, 그래도 우리나라는 미국 박사에 크게 의존하는 편이다. 이에 비해 조선시대까지는 부처의 가르침을 구해 인도에 간 신라 구법승 10여 명을 제외하면 오직 중국으로만 유학을 갔고, 거기서 급제하고 돌아와 출세했다.

한반도에서 본격적으로 유학생을 파견하기 시작한 때는 삼국시대 말기인 640년이었다. 이때 당 태종이 국학國學을 외국인에게 개방하면서 삼국에서 학생들을 파견하게 되었다.

표 외국 박사학위 취득 신고현황(2007. 1. 1. ~ 2012. 11. 30.) (단위: 개)

번호	국가명	2007	2008	2009	2010	2011	2012	합계
1	미국	820	778	715	725	767	784	4,589
2	일본	281	227	181	148	172	164	1,173
3	영국	97	82	81	70	71	62	463
4	중국	76	88	69	53	79	65	430
5	독일	67	91	81	56	51	49	395
6	프랑스	59	41	43	32	29	27	231
7	러시아	25	20	15	13	11	11	95
8	캐나다	20	15	15	6	15	16	87
9	호주	27	11	14	10	6	12	80
10	남아프리카공화국	10	7	3	4	4	2	30
11	기타	7	3	3	2	4	4	229
합계		1,489	1,363	1,220	1,119	1,196	1,196	7,802

참고: 1. 2012년 11월 30일(자료 추출일)을 기준으로 작성.
2. 학위 취득자 수가 많은 상위 10개국 이외의 국가는 기타로 표기.
3. 위 통계는 한국연구재단에 외국 박사학위 신고 후 신고필증을 받은 사람들을 기준으로 작성한 통계 수치로 실제 외국 박사학위 취득자와는 차이가 있을 수 있음.

출처: 한국연구재단

왕이 자제들을 당나라에 보내 국학에 입학시키기를 요청했다. 이때 태종은 천하의 이름난 유학자를 많이 불러들여 학업을 가르치는 관리로 삼고, 자주 국자감에 들러 그들로 하여금 강론하게 하였다. 학생으로서 대경大經 하나 이상에 능통한 사람은 모두 관직을 맡게 하였다. 학교 건물을 1,200칸으로 늘려 짓고, 학생을 3,260명으로 증원했다. 이리하여 사방에서 배우려는 사람들이 구름처럼 수도에 모여들었다. 이에 고구려, 백제, 고창高昌, 토번吐蕃 역시 자제들을 보내 입학시켰다. _『삼국사기』 신라 선덕왕 9년(640) 5월

그림 1 당나라 때의 흑인상

고창과 토번은 중국 서부에 있던 나라들이다. 또 국학이나 국자감, 태학은 모두 동일한 것으로서 당나라 최고 교육기관이다. 교과목을 대경·중경·소경으로 분류했는데, 『예기』와 『춘추좌씨전』이 대경에 해당한다. 최치원의 글에 따르면, 627년 당 태종이 신하들에게 잔치를 베풀 때에 자신이 무력으로 천하를 통일했으나 이제부터는 문장으로 세상을 편안히 하겠다고 언명하여 학교를 증축하고 유학생을 받기 시작했다고 한다.

이렇게 시작된 유학생의 발길은 남북국시대와 고려를 거쳐 이어지다가 조선 초기에 끝을 맺는다. 당나라만 해도 아랍이나 동로마, 심지어 아프리카까지 교류할 정도로 매우 개방적이었다. 당나라 때의 무덤에서는 흑인상까지 나올 정도이다.그림 1 명나라 때에는 영락제가 1405년에 환관인 정화鄭和, 1371~1433?로 하여금 대규모 함대를 이끌고 동남아시아를 거쳐 인도와 아프리카까지 원정하게 했다. 그러나 그가 사망한 뒤에 유학자들의 건의에 따라 갑자기 육로와 해로를 봉쇄하는 쇄국정책을 취했다. 이후 조선도 바닷길을 막는 등 비슷한 길을 따라가면서 고대로부터 고려에 이르는 시기에 보였던 대외개방성을 상실하고 말았다. 반면에 일본은 오히려 9세기 헤이안시대 이래로 닫아걸었던 빗장을 근세에 풀기 시작했으니, 이로써 근대화의 길목에서 상반된 길을 걷게 되었다.

자연히 명나라가 외국 유학생도 더 이상 받아들이지 않게 되어 700년이 넘도록 이어진 우리 유학생의 발길이 끊어지게 되었고, 근대에 와서야 서양으로의 유학이 재개되었다. 조선시대에 몇 차례 유학을 보내려는 시도가 있었지만 모두 무위로 끝나고 말았다. 세종 때에 김숙자 등을 명나라에 보내서 과거에 응시하게 하려던 적이 있었다.

영락 연간1403~1424에 우리 세종이 명을 내려 중국의 제과 시험에 응시할 사람을 선발해서 장차 천자에게 청하여 보내려 하였다. 이에 재상이 선공先公 및 3, 4명을 선발했는데, 이윽고 그 일이 중지되어 실행하지 못했다. 선공의 명성이 이처럼 대단하였다. _『점필재집』 이준록 하, 선공사업先公事業 제4

선공은 이 글의 필자인 김종직의 아버지 김숙자1389~1456이다. 중종 때에는 세자를 유학 보내려 하다가 명나라의 뜻을 알고 포기해버렸다.

영의정 정광필 … 참의 한승정이 의논하여 아뢰었다. "번국에서 자제를 보내어 입학시키는 것은 배우기 위한 좋은 뜻이라 하겠지만, 이는 곧 중국이 융성할 때의 일입니다. 고려 말기 명 태조 때에는 우리가 항상 입학하기를 주청했으나, 중국에서 온갖 방법으로 이를 막았습니다. 또 중국의 사정을 들어보면, 우리나라 사신이 귀국할 때에 서책을 가지고 드나들지 못하게 하고 매매하지도 못하게 한다고 합니다. 그러니 이것이 좋은 요청이기는 하지만 반드시 들어주지 않을 것입니다.

고려 중엽 이후에는 비록 입학을 허락하였으나, 서로 왕래하면서 좋지 못한 일도 많았습니다. 설령 요청을 들어주어 다행히 세자에게 입학하라는 명령이 있다 할지라도 아침마다 입궐하여 황제를 알현하라고 하면 어떻게 하겠습니까? 고황제가 '나라를 다스리는 사람은 각기 자기 나라대로 교화를 이루어 다스리라'고 전교했습니다. 성종 때에 유생들이 그 일을 주청하였으나 그때도 시행하지 못했으니, 이 일은 가벼이 할 수 없습니다."

이에 전교했다. "자제를 보내서 입학시키는 것이 좋은 일이기 때문에 하려고 했던 것인데, 아뢴 말이 타당하다. 고황제의 뜻이 이와 같았으니 할 수 없다." _중종실록 25년(1530) 6월 25일

성종 때에도 비슷한 논의가 있었다. 또 1537년에 온 중국 사신 공용경의 권유에 따라 1542년에 말을 배울 유학생을 파견하려 했으나 이것도 실현되지 못했다. 중종이 논의해보라고 하면서 지시한 말이다.

또 지난번에 공 사신이 우리나라의 중국 말 발음이 정밀하지 못하다고 하였다. 이에 자제를 중국에 입학시킬 일을 일찍이 의논하여 모두 좋다고 하였으나 끝내 실행하지 못했었다. 이번에 전해 온 소식을 보니, 중국 경내에 알릴 만한 일은 모두 우리나라에도 통지하겠다고 하던데, 황제의 뜻도 그럴 것이다. 고려 때에도 자제를 중국에 보내 공부하게 했었다.

지금 비록 의논하여 보내더라도 어찌 반드시 이름 있는 가문의 자제라야만 하겠는가? 외국어를 학습하는 사람 가운데 적당한 자를 선발해서 중국 말을 배우게 하는 것이 좋지 않겠는가? 공 사신도 이미 그 뜻을

알고 갔으니, 만약 지금 보내겠다고 요청하면 반드시 힘이 되어 도와줄 것이다. 사관을 보내어 삼공에게 의논하게 하라. _중종실록 32년(1537) 11월 12일

삼공, 즉 영의정, 좌의정, 우의정이 의논하여 조선에서는 양반 자제를 보내 공부시킨 적이 없으니, 외국어를 배우는 중인 신분에서 보내는 것이 좋겠다고 대답했다. 이로부터 5년 뒤에 다시 공용경의 말을 상기하면서 요양에 있는 명나라 지방학교에 자제를 보내서 외교와 관련된 말과 글을 익히게 하자는 의견을 올렸지만, 결국은 폐단이 두려워 이것도 실행하지 않았다.

이렇게 조선에서는 때로는 양반 자제, 때로는 세자, 때로는 중인을 유학시키려는 시도가 몇 차례 있었을 뿐이다. 결과적으로 유학과 급제는 조선 이전의 고대와 고려에서 일어난 일들이었다. 안정복은 신라 유학생에 관한 자료를 최치원의 글에서 뽑아서 이렇게 정리했다.

신라는 당나라를 섬긴 뒤로부터 항상 왕자를 보내 숙위宿衛하고, 또 학생을 보내 태학에 입학하여 학업을 닦게 하였다. 10년 연한이 차면 본국에 돌아오게 하고 다시 다른 학생을 보냈는데, 입학자가 많을 때는 100여 명이나 되었다. 책을 사는 데 필요한 은화는 본국에서 지급하고, 서적과 양식은 당의 홍려시에서 공급하였다. 오고 가는 학생의 발길이 서로 끊어지지 않았다. _『동사강목』 신라 진성여주 3년(889)

유학 기간은 정해진 규정이 있었던 것은 아니지만 관례적으로 10년을 기한으로 삼았다. 책값은 신라에서 돈으로 지급하고, 옷과 양식은

당나라에서 부담하였다. 앞에서 '서적과 양식'이라 한 것은 잘못이다. 869년에 세 명의 유학생에게 책 구입비로 은 300냥을 주었던 것을 보면, 대체로 1인당 은 100냥 정도를 지급했던 것 같다. 또 숙위란 번국의 왕자를 보내서 황제를 지키는 제도로서, 실제로는 인질을 파견하는 것이었다. 이들은 때로 국학에 입학하여 선진문화를 학습하는 기회를 가졌다. 이렇게 신라에서는 왕족에서부터 최치원 같은 6두품에게까지 유학의 기회가 주어졌다.

신라 학생이 많을 때는 100여 명이라 했으나, 837년 3월에 국학에서 공부하는 학생이 216명에 이르렀고, 840년에는 수학 연한 10년이 경과한 숙위자와 연한이 만료된 학생 105명이 집단으로 귀국당한 일이 있었다. 전성기에는 꽤 많은 신라 학생들이 장안 거리를 활보했을 것이다.

수학 연한 안에 과거시험에 합격하지 못하면 빈손으로 돌아와야 했는데, 이는 유학생들에게는 큰 심적 부담이 되었다. 12세에 집을 떠나는 최치원에게 아버지의 엄한 훈계가 얼마나 두려운 짐이 되었을지 짐작이 간다.

신은 나이 12세에 집을 떠나 서쪽으로 건너갔습니다. 배를 타고 떠날 즈음에 돌아가신 아버지께서 "10년 안에 진사에 급제하지 못하면 내 아들이라고 말하지 마라. 나도 아들을 두었다고 말하지 않을 것이다. 가서 부지런히 하여 게으르지 말고 온 힘을 기울여라"고 훈계하셨습니다.

신이 엄한 가르침을 가슴에 새겨 감히 망각하지 않고서, 상투를 매달고 송곳으로 다리를 찌르기를 끊임없이 하며 부모님의 뜻을 받들어 효도를 다하고자 했습니다. 실로 다른 사람이 1백을 하면 나는 1천을 하는 노력을 기울여 중국의 문물을 구경한 지 6년 만에 금방金榜, 급제자 명단의 끝에 이름을 걸게 되었습니다. _『계원필경』 서문

마침내 당나라 빈공과에 급제한 것이다. 빈공과賓貢科란 빈공진사과의 준말로서, 외국학생이 응시한 과거시험을 의미한다. 중국 문헌에서는 빈공과에 대한 내용을 거의 찾아볼 수 없고, 최치원의 후손인 고려시대 최해1287~1340의 글에 자세히 언급되어 있다.

진사進士로 사람을 선발하는 것은 본래 당나라에서 성행하였다. 장경821~824 초년에 김운경이 처음 신라의 빈공으로서 두사례가 주관한 과거시험의 방에 이름을 올렸다. 이로부터 천우904~907 말년까지 빈공과에 오른 이가 무릇 58명이 되었고, 오대의 후량과 후당 시기에 또 32명이 있었으니, 대개 발해의 10여 명을 제외하고 나머지는 모두 동국東國 선비였다.

우리 고려에 이르러서도 역시 송나라에 가서 과거를 보게 되어 순화990~994 연간 손하가 주관하는 과거시험의 방에 왕빈·최한의 이름이 있었고, 함평998~1003 연간 손근의 방에 김성적이 있었으며, 경우1034~1038 연간 장당경의 방에 강무민이 있었고, 정화1111~1117 연간의 친시親試에서 또 권적·김단 등 4명에게 특별히 상사上舍, 진사 급제를 주었다. 이를 보면 동방이 대대로 인재가 결핍되지 않았다는 것을 볼 수 있다.

그런데 빈공과란 것은 매번 별도로 시험을 치러서 방의 말미에 이름을 붙이는 것이어서 다른 사람들과 동등할 수 없었다. 제수된 벼슬도 낮거나 긴요하지 않은 것이 많았고, 때로는 그대로 귀국하게 하였다.

그림 2 송나라 과거(殿試) 장면

오직 신성한 원나라만이 모두 평등하게 대우하여 현명한 자를 세우는 데 일정한 제한이 없었다. 이리하여 동국 선비들이 중원의 수재들과 함께 급제하여 금방에 나란히 이름을 올린 이가 이미 6명이나 되었다. _『졸고천백』 송봉사이중보환조서送奉使李中父還朝序

빈공과는 매번 별도로 시험을 치른다고 했으나, 실은 함께 시험을 치르되 빈공과 급제자 이름은 합격자 명단의 마지막에 적었다. 이런 방식은 당나라에서 송나라그림 2까지 이어졌고, 원나라가 들어선 뒤에는 내국인과 외국인을 구별하지 않고 함께 발표하였다. 당나라와 송나라는 한족 정권이니 중화와 오랑캐를 구분하는 정책을 실시한 반면에, 몽골족의 정권인 원나라는 내외를 구분하지 않는 일시동인一視同仁의 정책을 폈기 때문이다. 이곡과 이색그림 3의 사례에서 그런 모습이 보인다.

선조이신 가정稼亭, 이곡께서 36세 때 원나라 조정에 들어가 제과制科에서 2갑二甲으로 급제하였다. 가정 이전에는 동국 사람으로서 2갑으로 급제한 사람이 없었으므로, 중국 사람에게서 칭찬을 받았다. 목은牧隱, 이색께서는 27세 때에 제과에 응시하였는데, 시험관이었던 구양현이 크게 칭찬하고 장원으로 정하려 하였다. 그러나 당시에 외국 사람이라 곤란하다는 의견이 있어 2갑 제2인으로 낮추어 정해지고 말았다.

목은이 일찍이 "우리 부자가 중국의 과거에 오른 뒤에, 천하가 모두 동국에 한산韓山이란 곳이 있는 줄을 알게 되었다"고 하였다. _『송와잡설』

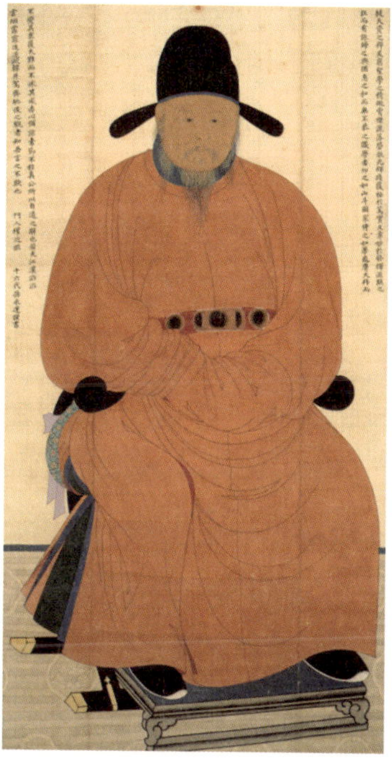

그림 3 이색 초상화

원나라는 빈공과를 없애는 대신에 외국인들도 자기 나라에서 향시鄕試를 거친 다음에 그 나라의 회시會試에 내국인과 동등하게 참여하게 하였으니, 고려에서 이를 제과라고 불렀다. 과거 합격자는 성적에 따라 1갑, 2갑, 3갑으로 나뉘었고, 각 갑은 다시 순서대로 등수가 매겨졌다. 이곡은 2갑 제8등으로 급제했고, 이색은 2갑 제2등으로 급제했다.

원나라가 일시동인을 했다고 하지만, 역시 외국인이라서 차별한 면이 등수를 낮춘 이색의 사례에서 보인다. 이색은 이곡의 아들로서 한산 이씨의 중시조이고, 이 글의 저자 이기는 그의 후손이다. 이색이 1362년

홍건적의 난 때에 공을 세워 한산부원군에 봉해지면서 한산을 본관으로 하게 되었다. 그는 명나라 건국 직후에 자청해서 사신으로 간 일이 있는데, 이때 왕조가 바뀌어서 중국어 발음이 문제가 된 일이 있다.

목은이 고려 말엽에 수상이 되어 명나라 수도에 사신으로 가기를 자청했는데, 명나라 고황제高皇帝를 만나보고 할 일이 있었던 것이다. 그러나 태조이성계가 의심할까 염려하여 태종太宗, 이방원을 서장관으로 자신이 추천해서 데리고 갔다. 홍무황제가 목은을 원나라 조정의 한림翰林으로 대하면서 대화를 나누려 하였다. 목은은 본국을 보호해달라고 말하니, 황제는 거짓 못 알아듣는 체하면서 "네 중국어는 나하추納哈出, ?~1388 같구나"고 말했다. _『월정만필』

홍무황제나 고황제는 명나라 태조 주원장을 이른다. 그는 이색이 원나라에서 한림의 벼슬을 받았기 때문에 예우를 해준 것이다. 조선 왕이 직접 입조할 수 있게 해달라고 이색이 청하자, 짐짓 못 알아들은 체하면서 위와 같은 말을 하였다.

둘이 만났을 때에 이색의 외모가 훤칠하지 못한 것을 보고 "이 늙은이는 그림을 그려둘 만하구나!"고 말했다는 일화가 전한다.『필원잡기』 그런데 승려 출신으로 주걱턱이 툭 튀어나온 주원장의 못생긴 얼굴을 떠올리면그림 4 실은 그 자신의 열등의식이 이색에게 투영된 것으로 생각된다.

나하추는 원나라 말기에 요동을 중심으로 활동했던 무장이다. 이색은 원나라 때에 북방 중국어를 배웠으니, 남방 출신의 주원장에게는 이상하게 들렸을 것이다. 반대로 청나라는 북방에서 일어나 중원으로 들어간 정권인데, 그런 전통이 지금까지 남아 있다. 현재 중국어의 표준은 베이징어이지만, 실제로는 하얼빈을 중심으로 하는 만주 지역의 발음이 좋은 것으로 알려져 아나운서 가운데 이곳 출신이 많다고 한다.

그림 4 명 태조 초상화

중국의 중심지가 바뀌면서 변한 사례로 미인관의 변화도 떠올리게 된다. 역대로 중국의 정권은 북방에서 일어났으나 송나라 때에 와서 북방 민족에 쫓겨서 남쪽으로 내려가게 된다. 중국을 여행해보면 알 수 있듯이 북방인은 신체가 장대하고 남방인은 왜소하다. 이에 맞추어 미인관이 변하게 되는데, 이에 대해서 자크 제르네는 이렇게 적었다.

당대와 송대의 이상적인 여성은 커다란 차이가 있다. 당대에는 8세기에 북중국에서 유행한 머리를 앞부분에 올린 위엄 있고 풍만한 미녀였지만, 송대에는 호리호리하고 체구가 작은 우아한 여자로 바뀌었다. _자크 제르네 책, 173쪽

당나라 여인들의 그림을 보면, 얼굴이 풍만하면서 불상처럼 목에 주름살이 져 있을 정도로 비만형에 가깝다. 그렇다면 천하일색 양귀비도 지금 여성이 선호하는 체형은 아니었을 것이다. 이러던 것이 작고 귀여

우면서 바람에 날아갈 듯한 가녀린 미인관으로 바뀌게 된 것이다.

다시 앞으로 돌아가자. 821년에 김운경이 처음 급제한 이래 1371년 김도가 마지막으로 급제하기까지 빈공과 급제는 당나라, 송나라, 원나라, 명나라를 거치면서 550년간 이어졌다. 당나라에서 후당까지 90명의 급제자 가운데 발해인 10여 명을 제외하고는 모두 신라인이었다고 한다. 빈공과 급제자에는 신라인이 대다수를 차지하고 발해인이 그 뒤를 따랐으며, 이 밖에 일본의 아베노 나카마로阿倍仲麻呂, 그림 5, 페르시아 이순, 대식국 이언승과 같은 인물도 극히 예외적으로 들어 있었다.

그림 5 아베노 나카마로

그런데 누구 이름을 앞에 적느냐 하는 순서 문제에서는 실력뿐 아니라 국력도 고려되었다. 신라와 발해가 사신 자리를 두고 다투었듯이 빈공과 수석을 두고 경쟁한 것이 이를 증명한다.

최언위는 … 신라 말엽 나이 18세 때에 당나라에 유학하고, 예부시랑 설정규가 주관한 과거에 급제하였다. 당시 발해 재상 오소도의 아들 오광찬도 과거에 함께 급제했다. 오소도가 당나라에 조공하러 갔다가 아들 이름이 최언위의 밑에 있는 것을 보고 표문을 올려 "신이 예전에 입조하여 급제했을 때는 이름이 이동의 위에 있었으니, 지금 신의 아들 오광찬도 마땅히 최언위의 위로 올려야 합니다"고 청했으나, 최언위의 재능과 학식이 뛰어나므로 허락하지 않았다. _『고려사』 최언위 전기

여기에 두 사례가 나온다. 872년 과거시험에서 발해 오소도가 신라 이동보다 위에 있었고, 906년에는 신라 최언위868~944가 오소도의 아들 오광찬보다 위에 있었다. 두 나라가 한 번씩 우위를 차지한 것이다. 그런데 872년의 사건은 신라의 자존심에 커다란 상처를 주었다. 이는 최치원이 당나라 고상에게 보낸 글에서 절절히 나타난다.

정공 최시랑이 빈공과 합격자로 두 사람을 발표하면서 발해 오소도를 으뜸으로 삼았습니다. 한비자가 노자와 열전에 함께 든 것은 일찍부터 달갑게 여기기 어려웠고, 하언이 유우의 앞에 있는 것은 실로 한스러워 견디기 어려운 일입니다. 비록 키질을 하면 쭉정이가 앞선다지만 어찌 술지게미를 먹고 천한 술을 마실 수 있겠습니까? 이미 사방의 조롱이 되었고, 영원히 한 나라의 수치가 되었습니다. _『동문선』 신라왕여당강서고대부상장新羅王與唐江西高大夫湘狀

최치원은 발해를 한비자와 하언, 곡물 쭉정이에 비유했을 정도로 낮추어 보았다. 심지어 발해를 우리 역사로 보지 않으려는 그의 인식은 후손 최해에게도 이어졌다. 앞서 인용한 문장을 보면 신라인은 동국이라 한 반면에 발해인은 여기서 제외했다.

『사기』에는 한비자와 노자가 같은 열전에 나란히 실려 있다. 또 서로

관계가 좋지 않던 하언과 유우가 똑같이 등에 종기가 생겨서 위독했는데, 하언이 먼저 죽었다는 말을 듣고 유우가 환호작약하여 소리치다가 죽었다고 한다. 유우는 남을 업신여기면서 자기가 최고라고 생각하여 다른 사람이 자기 위에 있는 것을 달갑게 여기지 않았던 인물이다.

빈공과에 급제하면 원래는 벼슬을 받게 되어 있으나, 그런 사례는 매우 적었고 받더라도 한직에 불과하였다. 최치원은 빈공과에 급제한 뒤에 당나라에서 종9품상의 낮은 관직인 율수현 현위에 제수되었다.

우리 집 문창공최치원이 12세에 서쪽으로 유학 가서 18세인 함통 15년874에 급제하여 중산위中山尉, 율수현 현위를 지냈다. 또 회남에 있던 시중 고변의 막부에서 보좌하여 벼슬이 시어사 내공봉에 이르렀고, 28세에 사명을 받들고 귀국하였다. 이리하여 고향 사람들이 이제껏 미담으로 여기고 있다. _『졸고천백』 송봉사이중보환조서

유학생은 대부분 귀국해서 본국에서 대접을 받았다. 발해 오소도는 귀국하여 재상에까지 이르렀다. 최언위는 신라로 귀국하여 활동하다가 태조 왕건을 도와 고려를 창건하는 데 크게 기여하였다.

42세에 비로소 신라로 돌아오자, 집사성시랑·서서원학사로 임명하였다. 태조가 나라를 세우자 가족을 이끌고 의탁하니, 태자사부로 임명하고 문장에 관한 임무를 맡겼다. 궁궐과 사원의 편액은 모두 그가 지었고, 당시 귀족들이 모두 그를 스승으로 섬겼다. 벼슬은 대상·원봉태학사·한림원령·평장사에 이르렀다. 혜종 원년944에 죽으니 나이가 77세

그림 6 가야산과 해인사

였다. _『고려사』 최언위 전기

그러나 고국의 정치에 적응하지 못한 최치원 같은 경우도 있다. 그는 귀국 후에 중앙 정치계에 오래 있지 못하고 지방관으로 나가게 되었으며, 정치 혁신을 위해서 시무책을 올렸으나 제대로 받아들여지지 않았다. 아마 그가 당나라에서 경험한 것을 토대로 신라의 혁신을 꾀했을 것이니, 신라 조정으로서는 급진적이라 수용하기 어려웠을 것이다. 결국 그는 해인사에 은거하여그림 6 세상을 등졌고, 그로써 그의 사망 연도마저 알 수 없게 되었다.

최치원은 서쪽에서 당나라를 섬기다가 동쪽으로 고국에 돌아왔으나 계속하여 혼란한 세상을 만났다. 진퇴양난으로 제대로 걷지 못하고 뭔가를 하게 되면 허물을 뒤집어쓰니, 때를 만나지 못한 것을 근심하며 다시 벼슬길에 나아갈 뜻을 품지 않았다. 스스로 세상을 떠나서 이리저리 소요하였고, 산 아래와 강이나 바닷가에 정자를 짓고 소나무와 대나무를 심었으며, 책을 베개 삼아 풍월을 읊었다. … 마지막에 가족을 이끌고 가야산 해인사에 숨어 살면서 친형인 승려 현준 및 정현사와 함께 도를 닦으며 은둔해 살다가 늙어 죽었다. _『삼국사기』 최치원 전기

그러나 귀국하지 않고 중국에 남아 일생을 마친 사람도 있다. 중국 시안西安의 종남산에서 그의 일생이 새겨진 각석이 발견된 김가기?~858가 그러했다. 그는 당나라에 들어가 빈공과에 급제한 뒤에 그곳에서 벼슬살이를 했고, 중간에 황제의 명령을 받들어 신라에 사신으로 다녀오기도 했다. 그 후로는 주로 종남산에 노닐면서 문객이나 도사들과 교유하다가 신선이 되어 하늘로 올라갔다고 한다. 그의 일생은 이처럼 신비화되어 전한다.

당나라로 떠나던 유학생이 가졌던 생각은 자장590~658의 변경 의식에서 읽을 수 있다.

자장은 변방에서 태어난 것을 스스로 탄식하여, 서쪽으로 가서 불교 교화를 얻기를 희구했다. 인평 3년 병신년636에 칙명을 받아 문인인 승실 등 10여 명과 함께 서쪽 당나라에 들어가서 청량산을 찾아갔다. _『삼국유사』 자장정율慈藏定律

대국을 선망하여 몰래 중국으로 건너가려다가 죽음에 이른 조선 중기의 송희갑 얘기도 이에 덧붙일 수 있겠다.

송희갑은 또한 쌍청당 송유1388~1446의 후예로서 서출庶出이었다. 어려서부터 신동이라 불리고, 신선의 풍모와 도사의 골상이 있다고도 일컬어졌으며, 용기와 힘이 매우 뛰어났다. … 조금 있다가 석주 권필1569~1612이 오자 쌍청당 종손 송남수1537~1626가 그 시를 보이니 크게 칭찬하면서 "내 의발衣鉢을 전해줄 만하다" 하고 그를 데려다 가르쳤다. 그는 항상 강화도에 있으면서 물 긷고 땔나무 운반하는 일을 노비처럼 열심히 하였다. 하루는 권필이 "사람이 천하를 두루 보지 못하면 시 짓는 것도 한계가 있기 마련이다. 유감스럽게도 나는 이미 틀렸지만 너는 근력이 강건하니 충분히 이를 해낼 수 있을 것이다. 다만 압록강 이북에는 국경 방비가 매우 삼엄하므로, 반드시 은밀한 샛길에 숨어 있다가 강물을 만나면 물 위에 떠서 몰래 건너 중국에 당도할 수 있을 것이다. 너는 모름지기 중국어를 배우고, 헤엄치는 재주도 익혀두도록 하라"고 하였다. 그가 이 말을 듣고 날듯이 기뻐하면서 날마다 강화도 앞바다에 나아가 마치 물오리처럼 떴다 잠겼다 하며 수영을 익혔다. 그러나 강물도 사람을 상하게 할 수 있거늘, 하물며 짜디짠 바닷물이랴! 기력이 쇠약해지고 창백해져 병을 얻었다가 드디어 요절하기에 이르니, 아는 이들은 모두 애석히 여겼다. _『송자대전』 권76

자장이 떠난 뒤 몇 년이 지난 650년에 원효617~686와 의상625~702도 유학의 길에 올랐다. 그러나 무덤 속에서의 하룻밤이 두 사람의 길을 갈

그림 7 무덤 속에서의 귀신 꿈

라놓았다.

의상이 약관의 나이에 당나라에서 교종이 성행한다는 말을 듣고 원효 법사와 함께 서쪽으로 유학할 뜻을 가졌다. 길을 떠나 본국의 바닷가에 있는 당주의 경계에 이르러, 큰 배를 얻어 타고 바다를 건너려 하였다. 그런데 중도에 갑자기 큰 비를 만나, 길가의 동굴 속에 들어가 비바람을 피했다. 이튿날 아침에 바라보니 바로 옛 무덤 속 해골 옆이었다. 하늘엔 가랑비가 내리고 땅바닥은 진창인지라, 한 걸음도 내딛기 어려워 나아가지를 못하였다. 다시 무덤 안에서 잠을 자는데, 한밤중에 갑자기 귀신들이 나타났다.그림 7 원효가 크게 탄식하여 "어젯밤에는 동굴에서 머문다고 여겨서 편안했는데, 오늘밤은 귀신 소굴에서 잔다고 생각하니 저주가 많구나. 그러니 '마음이 생기면 온갖 법이 생기고, 마음이 사라지면 동굴과 무덤이 둘이 아니며, 또한 이 세상은 오직 마음먹기 나름이요, 온갖 법은 오로지 인식하기 나름인 것'을 알겠도다. 마음 밖에

그림 8
헤어지는
원효와 의상

달리 법이 없거늘 어찌 밖에서 구하리오. 나는 당나라에 가지 않겠노라" 하고는, 보따리를 챙겨 되돌아갔다. 의상은 홀로 남아 죽어도 물러서지 않겠노라 다짐하였다. _『송고승전』 의상 전기

다른 기록에서는 밤에 해골 물을 마신 얘기로 전해진다. 이렇게 하여 원효는 유학을 가지 않고 되돌아왔고 의상은 유학을 다녀왔다.그림 8 이렇게 국내파와 유학파로 갈렸지만, 둘 다 신라의 불교 발전에 커다란 공헌을 한 큰 인물이 되었다.

결론적으로 유학은 선진문화의 창구 역할을 하면서 마침내 발해와 신라가 문명국으로 탈바꿈하는 데 밑거름이 되었다.

처음에 그 나라 왕이 자주 학생들을 파견하여 당나라 수도의 태학에서

고금의 제도를 배우고 익히게 했으니, 이때에 이르러 마침내 해동성국이 되었다. _『신당서』 발해전

해동성국의 밑거름이 된 것이 바로 당나라 유학생이었던 것이다. 신라에 대해서는 김부식이 이렇게 평가했다.

지극한 정성으로 중국을 섬겨서 산 넘고 바다 건너 조빙하는 사신이 서로 이어져 끊이지 않았으며, 항상 자제들을 보내 조정에 나아가 숙위하게 하고 국학에 입학하여 배우고 익히게 하였다. 이에 성현의 기풍과 교화를 입어 거친 습속을 변혁하여 예의의 나라가 되었다. _『삼국사기』 신라 경순왕 9년(935) 12월 사론

결국 유학생은 선진문화를 받아들이는 첨병이었다. 발해나 신라뿐 아니라 고려도 그러했을 터인데, 조선에 들어서 마침내 그 문이 닫혀버린 데에는 아쉬움이 남는다.

칙사 대접

2011년 10월에 발해 유적을 오랜만에 다시 다녀왔다. 발해 건국지인 지린성 둔화에 갔더니 도심에 발해광장이 만들어져 있었다. 역대 발해왕의 부조상들이 신전처럼 반원형으로 배치되어 있고, 그 뒤쪽에는 대조영을 책봉하러 온 당나라 사신 최흔의 석상이 아주 크게 세워져 있었다.그림 1 여기만 그런 게 아니었다. 발해 왕실 무덤이 있는 육정산 고분군 앞에도 그의 기념비가 있었다.

중국이 발해를 당나라 지방정권이라 주장하면서, 중국의 책봉 사신을 부각시켜 놓은 것이다. 심지어 최흔 앞에서 대조영이 무릎을 꿇고 있는 장면을 중국 텔레비전에서 방영하여 국내에서 논란이 된 적이 있다. 2014년 8월에는 중국 민간단체가 일본에 최흔의 석각을 반환하라고 요구하였다. 최흔이 귀국할 때에 뤼순에 기념 석각을 하나 남겼는데, 러일전쟁 당시 일본이 전리품으로 빼앗아 가서 천황궁에 보관하고 있기 때문이다. 그러나 그 이면에는 발해가 중국의 속국이자 말갈 국가라는 주장의 증거로 삼으려는 정치적 의도도 숨어 있는 것 같다.

황제의 명령인 조칙을 가져온다고 해서 중국 사신을 우리는 흔히 칙사勅使 또는 조사詔使라 한다. 또 정성을 다해서 극진하게 대접하는

그림 1 최흔 석상(2011. 10.)

것을 '칙사 대접'이라 한다. 칙사는 중국 황제의 대리인으로 보통 기세등등했을 터이니 접대하는 입장에서는 두렵고 황송한 존재가 아닐 수 없다. 굽실굽실해야 하는 괴롭고 힘든 일이란 속내도 담겨 있다.

그러나 예외적으로 중국 칙사가 우리나라에 와서 사정을 했던 적이 있다. 고려 인종 6년1128 6월에 온 양응성楊應誠 일행이 그러했다. 이보다 앞서 금나라 군대의 공격을 받아 북송이 멸망하고 휘종과 흠종 두 황제가 포로로 잡혀간 '정강의 변1126~1127'이 발생하였다. 그 결과 남쪽으로 쫓겨 내려가서 남송을 세우게 되었으니, 이들은 바로 남송의 칙사였다. 이들은 황제를 데려오기 위해 "고려는 동방에서 가장 큰 나라"임을 상기하면서 고려에 길을 빌려달라고 요청하였다. 이에 고려 왕이 "역량이 부족하여 귀국을 돕지 못하니" 양해를 바란다는 표문을 전하자, 자기들의 요구를 관철시키려 계속 고집하다가 결국은 표문도 받지 않고 각종 의식도 거절한 채 되돌아가 버린 일이 있다. 20년도 안 되는 짧은 기간에 중국에 가서 단군 이래 처음으로 얼마 전까지 큰소리를 쳤던 기억과 겹쳐지는 사건이다.

명나라의 경우에는 황제의 즉위나 황태자의 탄생을 알리거나, 조선의 국왕이나 왕비 등을 책봉하거나, 조선에 고자·처녀 등을 바치라고 요구하거나, 표류인·도망인을 돌려보내라고 요구하는 등의 일로 사신을 파견했다.

사신 왕래의 횟수 산정은 어디까지를 사절단으로 보느냐에 따라 연구자마다 큰 차이를 보이는데, 조선에서 명나라에 보낸 사절은 부경사행 669회, 요동사행 316회로 총 985회이고, 명나라에서 조선에 보낸 사절은 116회이다. 청나라에 보낸 사절은 481회, 기타 성격의 사절이 20회로 총 501회이고, 청나라에서 보낸 사절은 168회이다.정은주 책 조선 초기 명나라와의 사신 교환이 조선 후기 청나라와의 사신 교환보다 활발했던 것을 볼 수 있다.

고려 475년간에는 중국 여러 왕조에 사신을 파견한 것이 1,300여 회, 중국에서 고려에 파견한 것이 1,000여 회에 달한다고 하니,정동훈 글 조선 시대보다 사신 교환이 더 잦았다. 아마 상대할 나라가 훨씬 많고 국제 관계가 복잡했기 때문이었을 것이다. 고대로 올라가면 헤아리기가 어려운데, 신라는 당나라에 178회 정도 사신을 파견했고, 당나라에서는 42회 정도 보내왔다.권덕영 글 발해는 당나라에 139회 이상 파견했고, 당나라에서는 16회 이상 보내왔다.송기호 글

조선 정조 때의 기록에 따르면, 중국에서 사신을 보내게 되면 일의 시급성에 따라 매, 호랑이, 달을 그린 통지문을 먼저 보냈다.

칙사가 올 날짜를 알리는 패문牌文, 통지문이 도착했는데, 그 패에 호랑이가 그려져 있었다. 패에는 보통 그림을 그리는 규정이 있는데, 일이 급하여 빨리 행차할 때는 호랑이를 그리고, 더욱 급할 때는 매를 그리고,

일이 긴급하지 않아 행차가 느슨할 때는 달을 그렸다. _정조실록 10년(1786) 윤7월 26일

중국은 사신으로 문신文臣이나 환관의 우두머리인 태감太監을 파견했다. 중국 사신을 접대할 준비를 하는 문제로 승정원에서 중종에게 아뢴 말에서 두 부류를 비교한 언급이 보인다.

승정원이 "황태자의 탄생으로 나오는 중국 사신을 접대할 잡물雜物을 각 도道에 알려서 준비하도록 이미 지시를 내렸습니다. 이제 살펴보니 신사년1521 김의金義와 진호陳浩가 왔을 때에 잡물이 가장 많이 들었습니다. 대체로 문신이 사신으로 나오면 잡물이 적게 들지만, 태감이 사신으로 나오면 잡물이 매우 많이 듭니다. 그런데 근래 해마다 흉년이 들어서 각 도에 미리 알리게 되면 백성들이 소란을 일으킬까 걱정됩니다. 그러니 성절사 남효의가 돌아온 다음 그 사정을 자세히 들은 뒤에 지시하는 것이 어떻겠습니까?"라고 아뢰니, 다음과 같이 전교하였다. "우리나라 일로는 태감이 오고, 중국 일로는 문관이 온다. 또 선물과 일용하는 잡물에 대해서 궁궐 안의 등록謄錄, 문서에는 대략만 실려 있지만, 밖의 등록에는 분명 상세히 기록되어 있을 것이다. 그러니 당고唐皐나 사도史道 같은 문신 사신이 왔을 때의 사례를 뽑아서 보고하라." _중종실록 28년(1533) 10월 9일

조선에서 문신을 접대하는 비용은 적게 들었지만, 탐욕을 부리는 환관을 접대하는 비용은 상대적으로 많이 들었다. 김의와 진호는 모두 조

선 출신의 태감이었다.

명나라에서 조선에 파견한 159회의 칙사 가운데 환관이 85회로 절반을 넘었고, 나머지는 한림원 소속 하급 문관이었다. 태종과 세종, 광해군을 제외하고는 왕이나 세자를 책봉하러 온 사신은 모두 환관이었다. 따라서 중국의 일로는 문신을 파견하고 조선의 일로는 환관을 파견했던 것이 사실이다. 그러나 청나라 때인 1644년부터 1890년 사이에 151회 파견된 사신은 만주족 출신의 3품 이상 고위 관리였고, 환관이나 한인 관료는 모두 배제되었다. 명나라 때에는 하급 문관을 파견한 반면에 청나라 때에는 고급 문관을 파견한 것이다. 유구나 베트남에 5급 이하의 하급 관리를 만주족이나 한족을 가리지 않고 파견한 것과 대비된다. 시간을 거슬러 올라가면, 당나라에서는 통일신라에 주로 문신을 파견했던 반면에 발해에는 환관을 파견했다. 이것은 당나라가 발해보다 신라를 문명국으로 대했기 때문일 것이다.

중국 사신을 맞으러 간 관리는 이들의 성향을 미리 파악하여 조정에 보고해서 준비에 만전을 기하게 했다. 요동에 도착해서 조선 입국을 기다리던 정사 성헌成憲과 부사 왕새王璽에 대한 보고 내용이 그런 것이다.

두 사신의 성격과 행실, 주량, 식성, 사장詞章, 문장, 필법筆法, 글씨에 대해 알아봤습니다. 정사는 모습이 장대하고 성격이 후덕하며, 사람을 대할 때에 과실을 보지 않습니다. 도중에 예의로 보내는 물건은 받아서 아랫사람에게 주거나 대충 줄여서 받습니다. 주량은 많지도 않고 적지도 않으며, 식성은 해산물, 채소, 과일, 기름진 고기 등을 주는 대로 먹습니다.

사장은 학문하는 선비 가운데 최고요, 필법도 좋으며, 도중에 시를 주고받은 것이 많습니다.

부사는 키가 작고 말랐습니다. 성격이 강직하여 한결같이 예법을 따지니, 관리의 응대가 조금만 어긋나도 아랫사람을 매질하거나 잘못된 점을 기록하며, 예의로 보내는 물건은 일체 받지 않습니다. 주량은 정사보다 아주 뛰어납니다. 식성은 기름진 고기는 조금 좋아하고, 해산물도 짜게 먹으며, 채소를 먹습니다. 사장과 필법도 역시 높다고 합니다.

_『미암일기』 1568. 6. 13.

두 사람이 서울에 도착한 것은 이로부터 보름쯤 뒤인 7월 2일이었다. 한편으로 문신이냐 환관이냐에 따라 조선에서 영접하는 관리의 직명을 달리 부르기도 했다.

승정원이 영위사迎慰使의 망기望記, 후보자 명단를 가지고 와서 "이전에 당고가 사신으로 왔을 때에 선위사宣慰使라 불렀다가, 그때 사신이 화자火者, 환관라면 '선宣' 자로 불러도 괜찮으나 문신이라면 존대하는 뜻에서 '선' 자로 부르는 것은 옳지 않을 듯하다고 논의하여 '영迎' 자로 고쳐 불렀으니, 이번에도 이 전례대로 하소서"라고 아뢰었다. 이에 알았다고 전교하였다. _중종실록 31년(1536) 12월 2일

중국 사신이 오면 문장과 덕망을 갖춘 고위 관료를 뽑아서 국경 도시인 의주까지 영접을 나가게 했다.그림 2 이때 상대방이 문신이면 영위사, 환관이면 선위사란 임시 직함을 주었다. '선위'보다 '영위'가 조금 더

그림 2 의주에 도착한 명나라 사신 일행

높이는 뜻을 담고 있어 구별한 것이다. 이 밖에도 일반적으로 접반사接伴使, 원접사遠接使, 접위사接慰使란 용어도 사용하였다.그림 3

중국에서 온 문신 가운데 1123년 개경을 다녀간 송나라 서긍徐兢, 1091~1153과 1488년 서울을 다녀간 명나라 동월董越, 1430~1502은 견문기를 남겨서 우리나라 사람들의 일상적인 삶을 이해하는 데에 크게 이바지 했다. 주변에 흔히 널려 있는 일상사는 보통 기록에 남기기 어려운 법인데, 외국인의 눈에는 그런 것들이 특이하게 비춰졌던 것이다. 근대화 시기에 서양인의 많은 여행기가 그 당시 사회 모습을 생생히 전하는 것과 같다.

두 사신이 묘사한 장면들은 너무나 일상적이라서 『고려사』나 실록과 같은 공식 기록에는 보이지 않는다. 서긍의 『고려도경』은 고려의 수도

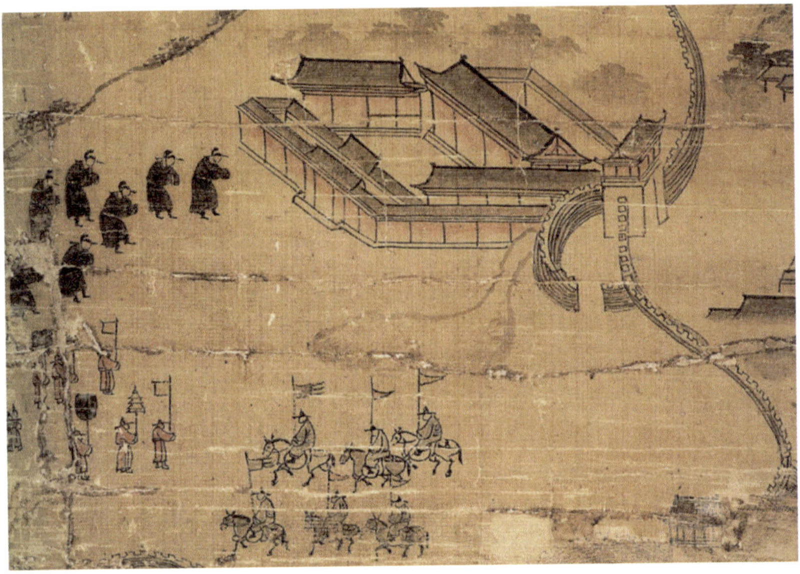

그림 3 압록강에서의 칙사 영접

인 개경을 다녀간 경과와 견문을 글과 그림으로 남겼는데, 아쉽게도 그림은 사라지고 말았다. 이 그림만 전해졌더라면 고려시대를 눈으로 볼 수 있는 천금 같은 자료가 되었을 것이다. 동월의 『조선부』는 견문을 운문으로 읊으면서 스스로 자세한 설명을 주석으로 곁들였다.

문신이 오면 접대하는 상대방의 외모나 문장력을 보고 조선을 평가했다. 동월도 처음에 오만하게 굴다가 허종許琮, 1434~1494의 모습을 보고는 태도를 바꾸었다.

홍치 무신년1488에 시강侍講 동월과 급사給事 왕창王敞이 와서 새로 황제가 즉위한 조서를 반포했는데, 충정공 허종이 원영사遠迎使로 의주에서 이들을 맞이했다. 두 사신이 거만하게 굴면서 사람을 멸시했고, 좌우에서 일을 하는 사람이 조금이라도 실수를 하면 반드시 꾸짖고 노해서 "우리는 너희 나라 출신의 초당貂璫, 환관이 아닌데, 감히 이렇게 무례할 수 있는가?" 하였다. 지난날 사신으로 오는 자 가운데 우리나라에서 중국에 들어간 환관이 많았기 때문에 이런 말을 한 것이다.

그런데 충정공이 키가 크고 서 있는 자태가 우아하고 의관이 훌륭함을 보고서, 두 사신이 깜짝 놀라 서로 눈짓하며 "당당하다 이 사람이여!"라고 말했다. 그 뒤로는 엄한 서슬이 점차 사라져서 좌우에서 혹시 뜻을 거스르더라도 모두 따지지 않았다. 공을 볼 때마다 반드시 붙들고 조용히 이야기하고, 서로 더불어 경서와 역사를 토론하였는데, 더러는 한밤중이 되어서야 파하였다. _『패관잡기』

그러나 동월이 평양에서 만난 안찰사, 즉 평안도관찰사 성현成俔, 1439~1504은 외모가 그리 뛰어나지 못했던 모양이다.

그 뒤 시강 동월이 왔을 때 행차가 평양까지 와서 풍월루에서 성대한 연회를 베풀었다. 그런데 안찰사 성허백당成虛白堂, 성현은 외모가 훌륭하지 못하였다. 동월이 그를 주州의 관리인 줄 알고 대수롭게 보지 않았다. 술이 거나하게 취하여 시를 짓자, 자리에 있던 사람들이 모두 그 시에 화답하였다. 성허백당이 지은 시에

붉은 비 뜰에 가득한데 복사꽃 이미 떨어졌고
紅雨滿庭桃已謝
푸른 연잎 물결에 점 일으키며 연꽃이 처음 떠오르더라
靑錢點水藕初浮

란 구절을 보고 동월이 정색하고는 "이런 사람이 어째서 주 정도의 관리밖에 못하고 있는가?" 하니, 반접사인 충정공 허종이 "우리나라에서는 백성의 교화를 중요시하여 조정에서 으뜸가는 사람들을 뽑아서 주의 관리로 삼습니다"고 대답했다. _『용천담적기』

『악학궤범』이나 『용재총화』를 지은 조선 초기의 대표적인 학자인 성현은 비록 외모가 변변하지 못했지만, 문장으로 중국 사신의 눈길을 끌었다.

명나라가 파견한 환관 가운데는 조선 출신이 많았다. 원나라와 명나라의 요구로 고려와 조선은 중국 궁궐에서 일하는 환관에 충당할 고자를 바쳤다. 조선 태조부터 성종 때까지만 보더라도 15회에 걸쳐 207명이나 차출되었다. 특히 조선 출신 환관은 영리하고 민첩하여 황실의 신뢰를 얻었고, 일부는 사신이 되어 조선에 파견되었다. 성종 때가 지나서야 이런 차출이 중지되었고, 이어서 청나라에서는 아예 고자를 요구하지 않았다.

조선 출신 환관이 오면 그의 고향에 있는 부모나 친족을 챙겨야 했다. 청주 출신의 내시 김안명이 사신으로 온다는 소식을 듣고 단종은 충청도관찰사에게 이렇게 지시했다.

청주 사람으로 중국 조정에 들어간 환관 김안명이 김흥으로 개명하여 지금 사신으로 오니, 그 부모의 생존 여부, 형제와 친족의 이름과 수를 일일이 열거하여 아뢰어라. 부모가 죽었으면 무덤이 있는 곳을 찾아서 조사하여 아뢰어라. 그 형제 가운데 슬기로운 자가 없거든 조카 김담에

그림 4 모화관에서 칙사를 맞는 숙종 왕세자

게 역마를 주어 서울로 올려 보내라. 속히 집을 수리하되, 집이 없으면 친족의 집을 선택하여 수리하도록 하라. _단종실록 즉위년(1452) 8월 25일

서울에 사신이 도착하게 되면 왕은 서대문 밖에 있는 모화관慕華館까지 가서 맞이했다.그림 4

사헌부가 "조사가 도착하게 되면 이전 임금들께서는 모화관에서 맞이하고, 그 뒤에 대가大駕, 임금 수레는 신문新門을 거쳐 돌아왔습니다. 그런데 임오년1582에는 곧바로 남대문 쪽으로 돌아왔고, 그 후부터 이를 좇아서 마침내 규정이 되었습니다. 한때의 결정 사항을 신들은 자세히 알 수 없지만, 지난번 제사를 내려주러 중국 사신이 왔을 때에는 백관들이 길을 메우고 둘러싸서 행렬이 구분되지 않아 보기에 놀라웠고 체면도 크게 손상되었습니다. 이는 대개 조사와 대가의 행차가 앞뒤로 서로 이어졌기 때문입니다. 해당 관청으로 하여금 이 두 가지 조항을 잘 헤아려

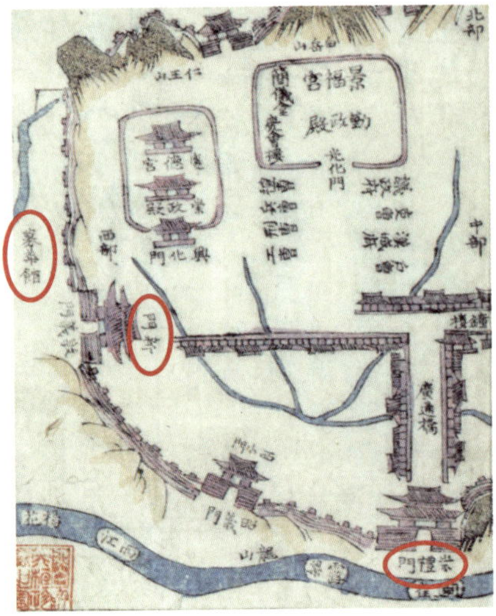

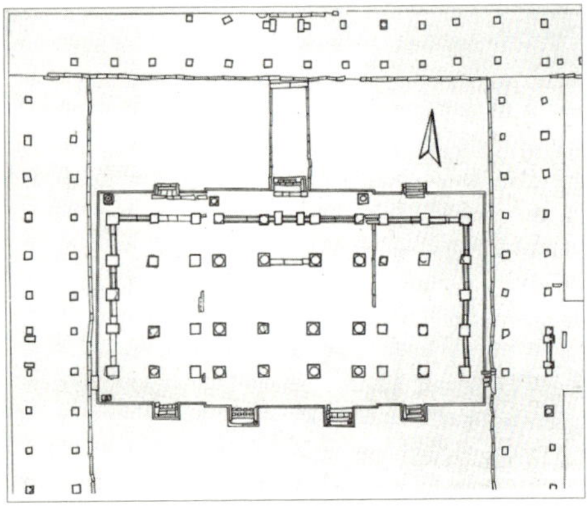

그림 5(왼쪽) 모화관, 신문, 남대문의 위치(한양도)
그림 6(오른쪽) 회경전 평면도

서 좋은 쪽으로 시행하게 하소서"라고 아뢰니, "내일 새벽에 바로 거둥해야 하니 길을 다시 바꿀 수 없다. 최근의 전례에 따라 하는 것이 옳으니, 윤허하지 않는다"고 답했다. _광해군일기 1년(1609) 6월 1일

모화관에서 중국 사신을 맞은 다음에, 과거에는 가까이에 있는 신문서대문을 경유해서 돌아왔으나 1582년부터는 멀리 남대문까지 가서 돌아왔다는 말이다.그림 5 광해군은 시간이 촉박하다면서 신하의 요청을 거절하고 남대문 길을 이용하였다.

궁궐에서 중국 사신을 맞이하는 방식은 고려와 조선이 달랐다. 조선의 정전인 경복궁 근정전이나 창덕궁 인정전은 정면에 계단이 하나인데 비해서 고려 개경의 정전인 회경전은 계단이 네 개이다.그림 6 조선에서 명나라 사신을 맞을 때에 사신이 먼저 중앙 계단으로 올라가고 임금이 뒤를 따랐지만, 고려에서는 송나라 등의 중국 사신과 고려 임금이

그림 7 숙종과 칙사가 함께한 전별연

나란히 두 계단으로 올라갔다고 한다.노명호 언급 고려 때에 훨씬 대등한 모습을 보였던 것이다. 고려가 외왕내제의 국가였던 것은 이미 언급한 바와 같다. 발해 궁궐에서는 제1궁전지가 정전인데, 정면 좌우 양쪽에 하나씩 두 개의 계단이 있는 것으로 보아서 고려의 경우처럼 나란히 올라갔던 것 같다. 발해도 외왕내제의 국가였다.

다음 중종의 지시에서 알 수 있듯이, 중국 사신의 접대 과정에서는 잔치와 놀이가 큰 비중을 차지했다.그림 7

10일에 천사天使, 명 사신가 입경하면 그날 하마연下馬宴, 도착 잔치을 열고, 11일에는 익일연翌日宴, 2일째 잔치을 열고, 12일에는 근정전에 초청하여 잔치를 여는 것이 합당하다. 근정전은 황제의 조서를 내려줄 때에 천사가 보겠지만, 경회루는 구석진 곳에 있어 천사가 반드시 보려고 할 것이니, 12일에 경회루에 초청하여 잔치를 열고, 13일에는 근정전에 초청하여 잔치를 여는 것이 옳다. 천사가 만약 알성謁聖, 문묘의 공자 배알을 하려 한다면 알성한 뒤에 세자가 초청하여 연회를 베푸는 것이 옳겠고, 15일에 한강에서 뱃놀이를 하는 것이 좋겠다. 이전에 천사【공용경과 오희맹】가 왔을 때는 뱃놀이가 미흡하여【알성한 뒤에 뱃놀이를 하였으므로 날이 저물어 미흡했다】 뒷날 다시 놀이를 하였으니, 이번에는 하루 종일 뱃놀이를 하여 만족스럽게 하라. _중종실록 34년(1539) 4월 3일

명나라 사신을 천사天使라고 했던 데 비해서 청나라 사신은 북사北使라고 해서 낮추어 불렀다. 중국에 파견되는 사신을 조천사와 연행사로 구별했던 것과 같다. 중국 사신의 행차는 부녀자들에게도 큰 구경거리였다.그림 8 선조는 중국인의 웃음거리가 될 거라고 하여 금지하도록 지시했다.

듣건대, 세 번째로 의식을 연습하던 날 성 안의 남녀가 온통 쏟아져 나와 길 양편에서 멋대로 구경을 했는데, 사대부 부녀자들이 타고 온 가마가 즐비했으며, 혹은 곱게 단장하고 얼굴을 짙게 하고는 다른 사람들과 뒤섞여 구별이 없었다고 하니 경악할 일이다. 부인의 도리는 낮에도 뜰에 나다니지 않고 규문閨門, 안방 안에서 날을 보내는 법인데, 어떻게 교외에 나가 보고 싶은 대로 구경하며 나돌아 다닐 수 있단 말인가? 비록 천한 부녀자라 해도 어찌 길가에 나란히 앉아 대낮에 구경하는 것이 옳겠는가? 중국 사람들이 어찌 사대부와 천민을 구별할 수 있겠는가? 필시 웃

그림 8 사신 일행을 구경하는 지방의 여인들

음거리가 될 것이다. 내가 듣건대, 중국에는 길가에서 구경하는 부녀자가 없다고 한다. 중국 사신을 맞이하는 날에 사대부나 천민을 막론하고 부인들이 구경하는 것을 일절 금지하고, 사대부 집에서 이를 범하면 그 가장에게 죄를 주라고 예조와 영접도감에 일러라. _선조실록 39년(1606) 4월 8일

신하들도 부녀자의 구경을 금지해달라고 왕에게 요청한 일이 여러 차례 보인다. 그러나 문종은 이전 임금들도 금지하지 않았고, 황제의 칙명이 오는 것을 사람들이 본다고 무슨 해가 되느냐고 반문하면서 허락하지 않았다. 문종실록 1450. 8. 2.

중국 사신이 이르는 곳마다 자칫 트집을 잡힐 만한 것은 모두 감추었다. 세조 때에 중국 사신이 금강산을 보러 가려 하자, 이러한 지시를 내렸다.

사신이 경유하는 고을의 모든 문서는 선악을 따지지 말고 모두 감추어라. 창이나 벽에 바르는 것은 모두 글자가 없는 종이를 써라. 현판과 누제樓題, 누각을 읊은 작품도 철거하라. _세조실록 14년(1468) 4월 11일

이들을 호위하러 동행하는 무인들에게는 중국 사신의 질문에 어떻게 답을 할지도 세조가 미리 지시했다.

고기잡이나 사냥하는 일 이외에, 김보金輔가 만약 국가의 일을 물으면 "우리는 무인이라 변방에 수자리 살러 다녀서 다른 일은 알지 못합니다"고 대답하라. 만약에 어디서 수자리를 사느냐고 묻거든 "전라도·강원도의 바닷가입니다"고 대답하라. 만약 왜인의 일을 물으면 "비록 오는 자가 있더라도 모두 경상도로 오니, 자세히는 알지 못합니다"고 대답하라. _세조실록 14년(1468) 5월 25일

중국과 다른 공자 위패도 되도록이면 중국 사신에게 보이지 않으려 하였다. 공자의 칭호가 한나라 때부터 명나라 때까지 여러 차례 바뀌었는데, 당나라 현종 때인 739년에 문선왕文宣王, 원나라 성종 때인 1307년에 대성지성문선왕大成至聖文宣王으로 높였다가, 명나라 때인 1530년에 지성선사至聖先師로 낮추었다. 공자의 고향인 취푸曲阜에 가보니, 공자 사당 안에는 '선사', 공자 무덤 앞에는 '문선왕'으로 표기되어 있었다. 문선왕의 왕王 자가 길게 되어 있는 것은 황제가 참배할 때에 제후인 왕 앞에 고개를 숙일 수 없다고 하여 제단에 이 글자가 가려서 보이지 않게 하려는 조치였다고 한다.그림 9

명나라에서 이미 선사로 바꾼 뒤에도 조선에서는 문선왕을 그대로 유지했으니, 혹시 중국 사신에게 꼬투리를 잡힐까 걱정했다. 중종과 영의정의 대화에서도 그런 우려가 나타난다.

그림 9 공자 묘비(2009. 1.)

승정원에 전교하였다. "천사가 성균관에서 알성한다면, 우리나라에서는 공자를 지성대성문선왕이라고 부르나 중국에서는 칭호를 낮추어 공公이라 부른다 하니, 천사가 혹시 '중국에서는 이미 칭호를 낮추었는데 어찌하여 아직도 왕 칭호를 그대로 두었느냐?'고 물을지도 모른다. 그러면 '중국에서는 칭호를 낮추었으나 우리나라에는 공문으로 칭호를 낮추라는 명령이 없었으므로 아직도 왕이라 부릅니다'고 대답할 것인가? 아니면 달리 대답할 말이 있는가? 그 대답할 말을 미리 정했다가 응대하는 것이 마땅하다. …"

영의정 김근사 등이 의논하여 "중국에서 문선왕을 낮추어 선사로 한 것은, 대대로 높여온 뜻을 헤아려보면 아마도 잘한 것이 못 될 듯합니다. 국자감에서 호칭을 고쳤을지라도 천하에 모두 고치라는 명령을 내린 적이 없었으니, 우리나라가 전해 듣고서 잘못을 따라갈 수는 없습니다. 혹 묻더라도 상께서 분부하신 뜻으로 대답하는 것이 매우 마땅하겠습니다. …" 하니, 알았다고 전교했다. _중종실록 31년(1536) 12월 28일

실제로 선조 때에 중국의 장수가 알성하면서 왜 문선왕이라 썼는지 물은 적이 있다. 중종, 영조 등을 '묘호廟號'라 하는데, 왕의 국장 때에 중국 사신이 이를 볼까 봐 걱정했다. 묘호는 원래 황제의 제도이기 때문이다. 그런가 하면 조정의 소식지인 조보에도 국가 기밀과 관련된 사항은 싣지 못하게 했다. 광해군 때의 기록을 보면 사신이 아닌데도 중국 사람이 서울에 머물고 있다고 해서 조보에 싣는 것을 제한했을 정도였다. 중종 때에는 중국 사신이 불꽃놀이를 보지 못하게도 했으니, 화약의 제작과 사용은 군사 기밀에 해당하여 혹시 사신이 화약 제조를 물을까 염려했기 때문이다. 이런 보안상의 이유로 조선 후기에는 중국 사신의 바깥출입을 극구 제한했던 모양이다. 홍대용이 중국에서 만난 서종맹과 나눈 대화에 그런 내용이 나온다.

서종맹이 말하기를, "진실로 그렇지만 우리가 칙사로 조선에 나가면 남별궁에 종일 가두어 한 걸음의 땅도 나아가지 못하게 하고, 조선 사신이 북경에 들어오면 임의로 구경을 다니니 어찌 통분치 않겠습니까?" 내가 말하기를, "조선은 작은 나라여서 대국의 큰 규모를 본받지 못하니 어찌 허물할 일이 있겠습니까?" 서종맹이 말하기를, "나는 공자를 위하여 구경할 일을 극진히 도모하는데 앞으로 조선에 나가면 공자를 청하여 구경할 묘책을 물을 것입니다." 내가 웃으며 말하기를, "나는 조선 선비의 한 사람일 뿐이라, 나라의 금령이 있는데 어찌할 것입니까?" 하니, 여러 역관과 통관이 다 웃었다. _『을병연행록』 1766. 2. 6.

귀한 집 자제를 일컫는 공자公子를 여기서는 중국어 발음과 섞어서 궁자라고 적었다. 남별궁은 중구 소공동 조선호텔 자리에 있었던 별궁이다.

접대에서 가장 괴로운 것은 사신의 횡포였다. 세종 때에 온 명나라 사신 이상李相은 가는 곳마다 사람들을 구타하여 원성을 샀다. 무엇보다도 조선을 괴롭혔던 가장 일반적인 것은 사신들의 과도한 착취였다. 우선 고려시대의 사례이다. 고려에 온 송나라 사신 안도安燾는 벼슬이 좌간의대부, 진목陳睦은 기거사인으로 황제를 가까이 모시던 벼슬아치였는데, 이들의 횡포는 이러했다.

당시 송나라와 외교가 오랫동안 단절되었다가 안도 등이 처음 사신으로 오자 왕과 나랏사람들이 경사를 만난 듯이 기뻐했다. 따라서 전례에 따라 지급하는 옷과 허리띠, 말과 안장 외에도 금은보화와 미곡, 잡물을 헤아릴 수 없을 정도로 많이 선사했다. 돌아가려 할 때에 이 물품들을 배에 다 실을 수가 없자, 받은 물품들을 은銀으로 바꾸어달라고 청했다. 왕은 해당 관청에 명하여 부탁을 들어주게 했다.

사신 안도와 진목은 성품이 탐욕스럽고 인색하여 제공해주는 음식을 날마다 줄이는 대신에 그 값을 정해서 은으로 받아낸 것이 매우 많았다. 당시 사람들은 "시랑侍郎 여단呂端이 사신으로 왔다가 돌아간 뒤로부터 중국 사신을 보지 못한 지가 오래되었다. 이번에 사신이 온다는 말을 듣고 높은 기상을 우러러볼 수 있으리라 생각했는데, 행동이 이럴 줄은 몰랐다"고 비난했다. _『고려사』 문종 32년(1078) 7월 을미일

조선시대의 사신 접대에 대해서는 호조가 아뢴 다음 말에서 그 변화

과정을 볼 수 있다.

중국 사신을 접대할 때 우리나라는 오직 음식을 풍성하게 차리고 연회 장소에 장막을 잘 치고 여러 설비를 잘 갖추어 공경스럽게 예를 다하는 것을 도리로 삼아서 2백 년간 이와 같이 했을 뿐입니다. 태감이 행차하게 되자 흰모시 따위와 같은 토산품을 끝없이 요구하는 바람에 품포品布를 거두기까지 해도 부족할까 걱정되었는데, 그 유래가 오래되었습니다. 고천사顧天使로부터 처음으로 은을 쓰는 길을 열어놓았으니, 애당초에는 단지 데리고 온 사람들의 양식과 급료로 줄 은자銀子, 은화를 요구했으나, 우리나라 사람들은 참으로 크게 놀랐습니다. 주朱·양梁 두 학사가 오자 고천사가 끼친 피해를 말했지만 양식과 급료에 대한 규례는 고치지 못했고, 웅천사熊天使 때에도 그러했습니다. _광해군일기 6년(1614) 9월 2일

품포는 국가 재정이 부족할 때에 품계에 따라 벼슬아치에게서 거두던 삼베이다. 고천사는 1602년에 온 고천준高天峻이고, 주·양은 1606년에 온 주지번朱之蕃과 양유년梁有年이고, 웅천사는 1609년에 온 웅화熊化, 그림 10이다.

처음에는 연회를 잘 차려서 음식을 풍성히 대접하는 정도였는데, 환관들이 오면서 토산물에 과욕을 부리기 시작했다. 태종 때에 환관 사신이 물품을 착취하던 상황이 잘 묘사되어 있는 글이다.

황엄黃儼 등이 사사로이 시장을 열어 매매 이익을 긁어모았다. 또 오늘 어느 물건을 요구하고 다음날에 다시 어느 물건을 요구하는데, 수행원

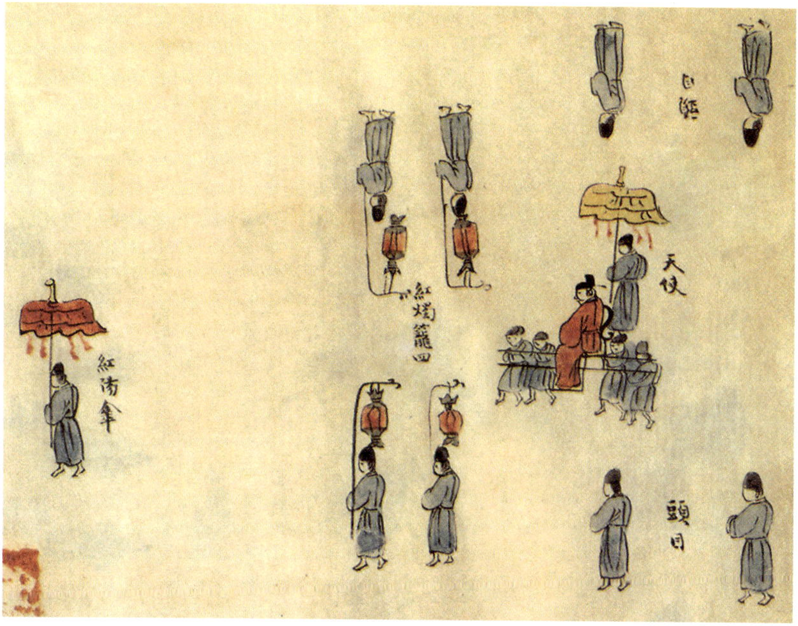

그림 10 명 사신 웅화의 행차 모습

> 들까지도 그러하였다. 담비 가죽, 삼베, 돗자리, 종이, 인삼뿐 아니라 심지어 식초나 젓갈까지 요구하지 않는 것이 없었으므로, 담당 관청이 견디지 못했다. 그러나 임금이 정중하게 이를 따라서 물건을 운반하는 인부가 1천여 명에 이르렀다. 영접도감 판관 고약해가 사람들이 사사로이 사신 일행과 매매하는 것을 금지하니, 사신이 크게 노하여 고약해에게 장을 때렸다. _태종실록 17년(1417) 8월 3일

세종 때에 온 환관 사신 창성昌盛은 영접도감의 은그릇을 훔치는가 하면, 지나는 고을마다 의자나 깔개 등 좋아 보이는 물건을 보이는 대로 빼앗았다. 그런데 이것은 약과였다. 명나라 말기에는 은을 과도하게

요구하면서 상황이 더욱 악화되었다.

선조 때에 황태자의 책봉을 알리러 온 고천준이 처음으로 은을 요구하였다고 한다. 전쟁으로 피폐해진 조선을 착취한 그의 행태에 대해서 사관은 이렇게 적어놓았다.

사신史臣은 논한다. 의주에서 서울까지 수천 리에 걸쳐 고천준이란 자가 이리와 같이 크나큰 탐욕으로 제멋대로 약탈을 자행하여 인삼, 은, 보물을 한 줌도 남기지 않고 가져갔으니, 조선 전체가 마치 전쟁 참화를 겪은 것 같았다. 이는 필시 하늘이 탐관오리를 내어 민생을 거듭 곤란케 하는 것이니, 국운의 불행을 차마 어찌 말로 할 수 있겠는가? 그래서 그의 하인 동충董忠도 이러한 시를 지었다. "올 때는 사냥개 갈 때는 바람처럼, 모조리 실어 가니 조선 천지 텅 비었네. 오로지 청산만은 옮기지 못하니, 다음엔 와서 그림 그려 가져가리." _선조실록 35년(1602) 3월 19일

이 무렵에 서양에서 중국으로 흘러들던 은이 급격히 줄어들면서, 중국에서 은이 귀하게 되었다.그림 11 이에 조선에까지 손을 뻗쳐 토산물은 거들떠보지 않고 오직 은만 요구하였다. 광해군 때에 이르면 은 요구는 극에 달했다. 광해군 1년1609에 임금의 책봉을 주관하러 온 환관 유용劉用의 행각이다.

그런데 유용은 재물을 탐하기 한이 없었다. 일일이 형용할 수 없을 정도로 긁어모았으니, 보물을 전하께 바친 것도 많았으나 모두 그 대가를 받아냈다. 처음 국경에 발을 들여놓으며 기필코 10만 냥의 은을 모으겠

그림 11
명나라에서 사용한
은정(銀錠)

다고 하더니, 마침내 왕래하는 길과 서울에서 얻은 은자가 거의 5, 6만 냥에 이르렀다. 도중에 소요되는 음식이나 물품도 모두 은으로 환산하여 바치게 하고, 차나 식사 대접은 없어도 좋다고 하였다. _『갑진만록』

이듬해에 왕세자 책봉을 주관하러 온 환관 염등冉登도 행패를 부렸다. 그는 이미 유용의 행각을 알고 있었다. 이에 의주와 평양에서 수천 냥의 은을 챙기고 개성에 와서는 은이 적다고 눌러앉아 수천 냥의 은을 더 챙겼다. 임진강에 와서는 홍수로 떠내려간 부교浮橋를 이유로 대면서 또 은 1천 냥을 요구했다. 서울에서는 더욱 기괴한 요구를 했다.

당시에 조사로 온 태감 염등이 온갖 구실로 뇌물을 요구했다. 심지어 은으로 된 사다리를 만들어 서울 남대문을 넘어가 조칙을 받들게 하고는 이것을 천교天橋라 하면서, 은을 거두어들이는 최후의 기회로 삼았

다. _광해군일기 2년(1610) 7월 1일

그는 광해군에게 은 300냥어치 예물을 바친 뒤에 그 사례로 은 9천 냥을 요구했고, 한강 뱃놀이도 거부하면서 은만 달라고 했다. 심지어 숙소에 찾아온 왕의 접견까지 병을 핑계로 거부하면서 은을 요구했다. 인조 때에도 비슷한 일이 벌어졌다.

조사가 물 건널 곳에 이르면 다리가 없다고 핑계하여 반드시 은을 받아 냈는데, 이를 '무교가無橋價'라 하였다. 이리하여 그들이 지나가는 고을들은 일시에 거덜나고 말았다. _인조실록 3년(1625) 6월 15일

이 중국 사신은 왕민정王敏政과 호양보胡良輔로서, 뇌물을 바치고 조선행을 자원한 인물이었다. 이들은 개성 인삼 500근을 산다면서 은 5,000냥을 지불하고는 손님 대접이 아니라고 하여 돈을 되돌려 받았다. 또 진주 410여 개를 개성에 주고 은 5,060냥을 내놓으라고 다그치니, 개성 사람 가운데 더러 스스로 목매서 죽은 자도 있었다. 명나라 말기의 혼란기라서 극단적이기는 하지만, 조선을 왜란에서 구해준 '재조지은'을 명나라 사신은 은으로 갚게 하였다. 그러나 그 대가는 너무나 큰 것이었으니, 1년간 모은 은을 불과 며칠 동안에 탕진했고, 그것은 1년 재정의 3분의 1이 넘는 엄청난 액수였다.

조공과 책봉

2014년 5월 한 칼럼을 보니, 한·중 정부 관계자들의 교류 모임에서 중국 당국자가 "조공 외교로 돌아가는 게 어떠냐?"라고 넌지시 물었다고 한다. 미국에서 벗어나 중국의 안보체제 아래 들어오라는 의미이지만, 중국이 아직도 전통시대 시각에서 한국을 바라본다는 것을 은연중에 드러낸 것이기도 하다.

2009년 2월에 북한 묘향산에 있는 국제친선전람관을 구경한 적이 있다.그림 1 산을 뚫어서 만든 동굴에 남한을 비롯하여 세계 각국에서 김일성과 김정일에게 보냈다는 선물들이 가득 전시되어 있었다. 당시 설명으로는 전시실이 200개, 선물이 22만여 점이라 하였다. 동굴 입구에는 9톤이나 되는 육중한 구리 문이 달려 있었다. 이것을 보면서 세계 각국에서 북한에 조공해 온 것처럼 선전한다는 생각이 들었다. 그러면서 내부는 일절 촬영하지 못하게 했다.

중국은 물론이고 고대 이집트인, 히브리인, 페르시아인, 그리스인들은 모두 자신이 세계의 중심이라고 생각했다. 그 주위를 둘러싼 종족들은 미개야만의 집단으로 치부하여 문명국인 자신과 구별 지었다. 아테네의 클레이스테네스가 다른 부족들에게 모욕적으로 붙여준 명칭이 홍

그림 1 국제친선전람관(2009. 2.)

미롭다.

그는 이것도 피하고 싶어 시퀴온인들의 부족 이름들을 바꿨다. 그러면서 그는 시퀴온인들을 웃음거리로 만들었다. 왜냐하면 어미만 다를 뿐 그가 고른 이름들은 '멧돼지', '당나귀', '집돼지'란 말에서 유래했기 때문이다. 다만 그가 속한 부족에게는 그가 통치자기 때문에 '백성들의 통치자들'이란 뜻의 아르켈라오이라는 이름을 지어주었다. 그러나 다른 부족들에게는 '멧돼지인들히아타이' '당나귀인들오네아타이' '집돼지인들코이레아타이'이라는 이름을 지어주었다. 이런 이름을 시퀴온인들은 클레이스테네스의 치세 때뿐 아니라 그의 사후에도 60년이나 사용했다.

_헤로도토스 책, 512쪽

이 글을 읽으면서 우리를 동이東夷라고 부른 중국의 역사가 떠올랐다. 중국은 자신을 둘러싸고 있는 이민족을 사방의 오랑캐, 즉 사이四夷라고 불렀고, 점차 방위별로 구분하여 동이, 서융西戎, 남만南蠻, 북적北狄이라 하였다. 동이의 '이'는 활弓에서 유래하여 다르지만 '융'에는 창 과戈, '만'에는 벌레 충虫, '적'에는 개 견犭 자가 들어 있다. 이처럼 이민족의 명칭을 적을 때에는 좋지 않은 글자를 사용하여 천시했다. 예맥濊貊이란 말의 예濊는 더럽다는 뜻이고 맥貊은 짐승 이름을 뜻한다. 연연蠕蠕이란 종족 이름에도 벌레 충虫 자가 들어 있다. 몽고蒙古에도 어리석고 고리타분하다는 뜻이 있어서 지금은 몽골로 바꾸어 부른다. 이처럼 중국은 문명국인 화華이고 이민족은 짐승이나 벌레 같은 오랑캐인 이夷라 하였으니, 이런 차별의식을 화이사상華夷思想이라 한다.

중국은 주변 민족과의 수평적인 관계를 인정하지 않았다. 고구려를 비롯하여 중국 주변 민족들이 대등한 몇 개의 세계로 이 세상이 구성되어 있다고 생각한 것과 다르다. 오직 자기들만 세계의 중심이 되고 나머지는 그 아래에 있어야 했다. 이런 나라에 이웃해 있는 우리로서는 대등성을 고집하지 못하고 어쩔 수 없이 주종관계를 맺어야 했다. 동아시아의 주종관계는 사대事大와 자소字小로 표현한다. 작은 나라는 큰 나라를 섬겨야 하고, 그 대신에 큰 나라는 작은 나라를 사랑하고 보호해주는 원칙을 말한다. 이렇게 함으로써 작은 나라는 큰 나라의 위협으로부터 벗어날 수 있고, 큰 나라는 작은 나라의 이반을 걱정하지 않아도 된다.

사대의 구체적 표현으로서 조공과 책봉이 있다. 조공朝貢이란 황제 조정에 가서 알현하는 '조'와 이때 선물을 바치는 '공'이 결합된 말로서, 정기적으로 황제의 조정을 방문하여 토산물을 바치면서 복종의 뜻을

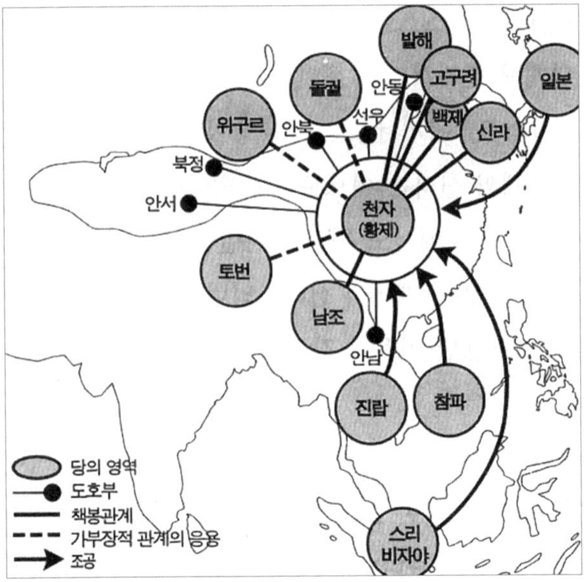

그림 2
당나라와 주변국의
관계

표하는 것이다. 원래는 자발적이었겠지만, 제도로 정착되면서는 중국에서 요구하는 물건을 보내야 하는 등 강제성을 띠게 되었다. 다만 중국의 규정과는 달리 왕이 직접 중국 조정에 들어가지는 않았는데, 원종, 충렬왕 등 고려 왕들이 유일하게 몽골 조정에 직접 입조한 적이 있다.

또 책봉冊封은 벼슬을 내려주는 '책'과 벼슬에 따른 토지를 주는 '봉'이 결합된 말이지만, 외국의 신하에게는 토지를 주지 않고 벼슬만 하사했다. 이런 책봉은 외국 지배자의 권위를 강화해주는 역할도 하였다.

중국의 주변국 가운데 가까운 나라는 조공하고 책봉받았지만, 먼 나라는 조공만 하였다. 당나라 때에 발해, 고구려, 백제, 신라 등은 조공·책봉 관계에 있었고, 일본이나 동남아시아의 진랍, 참파 등은 조공 관계만 맺었다.그림 2

조공·책봉 관계는 분명히 정치적 상하관계를 반영한다. 그렇다고 중국과 한반도가 전 시대에 걸쳐 이러한 관계에 있었던 것으로 설명하는 중국 연구자들의 태도는 수긍하기 어렵다. 이런 관계가 전형적으로 나타나는 시기가 있는가 하면 흐트러지는 시기가 있기 때문이다. 중국 역사를 보더라도 진秦나라에서 명나라까지 1,800년간 전형적인 조공·책봉의 관계로 설명할 수 있는 기간은 기껏해야 6, 7백 년 정도라고 한다.

또 조공한 나라가 모두 중국의 속국도 아니었다. 당나라 때에는 70개국 정도의 조공국 명단이 확인되는데, 동쪽으로 일본, 신라에서 서쪽으로 사라센大食, 페르시아波斯, 남쪽으로 동남아의 진랍眞臘, 캄보디아 지역 등이 포함되어 있다. 이처럼 중국에 사신을 파견한 나라가 모두 조공국으로 표현되어 있다.

그렇다고 국내의 일부 연구자들처럼 외교의 한 형태에 불과하다든가 경제적 교류가 주된 목적이었다고 주장하는 것도 본질을 호도하는 것이다. 한족 정권이 이민족에게 조공한 사례도 있으므로 한족 정권이 언제나 종주국이었던 것은 아니라고 지적하기도 한다. 그렇다고 한반도의 국가가 종주국이었던 적은 없다. 중원에서 파견한 사신을 우리가 조공사로 표현한 적이 한 번도 없다. 그 대신에 신라에서는 탐라, 고려에서는 여진, 조선에서는 유구琉球, 오키나와와 여진이 조공국으로 묘사되어 있다. 한반도를 중심으로 볼 때에 주변 민족으로부터 조공을 받고, 중원 왕조에 조공을 바치는 국제질서가 형성되어 있었다. 일본도 그 나름의 세계질서를 상정하고 있었고, 가끔은 한반도와 세계관의 차이에서 충돌이 벌어지곤 했다.

조선 명종 때에 국가 정책에 관한 시험인 책문策問에 조공 여부를 물었다가 중국에 알려질까 봐 논란이 된 것은 중국과 조선의 관계를 잘 보여준다.

윤인서가 또 아뢰었다. "지난번 전시殿試의 책문 시험에서 중국 조정에 조공하는 것이 온당한지의 여부를 물었습니다. 신이 들으니 우리나라의 과거시험 문장 가운데 우수한 것들을 역관들이 중국에 가지고 가서 판다고 합니다. 과연 그러하다면 어찌 불안한 일이 아니겠습니까?" 대사헌 성세장이 아뢰었다. "그런 제목이 한번 나가자 이를 본 사람들이 해괴하게 여겼습니다. 사대하는 일에 갑자기 잡된 논란이 발생했으니, 매우 옳지 못합니다."

임금이 "윗나라와 관계되는 일을 글로 쓰게 하여 그만 잡된 논란이 생기게 되었으니, 과연 마땅한 일이 아니다. 생각이 짧아서 잘 살피지 못했는데, 이 역시 윗사람이 실수한 것이다"고 말했다. _명종실록 13년(1558) 8월 14일

조공tribute은 작은 나라가 큰 나라를 섬기는 증표였기에 세계사에서 보편적으로 나타난다. 런던의 브리티시 박물관에는 조공 장면이 새겨진 검은색 오벨리스크가 있다. 기원전 9세기에 아시리아의 왕인 살마네세르shalmaneser 3세가 조공을 받는 장면들이다. 그중 두 장면을 보면,그림 3 윗부분에서는 길자니언Gilzanean의 수아Sua가 활을 잡고 있는 왕에게 조공하고 있고, 아랫부분에서는 성경에도 나오는 이스라엘의 왕 예후Jehu가 파라솔 아래의 왕에게 조공하고 있다.

이란에 있는 페르시아의 수도 페르세폴리스의 아파다나 궁전 계단석에도 기원전 5세기에 다리우스Darius 1세에게 조공하는 각국 사신 모습이 부조되어 있다. 여기에는 각종 물건을 가져와 바치는 20여 국의 사

그림 3
검은 오벨리스크의
조공 장면(2013. 6.)

람들이 보인다. 엘람, 바빌로니아, 아시리아, 아라비아, 이집트, 리디아, 파르티아 등이 있고, 북쪽 멀리 추운 지방에서 뾰족한 고깔모자를 쓰고 단검을 착용하고 온 스키타이인도 찾을 수 있다.그림 4

먼 곳에서 공물을 가져가려면 어떻게 운반하는지 궁금하다. 이를 알려주는 한 사례를 민그렐리의 터키에 대한 조공에서 볼 수 있다.

17세기의 여행자인 프랑수아 라 불레는 시르카시아 지방과 민그렐리 지방, 즉 카프카스 남부와 흑해 사이의 지역에서는 "주조 화폐가 결코 통용되지 않는다"고 보고했다. 이곳에서는 단지 물물교환만 했으며, 민그렐리의 통치자가 매년 터키 황제에 지불하는 조공도 '직물과 노예'였다. 이 조공을 이스탄불까지 가져갈 임무를 맡은 대사는 별난 문제에 부딪혔다. 그가 터키의 수도에 머물 때 그 체재비용을 어떻게 지불할

그림 4
스키타이인 사신
(2009. 2.)

것인가? 그 해결책은 이러했다. 그의 수행원들은 30명이나 40명의 노예들로 되어 있어서, 이들을 한 명씩 팔아 치운 것이다. 다만 그의 비서만은 예외였는데, 라 불레에 의하면 이 비서는 제일 마지막 순간에 가서야 팔았다는 것이다. 그 후 "그는 홀몸으로 귀향했다." _페르낭 브로델 책, 639~640쪽

이렇게 세계 도처에서 조공제도를 찾을 수 있다. 그런데 서양의 조공제도는 정복으로 얻어진 지역에 대한 물질적인 수취가 기본이었지만, 중국을 중심으로 한 동아시아의 조공제도는 물질적인 수취보다는 유교 이념에 따른 의례적인 측면을 강조하였다는 점에서 차이가 있다.

우리나라와 중국의 사신 왕래는 고조선 시기부터 이미 나타나지만, 조공관계가 정착된 것은 삼국시대 후기, 즉 4세기 무렵이다. 북위 태조

386~409 때에 고구려가 "매해 사신을 보내서 방물方物, 토산물을 바쳤다"고 하였으므로 매년 조공하는 것이 정례화되었던 것 같다. 그러나 1년에 여러 차례 파견하거나 몇 년씩 걸러서 파견하는 경우도 많았다.

조선은 1년에 세 번 정기적으로 사신을 파견했으나, 이 외에도 각종 명목의 비정기적인 사행이 있었다. 명나라 태조는 처음에 고려 사신에게 3년에 한 번 사신을 파견하라고 요구했다.

내가 알기로는 옛날부터 중국의 제후들은 천자에게 1년에 한 번 소빙小聘하고 3년에 한 번 대빙大聘을 하였다. 9주중원 밖에 있는 번국蕃國이나 먼 나라는 1세世, 30년에 한 번 조빙하였고, 그들이 바치는 물건도 성의를 표할 수 있을 정도의 예물에 그쳤다.

지금 고려는 중국과 매우 가까워 문물과 예악이 통하고 경사經史, 경서와 역사서가 중국과 서로 비슷하니, 그 밖의 번국들과는 다르다. 그들은 3년에 한 번 조빙하는 예를 따르게 하고, 혹시 1세에 한 번 조빙하려고 하면 그것도 무방하다. 중서성은 내 말을 문서로 작성해서 고려국왕에게 알려라. 금후로 가져올 방물은 토산물인 삼베로 하되 3~5짝을 넘지 않게 하여 성의만 표시하도록 하고, 나머지 것들은 가져오지 못하게 하라. _『고려사』 공민왕 22년(1373) 7월

『예기』에 따르면 "제후는 천자에 매년 소빙을 하고, 3년에 한 번 대빙을 하고, 5년에 한 번 조현한다"고 하였다. 그 주석에 소빙은 제후가 대부大夫를 파견하는 것이고, 대빙은 경卿을 파견하는 것이고, 조현은 임금이 직접 가는 것이라 하였다.

이 가운데에 임금이 황제를 알현하러 직접 행차하는 친조親朝는 선언적 성격을 띤 것으로서, 실제로는 고려 왕이 몽골에 간 사례에서만 찾을 수 있다. 고종 6년1219에 양국이 처음 화약을 맺을 때에 몽골에서 제기한 조건 가운데 하나가 친조였는데, 실행 여부를 두고 지루한 줄다리기를 하다가 원종 때부터 친조를 시작하였다. 충렬왕은 11회 친조하였고, 충선왕은 일시적으로 머물지 않고 원나라 수도에 장기간 체류하기도 했다. 이들이 몽골 황제의 사위, 즉 부마駙馬였던 특수한 사정도 한 원인일 것이다. 우리 역사상 국왕이 친조한 것은 이때뿐이었다. 명나라 때에도 외국 군주가 황제를 알현하러 왔을 때에 행할 의례 규정인 번왕친조蕃王親朝를 마련하여 『대명집례大明集禮』에 실었지만, 외국 군주가 명나라에 직접 간 일은 없었다.

3년에 한 번 조빙하라는 명나라의 지시는 오히려 고려와 조선에서 지속적으로 요구하여 결국 3년1사를 1년3사로 관철할 수 있었다. 중국이 아니라 조선이 조공 횟수를 늘리려 노력했던 것은 주목되는 사실이다. 조공이 일방적으로 강대국에 굴종하는 행위가 아니라는 것을 보여주기 때문이다. 실제로 조공을 통해서 조선이 경제적인 이득을 얻었기 때문에 이런 요구를 했다. 중국에는 '후왕박래厚往薄來', 즉 '적게 받고 많이 주어' 제후국을 포용하는 관념이 있었다.

공물에는 세폐歲幣와 방물方物이 있다. 세폐는 매년 중국 조정에 바치는 공물로 연공年貢, 세공歲貢으로도 불렀고, 방물은 황제나 황후 등에게 따로 보내는 공물이다. 공물은 시대나 파견 성격에 따라 품목과 수량이 달랐다. 참고로 명나라와 청나라의 세폐 규정을 보면 어떤 것들을 보냈는지 짐작할 수 있다.

조선 건국 직후에는 명나라에 금·은 그릇, 자개 빗 함螺鈿梳函, 흰 명주白綿綢, 각종 색깔의 모시苧布, 용 무늬 발과 돗자리龍文簾席, 각종 색깔의 작은 꽃무늬 돗자리細花席, 표범 가죽, 수달 가죽, 족제비 꼬리털 붓黃毛筆, 고급 흰 종이白綿紙, 인삼, 종마種馬를 바치게 했다.『대명회전』 권105 그리하면 명나라에서는 국왕과 사신단에게 선물로 회답했으니, 이를 회사回賜라 한다. 국왕에게는 『대통력大統曆』과 같은 책력이나 『대학연의』, 사서오경 등의 서적, 곤룡포와 옥대玉帶 등의 복식, 종묘 등에서 사용할 악기 등 그때마다 필요한 물건을 주었고, 사신단에게는 따로 옷, 옷감, 신발 등을 내려주었다.

명나라에 바치는 공물 가운데는 금과 은을 마련하는 것이 가장 괴로운 일이었다. 이미 고려 때에 이제현이 원나라에 간청하여 은 조공을 면제받은 적이 있었다. 태종 9년1409에도 사신을 보내서 금과 은은 우리나라에서 나지 않으니 다른 토산물로 대체해달라고 요청했으나 받아들여지지 않았다. 이 요청은 세종 때에 와서야 실현될 수 있었으니, 신하 홍언필이 중종에게 아뢴 말에 당시의 사정이 묘사되어 있다.

은 조공을 면제해달라고 요청한 일이 언제 있었는지 신이 몰랐는데, 얼마 전 승문원에 모여 논의할 때에 그곳 문서 기록을 보니, 바로 선덕 4년1429 세종 임금 때였습니다. 그때 은은 우리나라 산물이 아니라고 아뢰어 면제를 받았습니다.

선덕황제가 요구했던 물품을 보면 당시에 우리나라가 어떻게 감당했는지 모르겠습니다. 금 그릇 10여 개와 은 그릇 10여 개를 1년 안에 여러 차례 바치게 했고, 또 불시에 은 2, 3백 냥을 요구하기도 하고, 생선·

소금·건어물과 요리에 능숙한 여인 8, 9명, 음률을 아는 여인 8, 9명까지도 징발하게 했으니, 이런 때가 언제 또 있었겠습니까? 매우 놀랍습니다. _중종실록 35년(1540) 8월 3일

세종 때의 이런 조치로 매년 바쳐야 했던 황금 150냥과 은 700냥을 토산물로 대체할 수 있었다. 그 뒤로 명나라가 언제 다시 요구해 올지 모른다는 두려움 때문에 조선에서 금과 은의 산지를 감추고 개발하지 못하게 하여 광업이 발달하지 못한 부작용이 있었다.

청나라는 조선을 굴복시킨 직후에 다량의 공물을 요구하여 기를 꺾어놓으려 하였다. 병자호란 다음 해에 요구한 목록이다.

세폐는 황금 1백 냥, 은 1천 냥, 물소뿔 활 부속품弓面 2백 부副, 벌, 표범가죽 1백 장, 차 1천 포, 수달 가죽 4백 장, 청설모靑鼠 가죽 3백 장, 후추 10말, 고급 허리칼腰刀 26자루, 소목蘇木, 약재 2백 근, 고급 큰 종이 1천 권, 순도順刀, 양날 칼 10자루, 고급 작은 종이 1천 5백 권, 오조룡五爪龍 돗자리 4장, 각종 꽃무늬 돗자리 40장, 흰 모시 2백 필, 각종 색깔의 명주 2천 필, 각종 색깔의 가는 마포細麻布 4백 필, 각종 색깔의 세포細布 1만 필, 포布 1천 4백 필, 쌀 1만 포를 규정으로 삼는다. _인조실록 15년(1637) 1월 28일

원칙적으로 토산물을 바치게 되어 있는데, 조선에서도 수입해야 하는 물소뿔 제품까지 요구했다. 군사용 활을 만드는 데 사용하려는 것이었다. 그러나 심양에서 북경으로 도읍을 옮긴 1645년부터는 매년 4회 파견하던 사신을 원조사元朝使 1회로 통합하고, 이와 함께 공물도 줄였

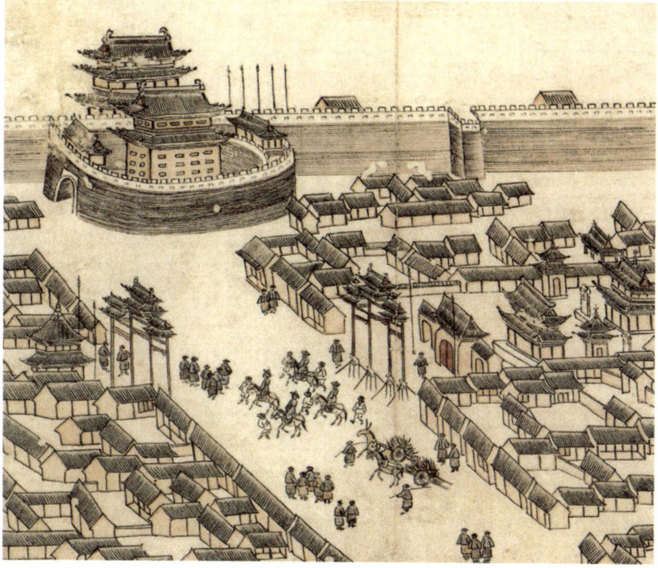

그림 5
연경에 도착한
조선 사신

다.그림 5 이때 청나라에서 보낸 칙서의 기록이다.

세공과 폐물幣物, 선물은 모두가 백성의 피땀에서 나온 것이니 지금부터 예전 액수보다 줄인다. 모시 4백 필, 소목 2백 근, 차 1천 포는 면제하고, 각종 명주는 2천 필에서 1천 필을 줄이고, 각종 무명은 1만 필에서 5천 필을 줄이고, 삼베는 1천 4백 필에서 7백 필을 줄이고, 거친 삼베는 7천 필에서 2천 필을 줄이고, 순도는 20자루에서 10자루를 줄인다. 나머지는 모두 예전대로 보내라.

그리고 원조元朝, 설날·동지·성절의 축하 의례는 예전과 같이 하되, 길이 워낙 멀어서 세 사행의 성의 표시는 모두 원조에 함께 바치도록 하라. 이로써 먼 데 있는 사람을 돌보아주는 뜻을 드러내노니, 삼가서 할지어다. _인조실록 23년(1645) 2월 18일원조사는 실제로는 동지사로 많이 불렸다. 청나라 말기인 광서光緖, 1875~1908 연간이 되면 흰 모시白苧布 2백 필, 흰 명주白綿紬 2백 필, 붉은 명주 1백 필, 녹색 명주 1백 필, 무명木棉布 3천 필, 오조룡 돗자리 2장, 각종 꽃무늬 돗자리 20장, 사슴 가죽 1백 장, 수달 가죽 3백 장, 허리칼 10자루, 크고 작은 종이 5천 장, 찹쌀黏米 40석으로 바뀌었다.『청회전광서』 권39 조공에 대한 대가로 청나라는 국왕에게 각종 비단, 담비 가죽을 주었고, 사신들에게도 비단, 은 등을 내려주었다. 중국에서는 공물로 받은 물품을 주로 궁궐에서 사용하였고, 일부는 신하에게 하사하였다.

중국에 보내는 공물은 파손되거나 도둑맞지 않도록 잘 다루어야 했음에도 운반하는 과정에서 이따금 사건이 벌어졌다. 이렇게 되면 책임자는 엄한 처벌을 받았다.

사헌부에서 "정조사의 압물관押物官, 예물 호송관인 용한우·윤위는 진헌하는 방물을 신중하게 간수하지 않아서 명주 15필을 도둑맞았으니, 형률이 장杖 70대와 도徒, 노동형 1년 반에 해당합니다. 다만 일이 사대에 관계되고 죄를 범한 것이 가볍지 않으니, 청컨대 장 1백 대를 치고 먼 변방의 군사에 충당하소서"라고 아뢰니, 이렇게 전교했다. "용한우는 죄를 지은 우두머리이니 형률에 따라 조처하고, 윤위는 2등급을 감하여 속바치게 하라." _성종실록 24년(1493) 3월 26일

중국에서 하사받은 물건을 도둑맞아서 처벌받기도 했다.

우리나라가 왜구를 사로잡고 중국 사람을 귀환시켜주었으므로 중국에

서 포상하는 칙서를 내리고 은과 비단을 하사했다. 그런데 동지사 심통원이 가지고 오다가 은 80냥을 잃어버리고 남은 은 약간을 장수와 병졸에게 나누어주었다. 이에 심통원을 파직시킨 뒤 가두어 심문하고, 통사 최세협은 장 1백 대에 처하여 속바치게 했다. _명종실록 12년(1557) 1월 25일

조공에는 물품 외에 사람도 포함되어 있었다. 원나라와 명나라는 환관으로 쓸 고자와 궁녀로 쓸 여인을 징발해 갔다.

8월 경술일에 원나라 황제가 사신을 보내 어린 여자 53명과 고자火者 23명을 요구하였다. _『고려사』 충숙왕 7년(1320)

조선에서는 태종 8년1408에 처음 선발해서 보냈다. 전국에 혼인금지령을 내리고 13세에서 25세 사이의 양갓집 처녀를 물색하여 마침내 5명을 뽑은 뒤에, 이들을 뒷바라지할 여종 16명, 그리고 고자 12명도 함께 보냈다. 이들은 명나라 성조의 비妃나 후궁이 되었다. 세종 6년1424에는 이렇게 혼인할 처녀뿐 아니라, 음식 만들고 술 빚고 옷 세탁할 여종도 요구하기 시작했다.

이보다 5년 뒤에 명나라로 보내는 여자들을 궁궐에서 대접할 때의 장면을 보면 이들을 보내는 슬픔을 느낄 수 있다.

명나라에 바칠 노래하는 여자 8명, 음식 만들 여자 11명, 어린 고자 6명에게 음식을 대접하도록 명령했다. 여자들은 다 슬피 울며 먹지 않았고, 물러 나올 때에는 얼굴을 가리고 눈물을 흘렸다. 부모와 친척이 붙들고

나왔는데, 곡소리가 뜰에 가득하여 보는 사람들이 눈물을 뿌렸다. 처음에 임금이 근정전에 납시어 노래하는 여자 등을 불러 소리를 들었는데, 한 여자가 다시 돌아오지 못한다는 뜻을 노래하였다. 그 가사가 몹시 구슬프고 한탄하는 것이라서 임금이 측은하게 여겼다. _세종실록 11년(1429) 7월 18일

이들이 떠날 때에는 부모와 친척들이 길거리를 막고 울면서 보냈고, 구경하는 사람들도 모두 눈물을 흘렸다. 이런 일이 있게 되면 민심이 뒤숭숭해지게 마련이다. 고려 멸망 직전인 공양왕 3년1391 11월에는 "원나라 사신이 처녀를 구하러 온다"는 유언비어가 퍼져서 딸을 부랴부랴 출가시키는 큰 소동이 벌어졌다. 이런 혼인 소동은 중국에서 처녀를 요구할 때마다 벌어졌다. 딸을 바치지 않으려고 머리를 잘라버렸다가 화를 당한 일도 있었다.

충렬왕이 공주원나라 공주 출신 왕비와 함께 양갓집 처녀를 선발하여 원나라 황제에게 바치려고 하였다. 홍규의 딸도 그 선발에 걸려서 권세가에게 뇌물을 주었으나 빠지지 못했다. 홍규가 한사기에게 "나는 딸의 머리를 잘라버리려는데 어떻게 생각하나?"라고 물으니, 한사기가 "당신에게까지 화가 미칠까 두렵네" 하고 답했다. 홍규가 그 말을 듣지 않고 딸의 머리를 잘라버렸다. 공주가 이 소식을 듣고 크게 성을 내며 홍규를 잡아 가두어 혹독한 형벌을 가하고 그 집을 몰수했다. _『고려사』 홍규 전기

이런 다음에 그의 딸을 가두고 심문하였다. 그러나 딸이 자기 스스로

머리를 잘랐다고 주장하자, 공주가 그녀를 땅바닥에 넘어뜨리고 쇠 매로 난타하였다. 그녀는 끝내 굴복하지 않았다고 한다.

청나라가 들어선 뒤에는 황실의 혼인을 위한 처녀 공납이 중지되었지만, 궁녀로 쓸 시녀는 계속 요구하였다. 인조 16년1638에 나이 16세에서 23세 사이의 지방 관청 여종과 기생 10명을 최종적으로 선발하여 처음으로 청나라에 보냈다. 이때 지방에서 처녀들을 신중히 선발하게 했으나, 실제로는 적합하지 않은 여자를 부실하게 뽑아 올렸다. 양양에서 보낸 기생은 못생긴 데다가 자식까지 있다는 사실이 알려져서 강원도관찰사가 파직되었다. 전라도에서도 비슷한 일이 벌어져 관찰사가 처벌을 받았다. 남원에 살던 조경남은 이 당시의 상황을 이렇게 적었다.

전라도에 배정된 처녀 시종비侍從婢는 6명인데, 모두 기생으로 충당해서 보내기로 하였다. 우리 고을에 배정된 한 명은 기생 애당춘愛堂春을 정하여 보내기로 하고, 관청에서 무명 한 동同, 50필을 주어 노자로 삼게 했다. 떠날 때에 해당 기생은 물론이고 친족들이 정신없이 통곡하니, 보는 사람들이 모두 눈물을 줄줄 흘렸다. 전주에 가서 자색이 떨어진다고 퇴짜를 받고 나왔는데, 담양 여자로서 사촌 오빠와 몰래 간통하다가 방금 잡혀서 옥에 갇혀 있는 자를 대신 보냈다. _『속잡록』 1638. 5. 29.

여성을 중국에 바치는 일은 신라나 발해에서도 몇 차례 있었다. 다만 당시에는 훗날과 달리 자발적으로 보냈던 것 같다.

7월에 당나라에 사신을 보내 미녀 두 사람을 바치니, 위징이 받지 않

그림 6 '신라낙랑군왕' 명문의 일부

는 것이 좋겠다고 했다. 황제가 기뻐하며 말했다. "저 임읍林邑에서 바친 앵무새도 오히려 추위에 괴로워하면서 자기 나라에 돌아갈 생각을 하는데, 하물며 두 여자는 멀리 친척과 이별함에 있어서랴!" 이에 사신에게 딸려 되돌려보냈다. _『삼국사기』 신라 진평왕 53년(631)

지금까지 조공을 다루었으니 이제 책봉을 간단히 살펴보겠다. 2002년 중국에서 당 태종의 무덤인 소릉昭陵의 부속시설을 발굴했을 때에 우리에게 흥미로운 유물이 하나 발굴되었다. 태종을 계승한 고종이 14개 제후국의 국왕 석상을 세웠는데, 그중 하나가 신라 왕이었다. 그러나 석상이 깨져서 '신라낙랑군왕新羅樂浪郡王'이라는 글자의 일부만 드러났다.그림 6 기록에 따르면 이것은 진덕여왕을 새긴 석상의 파편이다.

석상은 태종이 사로잡아 항복을 받거나 복속한 국왕들을 대상으로 한 것이었는데, 이와 무관한 신라 왕을 포함한 점이 당혹스럽다. 당나라가 신라를 마치 자기들의 복속국처럼 인식한 증거이다. 물론 이는 신라 조정의 생각과는 전혀 다른 것이다. 이런 천하관의 충돌은 종종 있는 일이다. 사실 여부와는 관계없이 이런 것을 근거로 중국 학자들이 마치 주변국이 모두 자기네 땅이었던 것처럼 주장하는 것이 현재의 실정이기도 하다.

중국에서 번국의 국왕에게 벼슬을 내리는 것도 외교상의 상하관계를 반영하는 것일 뿐이지, 번국이 중화제국의 일부라는 주장의 근거가 될 수는 없다. 대개 중원의 국가가 일방적으로 벼슬을 내려주지만, 거란 태조나 금 태조는 자신의 권위를 높이기 위해서 능동적으로 책봉을 요구하였다. 또 여러 황제가 병립하던 난세에는 황제가 황제를 책봉하는 예외적인 일도 발생했다. 거란 태종은 936년 후진後晋의 석경당石敬塘을 '대진황제大晋皇帝'로 책봉했고, 1004년 거란과 송이 전연지맹澶淵之盟을 맺을 때에 송나라는 "대송 황제가 삼가 거란의 황제 폐하께 맹약의 서신을 보냅니다"고 적었다. 금 태조는 자신이 황제의 자리에 오르고서도 스스로 거란에 책봉을 요구했고, 거꾸로 금나라는 중국 남방의 초楚나 제齊나라, 그리고 남송의 황제를 책봉하기도 했다.

중국 전한시대에는 외국의 수장에게 왕, 후侯, 군君, 장長 등의 간단한 칭호를 수여하였고, 후한시대에 들어서 외신의 군장 칭호와 함께 중국의 관직을 함께 부여하는 경향을 보이기 시작했다. 고구려 고국원왕 25년355에는 전연前燕으로부터 '고구려 왕'이라는 칭호와 함께 '영주제군사營州諸軍事, 정동대장군征東大將軍, 영주자사營州刺史, 낙랑공樂浪公'의 벼슬을 받았다. 이렇게 고구려 왕이 중국 관직을 받았다고 해서 고구려가 중국의 지방정권이라는 주장을 펴지만, 백제와 신라, 발해와 고려도 이와 유사한 관직을 받았다.

만주를 답사하던 중에 중국의 원로 학자와 만나 이 문제를 두고 토론을 벌인 적이 있다. 고구려가 당나라와 조공·책봉 관계에 있었던 것을 근거로 중국의 지방정권이라고 하는데, 만일 그러려면 똑같은 관계에

그림 7 중국 사신 앞에서 책봉받는 유구국왕 모형(2016. 1.)

있었던 백제와 신라까지 다 가져가야 하는 게 아니냐고 반문했다. 그들의 논리적 모순을 지적하기 위한 말이었는데, 그와 헤어진 뒤에 통역을 맡았던 조선족 학자가 정색을 하며 정말 다 가져가면 어쩌려고 그런 말을 했냐고 내게 항의 조로 반문한 기억이 있다.

오히려 중국과 가장 가까운 관계를 유지했던 조선시대에는 조선 국왕이란 호칭만 받았을 뿐이다. 호칭만 따지면 조선이 가장 독립적이었던 것처럼 느껴지지만 이는 사실과 거리가 있다. 이것만 보아도 책봉그림 7은 어디까지나 형식적이고 명목적인 것에 불과하였다. 책봉된 벼슬은 중국과 해당국 사이의 관계만 반영할 뿐, 책봉받은 나라들 사이에서는 통용되지 않았던 사실도 이를 뒷받침해 준다.

사무역과 밀무역

조공하고 회사받는 것은 국가 대 국가의 공적인 교역이라 해서 흔히 공무역이라 한다. 이를 통하여 국가에서 필요한 물품과 선진문물을 수입하였다. 그러나 이것은 정치적인 성격이 강하여 시장 가격에 따른 교환 행위와는 거리가 있었다. 이와 달리 사신 일행이 개별적으로 물건을 거래하는 것을 사무역이라 한다. 사무역은 조선 초기처럼 국가 통제가 강할 때에는 다소 억제되었지만, 경제적 이득을 얻으려는 강한 욕망을 누를 수는 없었다.

사신들의 상행위에 대해서 중국의 시선은 그리 곱지 않았다. 먼저 고려 때의 기록이다.

공민왕 때부터 사신으로 가는 사람들은 금, 은, 기타 토산물을 많이 가지고 가서 채색 비단이나 경화輕貨, 쌀보다 가벼운 물건를 구입해 왔다. 비록 양식이 있는 사람이라도 세력 있는 귀족들의 부탁에 마지못해서 가지고 간 개인 물품이 공헌물의 10분의 9를 차지하니, 중국에서는 고려 사람들이 사대한다는 구실을 삼아서 무역에 욕심내러 온다고 하였다. _『고려사』 박의중 전기

사대를 핑계 대면서 실은 무역을 하러 오는 상인 집단이나 마찬가지라는 것이다. 이런 평은 조선 중종 때에 진사 송세형이 올린 상소문에도 보인다.

북경에 도착하여 수레에서 내리자마자 사신 숙소에까지 상인들을 끌어들여 서로 다투어 무역을 하는 모습이 마치 장바닥 같습니다. 이 때문에 중국 사람들은 모두 우리나라를 이익을 탐하는 나라로 여깁니다. 심지어 과거시험에서 정책을 묻는 문제로 "조선은 예의를 구실로 중국에서 이익을 도모하니, 관계를 끊는 것이 좋은가? 기미국羈縻國, 속국으로 두는 것이 좋은가?" 하고 묻는 지경입니다. 신하들의 탐욕과 비루함 때문에 국가에까지 누를 끼치니, 매우 통탄스럽고 부끄러운 일입니다. _중종실록 24년(1529) 8월 29일

이듬해에 사관이 남긴 기록에서도 비슷한 지적이 보인다.

사신은 논한다. 대체로 북경에 사신으로 갈 때에 무역하러 가져가는 물품에 공적인 것과 사적인 것이 뒤섞여 기강이 없고, 운반의 폐단도 이루 말할 수가 없다. 중국에서는 심지어 "조선 사람은 공물을 바치러 온 것이 아니라 실은 무역을 하러 온다"고까지 하면서 비웃고 천하게 여긴다고 한다. 만일 이런 폐단을 고치려면, 위에서부터 무역하려는 물품을 일절 보내지 않음으로써 사적인 물건 보내는 것을 막아야 가능할 것이다. 그러나 이미 공무역하는 물품이 있어서 이를 빙자해서 사적인 물품을 함께 보내어 영리를 도모하니, 어떻게 금지할 수 있겠는가? _중종실

그림 1 발해 사신이 배를 탔던 염주 성터(1992. 10.)

록 25년(1530) 4월 30일

선조 임금도 중국이 항상 조선의 사신을 '조선의 큰 장사꾼'이라고 부른다고 하니 어찌 통탄스럽지 않은가 하고 지적한 적이 있다. 그런데 멀리 거슬러 올라가면 일본이 발해 사신에 대해서도 동일하게 비판한 대목이 보인다. 정해진 기한을 어기고 일찍 도착한 발해 사신[그림 1]에 대해서 후지와라노 오츠구藤原緒嗣는 발해 사신이 실제로는 상인 집단이나 마찬가지니 수도로 불러들이지 말라고 상소했다.

발해 손님은 이미 천황의 뜻을 어기고 함부로 조공하러 왔는데, 신의를 어긴 것을 용납하면 예로부터 내려온 원칙을 훼손할까 염려됩니다. 저들은 실은 상인 무리로서 이웃 손님이 될 수 없으니, 저 상인들로 손님을 삼아 나라에 손해를 끼치게 되면 다스림에 체통을 세울 수 없을 것입니다. _『일본일사』 천장 3년(826) 3월

발해 사신단의 교역 정황은 871년 12월에 도착한 양성규 일행의 기록에 보인다. 이듬해 5월 18일에 미나모토노 노부루源舒를 홍려관에 보내서 사신이 가져온 편지와 물건을 검사했고, 그 뒤 3일에 걸쳐 교역이 진행되었다.

20일, 천황의 창고 담당 관리內藏寮가 발해 손님과 화물을 교역하였다.
21일, 서울 사람들이 발해 손님과 교역하였다.
22일, 시장 사람들이 손님들과 사사로이 거래하도록 허락하였다. 이날에 관청의 돈 40만을 발해 사신들에게 주어서 시전인市廛人을 불러 모아 손님들과 토산물을 매매하게 하였다. _『일본삼대실록』 정관 14년(872) 5월

위로 천황궁에서 아래로 시장 사람들에게까지 차례로 교역하는 절차를 밟았다. 일본 관청에서 발해 사신에게 돈까지 주어서 토산물을 구입하게 한 것이 주목되는데, 이런 경제적 부담 때문에 발해 사신을 상인 무리라고 하면서 거부하자는 말이 나왔던 것 같다.

발해의 상품 가운데 모피는 특히 인기가 있었다. 920년 5월에 발해 대사로 간 배구가 연회석에서 모피 옷 한 벌을 입고 등장하자, 천황 아들인 시게아키 친왕重明親王이 검은담비 갖옷 여덟 벌을 걸쳐 입고 나타나 배구를 놀라게 했다고 한다. 양력으로 6월이었으니 무더운 시기에 외제 모피 옷을 몇 겹이나 입고 자랑한 것이다.

그림 2 목책 시설

2006년부터 3년간 발굴한 울산시 태화강 하구에서 주목되는 유적이 발견되었다. 여기서 당나라 자기와 함께 항구 접안시설로 보이는 나무 울타리그림 2가 확인되었는데, 통일신라가 대외적으로 교류하던 관문인 항구시설로 추정되었다. 일본 쇼소인正倉院에 소장되어 있는 신라의 수출품들도 이 항구를 거쳐서 갔을 것이다. 쇼소인에 보관되어 있는 신라 수입품에는 신라금新羅琴, 그림 3, 배 모양의 먹그림 4 사하리라고 부르는 금속제 주발·그릇·수저, 양 기름羊脂 등이 있다. 그런데 일본에 수출한 신라 무역품에는 공작이나 낙타와 같이 다른 곳에서 사 와서 중개무역을 한 것도 있다.

그런데 9세기에 신라의 통제력이 약화되면서 해적들이 신라인을 약탈해서 노비로 당나라에 팔아먹는 일까지도 벌어졌다. 이런 시점에 등

그림 3 신라금

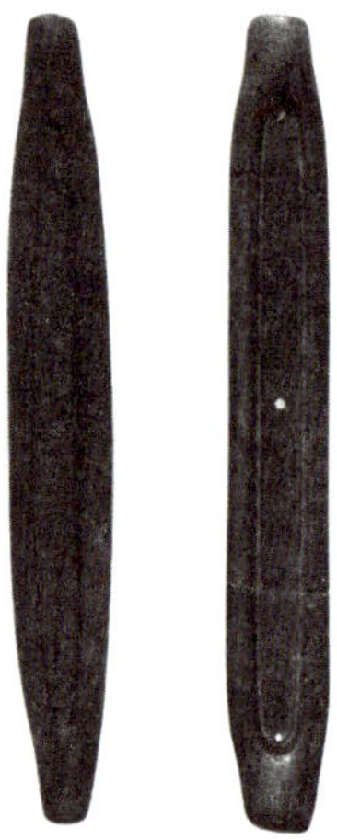

그림 4 신라 먹

장한 장보고는 청해진그림 5을 중심으로 사무역에 종사하는 대표적인 인물이 되었다.

중국 송나라는 개방적인 해상무역국이었기에 사무역도 개별적으로 활발하게 이루어졌다. 고려에서는 개인 무역을 제한했지만, 송나라 상인이 활동하는 것은 막지 않았다. 이들은 도강都綱을 우두머리로 해서 선단을 이루며 교역을 하였다. 1323년에 중국에서 출발하여 일본으로 가던 중 전라남도 신안 앞바다에 침몰했다가 1975년에 확인된 무역선그림 6은 고려를 중심으로 원나라와 일본 사이에 무역이 이루어졌던 것을 증언해준다.

명나라가 들어선 뒤에는 바닷길을 봉쇄하는 해금정책을 취해, 육로로 통하는 사신단에 딸린 형식으로 사무역이 이루어졌다. 북경에 간 사신단의 거래 모습은 조선 후기 실학자인 홍대용1731~1783의 기행문에 보인다.

이날 비로소 문을 열어 상고商賈, 상인를 들이니 아문衙門, 숙소 담당 관청에 세

그림 5
청해진 자리(1980년대 초)

그림 6
신안선(2008. 3.)

바치는 수를 정하고, 제독이 매매를 허하는 방문을 써 아문 담장 밖에 붙이고, 대소 매매하는 사람을 임의로 통하게 하였다. 이전에는 사행 떠나기를 임하여 매매를 통하는지라 귀국길이 지체되고 홍정하는 물건이 더욱 난잡하였다.

근년에는 차차 변통하여 미리 상고를 들이니 값과 물건을 천천히 생각할 뿐 아니라 또 이로 인하여 역관이 중간에서 돌아갈 기한을 조종하는 폐단이 예같이 심하지는 않았다. 설 쉰 뒤부터는 상고를 일절 엄금하여 숙소 안이 심히 조용하더니, 이날은 무수한 상고들이 방방마다 가득하다. 소소한 물건을 품고 들어오는 부류는 다 적은 매매라, 10여 세 아이들이 왕왕 값을 속이고 말로 조롱하는 거동이 어른보다 심하니 북경이 상고를 숭상함이 이러하였다. _『을병연행록』 1766. 1. 16.

이전에는 귀국하기 직전에 사무역을 허락하여 정신없이 거래했지만, 이제는 여유 있게 미리 교역을 할 수 있게 되었다고 한다. 거래가 끝나지 않으면 역관이 귀국 날짜를 늦추어버리는 농간도 사라지게 되었다. 무역을 허락하는 공고가 나자 조용하던 숙소는 떠들썩하게 붐비는 시장 바닥이 되어버렸다.

박의중 전기에서도 언급된 바 있듯이, 사신단의 개인적인 무역은 고려시대에 이미 논란이 일었다.

이달에 양부兩府, 중서문하성과 추밀원의 재추宰樞, 재상가 "매년 사신으로 금나라에 가는 자들이 교역의 이익을 보기 위하여 토산물을 많이 가지고 갑니다. 이를 운반하는 폐단 때문에 역리驛吏들이 괴롭게 여기니, 개인적으로 가져가는 궤짝은 한도를 정하고 이를 위반하는 자는 관직을 삭탈하십시오" 아뢰니, 왕이 허락했다.

얼마 지나지 않아서 장군 이문중, 한정수 등이 금나라에 사신으로 가면서 많은 이득을 얻지 못할까 염려하여 이전 관례대로 되돌리자고 하니, 왕이 또 허락했다. _『고려사』 명종 13년(1183) 8월

사신이 교역에 눈이 어두운 이유는 사익을 챙기려는 데 있었지만, 고관대작들에게 뇌물을 마련하려는 데에도 있었다.

당시 사신으로 갔다가 돌아올 때마다 집정 대신들이 뇌물의 많고 적음을 보고 관직을 높이거나 낮추었고, 혹시 그러지 않으면 반드시 중상모략 했다. 그런 까닭에 사신으로 가는 사람들은 그 화를 면하려고 어쩔 수 없이 장사를 했다. 이때에 안익이 눈물을 흘리며 크게 탄식하였다. "나는 평소에 생각하기를 재상들을 사신으로 보내는 것이 나라를 위한 것인 줄 알았더니, 오늘 알고 보니 권세 있는 집의 재산을 불려주려는 것이로구나?" _『고려사』 우왕 12년(1386) 6월

그러나 이순효李純孝, ?~1254처럼 청빈한 사신도 있었다.

사람 됨됨이가 청렴하고 일처리가 물 흐르듯 하였다. 그가 일찍이 몽고에 사신으로 갔다가 돌아올 때에 한 가지 물건도 가져오지 않아서 행낭이 텅 비었다. 마을 아낙네와 역졸들이 모두 그의 청백한 성격에 탄복하면서 "진짜 관리다"고 말했다. _『고려사』 이순효 전기

고려의 폐단을 의식해서인지 조선 초기에는 사무역을 크게 제한하였다. 명나라에서도 시장 상인들에게 조선 사람과 매매하면 벌을 내리겠다고 금령을 발표할 정도로 개인적인 거래를 못하게 했다. 세종 때에 이양을 처벌한 사건이 당시의 분위기를 반영한다.

사헌부에서 아뢰었다. "공조참의 이양이 북경에 갈 때에 규정 이상으로 가져갔다가 적발된 것이 모시와 삼베 44필, 담비 가죽 60장입니다. 또 상인 손석을 자기 종이라 거짓말하여 데려갔는데, 손석이 가지고 간 것

이 모시와 삼베 237필, 담비 가죽 2백여 장, 인삼 12근, 진주 2냥입니다. 유후사에 소속된 상인 박독대도 자기 종이라고 거짓말하여 데려갔는데, 그가 가져간 물건도 상당히 많습니다. 이들은 유후사에 관련되거나 평안도 숙천에 거주하는 사람들이므로, 만약 사헌부에서 공문을 보내어 체포하게 한다면 먼저 알고 도피할 우려가 있습니다. 원컨대 아전을 직접 파견하여 체포하게 하소서." 왕이 이를 따랐다. _세종실록 5년(1423) 10월 18일

그렇지만 16세기부터 사무역의 비중은 점점 커졌다. 사신 가운데서도 역관이 사무역을 주도하였다. 이들은 관청의 돈을 빌려서 장사하기도 했다.

우리나라 역관이 사신 행차를 따라 북경에 갈 때 매번 호조의 은을 빌려 가서 중국 물건을 사 온다. 이를 팔아 호조에 2할을 더해서 갚는데, 남은 이익이 적지 않아서 치부하게 된다. _이우성·임형택 책, 북경면자北京丏者

무역자금은 모시나 삼베였지만, 조선 후기가 되면 인삼과 은이 주로 사용되었다. 신하 정민시가 정조와 나눈 대화에서도 이 문제가 거론되었다.

정민시가 아뢰었다. "연경에 갈 때 원래 인삼을 사용한 일은 『통문관지』에 실려 있습니다. 그런데 중간에 인삼 대신에 은으로 바꾼 것은 인삼은 귀하고 은이 넉넉해졌기 때문입니다. …" 상이 일렀다. "은이 귀

하면 인삼을 사용하고 인삼이 귀하면 다시 은을 사용하여 무역의 권한이 우리나라에 있게 하는 것이 실로 변방을 방어하는 좋은 계책이다. …" 하였다. _정조실록 21년(1797) 2월 22일

효종 때에 정식 사절단에 속한 30명에게 각각 인삼 80근을 여덟 꾸러미包로 포장하여 가져가게 했으니, 이것이 팔포제八包制이다. 따라서 무역자금 총액은 인삼 2,400근으로 한정해놓았다. 이렇게 인삼을 사용한 것은 원래 중국의 요청에 따른 것이었다. 그러다가 인삼이 귀해지고 은 유통이 활성화되면서 현종 때에 인삼 1근을 은 25냥으로 환산하여 은 2천 냥을 휴대하게 하였고, 당상관에게는 특별히 1천 냥을 더 가져갈 수 있게 했다.

은은 국내 광산에서 채굴된 것도 있었지만, 일본과의 무역으로 유입된 것도 많았다. 17세기 후반에 청나라와 일본 사이에 국교가 수립되면서 중국 상인이 직접 일본 나가사키로 가서 거래하기 전까지는 국내 상인이 청나라에서 수입한 물건을 왜관에 팔아서 많은 이득을 남겼고, 이에 따라 은이 다량 유입된 것이다. 현종 11년1670에 중국에서 수입한 흰 실을 100근에 은 60냥으로 수입해 왜관에서 160냥으로 팔았으니, 원금을 제하고도 거의 두 배 가까운 이익을 남겼다고 한다. 따라서 은이 일본에서 조선을 거쳐 중국으로 흘러들어 갔고, 상품은 그 반대의 길로 이동하였다.

상인들은 세종 때 이양의 사건에서처럼 권세가들과 결탁하여 사신의 일행에 끼어들었다. 사헌부가 선조에게 아뢴 말에서도 이런 모습이 묘사되어 있다.

사헌부가 아뢰었다. "요사이 선비들의 기풍이 아름답지 못하여 북경에 가는 사신들이 염치를 생각하지 않고 대부분 뇌물을 받아 시정의 장사치를 데리고 가면서 군관軍官이나 자제子弟라고 부릅니다. 이들은 많은 짐을 가지고 가서 중국에서 몰래 거래하다가 사신의 임무를 욕되게 하는 일이 있으니, 드러나는 대로 엄하게 다스리지 않을 수 없습니다.

주청부사 민인백은 방애남과 변응관을 원역員役, 수행원을 대신한다는 명목으로 몰래 데리고 갔고, 성절사 안극효는 방업과 장응기를 군관이라고 사칭하며 데리고 갔습니다. 사람들이 크게 놀랐으니, 민인백과 안극효를 모두 추궁하여 무거운 죄로 다스리소서. 멋대로 데리고 간 방애남·변응관·방업·장응기 등은 강을 건너기 전에 급히 잡아다가 심문하소서." 왕이 아뢴 대로 하라고 대답했다. _선조실록 37년(1604) 4월 30일

북경에서의 거래는 규모가 큰 데다가 품목이 대부분 사치품이었다. 홍대용이 묘사한 내용이다.

오후에 계부를 모시고 바깥 대문에 이르러 짐 싣는 거동을 구경하였는데, 너른 길에 산더미같이 쌓여 수백 보를 깔았으니 또한 장한 구경이었다. 우리나라 은화가 많이 들어오는 것을 알 만하였다. 서반 하나가 한가지로 구경하다가 날더러 말하기를, "북경 물화가 해마다 조선 사행에 이같이 많이 나가니 매우 아깝습니다" 했다. 내가 말하기를, "가져가는 짐이 비록 많으나 실로 하나도 긴요하고 절실한 물건이 없고 다만 사람의 사치를 도울 뿐이라, 부질없는 수십만 냥의 은을 해마다 북경 사람의 생리를 위해 허비합니다"라 하니 서반이 크게 웃었다. _『을병연행록』 1766. 2. 28.

북경에서 거래되는 물품과 거래 금지품은 박사호의 여행기에 자세히 나온다.

> 짐바리 수레가 일제히 도착했다. 큰 수레 6, 70대가 책문 안에 죽 늘어서니 마치 돛대들이 무수히 서 있는 것 같다. 매년 사신 행차 때에 연경으로 들어가는 은과 인삼이 헤아릴 수 없이 많다. 중국의 잡화로서 우리나라로 들어오는 것에는 비단붙이, 약재, 바늘과 모자, 책 등의 쓸 만한 것이 있다. 그 밖에 구슬, 부채, 향, 당나귀와 노새, 앵무새, 털 담뇨毯氈, 거울과 허리띠, 종이와 벼루, 붓과 먹 따위의 진기하고 괴상한 물건들은 나라의 보배가 아니고 부질없이 작은 나라의 사치하는 풍습만 조장하게 되니, 참으로 작은 걱정이 아니다.
>
> 우리나라의 금지품은 금, 인삼, 담비 가죽, 수달 가죽이고, 저 사람들의 금지품은 병서兵書, 무기, 낙타, 쇠붙이金鐵, 모자 장식象毛, 물소뿔黑角 등인데, 모두 수색해서 검사한 뒤에 책문을 내보낸다. 그래서 밀무역꾼潛商들이 눈을 부릅뜨고 모면하려는 꼴은 가증스럽고 가소롭다. _『심전고』 1829. 3. 9.

북경뿐 아니라 양국의 접경인 책문그림 7에서도 무역이 이루어졌다. 사신 일행이 책문을 열고 나가면 이미 와 있던 의주 상인들이 거래를 시작하였으니 이를 '문홍정'이라 한다. 서장관만 따로 떨어져 홀로 며칠을 묵으며 혹시 금지품을 거래하는지 감시하였다. 홍대용은 여기서 거래된 물품을 이렇게 적었다.

그림 7
책문 일대

사신 일행이 책문을 나오면 책문 밖에서 서로 교역을 하게 한다. 대개 우리나라 상인은 종이, 부채, 쇠가죽, 무명, 그물, 여우나 살쾡이 가죽을 의주에서 수효에 맞추어 들여보내되, 은 1만 냥어치를 한도로 정하여 그 이상은 함부로 들여오지 못하게 한다. 책문의 상인으로부터 사들이는 물품은 면화, 함석咸錫, 소목蘇木, 후추胡椒, 용안龍眼, 여지荔枝, 민강閩薑, 귤병橘餠과 각종 도자기 등이다. 책문에서 거래되는 물품은 모두 세금이 붙지만 우리나라 상품은 세금이 없다. 사신 일행이 북경서 사 오는 물건도 세금이 없으나, 다만 나귀나 노새를 가진 사람에게는 삼승포 몇 필을 반드시 받아내는데, 나귀나 노새의 크기에 따라 증감이 있다. _『담헌서』 연기燕記, 희원외希員外

함석은 얇은 철판이고, 소목은 약재이고, 후추는 약재 겸 양념이고, 용안과 여지는 남방에서 나는 과일이고, 민강은 중국 복건성에서 나는 과자로 생강을 설탕에 조려서 만든 것이고, 귤병은 설탕이나 꿀에 조린 귤이다. 이런 물건들이 수입되니 홍대용은 하나도 긴요한 물건이 없고 사치품에 불과하다고 한탄했다.

외국을 여행하고 돌아올 즈음에 주변에 나누어줄 선물 때문에 고심하기 마련인데, 당시에도 그러했다. 심지어는 쓸모없는 물건인 줄 알면서 선물로 구입했다. 조잡한 담뱃대를 사지 않을 수 없는 이유를 역관이 홍대용에게 이렇게 얘기했다.

이것이 어찌 즐겨 하는 일이겠습니까? 길을 돌아가면 일가와 벗에 선물할 일이 많을 뿐 아니라 우리가 이 길 다니는 일이 죄상에 걸리는 일이 많은지라, 아문 역관과 문하 노복의 한정 없는 요구를 이루 감당할 수 없습니다. 이런 까닭에 수를 많이 하고 정밀하기를 구하지 아니함이요, 또 이런 물건이 이곳에서 볼 때는 극히 용렬하지만, 우리나라에 나간 후에는 다 같은 중국 물건이라 귀히 여기지 않는 이가 없습니다. _『을병연행록』 1766. 1. 16.

위에서도 이미 나왔지만 중국의 정보를 담고 있는 지리나 역사에 관한 서적, 무기나 무기를 만드는 데 쓰이는 염초, 물소뿔 등은 중국에서 금지하는 품목이었다. 염초는 화약을 만드는 재료이고, 물소뿔은 활을 만드는 재료이다. 따라서 물소뿔은 궁각弓角이라고도 불렸고, 때로는 흑각黑角이라고도 했다. 물소뿔은 1품 벼슬에 있던 관리가 착용하던 허리

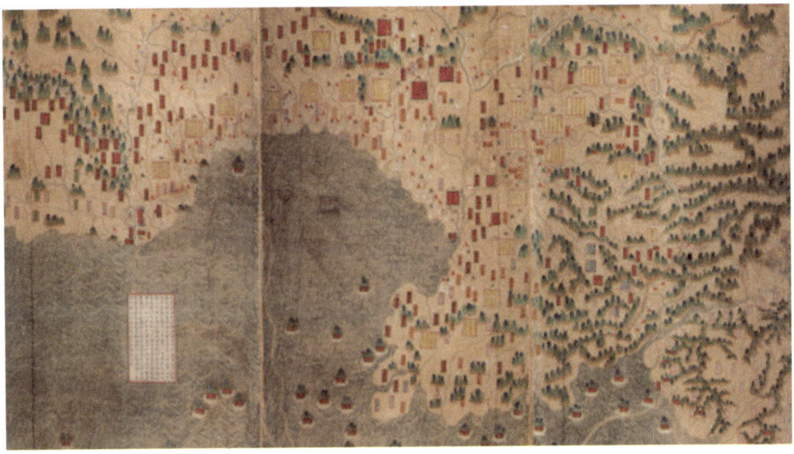

그림 8 「요계관방지도」 요령성 부분

띠 장식에도 사용되었으니, 이를 서대犀帶라고 한다.

1093년 송나라 소식蘇軾은 고려 사신이 서적을 구해 가는 것을 금지하도록 여러 차례 황제에게 요청하였다. 당시는 북방의 거란족에 핍박을 받고 있던 상황이라서 혹시 이 책들이 거란에 전해져 군사적인 정보가 흘러들어 갈까 염려했기 때문이었다.

규장각한국학연구원에는 1706년에 이이명이 왕명을 받아 만든 대형 지도인 「요계관방지도」그림 8가 소장되어 있다. 이 지도는 요양에서 북경 부근의 계주에 이르는 지역의 군사 정보를 상세히 담고 있다. 청나라에서 금지된 각종 서적과 지도를 몰래 입수하여 완성한 국방 지도이다. 이 지도를 만들자고 숙종에게 건의할 때 그가 한 말이다.

신이 북경에 있을 때 명나라 말년에 편찬한 『주승필람籌勝必覽』 4책을 구입했는데, 거기에 요계遼薊, 요양과 계주 일대의 국경 요새關防에 대해 상세히 기록되어 있었습니다. 또 산둥의 해안 방어 지도를 얻었는데, 금지품이라 살 수 없어서 일행 가운데 그림 그리는 사람으로 하여금 종이에다 옮기게 했습니다.

대개 우리나라는 육지로 요동·계주와 연결되고 바다로는 산둥과 접해 있으니, 관방과 지리 형세를 마땅히 살펴야 합니다. 진실로 한번 전하께서 보시도록 삼가 올립니다. 지도는 급히 그리느라 정밀하지 않고 바르지 못하니, 청컨대 비변사에 명령하여 이를 베껴 다른 것을 만들어 다시 어전에 올리도록 한다면 매우 다행이겠습니다. _숙종실록 31년 (1705) 4월 10일

조선에서도 사치 품목이나 천주교 관련 서적 등을 사 오지 못하게 금지령을 내리곤 했다. 조선 사신과 거래하던 북경의 큰 상인이 이 금령 때문에 몰락한 일도 있었다.

북경의 유명한 거상이 있어 이름을 정세태라 일컬으니, 우리나라와의 교역을 홀로 담당하여 집이 거부에 이르러 '김가재 일기'에 그 성명이 나와 있고, 부유함을 힘입어 재상 대인과 서로 혼인을 통하여 권세가 양국에 유명하였다. 그런데 정세태가 죽은 후에 그 자손이 이어 홍정을 맡아 해마다 남방으로 8만 냥 은을 먼저 보내 우리나라에 쓰는 비단을 미리 장만하고 사행 오기만을 기다렸는데, 우리나라가 무늬 있는 비단을 금하니 장만한 비단을 미처 팔지 못하고 저희 땅에서는 쓰지 못하는지라, 이런고로 가산이 점점 폐하였다. _『을병연행록』 1766. 2. 20.

김가재 일기란 김창업이 지은 『연행일기』이다. 정세태의 아버지 때부터 조선과 비단 장사로 큰돈을 벌었고, 비단 이외에도 얻기 어려운 물건을 부탁하면 구하지 못하는 것이 없었다고 한다.

관청의 허락 없이 외국과 몰래 교역하는 일도 많이 있었다. 금지된 물건을 밀무역하는 행위 또는 그러는 사람을 잠상潛商이라 한다. 조선 중종 때에 오십근과 유천년 등이 자수하면서 보고한 말에 밀무역하던 모습이 자세히 묘사되어 있다.

고발한 사람 개인 종인 오십근과 청로대淸路隊, 국왕 행차시 호위부대 소속 유천년 등이 말했다.

"용산에 사는 조례皂隸, 관청 하인 이산송이 우리를 꾀어서 배 한 척에 각각 무명을 싣고 충청도 홍주의 홍양곶에 가서 사기그릇을 사들여 그곳에 두고 왔습니다. 이산송은 또 '제주에 가서 장사하면 이익이 많이 남는다'고 하므로, 우리와 강화에 사는 김거재, 용산에 사는 문리동과 묵석, 남대문 밖에 사는 성이 박이라는 것만 아는 사람, 남소문동 근처에 사는 성이 유라는 것만 아는 사람 등 모두 여덟 사람이 함께 격군格軍, 사공 보조자이 되어, 용산에 사는 송두을언의 배에 같이 타고 홍주로 다시 가서 전에 사기그릇을 두고 온 곳에서 사기그릇과 잡물을 실었습니다.

이산송은 제주를 향해 출발한다고 거짓말을 하고 바닷길로 거의 14, 15일을 가서야 비로소 육지에 닿아 있는 조그만 무인도에 정박했습니다. 그는 먼저 사람 사는 곳에 가서 한 사람을 데리고 와서 서로 이야기하였는데, 그 사람은 우리말과 중국어를 꽤 잘했고 이산송도 중국어를 했습니다. 이날 저녁에 물이 들자 배를 끌어다 해안에 대고 보니 바로 육지에 닿아 있는 곳이었습니다. 이산송이 무역한 물건을 자세히 알지는 못하지만, 대개 사기그릇과 잡물을 가지고 수수·쌀·좁쌀·붉은콩·껍질 벗기지 않은 조·배추씨 등과 바꾸었습니다.

곧 어떤 사람이 우리를 잡아서 한 관청에 데리고 갔는데, 관리가 앉아서 '너희는 어디서 온 사람들인가?' 물었습니다. 이때 오십근의 이름을 박동으로, 유천년의 이름을 정회로 바꾸고 나머지 다른 일은 모두 사실대로 말했는데, 이는 모두 이산송의 지시를 따른 것입니다.

우리에게 밥을 먹인 뒤에 두 사람에게 명하여 우리 배를 지키게 하였는데, 이산송이 꾀를 내어 그들에게 베 1필씩, 사기그릇 20죽竹, 10벌씩을 주고 나서 조수를 타고 도망해 왔습니다. 이 일은 국법에 크게 금지하는 일이라고 들었으므로, 우리가 자수하는 것입니다." _중종실록 28년(1533) 2월 6일

이처럼 배를 몰래 몰고서 개별적으로 거래하는 일도 있었지만, 사신 일행이 허가된 것 외에도 몰래 거래를 하는 일이 많았다. 1682년 윤지완이 통신사로 일본에 파견되었을 때의 회고는 후자의 경우를 대변한다.

일본으로 사신 갈 때 바다 가운데에 닻을 내리고 배 안의 사람들에게 "사사로이 인삼을 가지고 있는 자는 참형에 처하겠다" 하고서 수색하게 했다. 문을 닫았다가 잠시 후 열어보니 인삼 봉지가 바다에 즐비하게 떠 있었다. _『청성잡기』 성언

1719년에는 역관 권흥식의 행장에서 인삼 12근, 은 2,150냥, 황금

24냥이 발각되었다. 이미 인삼 밀무역은 참형에 처하게 되어 있었으므로, 그는 죽음을 면하지 못할 것을 알고서 스스로 독약을 마시고 자살하였다. 밀무역은 이렇게 죽음까지 무릅쓸 정도로 이득이 남는 장사였다.

생각보다 다른 일본

우리가 왜노倭奴나 왜놈이라 낮추어 부르듯이, 일본의 국호는 처음에 왜倭였다. 한자 뜻으로는 '작다'는 의미이지만, 이것은 중국인이 발음에 맞추어 붙인 한자일 것이고, 본래의 의미는 잘 모른다. 중국인이 주변 종족이나 국가에 좋지 않은 뜻의 한자를 붙이는 습관이 여기서도 나타난다.

국호로서 '왜'란 이름이 좋지 않다고 해서 '해 돋는 나라'란 의미를 지닌 일본日本으로 바꾸었다. 신라 기록에는 670년 12월에 변경한 것으로 되어 있으나, 처음 출현한 시기에 대해서는 여러 주장이 있다. 규슈 지방에 왜국이 있었고, 이를 대체하면서 기나이畿內에서 새로 일어난 세력이 일본이란 설명도 있다. 이 국호는 지금까지 사용하고 있고, 19세기에 제정된 일본 국기도 태양을 문장으로 삼았다.

그런데 일본의 별칭으로 잠자리란 의미를 지닌 청령蜻蛉도 종종 썼다. 진무천황이 일본 국토가 잠자리 모양 같다고 한 데서 유래한 것이라 한다. 『고사기』에는 조금 다른 얘기가 전한다.

그 후 아키즈노阿岐豆野에 가서 사냥을 하였을 때, 천황은 의자에 앉아 있었다. 그러자 등에가 날아와 팔을 물어뜯으니, 잠자리가 나타나 그 등에를 물고 날아가 버렸다. 이를 보고 천황은 노래를 지어 불렀다.

"… 팔 안쪽 부푼 곳에 등에가 물어뜯고
그 등에를 잠자리가 재빨리 물어 먹어버리는구나
이같이 공을 세운 잠자리 이름을 따서
야마토국을 아키즈시마蜻蛉島라고 하는 것이다" _『고사기』 유랴쿠천황

고대에는 '청령'을 '아키즈阿岐豆, 秋津' 또는 '아키츠'라고도 읽었다. 이에 따라 교표에 잠자리가 들어가 있는 중·고등학교들이 있다. 이상과 같은 국호에 대해서 이덕무는 이렇게 소개했다.

풍추진주豐秋津洲, 도요아키츠시마는 진무神武 때에 비로소 국호가 되었는데, 대개 아키츠秋津란 왜말로 잠자리이다. 지형이 잠자리와 비슷하여 이름으로 삼았다. … 진무가 대화국大和國에서 일어났으므로 이를 국호로 삼았다. 대왜국大倭國이라고도 하고 왜노국倭奴國이라고도 하는데, 이것은 중국인이 호칭하는 것이다. 화和와 왜倭는 그 나라의 음이 같기 때문이라고 한다. … 덴지天智 때에 비로소 국호를 개정하여 '일본'이라 했는데, 이는 스스로 해가 돋는 곳에 가깝다고 해서 붙인 것으로서, 이때는 당나라 고종 함형 원년670에 해당한다. _『청장관전서』 청령국지, 여지輿地

일본은 잘 알다시피 섬나라이다. 부산에서 쓰시마와 이키 두 섬을 징검다리 삼아 건널 수 있는 지근거리에 있다. 쓰시마 북단에서 부산까지는 49.5킬로미터 거리밖에 되지 않는다. 그럼에도 마음으로는 먼 나라

이기도 하다. 흔히 말하듯이 '가깝고도 먼 나라'가 일본이다.

2015년 2월에 일본인 두 명이 이슬람국가IS에 의해 참수당한 소식이 전해졌을 때에 온 일본이 충격에 빠졌다. 그러나 두 부모가 각각 슬픔을 드러내지 않고 "폐를 끼쳐 미안하다", "죄송합니다"라고 차분히 말하는 것을 보고 우리와 너무 다른 일본에 전율을 느꼈다. 이들은 정부를 한 번도 탓하지 않았다. 우리 같으면 정부를 비판하며 "내 자식 살려내라"고 울부짖었을 것이다. 남에게 폐를 끼칠까 봐 아무리 참혹한 상황에서도 좀처럼 자기 감정을 드러내지 않는 점에서 먼 나라에서 들려오는 얘기로 느껴졌다.

1996년 일본 규슈대학교에 50일간 머물면서 배낭을 메고 많은 곳을 여행한 경험이 있다. 중국 여행의 첫인상은 생각보다 너무나 큰 나라라는 것이었는데, 일본은 우리와 예상보다 더 많이 다른 나라라는 생각이 들었다. 그러면서 우리의 역사 교육 때문에 그런 괴리가 일어난 것이란 생각에 미쳤다.

한국사 교과서에서는 고대 일본에 문화를 전수해준 것을 상세히 가르친다. 한 중학교 교과서를 보면, '일본에 전해진 삼국과 가야의 문화'란 단원이 있고, '일본 쇼토쿠 태자의 스승이 된 혜자와 혜총'을 따로 설명하며, 다시 '삼국·가야 문화와 일본 고대 문화, 무엇이 어떻게 닮았나요?'가 또 한 페이지를 차지한다. 백제가 멸망한 뒤에 일본에 망명한 지배층이 전해준 "백제의 선진 문화는 일본의 고대 국가 확립에 크게 이바지하였다"고도 적었다. 또 다른 교과서에서는 임진왜란 이후에 "조선에서 약탈해 간 활자, 서적, 도자기, 그림 그리고 납치한 유학자와 도공 등을 통하여 문화를 발전시켰다"고 적었다.

그림 1 사천왕사 왔소 축제(2015. 11.)

일본 오사카에서는 오래전부터 '사천왕사 왔소' 축제를 열고 있다. 한반도에서 온 사람들이 도착하여 숙소로 사용했던 곳이기 때문이다. 2015년 11월 초에 열린 축제를 참관했는데, 전년보다 규모가 작아지긴 했으나 신화의 시대에서 고분시대, 아스카시대를 거쳐 조선시대까지 한반도에서 온 사람들의 행렬과 일본 조정이 이를 맞이하는 모습이 몇 시간에 걸쳐 재현되었다. 물론 여기에 왕인 박사도 들어 있었다.그림 1 문화의 전수를 받은 곳에서 고마움을 표시하는 축제라고 할 수 있다. 그런데 몇 년 전부터 왕인 박사의 고향이라는 영암에서 '왕인 박사 가오' 축제를 열고 있다. 한국사 교과서처럼 문물 전수를 해주었다는 것을 우리 스스로 자꾸 내세우는 것 같아서 개운하지 않다. 중국인이 고려에 과거제도를 실시하게 해주었다고 쌍기를 내세워 축제를 열면 우리 기분이 좋을 리 없다.

그림 2 미즈키 유적(2014. 5.)

이와 반대로 왜가 한반도에서 활동한 기록이나 역할은 되도록이면 외면하려 한다. 광개토왕비를 보면 고구려·신라의 동맹세력과 백제·왜의 동맹세력이 대립하는 형세에 있었음을 알 수 있다. 전라남도 남서부 일대에서는 왜식 무덤인 장고분전방후원분이 지금까지 10여 기가 발견되었다. 백제가 멸망한 뒤인 663년에는 백제부흥군이 왜군의 지원을 받아 나당연합군과 백강白江, 금강 입구에서 전투를 벌였다. 여기서 참패를 당한 백제 유민과 왜군은 지금의 후쿠오카 남쪽으로 후퇴하여, 나당연합군에 대비해 방어성인 미즈키水城, 그림 2, 오노조大野城를 쌓았다.

물론 일본도 한반도와 관련된 사실을 감추고 싶어 하는 면이 있다. 근대에 벌어진 위안부 문제와 난징 대학살 사건의 실상을 자꾸 외면하듯이, 고려와 조선을 괴롭힌 왜구의 실체에 대해서도 일부 예외적인 사례를 끄집어내서 실은 고려인과 중국인이 많았다고 하여 물타기를 하고 있다.

한반도로부터 일본에 문화가 많이 전수된 것은 사실이지만, 그렇다고 일방적이었던 것은 아니다. 그럼에도 교과서에는 그렇게 느끼도록 서술되어 있다. 식민주의 사관을 극복하면서 나타난 부작용이다. 이렇게 교육을 받으니, 일본에서 일본적인 것을 찾기보다 한국적인 것을 찾으려 한다. 독일이나 프랑스를 여행하면 그 나라 모습을 찾으려는 것과 다른 태도이다.

조선시대로 올라가면 우리의 외눈박이 시선은 더욱 강했다. 유교 국가가 아닌 일본을 곱게 바라볼 리 없었다. 우리는 지금도 일본을 '조그만 섬나라'라고 부른다. 지금 일본 땅은 38만 제곱킬로미터에 가까워서 한반도의 1.7배 정도가 되고, 인구는 1억 2,000만 명이 넘어서 남북한 인구의 1.7배 정도가 된다. 그런데도 작은 나라로 부르는 것은 우리나라 사람뿐이다. 이것은 '조선의 길, 일본의 길'에서 제시한 「혼일강리역대국도지도」에도 나와 있듯이, 조선시대 이래의 사고를 아직도 고수하고 있기 때문일 것이다. 조선 사신이 중국인과 나눈 다음 대화에서 당시의 일본관이 엿보인다.

주인이 "일본은 땅의 크기가 당신 나라에 비해 어떠하며, 그 나라의 인정과 풍속이 같은가요, 다른가요? 또 서로 침략하는가요?" 묻기에, "바다 가운데 섬 하나에 불과하고, 크기는 우리나라에 미치지 못할 듯합니다. 사람들은 모두 천박하고 영리하며, 중들만 글을 알고, 오로지 무기를 숭상하지만, 자세히는 모릅니다. 두 나라 사이에는 오래도록 틈이 벌어진 적이 없었습니다"고 대답했다. _『부연일기』 왕환일기往還日記, 1828. 6. 29.

조선시대에는 일본의 범위에 오키나와, 아이누 지역이 들어가 있지는 않았지만, 그래도 작은 나라는 아니었다. 일본을 자세히 알게 된 고종 때에 와서도 비슷한 인식이 지속된다. 다음은 일본에 사신으로 다녀온 이재완이 고종에게 아뢴 말이다.

신이 보건대, 그 나라의 영토가 우리나라보다 조금 크다고는 하나 역시 바다 밖의 작은 한 섬에 불과합니다. 최근에 여러 나라들에게 부강하다고 일컬어지는 것은 다른 데 있지 않습니다. 전국의 남녀노소 모두가 밤낮으로 부지런히 일하니, 이것이 그들이 개명하게 된 중요한 요인입니다. 우리나라도 한마음으로 힘을 쏟아 근면함을 위주로 한다면, 진보와 발달은 머지않아 이룩할 수 있을 것입니다. _고종실록 43년(1906) 2월 9일

이때는 영토가 우리보다 크다고 했지만, 작은 섬나라에 불과하다는 생각에는 변함이 없다. 그리고 그 인식이 지금까지 우리 뇌리 속에 박혀 있는 것이다.

우리보다 식민지배를 더 오래 받은 타이완에서는 우리만큼 반일감정이 심하지 않다. 심지어 박물관 연표에 일제강점기 연호를 그대로 쓰고, 일본이 근대화를 시켜주었다고도 생각한다. 시간을 더 거슬러 올라가면, 네덜란드를 타이완에서 몰아낸 영웅인 정성공은 일본인 어머니를 둔 혼혈이다. 최근에 와서야 일본 침략 행위를 부각하기 위해서 일치日治, 일본 통치기 대신에 일거日據, 일본 점령기로 바꾸자는 움직임이 나타나지만 반대도 만만치 않다. 우리 학계에서 식민지근대화론이 제기되었을 때에 큰 사회적 반론을 일으켰던 것과 대비된다. 우리의 반일감정은 일

제 강점에 대한 반발에서 비롯된 것이지만, 여기에 조선시대적 우월의식이 밑바탕에 깔려 그 강도를 더하게 된 것이다. 인도에 가서 영국 지배에 대해서, 멕시코에 가서 스페인 지배에 대해서 어찌 생각하는지 물은 적이 있는데, 그들의 반감은 크게 느끼지 못했다.

조선시대에 이따금 일본을 긍정적으로 평가하는 대목도 보이지만, 그것은 어디까지나 예외적인 것이었다. 1748년에 사신으로 다녀온 조명채는 일본을 기율이 있는 나라로 평가했다.

> 볼만한 것은 기율이 있다는 점이다. 율도량형律度量衡은 온 나라가 하나 같고, 온갖 일이 바둑판처럼 질서정연하여 모두 법도가 있다. 밭 사이에 두둑 길을 만들되 한 이랑도 비뚤어지지 않았다. 마을에서는 재를 내버리지 않고, 똥이나 오물도 보이지 않았다. 그 계획성을 따져보니 모두 획일법劃一法에서 나온 것이다. _『봉사일본시문견록』 문견총록聞見總錄

중국의 순 임금이 천하의 율도량형을 통일하였다고 하는데, 율律은 음률이고, 도度는 길이를 재는 자이고, 양量은 부피를 재는 되이고, 형衡은 무게를 다는 저울이다. 획일법이란 일一 자를 긋듯이 단순 명쾌하여 누구나 환히 알 수 있는 법령이란 뜻이다.

조명채는 서장관으로서, 통신사 홍계희, 부사 남태기 등 500여 명의 일행과 함께 일본을 다녀왔고, 일본의 사정을 조정에 보고한 것이 실록에 실려 있다.영조실록 1748. 윤7. 30. 그 보고에서는 길가에 상점들이 즐비하고 마을은 모두 조리 있게 구획되어 있어서 도시의 성대함이 중국보다 낫다고 하였고, 계획성이나 법 규정이 우리나라에 비해 정제되어 있다고도 하였다. 이보다 앞서 1719~20년에 일본을 다녀온 신유한은 일본의 재력에 놀라움을 표시하였다.

세 사신 일행이 하루에 공급받는 것이 생닭 3백여 마리, 계란 2천여 개에 이르고, 다른 것들도 이만큼 되었다. 모두 백성에게서 거두어들이지 않고 관청에서 지출하였으니, 경비가 많이 드는 것과 국가 재정이 풍부한 것을 알 수 있다. _『해유록』 1719. 8. 3.

조명채는 자연환경에 대해서도 부러움을 표시하였지만, 결국은 오랑캐로 귀착시키는 데는 다른 사신들과 다름이 없었다.

기름진 들판이 천 리에 뻗어 뽕나무와 삼대가 그늘을 이룬다. 여자는 누에를 세 번이나 치고, 남자는 일백 이랑의 밭을 경작한다. 게다가 물에서 채취하고 산에서 채취하여 금·은이 흙더미처럼 쌓였으니, 살기 좋은 낙원이라 할 만하다. 다만 그들의 천황이 천황 노릇을 못하고 권신에게 견제당하며, 사람들이 금수와 같아서 골육의 분별이 없다. 그러니 땅은 참으로 아름다우나 오랑캐이니 어찌하겠는가? _『봉사일본시문견록』 문견총록

일본의 자연조건을 조금 더 알아보겠다. 일본은 바다로 고립되어 있기 때문에 호랑이 등이 없었다. 조명채는 일본에 없는 것을 이렇게 적었다.

왜국에서 나지 않아서 없는 것은 호랑이, 표범, 매, 새매, 꾀꼬리, 까치,

잣, 호두, 벌꿀이다. 후추, 단목丹木, 남방산 나무, 공작 깃털과 같은 것은 일본에 흔하지만, 본국에서 나는 것이 아니라 모두 남쪽 오랑캐에서 나는 것을 무역해 온 것이라 한다. _『봉사일본시문견록』 문견총록

까치는 본토에 없으나 한반도에서 넘어가서 규슈 일부 지역에 살고 있다. 우리는 까치를 길조로 여기지만, 일본에서는 그들에게 친숙한 까마귀를 길조로 여긴다. 과거에 국민은행의 상징이 까치였는데, 흉조로 여기는 나라들이 많아서 다른 것으로 바꾼 적이 있다.

조선에서 일본에 수출한 무역품에는 무명, 비단, 인삼, 불경과 함께 호랑이 가죽과 표범 가죽이 있다. 일본에는 호랑이와 표범이 없기 때문에 귀한 물건이었다. 545년 11월에 일본의 가시와데노 오미하스히膳臣巴提便가 백제에 사신으로 갔다가 자기 아이를 잡아먹은 호랑이를 찔러 죽이고 가죽을 벗겨 돌아온 사실을 보고한 것이 『일본서기』에 나온다.

임진왜란 때에는 왜장들이 호랑이를 잡아 무사의 위용을 떨치는 한편으로 호피와 호랑이 고기를 도요토미 히데요시에게 보내는 충성 경쟁을 벌였다. 그리고 막부 말기에서 메이지 시대에 걸쳐서 호랑이 사냥을 하는 무사의 영웅담이 많이 그려지기 시작했는데, 대표적인 인물이 왜군의 선봉장이었던 가토 기요마사加藤清正였다. 그의 호랑이 사냥은 한반도에서 일본인의 기개를 떨친 상징이 되었고,그림 3 일제강점기의 교과서나 군가 등에도 실리게 되었다.

일제강점기에도 호랑이 사냥은 용맹의 상징이었으니, 일본 갑부 야마모토 다다사부로山本唯三郎, 1873~1927가 1917년 11월에 원산 부근에서 호랑이 사냥을 한 기록으로 국내에 번역된 『정호기征虎記』를 통해서도

그림 3 가토 기요마사의 호랑이 사냥

확인된다. 조선총독부 자료에 따르면, 1915년부터 1924년까지 해로운 동물을 퇴치한다는 명목으로 사살한 호랑이가 89마리, 표범이 521마리에 달하였다. 이러한 남획으로 이제 이들은 한반도에서도 살지 않는 동물이 되어버렸다.

시간을 거슬러 올라가 기원후 3세기 무렵의 사정을 전하는 『삼국지』에서는 일본에 "소, 말, 호랑이, 표범, 양, 까치가 없다"고 적었다. 그러나 소와 말이 없었다는 것은 논쟁이 되고 있다. 이미 야요이시대 유적에서 이들 뼈가 출토되었다는 주장이 있는가 하면, 말에 사용하는 말갖춤이 무덤에서 출토되는 고분시대 후반 무렵에 말이 한반도로부터 도입되었고 소도 뒤따라 들어왔다는 주장이 있다.

말에 관한 얘기가 나왔으니, 조선시대 통신사 일행의 마상재인馬上才人을 언급하지 않을 수 없다. 마상재는 말 위에서 거꾸로 서기, 옆으로 타기, 쌍마 타기 등의 곡예를 이른다.그림 4 이것이 일본에서 큰 인기가 있어, 위로 최고 권력자인 막부 장군에서부터 아래로 서민까지 즐겼다.

그림 4 마상재 모습(2008. 10.)

사람들은 양식을 싸 가지고 와서 길을 메우며 구경했고, 장군은 조용히 숨어서 내려다보았다.

관백關白, 막부 장군이 마상재를 구경하길 청하는 것은 관례이다. … 들건대, 마재는 두 사람이 다 잘했지만 박성우가 더욱 잘했다고 하는데, 왜인들이 칭찬하고 감탄해 마지않았다고 한다. 시연장은 관백의 궁궐 안에 있는데, 관백은 나와 앉지는 않았다. 그러나 누각 높은 곳에 드리운 비단 발 사이로 수의繡衣, 수놓은 옷가 은은하게 비쳤으며, 하졸들이 허리를 굽히고 종종걸음으로 지나다녀 관백이 그 안에 있다는 것을 짐작할 수 있었다. 각 주의 태수들은 한 건물에 모여서 손으로 가리켜가며 구경하였는데, 조용하고 떠드는 일이 없었다고 한다. _『해사일기』 1764. 3. 1.

옛날에는 책을 제본할 때에 구멍을 뚫어서 실을 꿰어 묶었다. 대량으로 판매할 목적으로 만든 중국이나 일본 책에 비해 조선 책은 종이가 무겁고 질기며 크기도 큰 편이다. 이에 따라 조선에서는 다섯 번 묶어 제본한 데 비해서 중국이나 일본에서는 네 번 묶는 방식을 많이 채택했다. 그러기에 일제강점기에 만들거나 수리한 책에는 일본식 제책법이 사용되기도 했다.

일본에서 우리에게 가장 낯설거나 인상적인 것은 아마도 신사神社일 것이다. 어디에 가도 크고 작은 신사가 있다. 1881년 일본에 파견되었던 이헌영은 일기에 이렇게 적었다.

신도神道를 숭상하고 불교를 숭상하는 것은 오랜 옛날부터의 풍속이다. 그러므로 신사神社는 17만 9천여 개나 되고, 절은 7만 2천 개나 된다. 건물의 기둥과 들보가 아주 높고 금색과 푸른색이 휘황한데 도처가 다 그렇다. _『일사집략』 문견록

같은 책에 일본의 호구는 737만 2,000호에 3,591만 7,450여 명이라 하였다. 그렇다면 인구 200명당 신사가 하나씩 있는 셈이다. 현재는 약 8만 5,000개의 신사가 등록되어 있다고 한다.

규슈의 무나가타시宗像市에 있는 유명한 무나가타 대사大社에 갔더니, 수리 중인 본당 건물을 대신하여 세운 임시 건물에는 신목神木 하나가 세워져 있었다.그림 5 이것이 신앙 대상물이다. 그 부근의 고목에는 금줄이 쳐져 있는 것을 보니, 어렸을 때에 익히 보아 온 서낭당이 떠올랐다.

미에현에는 일본 3대 신궁의 하나인 이세신궁伊勢神宮이 있다. 신사에

그림 5 무나가타 대사의 신목(2014. 5.)

도 위계가 있어서 천황의 위패를 모신 곳은 신궁神宮, 그다음은 대사大社, 그 아래가 일반 신사이다. 이세신궁 부근의 한 대학에 신도박물관이 있는데, 전국의 신사에 모셔진 신물神物들이 전시되어 있었다. 어떠한 것들인지 굳이 설명할 필요 없이 한 번 사진을 자세히 보기 바란다.그림 6 아이들 장난감 같은 물건들이다. 후쿠오카 다자이후 덴망구天滿宮에 있는 이나리稻荷 신사에서는 벼를 물고 있는 여우를 신으로 모신다.

신도는 일본에만 있는 고유의 종교로서, 산이나 강 등 자연 내지 자연현상을 숭배하면서 거기에 수백만의 신격을 부여하는 다신교이다. 창시자도 없고 경전도 없고 교리도 없는 매우 원시적인 종교이다. 일본은 지진 등의 자연재해가 많은 나라여서 자연에 대한 경외감이 이런 종교를 낳게 되었다.그림 7 잡신이 많은 나라가 된 것이다.

일본인은 신도를 종교가 아니라 생활 그 자체로 생각하는 경향이 있

그림 6 신사의 신물들 (2008. 8.)

그림 7 신사에서의 기도(2014. 5.)

어서, 대부분 자신은 종교가 없다고 대답한다고 한다. 일본인의 7할 정도가 스스로 신앙이 없다고 할 정도이다. 이 점에서 불교, 기독교, 천주교 등이 중심이 된 우리나라나 도교와 불교가 중심이 된 중국과 무척 다르다. 일본을 다니다 보면 샤머니즘이 지배하던 고대 세계로 돌아간

그림 8 전탑(대안탑), 석탑(다보탑), 목탑(호류지탑)

느낌이 드는데, 바로 이 때문이다.

이렇게 종교에서 차이를 보인다. 삼국의 문화적 차이를 언급할 때에 흔히 불교의 탑을 든다. 탑의 재료 면에서 세 나라가 모두 독특하기 때문이다. 중국은 벽돌탑이 많지만, 한반도에서는 주변에 흔한 돌로 만든 석탑이 주종을 이루고, 일본으로 넘어가면 나무집이 많은 것처럼 목탑이 발달했다. 세 나라는 각각의 자연환경에 적합한 소재를 사용하여 전탑, 석탑, 목탑을 발전시킴으로써 각각 고유성을 지니게 되었다.그림 8

일본에서는 새해에 양력설인 신정만 쇠지만, 중국에서는 음력설인 춘절을 쇠고, 우리는 둘 다 쉰다. 또 일본에는 전통의학이 거의 사라져 서양의학만 있고, 중국에서는 두 의학이 자연스럽게 결합되어 있는 반면에 우리는 두 의학이 공존보다는 대립관계를 이루고 있다. 중국은 양의와 중의를 상호 교육하고 병원에서도 공존시키는 데 비해, 일본에서는 1887년에 한방 면허를 없애고 양의에 통합시켜버렸다. 그 결과 우리나라에만 양의원과 한의원이 별도로 있으면서 서로 대립하고 있다. 우리가 중국 문화를 받아들이면서도 나름의 특색을 지녔듯이, 일본도 중국이나 한반도로부터 영향을 받았으면서 그들 나름대로 독특한 모습을 보이는 면이 있는 것이다.

일본에는 목조 건물이 많은 것도 색다르다. 우리나라에 남아 있는 일제강점기의 건물을 보면 대개 목조 2층집으로 되어 있다. 일본에는 지금도 이런 집이 주류를 이룬다. 우리만큼 아파트가 많지도 않다. 자연히 화재 위험이 높아서 그에 대한 대비가 잘 되어 있었다. 이에 대해서 조명채는 견문기에 이렇게 적었다.

대개 왜인의 집은 흙을 조금도 쓰지 않고 다 판자를 써서 만든다. 그러므로 불이 나면 구제하기 어렵고 화재도 잦으므로, 불을 끄는 도구가 모두 다 갖추어져 있다. 그 나라 법에는 길 가던 사람이라도 불난 곳을 보면 감히 지나치지 못하고 용맹을 뽐내며 앞다투어 반드시 가서 구제해야 한다. 불을 끄면 후한 상이 있으므로, 다투어 대쪽에 이름을 써서 불 꺼진 곳에 꽂아서, 그 공로가 드러나기를 바란다. _『봉사일본시문견록』 1748. 4. 27.

쓰시마에서 방화벽으로 사용한 돌담을 본 적이 있다. 마을 경계를 따라 쌓은 19세기 중반경의 유적으로서 벽에는 화재에 그을린 흔적도 남아 있다고 한다. 그런가 하면 와카야마현和歌山県에 있는 금강봉사金剛峯寺의 건물 용마루에는 방화수를 담은 물통이 올려져 있었다.그림 9 우리나라에서는 보지 못한 방화 시설이지만, 조선 사신에게도 이 시설이 특

그림 9 금강봉사 방화수(2008. 8.)

이하게 느껴졌던지 한 통신사가 이를 언급하였다.

옥상에는 조그마한 가설물을 만들어 물통을 설치하고, 길가 좌우에는 나무 울타리를 돌리고 나무통을 둔다. 마을마다 요망대瞭望臺, 감시대를 설치하는데, 높이가 어른 키 10배나 된다. 곳곳에 바닷물을 끌어들여 도랑을 만든 다음에 마을에서 만나게 함으로써 수많은 개울을 이루게 한다. 모두 불을 끄는 데 쓴다고 한다. _『해사일기』 1764. 2. 16.

또 야간순찰꾼이 날이 좋으나 비가 오나 '불조심'이라 외치며 밤새도록 거리를 순찰하고, 인가에 굴뚝을 만들지 않는 것도 불을 두려워하기 때문이라고 하였다.『문견별록』 그런데 집에 굴뚝이 없는 것은 난방 시설이 우리와 다르기 때문이기도 하다. 일본에는 온돌이 없다. 고대에는 한반도로부터 건너간 사람들만 온돌을 사용했다. 이에 따라 후쿠오카현福岡縣과 시가현滋賀縣에서 집중적으로 온돌 유적이 발견된다. 시간적으로는 3세기 후반에서 8세기에 이르는 시기이다. 그 뒤로는 일본 풍토에 적응하지 못하고 자취를 감추었다. 신유한은 일본의 난방에 대해서 이렇게 전했다.

그 나라에 왕궁이나 민가에 모두 온돌로 불을 지피는 법이 없고, 다만

그림 10 아이누의 이로리(2009. 7.)

마루 위에 두터운 자리와 솜요를 깔고 잔다. 솥이나 냄비 등의 밥 짓는 그릇은 모두 부엌에 따로 두어 연기와 불길이 닿지 않게 한다. 다만 지극히 추울 때에는 방 가운데 나무판 하나를 떼어내어 땅바닥에 화로를 설치하고 흙을 쌓아 숯불을 피운다. 작은 평상을 그 위에 놓는데, 평상에는 우리나라의 작은 창문과 같은 구멍들이 있어 불기운이 빠져나온다. 이불과 요로 덮어서 거기에 올라앉아 땀을 내는 사람도 있고, 옆에 끼고 앉아 손발을 쪼이는 사람도 있다. _『해유록』 문견잡록

일본에서는 바닥에 판자를 깔거나 다다미를 깔고 생활한다. 이 글에서는 나무판 하나를 떼어내고 불을 피운다고 했는데, 방 가운데에 대개 사각형의 화덕을 마련해서 불을 땠다. 이것으로 취사와 난방을 하고, 어둠도 밝히는 조명 시설로도 삼았다. 선사시대 주거지를 보면 중앙에 원형의 화덕자리가 있는 것을 상상하면 될 것이다. 이와 같은 일본의 화덕을 이로리囲炉裏, 居炉裏라고 부른다.그림 10

그림 11 구마모토성의 대형 이로리(2014. 5.)

이로리는 배연 시설이 따로 없어서 집안이 그을음으로 뒤덮이는 단점이 있다. 고급 주택에서는 이로리 위에 굴뚝을 설치하기도 했다. 또 구마모토성 안에서는 대형의 이로리가 두 줄로 만들어진 것을 볼 수 있다.그림 11 이로리 위에 나무틀을 얹고 그 위를 이불로 덮어서 난로 역할을 하게 하는 것을 고타츠炬燵, 火燵라고 한다. 앞서의 후반부에서 설명한 것이 이것이다. 고타츠에는 이리저리 옮겨 다닐 수 있는 화로와 같은 것도 있다. 따라서 상대적으로 따뜻한 나라인 일본의 난방시설은 우리와 아주 다르다.

온돌에 길들여진 조선 사신은 일본에서 추위에 몹시 시달렸다. 김세렴도 그러했다.

이날 밤 추위가 심하니, 일행들이 모두 "이곳의 추위가 우리나라 북방보다 못하지 않다"고 하였다. 준하주駿河州, 현재의 시즈오카로부터는 따뜻한 날이 없었다. 일본에서는 온돌방을 만들지 않아서, 이 나라에 들어온 이래로 오랫동안 찬 대청에서 잤는데, 얼음 어는 날을 만날 때마다 더욱 견디기 힘들었다. _『해사록』 1636. 12. 7.

이런 괴로움을 알고 있던 일본은 때로 사신을 위해서 온돌이나 온돌방 용품을 마련하였다. 다음은 쓰시마에서의 일이다.

숙소에 든 후에 다이라노 시게오키平調興가 술과 밥을 보내어 군관까지 먹이게 하였다. 장막, 요褥, 포진鋪陳은 대략 우리나라 제도를 본받았는데, 모두 새로 마련한 것이었다. 일본은 옛날부터 온돌방이 없었는데, 사신 행차를 위하여 특별히 만들어서 대기한 것이다. _『동사록』 1624. 10. 4.

포진은 자리를 깔고 물건을 배치하는 것을 말한다. 다이라노 시게오키는 쓰시마의 부관副官으로, 사신 접대를 책임진 인물이다. 그런데 일본 기록에는 야나가와 시게오키柳川調興로 나온다. 다이라平는 본성本姓이고, 야나가와柳川는 묘지苗字 혹은 名字로서 우리와 다른 방식으로 사용되는 씨氏가 묘지에 해당한다. 묘지는 주로 지명에서 유래되어 우리나라의 본관과 유사한 면도 있다. 일반적으로 묘지를 쓰지만, 외교문서, 관위 수여 등의 공식문서에 본성을 사용하였으므로, 우리 기록에는 주로 본성이 표기되었다. 도쿠가와 이에야스德川家康의 '도쿠가와'는 묘지로서 본성은 미나모토源이고, 도요토미 히데요시豊臣秀吉의 '도요토미'는 묘지로서 본성은 다이라平이므로, 우리 기록에 미나모토노 이에야스源家康,

다이라노 히데요시平秀吉로도 나온다. 본성을 읽을 때에는 원칙적으로 노の를 붙여 읽는다.

다시 한 번 강조하지만 일본은 과거시험을 한 번도 시행한 적이 없는 세습의 나라이다. 능력에 따른 신분 상승의 기회가 부여되는 제도적 장치가 없었다. 그러기에 집안 대대로 내려오는 일을 물려받고, 그 일에 매진할 수밖에 없다. 수백 년을 내려오는 가게가 많고, 하나의 기술에 끝장을 보려는 장인정신이 발달해 있다. 우리나라에서는 이런 것을 찾을 수 없다. 그래서 과거에는 일본의 장인정신을 본받아야 한다고도 했다. 과거시험이 시행된 우리나라에서는 언제든지 위로 상승할 수 있다는 생각 때문에 현재의 일에 만족하거나 전력을 다하지 않는 경향이 있으니, 한 가지 일에 대대로 매달리는 일을 찾기가 어려운 것이다.

세습의 경향이 과거에만 있었던 것은 아니다. 지금도 일본에는 각 분야에 그런 풍토가 남아 있다. 특히 정치인 가운데는 세습 가문 출신이 많다. 정치도 하나의 세습직에 속하는 것이다. 한 자료에 따르면 정치인의 3분의 1이 정치 가문 출신이고, 거기서 20년간 총리 8명이 배출되었다. 그런 세습성 때문에 우리보다 늦은 2009년에 와서야 정권 교체가 처음 이루어질 수 있었다. 그러나 새로 정권을 잡은 민주당도 실은 상당수가 자민당 출신으로 구성되어 있었다.

그러기에 주변 국가의 반발에도 불구하고 극우세력에 편승하여 망언을 쏟아내는 일본 정치인들을 이해하려면 그 가계 내력을 보아야 한다. 고이즈미 준이치로小泉純一郎의 할아버지와 아버지는 모두 태평양전쟁의 전범인 도조 히데키東條英機 편에 섰던 정치인이었고, 아베 신조安倍晋三의 외할아버지는 만주국 책임자로서 A급 전범이었던 기시 노부스케岸信介

이다. 아소 다로麻生太郎는 일제강점기에 조선인 징용으로 악명이 높았던 규슈 이즈카飯塚의 아소탄광 가문 출신이면서 만주 펑티엔奉天의 총영사를 역임하고 전후 초대 총리가 된 요시다 시게루吉田茂의 외손자이다. 바로 세습 가문의 정치 때문에 그들의 아버지, 할아버지들이 벌인 잘못을 후손이 인정할 수 없는 환경이 된 것이다. 여기서 우리와 일본 사이에 현격한 차이가 드러난다.

영국도 비슷한 면이 있다. 어느 사회나 계급이 있지만, 영국은 사회 전반에 걸쳐 계급 구분이 철저한 사회라고 한다. 계급에 따라 사용하는 말도 달라 신분 상승하기가 여간 어려운 게 아니어서, "젠틀맨을 만드는 데 삼대가 걸린다"는 말이 있다고 한다. 그래서 보통은 자기 계급을 받아들이기에, 우리처럼 신분 상승 욕구가 강하지 않다고 한다.

1993년에 『일본은 없다』는 책이 국내에서 베스트셀러가 된 적이 있다. 일본 특파원을 지낸 사람이 쓴 이 책은 일본을 부정적으로 묘사하면서 다소 감정적인 내용을 담고 있다. 이에 반발하여 한 외교관 출신이 이듬해에 『일본은 있다』는 책을 냈다. 일본을 이해하는 데에 후자가 훨씬 도움이 내용을 담고 있지만, 우리 사회는 전자에만 관심을 기울였다. 우리가 일본을 어찌 바라보고 싶은지를 보여주는 일이었다.

일본은 우리보다 뒤떨어진 나라였고 우리가 문화를 전수해준 국가라는 사실만 자꾸 강조하고 싶어 한다. 일제강점기에 대한 상처의 위안을 고대의 역사에서 찾으려 하면서, 근대 이후의 역사에 눈을 감으려 한다. 일본 자체를 알아야 함에도 일본에 가면 고대 한국 문화를 찾으러 다니는 것도 이 때문이다. 모두 교육의 잘못이다. 전근대에는 중국에서 한국으로, 다시 일본으로 문화가 전수되었지만, 근대화 이후에는 거꾸로 일본에서 한국으로, 다시 중국으로 전수되었다는 사실을 잊지 말아야 한다. 옛날에 조상들이 중국에 대해서 그러했던 것처럼 현대에 우리가 얼마나 일본의 산업과 문화를 따라가며 도움을 받았는지 생각해볼 일이다.

임진년 전쟁

남아메리카 아마존 분지에 마지막으로 남은 원시부족이 야노마모이다. 이들은 전쟁과 습격을 많이 하는 부족으로도 유명한데, 그 원인에 대하여 일부 학자들은 단백질 결핍에 따라 모자라는 식량을 두고 싸움을 벌인다는 '단백질 가설'을 제기하였다. 그러나 현장에서 30여 년간 조사했던 나폴레옹 샤농은 여자 때문이라고 단호히 주장했다. 자손을 더 많이 얻기 위해 싸움을 벌인다는 것이다. 단백질 가설은 고상하고 세련된 듯하지만 진실은 너무나 단순한 데 있다. 이 논쟁을 읽으면서 학자들의 이론이 실제와 괴리될 위험성을 새삼 인식하게 되었다.

임진년에 일어난 전쟁인 임진왜란에 대해서도 도요토미 히데요시[그림 1]의 공명심과 영웅심 때문에 일어났는지, 아니면 다른 이유로 발발했는지를 두고 여러 견해가 제기되었다. 어느 쪽이 사실인지는 모르겠지만, 학자들이 이러저러한 주장을 내세우면서 오히려 논의의 초점이 흐려지고 사실로부터 더 멀어지는 것은 아닌지 모르겠다. 진실은 의외로 간단할 수 있으니, 도요토미 히데요시의 개인적인 야심이 가장 크게 작용했을 것이다.

미천한 출신인 도요토미 히데요시는 국내를 통일하였으나, 외국인 조

그림 1 도요토미 히데요시 동상(2015. 11.)

선이나 명나라의 사정에 어두워 외국의 공략을 국내의 통일처럼 쉬운 일로 생각했다. 고대에도 일본이 신라를 정벌한다면서 배를 500척이나 건조하라고 명령을 내린 적이 있다. 759년 9월의 일이다. 일본 학계에서는 발해를 끌어들여 함께 신라를 공격하려 했다고 보지만, 우리 학계는 과연 그러했을지 의문을 표하고 있다. 이보다 앞선 758년 12월에는 중국에서 안녹산의 난이 발생한 사실을 발해로부터 전해 듣고 혹시 일본에까지 쳐들어올지 모르니 이에 대비하라고 천황이 명한 적이 있다. 그런데 몇 개월 뒤에는 느닷없이 신라 정벌을 들고 나왔다. 이런 조치들도 역시 섬에 갇혀 외부의 정세에 어두웠기 때문에 나온 것이 아닌지 모르겠다. 아무튼 고대의 신라 정벌은 미수에 그쳤지만, 임진년에는 침략을 감행하여 조선 전국을 유린하였고, 마침내 1910년에는 한반도를 손아귀에 넣었다. 그런 의미에서 임진년 전쟁이 고대의 신라 정벌과 근대의 한반도 지배의 징검다리 역할을 했다고 해도 과언은 아닐 것이다.

도요토미 히데요시가 조선을 침략하기 위해 구실로 내세운 것이 입명가도入明假道였다. 명나라를 치러 갈 터이니 길을 빌리자는 말이다. 그는 1590년 조선 사절이 일본에 온 것을 조선 국왕이 복속해 온 것으로 간주하고, 이들이 이듬해 돌아갈 때에 준 국서에서 조선에 정명향도征

明嚮導를 요구했다. 명나라를 정벌하러 가니 앞장서라는 것이었다. 조선 사신으로서는 이를 받아들일 수 없었는데, 몇 차례 수정해서 약화시킨 것이 입명가도이다.

이는 가도멸괵假途滅虢이란 중국 고사를 떠올리게 한다. 춘추시대에 진晉나라가 우나라 왕에게 예물을 보내면서 괵나라를 칠 터이니 길을 빌려달라고 하였고, 우나라 왕은 눈앞의 이익 때문에 신하의 간언을 뿌리치고 길을 내주었다가 결국은 괵나라와 함께 멸망하였다.

한반도를 단지 명나라로 가기 위한 길로만 여겼던 것은 아니었다. 이것은 1586년 일본 사신이 조선에 와서 염탐한 다음 사실에서도 추정할 수 있다.

우리나라에서는 일본 사신이 지날 때 지방 백성들이 창을 들고 길 좌우에서 위엄을 보이는 것이 관례였다. 다치바나 야스히로橘康廣 일행에게도 똑같이 했는데 인동 지방경북 칠곡을 지나던 야스히로가 그 모습을 보고 비웃는 투로 말했다. "당신들 창의 자루가 참으로 짧습니다그려."

상주에 도착했을 때의 일은 더 어처구니가 없었다. 목사 송응형이 그를 초대해 잔치를 베풀었는데, 기생들과 악사들 모두가 앉아 있는 자리에서 그는 통역에게 이렇게 물었다. "나야 오랜 세월을 전장에서 보냈기에 이렇게 터럭이 희어졌소. 그런데 귀공께서는 기생들의 노래 속에서 편안하게 세월을 보내는데 어찌 머리가 희어졌소?" 참으로 무례한 행동이었다.

그가 서울에 도착하자 예조판서가 다시 잔치를 베풀어 그를 맞았다. 술이 취한 그는 후추를 한 주먹 꺼내더니 자리에 뿌렸다. 그러자 기생들과 악사들이 달려들어 후추를 줍느라 잔칫상은 금세 아수라장이 되었다. 이를 물끄러미 바라보던 야스히로는 숙소로 돌아와 통역에게 말했다. "너희 나라가 망할 날이 멀지 않았다. 아랫사람들의 기강이 이 모양이니 이러고서 어찌 나라가 온전키를 바라겠느냐." _『징비록』

예전에 왔던 일본 사신과 달리 오만불손하게 굴었던 그는 이 세 가지를 보고 전쟁에서 이길 수 있을 것이라 판단했다고 한다. 일본은 임진왜란 중에도 간첩을 활용하여 정탐했다. 승정원에서 임금에게 보고한 다음은 한 사례이다.

오늘 저녁에 남대문 밖에서 어떤 사람이 중국 복장을 하고 돌아다닐 때에 마침 그와 마주친 중국인이 노해서 꾸짖었는데, 그때 그가 쓰고 있던 두건이 벗겨지면서 삭발한 것이 드러나고 말도 알아들을 수가 없었답니다. 그래서 왜인임을 알아차리고 붙잡아 결박하자 발악하면서 도망하였으므로, 중국인이 모여들어 겨우 붙잡아 유격 진운홍陳雲鴻에게 보냈다고 합니다. _선조실록 31년(1598) 7월 15일

조선인도 왜의 간첩으로 활용되었다. 전쟁이 일어난 1592년 12월에 유성룡은 적의 간첩으로 활동하던 군인 김순량을 잡아서 목 베었고, 그로부터 간첩 활동하는 사람이 40명이 넘을 것이란 말을 들었다.『징비록』

우리 고대사에서도 간첩을 활용한 사례가 자주 보인다. 고구려 장수왕이 승려 도림을 백제에 파견하여 나라를 피폐하게 만들었고, 김유신은 고구려와 백제에서 보낸 간첩이 엿듣는 것을 역이용하였다. 그러나

그림 2 나고야성과 마을(2014. 5.)

조신에서는 활발하지 못하였나. 서필원이 현종에게 "사대부는 이름을 아끼고 역관은 재화를 아껴서, 우리가 적정을 모르는 것이 이상할 것이 없습니다"현종실록 1670. 11. 19.고 아뢴 것으로 보아서, 사대부의 간첩 활용은 올바른 길이 아니라고 생각했던 것도 한 원인이었던 것 같다. 정경운의 일기에서는 "우리나라 사람들이 게으르고 겁이 많아서 간첩을 쓰지 않는다"『고대일록』 1597. 4. 18.고도 했다.

이렇게 임진왜란 얘기를 꺼냈으니, 이를 중심으로 전쟁에서 벌어졌던 여러 일화를 살펴보겠다. 1591년에 돌아온 사신 황윤길과 김성일의 보고가 상반되었던 사실은 이미 잘 알려져 있다. 조정에서는 설마하며 대비하지 않다가 결국 이듬해에 일본 나고야성名護屋城, 그림 2에서 출발한 병선 700여 척에 탄 대군의 침략을 맞게 되었다. 임진왜란에 동원된 일본군 수는 총 20만 4,320명으로 계산되어 왔으나, 실제 동원된 것은 문서상의 수보다 그 수가 적었다고 한다.

그림 3
「동래부순절도」의
한 부분

1592년 4월 13일 부산에 나타난 일본군은 부산진에 이어 동래부를 공격하였다. 동래부에서의 치열한 전투 모습은 그림으로 남아 있는데, 백성들은 무기 대신에 막대기나 괭이, 낫 등을 들고 싸웠고, 심지어는 지붕 위에 올라가 기와를 던지며 저항하기도 했다.그림 3 그런데 이때 벌어졌던 참혹한 패배의 현장이 400여 년이 지나 고스란히 드러났다. 2005년에 공사를 하다가 동래읍성 성벽이 확인되어 발굴한 결과, 해자에서 방어 시설인 목익木杙, 말뚝과 함께 칼, 낫, 화살촉, 창과 투구 등의 각종 무기, 그리고 100여 구의 인골이 발굴되었다.그림 4 적어도 남자 59명, 여자 21명, 유아 1명분에 해당하는 것으로 밝혀졌다. 특히 두개골 손상이 많았는데, 근접전을 치르면서 머리에 창이나 총으로 구멍이 나거나 칼에 베여 사망하였던 것을 보여준다. 그 후 시신이 수습되지 못한 채 해자에 투기되어 오늘날에 이르렀던 것이다. 이 발굴로 수안 전철역에 임진왜란 역사관을 개설하였다.

그림 4 동래읍성 해자의 목익과 인골

침략을 받은 지 보름 만에 믿었던 신립 장군의 충주 방어마저 무너지자 선조 임금은 황급히 북쪽으로 피란길에 올랐다. 이때 이미 나라가 망했다고 생각하여 수많은 관리들은 왕의 곁을 지키지 않고 도망쳐버렸다. 결국 왕을 호종한 관리는 파주 혜음령을 넘을 때에 100여 명이던 것이 수십 명으로 줄어들었고, 세자를 따른 사람도 10여 명에 불과했다. 임진강을 건널 때 임금의 초라한 모습이 이 당시 정황을 잘 전해준다.

이날 낮에 대가大駕가 큰 비를 무릅쓰고 벽제에 도착하였다. 잠시 휴식한 후 어둠을 타서 임진강에 도착하였다. 그러나 강물이 불어 넘치고 길은 진흙탕인데, 나룻배는 겨우 5, 6척이 있었다. 이 때문에 위아래 사람들이 서로 먼저 건너려고 다투어 상하 질서가 문란하였고, 말이나 마부를 잃어버린 채 걷거나 말을 타거나 했지만 밤새도록 건너지 못했다.

후궁 민빈閔嬪은 가마 멀미로 계속 파주에 남아 있었다.

임금은 배를 타고 기다렸는데, 이미 2경9~11시 가까이 되었으나 저녁 식사를 들지 못했다. 내시를 돌아보고 술을 가져오라 하니 가져오지 않았다고 대답하고, 차를 가져오라 하니 역시 가져오지 않았다고 대답하므로, 왕은 갈증을 참고 묵묵히 앉아 있었다.

내의원에 있는 용운이란 사람이 상투 속에서 사탕 반 덩어리를 꺼내어 강물에 타서 바쳤다. 밤중에 동파관에 도착하여 4경새벽 1~3시이 되어서야 비로소 현미밥을 들고, 세자 이하는 모두 굶었다. 좌의정 유성룡이 쌀 석 되를 바치니, 다음 날 아침에 밥을 지어 올렸다. _『기재사초』 임진일록, 1592. 4. 30.

그림 5 조선 후기 임진나루(김양기)

이렇게 강을 건널 때에 적들이 나루터그림 5 남쪽에 있던 승청丞廳의 나무를 이용해서 뗏목을 만들어 강을 건널까 염려하여 불을 질렀고, 이 불빛이 강 북쪽까지 비치어 밤길을 찾을 수 있었다고 한다.『징비록』 부근에 율곡의 고향이 있는데, 이 때문에 그가 훗날을 예견하여 화석정에 미리 기름칠을 해놓아서 이때에 불을 붙여 강을 건널 수 있게 하였다는 근거 없는 말이 전하고 있다.

그림 6 항미원조 기념관(2012. 6.)

피란길에 명나라에 구원을 요청하였고, 명나라 조정에서 파견 여부로 의견이 갈렸으나 병부상서 석성石星의 주장으로 파병이 결정되었다. 이 때문에 이익1681~1763은 조선을 다시 일으킨 재조再造의 공로자로서 석성을 첫째로 꼽았고, 그다음에 이순신과 중국 장수들인 이여송, 심유경을 차례로 열거하였다.『성호사설』 임진재조 이때의 파병을 중국에서는 왜에 저항하여 조선을 도왔다고 하여 항왜원조抗倭援朝라 한다. 이를 따라서 미국에 저항하여 조선을 도운 6·25 전쟁을 항미원조抗美援朝 전쟁이라 부른다. 북한과의 접경지인 랴오닝성 단둥에는 항미원조 기념관그림 6이 있다. 일본이 고대에 일본부를 임나에 두어 통치했다고 주장하며 내세우는 '임나일본부'와 근대에 총독부를 조선에 둔 '조선총독부'가 작명에서 상통하는 것과 마찬가지다.

명나라 군대는 북방의 기병과 남방의 보병으로 구성되었다. 북방 오랑캐를 방어하는 북방 군사는 말 타고 활과 창을 쓰고, 왜구 격퇴 경험이 있는 남방 군사는 걸으면서 총과 창을 사용하였다.『난중잡록』 1593. 7. 4. 처음에는 요동 지방의 기병이 투입되어 평양성을 공격하였으나 대패하였고, 이듬해에 남쪽 병사들이 투입되었다. 신립 장군도 북방 여진족과의 전투에서 공을 세웠던 만큼 기병전에 능숙하였다. 이 때문에 험준한 문경새재를 버리고 개활지인 충주 탄금대에서 배수진을 쳤다. 조총의 위력을 알지 못한 채 "적은 보병이고 우리는 기병이니 넓은 들로 맞아들여 철기鐵騎로 치면 이기지 못할 리 없다"『재조번방지』고 하였는데, 전장은 습지라서 기마전에 불리했고 수적으로도 열세였다. 이 판단 착오로 대패하고 말았으니, 여러 장수가 전사하고 급기야 자신은 탄금대 강물에 투신하고 말았다. 총포류가 서양의 기사제도를 허물었듯이 이렇게 조선의 기병술을 무너뜨렸다.

그런데 우리나라에 많은 논은 중국의 기병에게 큰 수렁이 되었다. 이는 선조와 이덕형의 다음 대화에서 잘 드러난다.

이덕형이 "북쪽 병사들이 말하기를 '조선은 논이 많아서 말을 달려 돌격할 수 없기 때문에 요서 지방에 군사를 나누어두었다가 가을이나 겨울을 기다려 땅이 언 뒤에 정벌하겠다'고 합니다"고 아뢰니, 상이 "기병을 제외하고 남쪽 병사 단독으로 대적할 수 있겠는가?"라고 물었다. 이원익이 "남쪽 병사는 단지 3천 명뿐인데 만약 1만 명을 더한다면 가능합니다. …"고 아뢰었다. _선조실록 26년(1593) 2월 20일

이로부터 4년 가까이 지난 뒤에 명나라에 급히 보낸 글에서도 "우리

나라는 산이 험하고 논이 뒤섞여 있어서 기병은 불리하고 보병이 유리합니다"고 하면서 남방의 절강성 군사 3, 4천 명을 빨리 보내달라고 했다. 선조실록 1596. 11. 10. 또 이듬해에 명나라 장수 마귀麻貴가 임금을 접견했을 때도 "논이 많아서 행군이 어려워 12월경에나 진격할 수 있을 것"이라고 대답했다. 선조실록 1597. 7. 4.

명나라 군사 가운데는 특이하게도 서양인도 있었다. 선조 임금은 명나라 장수의 처소에 행차하여 술자리를 베풀었을 때에 직접 서양인 병사를 만나보았다.

유격 팽신고彭信古가 또 "얼굴 모습이 다른 신기한 병사를 데리고 왔는데 나이기 뵙게 하겠습니다"고 말하니, 상이 "어느 지방 사람이며 무슨 기술을 가졌습니까?"라고 물었다. 유격이 "호광湖廣, 중국 남방의 후베이성·후난성 일대의 남쪽 끝에 있는 파랑국波浪國 사람입니다. 바다 셋을 건너야 호광에 이르는데, 조선과의 거리는 15만여 리나 됩니다. 이 사람은 조총을 잘 쏘고 여러 가지 무예에도 능숙합니다"【해귀海鬼라고도 부른다. 노란 눈동자에 얼굴빛이 검고 사지와 온몸도 모두 검다. 수염과 머리카락은 곱슬이고 검은 양털처럼 짧게 꼬부라졌다. 이마는 벗겨져 대머리인데 한 필이나 되는 누런 비단을 반도蟠桃 복숭아처럼 서려 머리 위에 올려놓았다. 바다 밑에 잠수하여 적의 배를 공격할 수 있고, 또 수일 동안 물속에 있으면서 물고기를 잡아먹을 줄 안다. 중원 사람도 보기가 쉽지 않다】고 말하자, 상이 "우리 작은 나라는 바다 밖 한편에 치우쳐 있으니 이런 신기한 병사를 어떻게 보았겠습니까? …"라고 일렀다. _선조실록 31년(1598) 5월 26일

그림 7 해귀 모습

파랑국은 포르투갈로 추정된다. 이 나라를 중국 호광 지방의 한 부분으로 파악하면서, 남쪽 바다를 통해서 갈 수 있기에 호광의 남쪽 끝에 있는 것처럼 설명하고 있다. 이 해귀 모습이 「천조장사전별도天朝將士餞別圖」란 그림에도 전한다. 1599년 2월 명나라 군사가 철수할 때에 훈련원에서 베푼 연회 모습을 그린 것인데, 그림 왼쪽 아래에 '해귀'란 글자가 보이고 그 아래에 검은 피부의 인물이 있다.그림 7

명나라 군대가 도움만 되었던 것은 아니다. 명나라 군인의 민폐가 일본군보다 심하다고 하여 '명군은 참빗, 일본군은 얼레빗'이란 속요가 백성들 사이에 퍼졌을 정도이다. '얼레빗'은 빗살이 성근 것을, '참빗'은 촘촘한 것을 비유한 말이다. 다음은 오희문1539~1613이 당한 일을 일기에 적은 것이다.

남쪽으로 내려가 왕래하는 중국 군사들이 길가의 민가에서 재물을 약탈해 백성이 살 수가 없어서, 낮이면 숲 속으로 도망해 숨고 밤이 되면 와서 잔다고 한다. 가재도구와 곡식은 모두 땅에 묻어두는데, 만일 단단히 감추지 않으면 모두 파 간다고 한다. 생원아들 윤해이 돌아올 때에도 방아 찧어 준비한 곡식과 말린 민어 두 마리, 조개젓 등을 모두 빼앗겼다고 한다. _『쇄미록』 1597. 11. 12.

정경운은 일기에서 중국 군사가 고을 수령을 끌고 가 구타한 사실을 적으면서, 이들이 위엄을 부리는 것이 호랑이보다 심하다고 적었다.『고대일록』 1596. 3. 14. 명나라 군대와 함께 따라온 중국 장사치들은 사치 풍조를 유행시키기도 했다. 전쟁의 참화 속에서도 풍요를 누리던 사람들이 있었던 모양이다.

무술년1598에 중국의 대군이 나온 뒤로는 중국 상인들이 화물을 많이 가져오며 끊임없이 왕래하였고, 종로 거리에 가게를 열고 물건을 늘어놓은 사람이 부지기수였다. 이에 중국 물건이 도리어 천하게 되었다. 용모를 조금이라도 꾸미는 사람은 직책이 있든 없든 상관하지 않고 겉옷 이외에는 순전히 비단을 입는 경우도 있었고, 양 갖옷羊裘 또한 귀천 노소를 막론하고 입지 않는 사람이 없었다. 법을 담당한 관청도 이것을 금하지 못했으며, 임금의 지시가 간곡해도 한 사람도 이를 두려워하여 입지 않았다는 말을 듣지 못했다. 진하게 물들인 초록색 명주옷은 당상관의 연복燕服, 일상복인데, 유생들이 공공연히 착용하였다. 사람들의 사치가 이와 같이 심하게 되었다. _『갑진만록』

조선을 구한 또 하나의 축은 의병이었다. 전쟁 초기에 관군이 무너진 자리를 의병이 채웠다. 의병은 양반에서 천민에 이르기까지 다양하였다. 1593년 정월 명나라에 통보한 의병 총수는 관군의 4분의 1인 2만

2,600여 명이었는데, 의병 활동이 활발했던 전해에는 더 많았다. 김시민의 진주성 대첩 후에 조정에서 백성과 군인에게 내린 교시에서는 관군과 의병을 이렇게 비교하였다.

관군은 어찌하여 쉽게 무너지고 의병은 어찌하여 줄곧 승리하는가? 관군이 두려워하는 것은 형벌인데 형벌이 시행되지 못하고, 의병이 맺어진 것은 의로움인데 의로움은 물러나기를 생각하지 않기 때문이다. _『재조번방지』

오희문은 일기에서 관군이 용인에서 패배한 소식을 듣고 "10만의 무리가 수삼십數三十, 대략 30 명 정도의 적에 쫓겨 한 사람도 돌아서서 화살을 쏜 자가 없었다"『쇄미록』 1592. 5. 6.고 적으면서 통분하게 여겼다. 그 역시 관군과 의병을 이렇게 대비시켰다.

다만 의병장은 모두 선비로서 군사의 일을 잘 알지 못하고 기계를 다루는 것도 어설퍼 성공을 기필할 수가 없다. 그러나 이전에 대군이 패한 것은 군사들의 마음이 한결같지 않아 제각각 다른 생각을 했기 때문이니, 한번 적을 보면 먼저 무너졌던 것이다. 반면에 이 의병은 모두 자진해서 응모하였다. 그러니 사람들이 강해지길 기다리지 않고서도 사람들의 마음이 한결같아서, 비록 수가 적어도 대적할 수 있을 것이다. _『쇄미록』 1592. 6. 18.

육상에서 관군은 무력하였지만, 바다에서는 달랐다.그림 8 조선 수군은

그림 8 해전 장면(직지사 감로탱)

일본 수군에 비해 편제, 선박, 화력 면에서 모두 우월하였다. 일본 배는 바닥이 V 자형이라서 원양 항해에는 좋으나 전투 시에 방향을 급히 바꾸기 어려웠다. 조선 군선은 이에 비해 크고 견고했으며, 바닥이 U 자형이라서 기동력이 뛰어났다. 또 일본 수군은 적선에 뛰어올라 싸우는 육박전에 능했으나, 조선은 전선에 대포를 적재하여 화력으로 적을 압도하였다. 특히 이순신그림 9의 활약은 독보적이었다. 선조 임금이 임진왜란에 공을 세운 자를 이렇게 지목했다.

우리나라 군사들이 왜적을 막은 것은 양을 몰아서 호랑이를 막은 것과 같았다. 이순신과 원균이 해상에서 승리한 것이 으뜸이고, 그 외에는 권율의 행주 싸움과 권응수의 영천 수복이 사람들의 마음을 조금 흡족하게 하며, 그 나머지는 듣지 못했다. 간혹 잘했다고 하는 것도 겨우 성

하나를 지킨 것에 불과할 뿐이다. _선조실록 36년(1603) 2월 12일

그림 9 이순신 장군 무신도

잘 알다시피 이순신은 세계 최초의 철갑선인 거북선을 만들었다.그림 10 배 위에는 판목을 깔아 거북 등처럼 만들고 쇠못을 꽂았으며, 앞에는 용머리를 설치하여 아가리로 대포를 쏘고, 뒤에는 거북 꼬리를 만들어 꼬리 밑에 총 구멍을 설치하였다. 거북선은 이전에도 있었지만, 그가 처음으로 실전에 돌격선으로 투입하여 큰 전과를 거두었다. 1971년에 정주영 회장이 영국에서 500원 지폐에 그려진 거북선 그림을 보여주며 우리가 영국보다 300년이나 앞서 철갑선을 만들었다고 설파하여 조선소를 건설할 수 있는 차관을 얻었던 일화는 유명하다. 이처럼 조상이 개척하면 후손이 활용하는 게 역사이다. 거북선이 일본인에게 얼마나 무서운 존재였는지는 200여 년이 지난 뒤의 기록에서도 생생히 느껴진다. 다음은 순조가 통제사를 지낸 이당과 나눈 대화이다.

임금이 "거북선이 있는가 없는가?" 물으니, 이당이 "있습니다. 그 모양이 거북이같이 생겼는데, 1천여 명을 수용할 수 있습니다. 노 없이 바다

그림 10 「수군조련도」의 거북선

에 떠다니는 것이 마치 거북이가 떠 있는 것 같고 입과 코에서 연기가 나오므로, 지금도 표류해 온 왜인이 이를 보면 서로 놀라서 '이것은 사람을 사로잡는 기계이다'라고 한다 합니다"고 대답했다. _순조실록 8년(1808) 1월 10일

일본군은 점령지에서 약탈과 만행을 저질렀는가 하면, 현지 주민들을 회유하고 무마하기도 했다. 여인을 약탈하여 처첩으로 삼거나 간음하고 장정들을 학살하여 씨를 말린 사실들이 오희문의 일기에 생생하게 나온다. 예를 들어 전쟁이 일어난 직후에 영남 지방 사대부 여인들 가운데 얼굴이 고운 자를 가려서 배 다섯 척에 실어 보냈다. 또 성주에 살던 부인은 시어머니와 함께 피란하다가 왜적에게 잡혀 집단 난행을 당했는데, 찢어진 치마 하나 걸친 채 음부가 부어서 걷지 못했다고 했

다.『쇄미록』 1592. 5. 포로로 끌려가던 한 여인은 자기가 어느 고을에 사는 아무개인데 지금 외국으로 끌려가고 있다고 울면서 소리쳤다.『쇄미록』 1592. 9. 15. 왜적은 심지어 무덤 속에 넣은 물건을 노려서 무덤을 도굴하기도 하였다.

일본에 잡혀간 사람들의 애절함은, 조선 사신 황신 일행이 일본에 갔을 때의 목격담이 잘 대변한다.

선수사善修寺에서 말을 타고 배 타는 곳으로 가는데, 절간 곁에 인가가 매우 많았다. 우리나라에서 잡혀 온 사람이 5천여 명에 이르고 태반이 서울 사람인데, 절 문밖에 둘러서서 사신이 문밖으로 나오기를 기다려 배알하고 통곡하며 큰소리로 "아이고 상전님, 상전님"【상전은 우리나라의 방언으로 자기 주인을 부르던 칭호】 하고 외치는데, 그 소리가 극히 애절하여 차마 들을 수가 없었고, 어떤 자는 목이 메어 소리를 내지 못하였다. 함께 말 다리를 붙들고 울다가 갯가까지 따라왔고, 배를 타고 떠나가는 것을 보느라 아랫도리를 걷어올리고 얕은 물속으로 들어와 무릎까지 빠지는데도 서서 멀리 바라보며 통곡하니, 일행 상하가 모두 슬퍼했다. _『재조번방지』 1596. 윤8. 7.

부녀자가 비록 잡혀갔다가 돌아왔다고 하더라도 정절을 강조하는 사회 분위기에서 따돌림을 당할 수밖에 없었다. 선조가 이를 감지하고 왕족들에게 미리 손을 쓴 일화가 전해진다.

임진왜란 때에 왜적이 국내 곳곳에 가득찬 지 7, 8년이나 되니 사대부

집 부녀자로서 잡혀간 자가 많았다. 왜적이 물러가자 화를 면한 집에서는 변을 당한 집과 혼인을 하려 하지 않았다. 선조가 이를 근심하여 "만일 이 풍조가 오래가면 온 나라의 큰 집안 가운데 온전한 자가 거의 없을 것이다" 하고, 종실宗室, 임금 친족과 귀척貴戚, 임금 인척에게 변을 당한 집과 결혼하도록 힘써 권하니, 그 뒤로는 감히 허물로 구별하는 자가 없었다. _『공사견문록』

앞서 언급했듯이 일본군은 조선인을 간첩으로 활용했고, 조선인 가운데는 자발적으로 일본군에 붙는 경우도 있었다. 머리를 깎거나 이를 물들이는 등 일본 풍습을 따르기도 하고, 적진을 드나들며 장사하는 사람들도 있었다.선조실록 1595. 3. 1. 일본군은 투항한 사람들을 모아서 둔락屯落을 만들고 기올其兀이라 불리는 대표를 정해서 이들을 주관하게 하였다.선조실록 1594. 1. 26. 함흥 생원 진대유는 적극적으로 일본에 빌붙어 악행을 저지르다가 결국 처형되었다.

서울 종로구 청진동, 공평동 일대가 재개발되면서 조선 초기부터 근현대에 이르는 마을이 켜켜이 쌓인 채로 처음 모습을 드러냈다. 주목되는 것은 지표 아래 2미터 내외 깊이에서 온통 불에 탄 마을이 확인된다는 점이다. 지층을 보면 30센티미터가량의 붉은색 소토가 깔려 있고, 여기서 출토된 유물이 16세기에 해당하는 것으로 보아서, 임진왜란 때에 대규모 화재가 났던 것으로 추정하고 있다.그림 11 종로 일대를 덮친 화마에서 전쟁의 참화가 느껴진다. 어떤 사람이 그려서 바친 유민도流民圖에는 어느 전쟁에서나 겪을 수 있는 온갖 고통들이 묘사되어 있다.

그림 11 공평동에서 발굴된 불에 탄 집(2015. 1.)

당시 사람 중에 유민도를 바친 자가 있었는데, 죽은 어미의 젖을 물고 있는 아이도 있고, 상처를 입고 쓰러져 있는 자도 있고, 구걸하는 남녀도 있고, 자식을 버려 나무뿌리에 묶어놓은 어미도 있고, 말을 할 수가 없어서 손으로 입을 가리키는 자도 있고, 나뭇잎을 따서 배를 채우는 자도 있고, 남의 하인이 되기를 구걸하는 사대부도 있고, 마른 해골을 씹어 먹는 자도 있고, 부자간에 함께 누워 있는 자도 있고, 아이를 업고 비틀거리는 어미도 있었다. _선조실록 26년(1593) 5월 9일

오희문의 선영 마을도 쑥대밭이 되어 있었다.

종 광진네 집에서 자기로 하였는데, 저녁상은 묘지기 종 억용이 차려서 올렸다. 난리 이후에 처음으로 옛날 살던 곳에 돌아와 보니, 마을은 모

두 폐허가 되어 이전에 살던 곳에 돌아와 사는 사람이 겨우 10분의 1이고, 아래 위 마을에 있는 좋은 논이 버려져서 경작하는 곳이 거의 없었다. _『쇄미록』 1596. 8. 14.

난리통에는 종이건 상전이건 고통을 당하기는 마찬가지였다.

또 올 때 길에서 황간에 사는 외종형 남경효 씨의 종 부부를 만났는데, 갈기갈기 찢어지고 기운 옷에 쑥대 같은 머리와 때 묻은 얼굴을 하고 있어 눈으로 차마 볼 수가 없었다. 그 까닭을 물었더니, 왜적이 분탕질을 한 뒤로 얻어먹기가 몹시 어려워 굶주림이 날로 심하고 상전 역시 먹을 것을 얻지 못하므로 노복들을 다 놓아 보내서 사방으로 흩어졌다고 한다. 이 때문에 지난달에 그곳을 나와서 여러 곳에서 걸식하면서 떠돌아 좌도左道, 동쪽로 간다고 하니 슬픔을 이길 수가 없다. _『쇄미록』 1593. 12. 7.

이 전쟁으로 많은 인적, 물적 피해를 입었다. 이수광은 『지봉유설』에서 "서울 수구문 밖에는 쌓인 시체가 산과 같아 성보다 몇 장이나 높았으며, 중들을 모아 이를 매장하였다"고 하였다. 불국사, 경복궁이 불에 타고 조선왕조실록도 전주 사고에 보관된 것만 남고 전부 타버렸다. 지금 조선 전기나 고려로 올라가는 고택이나 사찰이 남아 있는 충남 북부와 경북 북부 지역은 이 전쟁의 피해를 받지 않았던 곳이라 한다.

그러나 위기가 곧 기회가 되기도 한다. 전쟁그림 12은 신분 상승의 기회를 제공한다. 적의 머리 하나를 베어 오면 과거시험 보기를 허락하였으니, 이를 참수급제斬首及第라 불렀다. 그러나 혼란한 틈을 타서 전공

그림 12 전쟁 장면(보석사 감로탱)

조작도 많았다. 황해도 방어사 김경로는 명나라 군사들이 벤 왜적 머리 30여 급을 훔쳐서 자신의 전공으로 만들려다가 발각되어 처형되었다.『고대일록』 1593. 2. 25. 때로는 왜적 머리라고 속이려고 애꿎은 백성들 목을 베기도 했다.

적의 머리 하나를 베어 오면 과거 보기를 허락하니, 이를 참수급제라 하였다. 이 과거시험이 있은 뒤로는 굶주린 백성들이 더욱 목숨을 보존하지 못했는데, 이들의 머리를 깎아서 왜적의 머리로 바쳤기 때문이다. 진짜 왜적의 머리를 바치는 자도 남에게 사서 바치는 일이 많았다. 뒤에는 값을 다투어 서로 소송하기도 하고, 마침내 2·3품의 벼슬에까지 오르는 일도 있었으니, 머리를 들어 하늘과 태양을 바라보기가 어찌 부끄럽지 않으랴! _『난중잡록』 1593. 10. 4.

무주 백성이 목화를 따고 있다가 적에게 죽임을 당했는데, 적이 시체를 버려두고 거두지 않자 그 머리털을 깎고 머리를 베어 가지고 왔다고 한다. 의병장은 그런 줄 모르고 진짜 왜적이라고 하여 순찰사에게 바쳤다고 하니, 진실로 우스운 일이다. _『쇄미록』 1592. 9. 13.

제1차 세계대전이 영국 사회에 끼친 영향도 음미해볼 만하다. 이 전쟁은 영국 사회에 뚜렷한 계급 구분과 가부장적 질서를 무너뜨리는 데에 큰 역할을 하였고, 노동계급과 여성의 역할을 크게 신장시켰다고 한다.

6·25 전쟁 때에도 남과 북, 동과 서 사람들이 서로 뒤섞이며 재래의 공동체 질서가 모두 무너졌는데, 그것이 양반과 상놈의 차별이 사라지는 데에 큰 기여를 하였다. 그런데 미군 역사에서는 또 다른 사건으로 기억되는 전쟁이기도 하다. 흑인이 백인과 동등한 병사로서 참여한 최초의 전쟁이기 때문이다.

고대는 정복 전쟁의 시대였기에 알렉산드로스 대왕이니 광개토대왕이니 하는 전쟁 영웅이 많이 배출되었다. 『삼국사기』만 해도 열전에 실린 인물 상당수가 전쟁에 공을 세운 사람들이다. 삼국지 소설에서 익히 보아왔듯이 고대에는 장수들끼리 통성명을 하고 서로 맞붙는 전쟁 형식도 많았다. 553년 10월에 백제 왕자 여창餘昌이 백합百合의 들판에서 고구려군과 대적할 때의 모습이다.

날이 밝자 목까지 덮은 갑옷을 입은 자 1기騎, 작은 징을 꽂은 자 2기, 표범 꼬리를 두른 자 2기, 합해서 5기가 말고삐를 나란히 하고 나와서,

"어린아이들이 '우리 들판에 손님이 와 있다'고 말하던데, 어찌 예를 갖추어 맞이하지 않을 수 있겠는가? 지금 속히 우리와 더불어 예로써 문답할 만한 사람의 이름과 나이, 관위를 알고 싶다"고 말했다. 여창이 "성은 같은 여餘씨이고, 관위는 간솔杆率이며 나이는 29세이다"고 대답하였다. 백제에서 거꾸로 물으니 또한 앞에서와 같은 방식으로 대답했다. 드디어 군기를 세우고 싸우기 시작하였다. 백제는 고구려의 용사를 창으로 찔러 말에서 떨어뜨려 머리를 베고 머리를 창끝에 꽂아 들고 돌아와서 군사들에게 보였다. _『일본서기』 긴메이천황 14년 10월

삼국 통일이 이루어진 뒤에는 전쟁이 상대적으로 줄어들고 강감찬, 이순신처럼 정복보다는 외침에 맞서 싸우는 영웅들이 나타났다. 지금은 민주주의 대중화 시대가 되어 전쟁 영웅의 자리에는 연예인이나 운동선수가 들어섰다. 그런 시대에도 전쟁의 기억은 오래도록 민족의 뇌리 속에 남는 경우가 있다. 우리는 어렸을 때에 우는 아이를 보면 "순사가 온다"고 해서 그치게 했는데, 헝가리에서는 지금도 "몽고군이 온다"고 겁을 준다고 한다. 이처럼 전쟁은 다양한 얼굴을 하며 역사에 등장한다.

산성과 편전

제국주의 시대에 해외에서 약탈해 온 유물이 전시되어 있는 곳으로 유명한 런던의 브리티시 박물관에서 내 눈을 가장 오래 사로잡은 것은 메소포타미아 지방에서 가져온 아시리아Assyria 벽화였다. 아시리아 벽화는 사자 사냥이나 전투 장면 등의 각종 생활상이 돌에 생동감 있게 새겨져 있어 유명하다. 기원전 9세기에 만들어진 부조에는 유프라테스강을 건너는 군사들의 모습이 묘사되어 있는데, 전차는 작은 배로 운반하면서 군인들은 길쭉한 공기주머니를 물고 잠수하여 물고기와 나란히 헤엄쳐 강을 건너는 장면이 보인다.그림 1 그런가 하면 적의 성벽을 공략할 때에 땅굴을 파서 침투했던 장면도 찾을 수 있다.그림 2 2,800여 년 전에도 이런 식의 전투가 있었다니, 새삼 감탄을 자아내게 한다.

우리나라는 전쟁을 많이 겪은 나라이다. 그렇지만 우리가 스스로 외국을 친 적은 거의 없고, 북방이나 남방으로부터 침략을 받은 것이 전부라 해도 과언이 아니다. 이 때문에 우리나라에서 논의의 중심은 언제나 공격이 아니라 방어에 있었다. 그런 점에서 평화를 사랑하는 민족이라 부를 수 있을지 모르겠다.

중국은 대대로 남쪽의 농경민과 북쪽의 유목민이 대립하는 남북대립

그림 1 잠수 장면(2013. 8.)

그림 2 땅굴 장면(2013. 8.)

의 형세에 놓여 있었다. 그 경계선이 바로 만리장성이다. 그런데 이들이 공방전을 벌일 때에 한반도 국가들이 어느 쪽에 동조하느냐에 따라 판세가 달라질 가능성이 있었다. 그래서 중원 세력이 북방 민족을 치거나 북방 민족이 중원으로 진출할 때는 종종 한반도 세력을 먼저 제압하곤 하였다. 그들의 고래 싸움에 우리가 새우 등이 터진 격이었다. 한 무제가 고조선을 멸망시킨 것은 흉노와의 연계를 단절하려는 의도에서였고, 거란이 발해를 멸망시키거나 여진족이 조선을 친 것은 중원으로 들어가기 위해 배후세력을 제거하는 정지 작업의 일환이었다.

일본은 대륙으로 진출하기 위한 교두보를 마련하기 위해 한반도를 침략하곤 했다. 그 명분을 찾기 위해 한반도로부터의 위협을 과장하곤 한다. 지도를 보면 일본은 바다에 떠 있는 섬나라이고, 한반도는 이곳을 향해 대륙으로부터 삐죽 나와 있다. 한반도는 언제든지 일본을 찌를 송곳이라고 하면서, 이 송곳을 자기 것으로 만들지 않으면 언제든지 찔릴 수 있다고 주장한다. 일본 우익 교과서에 "고래로 조선반도는 중국의 선진 문명을 일본에 전하는 통로였다. 그러나 조선반도 전체가 일본에 적대적인 대국의 지배하에 들어가면 일본의 독립은 위태로워진다. 일본은 중국과 조선반도의 동향에 주의를 기울이지 않으면 안 되었다"고 적은 것이 한 예이다. 그러면서 고려 때에 원나라 군대와 함께 일본을 공격한 기억을 계속 떠올리게 해 공포감을 조성한다. 같은 교과서에서는 "가마쿠라 시대에 원구元寇의 거점이 되었던 것도 조선반도였다. 그때의 공포의 기억은 일본인 사이에 오래 전해져 왔다"고 적고 있다.

이에 비해 자발적으로 해외에 원정을 나간 것은 손에 꼽을 정도이다. 732년 발해가 장문휴 장군을 보내 당나라 산둥 지방을 공격한 것, 조선 세종 때에 이종무 장군이 왜구의 소굴인 쓰시마를 정벌한 것 정도이다. 효종 때는 헤이룽강 방면으로 남하하는 러시아 세력을 막기 위해서 군사를 멀리 파견한 적이 있다. 이를 나선 정벌이라고 하는데, '나선'은 러시아의 한자 표기이다. 당시에는 나선의 정체도 모른 채 청나라의 요구에 따라 어쩔 수 없이 보냈다. 그러나 이것들은 정벌이란 말에 어울릴 정도의 대규모 전쟁이 아니었다.

한반도에서는 청동기시대부터 전쟁의 증거들이 나타난다. 집단적 자위의 시설물인 목책과 환호가 그것이다. 목책은 굵은 통나무를 일정한 간격으로 박아 방어벽을 만든 것이다. 그동안 부여 송국리 유적이 대표적인 것으로 알려졌으나, 다시 발굴한 결과 대형 건물지로 확인되었다. 진주 대평리 유적이나 일본 요시노가리 유적처럼 환호와 함께 목책이 만들어진 것이 많다. 환호는 마을 주변에 깊은 도랑을 돌려서 만든 방어 시설이다. 1990년에 울산 검단리 마을 유적에서 처음으로 전모가 확인된 뒤로 곳곳에서 발견되었다. 2015년에 발굴된 안성 도기동의 삼국시대 유적에서는 내외 이중의 목책을 설치하고 그 사이에 흙을 쌓아

벽을 만든 목책 성이 처음으로 확인되었다.

성 둘레에 물을 돌린 것을 '해자' 또는 '호濠'라 하는데, 환호는 보통 물이 없어서 이를 황隍 또는 호壕라고 부른다. 중국 고대에 성을 쌓으면 반드시 성황묘城隍廟를 세워서 죽은 영혼을 위로하게 했다. 쓰촨성에 있는 자오화고성昭化古城에서 그런 성황묘를 볼 수 있었다. 우리나라에서는 마을 수호신으로 서낭당을 두었는데, 이는 성황당이 변한 말로서 중국에서 들어와 변형된 것이다. 어렸을 때에 사촌형님 댁을 가려면 큰 나무에 울긋불긋한 천 조각이 걸려 있고 그 아래에 커다란 돌무더기가 쌓여 있는 으스스한 고갯길을 넘어야 했다. 외할머니는 지나면서 돌을 하나씩 얹었지만, 나 혼자 인적이 드문 이곳을 지나칠 때는 무서워서 달음박질쳤던 기억이 있다. 또 금성탕지金城湯池가 쇠로 만든 성벽과 끓는 물로 채운 해자로 이루어진 견고한 성이듯이 '지池'도 해자를 가리킨다.

중국에서는 신석기시대 유적에서 환호가 이미 나타나지만 우리나라에서는 청동기시대에 와서야 등장한다. 진주 대평리 옥방 유적처럼 목책과 환호를 동시에 설치한 경우도 있는데, 일본의 요시노가리 유적에 잘 복원되어 있다.그림 3

영국에서는 환호가 초기 철기시대에 확산된다. 힐포트hillfort가 그것인데, 보통 언덕 위에 깊은 도랑과 높은 흙벽을 여러 겹으로 돌려서 방어시설을 만들었다. 이 때문에 영국에 머무는 동안 몇 개 유적을 방문해보았다. 앤도버에 있는 데인베리Danebury 힐포트가 그중 하나이다.그림 4

성은 한반도 남부에서는 삼국시대 초기에 출현한다. 백제의 도성인 풍납토성이 발굴을 통해서 확인된 가장 이른 시기의 성이다. 처음에 3중으로 환호를 돌렸다가 어느 정도 성장한 뒤에 성벽을 쌓았다. 성벽

그림 3
요시노가리 유적의
목책과 환호(2014. 5.)

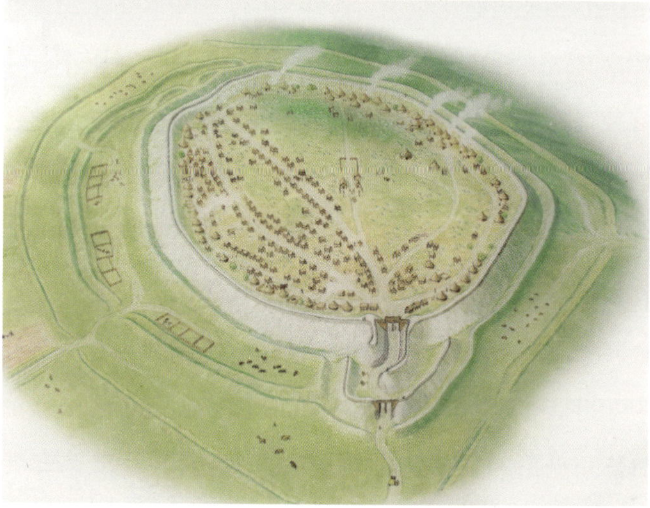

그림 4
데인베리 힐포트
복원도(2013. 8.)

은 기원후 3세기 내지 4세기경에 쌓은 것으로 의견이 모아지고 있다. 한반도 북부에서는 이보다 이르다. 광개토왕비에 따르면 고주몽이 나라를 세울 때에 산성을 쌓았고, 이보다 앞서 위만조선이 멸망할 때 도성인 왕험성에서 항거하였다. 따라서 축성의 역사는 고조선까지 올라갈 수 있다. 그러나 왕험성의 실체는 아직 확인되지 않았다.

중국에서는 신석기시대에 이미 성이 등장하는데, 후난성湖南省 청터우

산城頭山 유적이 가장 이른 것으로서 기원전 4000~2800년 무렵에 해당한다. 세계적으로는 성경에 나오는 요르단의 여리고Jericho성이 가장 빠르다. 이 성이 등장한 시기는 기원전 8000년경의 신석기시대이다. 이들에 비하면 한반도는 아주 늦은 편이다.

삼국시대에는 세 나라 사이에 전쟁이 격화되면서 전국 곳곳에 성이 들어차게 되었다. 중국에서는 평지성이 발달한 데 비해서 한반도에서는 특별히 산성이 발달하여 특색을 이룬다. 물론 외국에도 산 위에 성을 쌓는 경우가 있다. 스리랑카의 시기리야성이나 이탈리아의 오르비에토가 그러하다. 시기리야성은 아버지를 죽이고 즉위한 왕이 후환이 두려워 고구려 오녀산성처럼 바위 꼭대기에 궁궐을 세운 것이라 한다. 유구국오키나와에서는 산성이 다수 축조되어 몇 개의 성이 세계문화유산에도 등록되었다. 그러나 이것들은 피난처가 아니라 지역의 지배자들이 거주하던 곳이었고, 내부 구조와 성벽 쌓기에서 우리와 달랐으며, 평지성이 없는 점에서도 달랐다. 이들에 비해 우리나라에서는 산성이 매우 보편적으로 발달했다. 가히 산성의 나라인 것이다.

고주몽이 처음 나라를 세운 것이나 대조영이 발해를 건국한 것도 산 위에서였다. 백제가 고구려에 쫓겨 공주에 급히 마련한 도성이 산성인 공산성이고, 신라가 소백산맥을 넘어 진출하면서 교두보로 쌓은 산성이 보은 삼년산성이다. 산성을 쌓아 왜적에 대비하자고 비변사가 선조에게 아뢴 말에서도 산성의 중요성이 잘 드러난다.

우리나라는 삼국시대에서 고려 말에 이르기까지 외환이 그치지 않아서 수많은 전쟁을 겪었는데, 그럼에도 나라를 지탱하여 지켜낼 수 있었던 것은 오직 산성의 이로움 때문입니다. 옛사람들은 외환에 대비하면서 여기에 가장 큰 관심을 기울였는데, 태평 시절이 계속되면서는 성을 전혀 쌓지 않았습니다. 이 때문에 흉적들이 한번 일어나 내달리면 이르는 곳마다 붕괴되고 말고, 흩어져 달아난 백성들은 몸을 숨길 곳이 없어 모두 적의 칼날 아래 놓이게 되니, 말하기에도 참혹합니다.

대개 왜적이 믿고서 승승장구하는 것은 오직 철환鐵丸이 있기 때문입니다. 우리나라의 평지성은 낮은 편이라서, 적이 비루飛樓에 올라 성 안을 내려다보면서 조총鳥銃을 난사하여 성을 지키는 군사가 감히 머리를 내놓지 못하게 합니다. 그런 다음에 용력이 있는 적병이 긴 사다리와 날카로운 칼을 가지고 성벽을 타고 곧바로 올라오거나, 대초大鍬로 성을 파괴하곤 합니다. 이 때문에 성을 지킬 수가 없는데, 진주성 전투에서 바로 그러했습니다.

산성일 경우에 공중에 높이 솟아 있으므로 비루가 있다 해도 쓰기가 어렵고, 올려다보며 조총을 발사해도 곧바로 올라갔다가 되돌아 떨어지므로 적의 장기가 모두 발휘될 수 없게 됩니다. 또 아군이 활과 화살이나 석거石車로 위에서 쏟아붓듯이 쏘아대면 원숭이같이 날래더라도 어찌할 수 없습니다. 이와 같이 생각해보면 인천산성, 구월산성, 미타산성, 행주산성의 싸움은 모두 지리적인 이점을 이용하여 승리를 얻은 것입니다. _선조실록 26년(1593) 12월 3일

비루는 성을 공격하기 위한 이동식 누각이고, 대초는 큰 가래 모양으로 된 성 공격 도구일 것이고, 석거는 적에게 돌을 발사하는 수레이다. 조총은 서양에서 들어온 소총으로, 중국에서는 조총, 일본에서는 데뽀

鐵砲라고 불렀다. 무모한 짓을 일컬어 흔히 '무데뽀'라 하는데, 이 말은 총도 없이 대적한다는 뜻을 가진 일본어에서 유래하였다.

이 글에서 보듯이 우리나라는 고대부터 고려시대까지 전쟁이 빈번했던 반면에, 조선시대에는 임진왜란과 병자호란이란 큰 전쟁을 겪기는 하였지만 대체로 평화로웠다. 이것은 유럽에서 16~18세기에 전쟁이 가장 많이 일어났던 상황과 대비된다. 완전한 평화를 이루었던 시기는 16세기에 10년, 17세기에 4년, 18세기에 16년에 불과했다고 한다. 새로운 전쟁이 3년에 한 번꼴로 일어난 것이다.

비변사의 말에서 왜군과 싸울 만한 곳은 평지성이 아니라 산성이라는 대목이 주목된다. 산성에서 싸우는 방식은 중국에도 없고 일본에도 없는 우리의 독특한 전법이다. 산이 별로 없는 영국도 우리의 읍성처럼 보이는 체스터Chester나 요크York의 성에서와 같이 평지성 방어 체제로 되어 있다.

산성은 고구려에서 처음으로 쌓기 시작하였다. 647년에 당나라 태종이 고구려를 다시 치려 하자 조정 신하들이 "고구려는 산에 의지하여 성을 쌓아서 갑자기 함락시킬 수 없습니다"고 말했고, 1377년 개성부에서 우왕에게 건의한 글에서도 "『당감唐鑑』이란 책에 따르면, 고구려가 산에 의지하여 성을 쌓는 것을 상책으로 삼았습니다"고 하였다. 고구려의 성은 중국에서 150기, 북한과 남한에서 각각 50기 정도가 확인되는데, 평지성은 국내성이나 평양성처럼 극히 일부에 불과하고 산성이 거의 대부분을 차지하여 이 기록들을 뒷받침한다. 평지성인 경우에는 가까이에 산성을 쌓아 짝을 이루는 경우가 많았다. 예를 들어 중국 지안의 국내성과 환도산성,그림 5 평양의 안학궁과 대성산성이 그러하다. 평

그림 5 환도산성(2004. 12.)

지성에서 방어하다가 여차하면 산성으로 올라가 버티는 작전을 폈다. 이런 산성 중심의 방어 전략은 백제와 신라에도 영향을 주어 한반도에 산성이 가득하게 되었다.

당 태종의 군대를 물리친 유명한 안시성 전투에서 산성에서의 공방전 모습을 그려볼 수 있다.

(당나라) 강하왕 도종이 무리를 독려하여 성의 동남쪽 모퉁이에 흙산을 쌓아 안시성을 핍박하니, 성 안에서도 성벽을 더 높여서 저항하였다. 군사들은 교대를 정하여 하루에 예닐곱 차례 맞붙어 싸웠다. 충차衝車와 포석礮石으로 망루와 성가퀴를 무너뜨리면, 성 안에서 목책을 세워 무너진 곳을 막았다. 도종이 발을 다치자 황제가 몸소 침을 놓아주었다. 밤낮으로 쉬지 않고 산을 쌓아 60일 동안 도합 50만 명의 품이 들었다.

산꼭대기는 성에서 몇 길밖에 떨어지지 않아서 그곳에서 성 안을 내려다볼 수 있었다. 도종이 과의 부복애를 시켜 군사를 거느리고 산꼭대기에 둔을 치고 적에 대비하도록 하였는데, 산이 무너지면서 성을 눌러 성벽이 무너졌다. 마침 부복애가 사사로이 부대를 떠나 있었는데, 우리 군사 수백 명이 성이 무너진 곳으로 나가 싸워서 마침내 흙산을 빼앗아 구덩이를 파고 지켰다. 황제가 노하여 부복애를 목 베어 조리돌리고,

여러 장수에게 명하여 공격하게 하였으나 사흘이 지나도록 이기지 못하였다. _『삼국사기』 고구려 보장왕 4년(645)

충차는 성벽이나 성문을 부수기 위해 충격을 주는 전차이고, 포석은 돌덩이를 쏘는 기계이다. 평지에서의 전쟁에 익숙한 당나라 군대로서는 결코 쉬운 싸움이 아니었을 것이다. 결국 당 태종은 더 이상의 싸움을 포기하고 회군하고 말았다. 이때 안시성 성주가 양만춘이었고, 그가 화살을 쏘아 당 태종의 눈을 맞혔으며, 당 태종은 회군할 때에 그가 성을 굳게 지킨 것을 치하하여 비단을 상으로 주었다고 전하나, 모두 조선 후기에 처음 등장하는 전설일 따름이다.

2002년 8월에 안시성으로 여겨지는 중국 랴오닝성 하이청海城시 영성자산성그림 6을 방문했다가 성 안에 들어가 보지도 못한 채 현지 주민의 신고로 중국 공안원에 붙잡히는 신세가 되었다. 당 태종의 공격을 물리친 곳이라 하여 한국인들이 방문하면서 중국인을 자극하게 되었고, 급기야 한국인은 출입하지 못하게 하고 주민들에게 신고를 하게 조치해놓았던 것이다. 다행히 성 안으로 들어가지 않은 것이 확인되어 필름 몇 통을 건네주고 풀려났었다.

안시성의 싸움처럼 성 안에 들어가 장기적인 공방전을 벌이는 일이 많았다. 적에게 포위되어 성문을 굳게 닫고 지키는 것을 농성이라 한다. 요즘은 한자리에서 오랫동안 시위하는 것을 농성이라고 하여 뜻이 변하였다. 산성에서 오래 버티려면 곡식과 더불어 물이 꼭 필요했다. 그래서 산성 안에는 반드시 물이 나와야 했다. 고구려 건국지인 오녀산성을 올라가면 주변이 내려다보일 정도로 우뚝 솟아 있는 것을 느낄 수

그림 6 영성자산성 원경(2002. 8.)

있다. 그런데 천지라고 불리는 샘이 있어서 신기하게도 현무암 암반 사이에서 물이 솟아난다.그림 7 고려 말에 이성계가 점령했던 여진족의 본거지 우라산성도 바로 이곳이다.

이와 비슷한 환경이 위나암성 기록에서 보인다. 요동군에서 한나라 군대가 쳐들어오자 고구려 대무신왕은 신하 을두지의 건의를 받아들여 위나암성으로 들어가 농성하였다. 이때의 기록을 봐도 물이 얼마나 중요한지 알 수 있다.

을두지가 대답하였다. "지금 한나라의 군사들이 멀리 와서 싸우므로 그 예봉을 당할 수 없습니다. 대왕께서는 성을 닫고 굳게 지키다가 그 군사들이 피로해진 다음에 나가서 공격하면 될 것입니다."

왕이 그렇게 여기고 위나암성으로 들어가 수십일 동안 굳게 지켰는

그림 7 오녀산성 천지(2012. 6.)

데, 한나라 군사들이 포위를 풀어주지 않았다. 왕은 힘이 다하고 병사들은 지쳤으므로 을두지에게 "형세가 더 이상 지킬 수 없게 되었으니 어찌하면 좋은가?" 하고 물었다.

을두지가 대답하였다. "한나라 사람들은 우리가 암석 지대에 있어서 물 나는 샘이 없다고 말합니다. 이 때문에 오래 포위하고 우리가 곤핍해지기를 기다리는 것입니다. 연못의 잉어를 잡아 수초에 싸서 맛있는 술 약간과 함께 한나라 군사들에게 보내 먹이는 것이 좋겠습니다."

왕은 그 말을 따라 하면서 글을 보냈다. "과인이 우매하여서 상국에 죄를 얻어, 장군으로 하여금 백만 군대를 거느리고 우리 국경에서 이슬을 맞게 하였습니다. 후의를 감당할 길 없어서 보잘것없는 물건을 장군 막하에 보냅니다." 이리하여 한나라 장수는 성 안에 물이 있으므로 단번에 함락시킬 수 없다고 생각하였다. _『삼국사기』 고구려 대무신왕 11년(기원후 28) 7월

목포 유달산에는 노적봉이 있는데,그림 8 임진왜란 때 이순신 장군이 이곳을 짚과 섶으로 덮어서 군량미가 산더미 같이 쌓인 것처럼 위장하여 적을 물리쳤다고 한다. 조선시대에 도성을 호위하던 남한산성만 해도 많은 우물과 연못이 있고, 비상시에 대비하여 숯과 소금을 곳곳에 저장해두었다.

그림 8 유달산 노적봉(2008. 3.)

고려와 조선을 거치면서 주민을 보호하기 위해 지방 읍성을 많이 쌓았지만, 그 주변에는 급하면 숨어들어갈 산성이 흔히 있었다. 거주 성 부근에 피난 성을 따로 마련한 것이다. 적이 공격해 오면 우선 읍성 밖에 거주하는 백성들을 성 안으로 들어오게 하고, 주변에 적이 사용할 만한 군수 물자나 식량 등을 모두 없앤 다음에 성문을 굳게 닫고 지키는 청야淸野 작전을 폈다. 예를 들어 172년 11월에 한나라가 공격해 왔을 때에 고구려 명림답부가 청야 전술을 건의하여 이들을 막아내는 데 성공하였고, 1019년 봄에 거란 소손녕이 쳐들어왔을 때도 왕이 명령을 내려 청야 작전으로 적을 대비하게 하였다. 임진왜란 때에도 청야책을 써서 일본군이 군량을 현지 조달하지 못하게 하였다. 이렇듯 고대부터 조선시대까지, 심지어 외국에서도 종종 사용하였던 방어자의 전술이다. 외국을 침략한 적이 거의 없는 대신 많은 외침을 겪은 우리로서는 이런 방어 위주의 전략을 많이 썼다. 이런 작전에도 불구하고 다급해지면 다시 산성으로 피신하는 산성입수山城入守는 우리 고유의 전술이었다.

고구려 때에 국내성을 보호하려고 환도산성을 쌓았듯이 조선시대에 한양 도성을 호위하는 산성으로 남한산성과 북한산성을 쌓았다. 부산에서는 동래읍성이 임진왜란 이후에 쌓은 금정산성과 짝을 이루었고, 청주에서는 상당산성이 청주읍성의 피난처가 되었다. 병자호란 때에 인조가 도성을 떠나 급히 피신한 곳이 바로 남한산성이었다. 때로는 수원 화성처럼 따로 산성을 두지 않고 평지와 산을 이은 평산성을 쌓았다.

이유원1814~1888은 서울을 방어하는 요새지에 대해서 이런 평을 내렸으니, 여기서도 산성의 필수 조건을 찾아볼 수 있다.

서울에서 가까운 보장保障, 요새지으로 세 곳이 있으니, 심도沁都, 강화도와 남한산성, 북한산성이다. 심도는 성을 쌓은 뒤로 접근로가 험한 늪지인 장점을 잃었고, 서양인이 정박하여 염탐할 우려도 있다.

다만 두 곳에 산성이 있는데, 산성이란 절벽처럼 험준하게 솟아 있으면서도 옆으로 큰 도로와 통하여 식량을 운송할 수 있고, 우물과 땅이 모두 많고 넓은 뒤에야 어느 정도 쓸 만한 것이 된다. 북한산성은 산에 돌이 많고 척박하여 한 조각의 경작지도 없으니, 참으로 오래 의지할 수 있는 곳이 아니다.

남한산성은 토질이 조금 나으나 수원지가 매우 멀다. 동문 밖이 큰 도로와 통하여 식량을 운송할 길로 충분하나, 우리가 아는 것을 저들도 안다. 동문을 막아버리면 남쪽으로 통하는 길도 따라서 막혀서, 통할 수 있는 것은 서문뿐이다. 성 안에 비축해둔 양식으로 몇 달을 기약하고 몇 해를 기약할 수 있겠는가? 이 길은 남쪽으로 수원에서 삼남까지 통하고, 동쪽으로 양근楊根, 양평까지 이르고 관동까지 통한다. 그러나 남쪽이 막히면 동쪽으로는 식량을 조달할 수 없다. 이 또한 오래 의지할 수 있는 곳은 아니지만, 그래도 막힌 북한산성보다 낫다. 산성의 군량미가 도처마다 거덜 나서 "편안할 때에 위험한 경우를 잊지 말아야 한다"는 생각이 전혀 없으니, 참으로 작은 일이 아니다. _『임하필기』 순일편, 보장지지保障之地

세검정에 있는 홍지문과 탕춘대성은 서울 도성과 북한산성을 연결하는 방어선으로 축조한 것이다. 여차하면 산성으로 피신하기 때문에 평지성에서 끝까지 항전할 생각을 갖지 않았다. 이 점은 주변에 오를 산이 없어서 죽으나 사나 평지성 안에서 버텨야 하는 중국의 중원 지역과 다르다. 이 때문에 중국에서는 성을 크고 높게 쌓았으나, 우리나라의 성은 중국 사신의 눈에 성으로 보이지 않을 정도로 부실하게 쌓았다. 남곤이 의주에 성을 쌓는 문제와 관련하여 중종에게 아뢴 말에서 그런 사정이 잘 드러난다.

고려 공민왕 때에 중국 사신이 귀국하여 "고려에는 성이 없습니다"고 아뢰었으므로, 태조 고황제가 조서를 내리기를 "요해처에 방어 시설을 설치하여 나라를 지키는 것은 나라를 다스리는 자의 급선무인데, 너희 나라는 어찌하여 성을 쌓지 않았는가?" 하였습니다. 중국 사람들은 자기 나라의 성이 장려한 것을 늘 보아왔으므로 우리나라에 성이 없다고 한 것입니다. 중국 사람들이 와서 보고 어찌 우리나라가 백성의 힘을 아껴서 쌓지 않는 것인 줄 알겠습니까? 반드시 우리나라의 국력이 부족하여 쌓을 수 없는 것이라고 생각할 것입니다. _중종실록 15년(1520) 2월 25일

전쟁이 적어서 백성의 힘을 고갈시키며 굳이 거대하게 쌓을 필요가 없었던 것도 한 원인이었던 것 같다. 허균의 형인 허봉1551~1588이 중국에 사신으로 다녀오면서 적은 기행문에도 이렇게 적혀 있다.

탕참湯站을 지났다. 탕참은 실로 조그만 보루이나 성 갖춤이 완전하고 견고하므로 비록 공격을 받더라도 쉽게 무너지지 않을 것이다. 이로 미루어 중국이 크다는 것을 알 수 있다.

우리나라는 그렇지 못하여서 돌을 쌓아 올리면 울퉁불퉁하여 고르지 않고 서로 어긋나, 하나만 뽑으면 따라서 무너지므로 지탱하기가 어렵다. _『조천기』 갑술년(1574) 6월 18일

중국에서는 벽돌을 쌓거나 흙을 다져서 성을 쌓았다. 만리장성에 가면 벽돌로 쌓은 성을 쉽게 볼 수 있다. 토성은 흙을 막 쌓아 올린 것이 아니라, 일정한 간격으로 기둥을 세우고 그 사이에 진흙을 시루떡처럼 층층이 달고로 다져가며 쌓는 판축법版築法을 흔히 사용했다. 중국에서는 항토축성夯土築城이라고 한다. 풍납토성 축조 모형에서 이 모습을 볼 수 있다.그림 9 1980년대 전반에 몽촌토성 성벽을 발굴했을 때에 일정한 간격으로 기둥 구멍이 나와서 목책 시설인 줄 알고 근래까지 성벽 외측에 목책 모형을 세워놓았으나, 2014년 다시 발굴해보니 판축을 위해 박았던 기둥 구멍으로 확인되었다.

그러나 혁련발발赫連勃勃, 381~425이 5호16국의 하나인 혁련하赫連夏를 세우고 건설한 중국 오르도스 지방의 통만성統萬城은 달랐다. 점토와 모래에 탄산칼슘을 섞어서 화학반응을 유도해 아주 단단한 성벽을 만든 것

그림 9 풍납토성 축조 모형(2014. 6.)

이다. 성벽을 쌓을 때에 송곳이 한 치만 들어가도 책임자를 그 자리에서 죽여 성벽 속에 넣어버렸다고 한다. 그 결과 성벽이 얼마나 단단했는지, 그 벽을 숫돌로 삼아 칼과 도끼를 갈았다고 한다. 흙을 찌듯이 쌓는다고 하여 증토축성烝土築城이라 하는데, 백제 초기에 이 기술을 도입하여 몽촌토성을 쌓았다.

우리나라에서는 서울 풍납토성이나 경주 월성, 청주 정북동토성처럼 토성도 쌓기는 했지만 극히 일부이고, 대부분은 천지에 널려 있는 돌을 가지고 쌓았다. 그러니 가지런히 쌓기도 어렵고 쉽게 무너져 견고성에서 중국보다 떨어진다. 수원 화성처럼 조선 후기에 벽돌 성을 쌓으려는 시도는 여기서 나왔다. 박제가1750~1805도 이를 비교해서 지적했다.

돌 하나를 놓고 보면 벽돌 하나에 비하여 훨씬 견고하다. 그러나 돌을 쌓아서 만든 것의 견고함은 벽돌을 쌓아서 만든 것의 견고함에 미치지 못한다. 돌의 성질은 접착이 잘 되지 않는 반면, 만 개의 벽돌은 회로 바르기만 하면 전체가 하나로 합쳐질 수 있기 때문이다. … 지금 성을 쌓을 때에 무거운 돌을 하나라도 겹쳐놓으면 겉으로 보기에는 웅장한 듯 보이지만 실상은 이가 맞지 않아서 그 가운데 하나라도 빠지게 되면 우르르 무너지는 것을 막을 도리가 없다. 성이 조금이라도 높으면 붕괴되기가 더욱 쉽다. 성이 무너지려고 하면 성벽의 배가 점점 부풀어서 마치 곡식을 담은 자루 모양이 된다. 또 성가퀴가 자주 무너지는데, 그것은 회로 때운 곳이 돌처럼 잘 굳지 않기 때문이다. _『북학의』 내편, 성

서양 역사를 보면 석성의 천적은 대포였다. 대포가 등장하면서 성벽은 '마치 연극 무대의 장식처럼' 부서졌다. 이에 따라 성벽 형태와 구조가 변했다. 돌 대신 흙으로 쌓거나 성벽의 안팎 석축 사이에 흙을 두텁게 채워 넣어서 대포에 대응하였으니, 탄환은 흙벽에서 위력을 제대로 발휘하지 못했다. 대포 얘기가 나왔으니, 하나 더 언급하고자 한다. 서양에서 대포는 그 엄청난 무게 때문에 끌고 다닐 수 없었다. 이리하여 장인을 데리고 다니면서 현지의 종을 징발하여 대포를 주조해 사용하였고, 싸움이 끝나면 다시 녹여 종을 만들어주었다. 우리나라에서도 비슷한 일이 있었다. 선조 때에 절의 종을 녹여 무기를 만든 사례가 나타나는데, 다만 이를 되돌려 종을 만들어주지는 않았다. 다음 기록이 그러하다.

하삼도에 있는 절의 종을 거두어서 총통銃筒을 주조하라고 하삼도에 명하다. 임금께서 "불씨佛氏, 불교는 본시 자비와 보시이니, 머리와 눈까지 아끼지 않고 인명을 구한다. 하물며 지금은 국가가 어려운 처지에 있고

변방의 백성들이 도탄에 빠져 있으니, 그 종을 버려서 적국을 막는 것은 불씨가 듣기 바라는 것이다"고 하교하다. _『계갑일록』 계미년(1583) 7월 3일

그림 10 무너진 삼년산성 성벽(2015. 12.)

전쟁 중에 비변사가 아뢴 말에서도 군기시가 회암사의 종으로 포를 주조하였고, 종로에 깨진 채 박혀 있는 종으로 역시 포를 주조하려 한 사실이 확인된다. 선조실록 1596. 1. 28.

같은 석성이라도 일본 성에 비해 우리나라 성이 더 잘 무너진다. 그림 10 우리나라 성은 지면과 수직을 이루는 반면에 일본 성은 지면과 비스듬하게 쌓아 올려져 있다. 이 때문에 임진왜란 때에 우리 땅에 왜군이 쌓은 성은 우리 것과 확연히 구분된다. 이익 1681~1763도 이런 점을 지적했다.

성을 쌓을 때에 아래는 넓고 위는 점점 좁아지게 하여 밑에서 기어오를 수 없게 하였으며, 비록 충격을 가하더라도 허물어지지 않으니, 우리나라의 성이 우뚝 서서 허물어지기 쉬운 것에 비할 바가 아니다. 그러므로 성을 공격하기가 매우 어려워 예로부터 침입을 당할 근심이 없었다.

_『성호사설』 인사문, 왜지수성倭知守城

방어 시설에서 산성과 석성이 특색을 이루었다면, 무기에서는 편전이 그러하였다. 고구려가 자기네 역사라고 주장하는 중국의 동북공정 때문에 한참 시끄럽던 2004년 8월에 아테네 올림픽에서 한국 여자 양궁 팀이 중국을 아슬아슬하게 꺾고 우승을 차지하였다. 이때 서울신문에서 '고주몽의 딸들 중中 도전 눌렀다'는 제목을 뽑았다.그림 11 고구려를 건국한 고주몽의 '주몽'은 활을 잘 쏘는 사람이란 뜻이다. 그래서 한국 낭자들을 고주몽의 딸들이라고 표현했다. 그럼으로써 양궁만 아니라 고구려 동북공정에서도 중국의 도전을 누르고 싶은 심정을 드러낸 것이었다. 우리 민족은 예로부터 활을 잘 쏘는 것으로 유명했고, 그 피를 오늘날 양궁으로까지 이어받았다.

임진왜란 때에 좌의정 김응남이 선조에게 올린 글에서도 활과 화살이 으뜸이라는 지적이 나온다.

> 대체로 우리나라의 장기는 궁시弓矢, 활과 화살만 한 것이 없습니다. 오늘날 군사 훈련의 요점은 궁시가 으뜸이고, 조총이 그다음이고, 도창刀槍, 칼과 창이 그다음입니다. 세 가지 가운데 진실로 한 가지라도 폐지해서는 안 되며, 또한 한쪽으로 치우쳐 후대하거나 박대해서도 안 됩니다. _선조실록 28년(1595) 9월 24일

활은 크기에 따라 장궁長弓과 단궁短弓으로 나뉘고, 사용 재료에 따라 나무 하나를 사용한 통나무 활과 나무에 물소뿔, 쇠힘줄 등을 부레풀로 붙인 복합궁으로 나뉜다. 물소뿔은 활 안쪽에 붙어서 탄성을 높이는 역할을 하고, 쇠힘줄은 바깥쪽에 붙어서 복원력을 높이는 역할을 한다.

'고주몽의 딸들' 中도전 눌렀다

양궁 女단체 중국 추격 1점 … 5연패

한국 여자양궁 단체전 5연패 일지

그림 11 양궁 기사
(서울신문 2004. 8. 21.)

물소뿔은 모두 사용하는 것이 아니라 측면을 길게 베어내어 일부만 사용한다. 우리나라는 단궁이자 복합궁으로 사거리가 긴 반면에, 일본은 장궁이자 통나무활로 사거리가 짧다. 일본은 습기가 많아서 접착력이 떨어져 복합궁을 만들기가 어렵다고 한다. 남방에서 나는 물소뿔은 중국을 통해서 들여와야 하는데, 금수품으로 되어 있어 몰래 들여와야 했다. 따라서 대표적인 복합궁인 각궁角弓은 국내에서 다량으로 만들기 어려운 고급 활이었다.

또 우리는 전통적으로 원거리에서 적을 제압하는 전술을 구사하여 활을 중시했고, 근거리에서 사용하는 칼이나 창은 이를 보조하는 역할을 하였다. 일본에서 근접전에 사용하는 칼을 중시했던 것과 대비된다. 홍대용이 중국인과 나눈 대화에서 중국과 우리 활의 위력을 비교해볼 수 있겠다.

내가 말하기를, "당신네 활이 비록 크고 강하나 살이 나무요 깃이 넓으니, 필연 멀리 보내지 못할 것입니다"고 하였다. 주인이 말하기를, "이는 말 위에서 도적과 짐승을 쏘는 것입니다. 사십 보는 능히 갑니다"고 하였다.

내가 말하기를, "우리나라 활은 비록 크기는 작으나 살을 다 대나무로 만든 것이라, 한번 쏘면 가까울 때 백이삼십 보요 멀 때 혹 삼사백 보를 가니, 당신네 활과 화살은 종시 쓸 데가 없구려" 하였다. 주인이 웃으며 말하기를, "그대 거짓말로 우리를 놀리는군요. 어찌 그리 멀리 갈 리가 있습니까" 하였다. _『을병연행록』 1765. 12. 6.

화살은 보통 120센티미터 정도가 되는데, 이보다 3분의 1 정도로 작은 편전은 크기에 비해 위력이 대단하여 우리나라 화살을 대표하였다. 각궁이 장총이라면 편전은 성능 좋은 소총의 탄환이라고 할 수 있다. 이익은 편전에 대해서 이렇게 설명했다.

우리나라 군대에서 쓰는 무기에 편전片箭이 있는데, 길이가 짧아서 잔뜩 당겨서 쏠 수 없다. 그러나 대나무 통을 사용하여 힘껏 당겨 쏘면, 튀어나가는 힘이 맹렬하여 먼 거리에 미치고, 뚫고 들어가는 힘도 아주 세다. 적들은 이를 두려워하여 "조선의 애기살童箭이다"고 한다. _『성호사설』 만물문, 변전邊箭

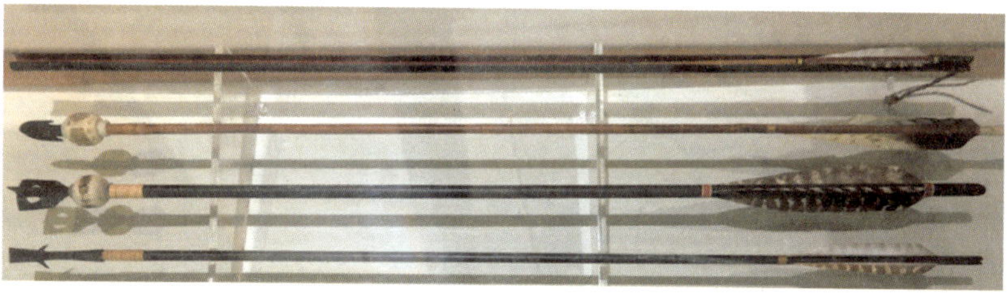

그림 12 통아에 넣은 편전(맨 위)과 일반 화살(2015. 8.)

편전은 너무 짧기 때문에 일반 활에 곧바로 메겨 쏠 수가 없다. 이 때문에 발사용 보조기구인 통아가 필요하다. 대나무를 반으로 쪼갠 단면 U 자형 통으로서, 편전을 여기에 넣어 화살만 날아가게 발사하였다.그림 12 편전의 유래에 대해서 이덕무1741~1793는 이렇게 소개하였다.

> 편전은 우리나라에만 있다. 그래서 중국의 창이나 일본의 총과 함께 천하무적이 되었다. 상고하건대, 중경유수 김강신이 원나라 군대에 포위되어 무기가 다 떨어졌을 때에 동전으로 화살촉을 만들어 사용했고, 원나라 병사의 화살 하나를 얻으면 넷으로 잘라서 통편筒鞭으로 발사했으니, 이것이 편전의 시작이다. _『청장관전서』 앙엽기盎葉記 2, 편전片箭

여기서 통편이란 앞서 말한 통아를 의미할 것이다. 2015년 11월에 해군사관학교에 새로운 이순신 동상을 세웠는데, 칼을 잡고 있는 지금까지의 동상과 다르게 왼손에는 활을 들고, 등에는 편전과 장전長箭, 일반 화살이 든 화살통을 메고 있는 모습으로 묘사되었다고 한다. 조선의 장기인 활과 편전이 마침내 제대로 반영된 것이다.

아무리 활쏘기에 능했다고 하지만, 임진왜란 때에 서양식 신식 무기인 조총으로 무장한 왜군을 당해내기에는 역부족이었다. 새로운 전쟁의 서막이 열린 것이다.

만주와 여진족

한반도는 북쪽으로 만주와 연해주를 머리에 이고 있다. 만주와 연해주는 한반도의 6배나 되는 드넓은 땅이다. 지금은 중국과 러시아 땅으로 갈라져 있지만, 과거에는 한 덩어리로서 독자적인 역사와 문화를 일궈왔던 곳이다. 이전에는 한반도의 모습을 토끼로 비유했지만, 일제강점기의 잔재라고 해서 더 위엄이 있는 호랑이에 비유한다. 중국 땅은 닭의 모양에 비유한다. 서부는 꼬리, 하이난 섬은 다리, 만주는 머리, 한반도는 부리, 일본 열도는 부리로 쪼아 먹는 모이처럼 보인다.

랴오닝성, 지린성, 헤이룽장성의 동북3성과 내몽고 동부를 포함한 지역이 바로 만주인데, 중국에서는 '만주'라는 말을 기피한다. 일본이 침략해서 만주국이란 괴뢰정권을 세운 것을 연상시킨다는 명분을 내세우지만, 실은 만리장성을 경계선으로 중원과 구별되는 독립적인 지역이란 의미를 내포하기 때문이다. 중국의 일부라는 의미가 퇴색될까 염려하는 것이다. 만주국이 세워지기 이전부터 있었던 만주족도 줄여서 '만족'이라 부른다. 그래서 만주란 말은 근대에 새로 등장한 '동북지방'이란 말로 대체되었다.

그러나 역사학자의 눈으로 과거를 보려면 만주라고 해야 옳을 것이

그림 1 만주리 시가(2007. 8.)

다. 중원과 다른 역사가 이루어진 곳이기 때문이다. 러시아와 접한 국경 도시에 만주리滿洲里가 있는데, 러시아어인 만추리야Маньчжурия의 발음을 따서 1901년에 붙인 지명이다. 중국 땅인데도 러시아풍 건물들이 즐비한 이국적인 도시이다.그림 1 영어도 만추리아Manchuria인데, 'Manchu'에 서양식 지명 어미인 'ia'가 붙어서 만들어진 것이다. 몽골 지역을 몽골리아Mongolia라 하는 것과 같다. 참고로 만주를 가로질러 흐르는 쑹화강을 영어로 숭가리Sungari라고 적는데, 만주어로 은하수를 뜻하는 숭가리 비라Sunggari bira에서 유래한 것이다.

1635년에 처음 등장하는 '만주'는 원래 부족 이름이었다가 나중에 지명으로까지 발전했다. 청나라 때인 1778년에 편찬된 책에는 이렇게 설명되어 있다.

살피건대 만주滿洲는 본래 부족 이름이었다. … 국서國書를 보면, 만주는 본래 만주滿珠로서 두 글자는 모두 평성平聲으로 읽는다. 우리 조정이 동쪽 땅에서 새로 나라를 열자 매년 서장西藏, 티베트에서 단서丹書, 붉은 글씨의 국서를 바쳤는데, 모두 만주사리대황제曼珠師利大皇帝라고 호칭했다. 그 뜻을 번역하면 만주는 중국어로 묘길상妙吉祥이다. 만수실리曼殊室利라고도 했다. … 위대한 호칭은 여기에서 비롯되었다. 지금 한자로 만주滿洲로 쓰는데, 주洲 자가 지명에 가까운 뜻을 지녔기에 임시로 쓰다가 굳어진 것이다. 사실 만주는 부족 이름이지 지명이 아니다. _『만주원류고』 만주

만주의 유래에 대해서는 수많은 설이 있다. 위의 자료와 연관하여 티베트에서 문수보살을 만수曼殊라고 한 데서 유래했다는 설이 있는가 하면, 건주建州 여진족의 수령인 이만주李滿住에서 유래했다는 설도 있다.

만주 땅에는 대대로 세 종족 계통이 살아왔다. 서쪽의 다싱안링大興安嶺산맥 일대에는 동호족東胡族이 유목하면서 오환, 선비, 거란, 몽골 등으로 불렸다. 선비족은 중국의 남북조시대에 전연前燕을 비롯한 여러 북방계 국가를 건설했으니, 다싱안링산맥 북부에 있는 가셴둥嘎仙洞, 그림 2에서 발상하여 중원까지 남쪽으로 내려왔다. 랴오둥과 쑹화강 상류 일대에는 예맥족이 거주하면서 부여, 고구려, 발해를 건설했다. 창광차이령長廣才嶺의 동쪽에서 일어난 종족

그림 2 가셴둥 입구(2007. 8.)

그림 3 금나라 때의 여진인

은 숙신족으로서 시간의 흐름에 따라 읍루, 물길, 말갈로 불렸다. 고구려 유민과 함께 발해국을 세운 종족이 말갈족이다. 말갈족의 명칭은 발해가 멸망한 직후에 여진족으로 바뀌었다. 이러는 사이에 이들의 터전도 점차 남하하면서 예맥족을 만주에서 한반도로 밀어내는 형세가 되었다. 여진족은 금나라를 세웠고,그림 3 재차 흥기하여 청나라를 세우면서 종족 이름도 만주족으로 변경하였다.

애국가에도 나와 있듯이 백두산은 우리 민족이 숭배하는 산이다. 『고려사』에 따르면, 왕건의 시조인 호경虎景이 성골장군이라 자칭하면서 백두산으로부터 왔다고 한다. 백두산은 신라나 고려에 속하지 않고 오히려 고구려와 발해의 영역이었는데도 신성시되었던 모양이다.

그렇지만 고대 북방민족인 물길이나 그 후신인 말갈도 이 산을 성스럽게 여겼다.

그 나라 남쪽에 도태산徒太山, 백두산이 있는데, 중국 말로 태백太白이라 한다. 풍속에 이 산을 아주 경외하여, 사람들이 산 위에서 소변을 누어 더럽히지 못한다. 산을 지나는 사람은 물건에 오물을 담아서 가져간다.

> 산 위에는 곰, 말곰, 표범, 이리가 있으나 모두 사람을 해치지 않고, 사람도 그들을 감히 죽이지 않는다. _『북사』 물길국 전기

그림 4 추대받은 만주 시조

백두산은 만주족의 시조가 탄생한 산이기도 하다. 그 전설은 이러하다.

> 장백산 동쪽에 포고리산布庫哩山이 있고, 그 밑에 포륵호리布勒瑚里란 못이 있다. 전설에 세 천녀天女가 여기서 목욕할 때에 신령스런 까치가 붉은 과일을 물어다가 막내 옷에 두었다. 막내가 입에 물자 과일이 홀연히 뱃속으로 들어갔고, 그녀는 임신을 하게 되었다. 얼마 뒤에 사내아이를 낳았는데, 태어나자마자 말을 하고 생김새도 남달랐다. 그가 자라자 천녀가 붉은 과일을 삼켰던 일을 말해주고, 그에게 애신각라愛新覺羅란 성과 포고리옹순布庫哩雍順이란 이름을 지어주었다. 선녀가 작은 배를 주고서 "하늘이 너를 낳게 한 것은 어지러운 나라를 안정시키려는 것이니, 그곳에 가서 다스리도록 하라"고 말하고는 하늘로 올라가 버렸다. … 서로 싸우던 3성姓 집단이 상의하여 그를 지배자로 삼고, 여자를 주어 아내로 맞이하게 하고, 패륵貝勒으로 받들었다.그림 4 장백산 동쪽 악다리성鄂多理城에 거주하면서 만주라고 불리게 되었다. 이것이 국가 개창의 시작이다. _『만주원류고』 만주

패륵은 만주어로서 왕에 상당하는 귀족을 뜻한다. 포고리산은 백두산 정상에서 동쪽으로 27킬로미터 떨어져 있는 적봉赤峰이고, 포륵호리는 그 북서쪽에 있는 원지圓池인데, 북중 국경선 부근이라서 우리는 접근하기 어려운 곳이다. 하늘에서 내려온 세 여인이 목욕했다고 해서 원지는 천녀욕궁지天女浴躬池라고도 부른다. 이런 전설 때문에 만주족도 까치를 신성시한다.

여기에 나오듯이 청나라 황제의 성은 애신각라이다. 그런데 한자 표기를 자세히 보면 신라新羅란 글자가 들어가 있다. 한자 뜻풀이를 하면 마치 "신라를 사랑하고 깨닫는다"는 의미처럼 느껴진다. 이 때문에 태조 누르하치가 신라 사람의 후손이란 말이 국내에 그럴듯하게 퍼져 있다. 『송막기문』에서 '여진 추장은 신라인'이라 한 것과 겹쳐져 더욱 증폭되었다. 조금 더 자세히 나오는 『금사』에는 금나라 건국자 아골타阿骨打의 시조가 고려에서 왔다고 되어 있다.

금나라의 시조는 이름이 함보函普인데, 처음 고려에서 올 때에 나이가 이미 60여 세였다. 형 아고내阿古迺는 불교를 좋아해서 동행하지 않고 고려에 남으며, "후세에 자손들이 반드시 모일 것이니, 나는 갈 수 없다"고 하였다. 이에 홀로 동생 보활리保活里와 함께했다. 시조는 완안부完顔部 복간수僕幹水 옆에 거주하고, 보활리는 야라耶懶에 거주했다. 그 후 호십문胡十門이 갈소관曷蘇館을 가지고 태조에게 귀의하면서 그의 조상 3형제가 서로 이별했던 사실을 말하니, 바로 아고내의 후손임을 이른 것이다. _『금사』 시조 세기世紀

그러나 애신각라는 만주어 '아이신 기오로'의 발음을 한자로 적은 것에 불과하다. '아이신'은 황금을 뜻하고, '기오로'는 종실宗室을 뜻한다. 누르하치의 원래 성씨는 단지 '기오로'였는데, 건국한 뒤에 자신과 가까운 친족을 다른 친족과 구별하기 위해서 '아이신'을 추가한 것이다. 그가 세운 나라는 '아이신 구룬'이었으니, 금나라란 뜻이다. 그런데 앞 시기에 이미 금나라가 있었기에 후금後金이라 부르다가 청나라로 바꾸어 불렀다.

여진은 기록에 따라 주선朱先, 주이진珠爾眞, 주리진朱理眞, 제신諸申 등 다양하게 나타나는데, 모두 '주션'을 한자로 표기한 것이다. 조선朝鮮도 이와 동일한 것으로 연결시켜 해석하려는 견해도 있지만, 종족적으로는 다른 계통이다. 위와 다소 중복되는 부분이 있지만, 이덕무의 글을 인용해보겠다.

장자열은 "금나라의 본명은 '주리진'인데, 외국의 옛말을 잘못 불러 '여진'이라 하게 되었다. 또 거란 흥종 임금의 이름【상고하건대 흥종의 이름은 종진宗眞이다】을 피하여 여진을 여직女直으로 고쳤다. 숙신의 후예요 발해의 형님 족속으로서, 거란의 동북쪽 구석에 궁벽지게 거주했다. 일설에 처음 추장은 신라인으로서 완안씨라 했는데, 완안은 중국 말로 임금을 말한다. 여진이 딸로 아내를 삼아주어 두 아들을 낳았고, 그 계보가 아골타까지 내려왔다. 그 나라에 금이 생산되고 금수金水의 발원지가 있어서 국호를 금이라 했다." 장자열의 말은 여기까지이다.

고찰해보면, 몽고 방언에서 은을 '몽고'라 하므로 그것을 국호로 삼았다. 여진 방언에서는 금이 아이신이므로 청나라 황제의 성을 아이신

기오로라 하였는데, 기오로는 종실의 후예와 같은 말이다. 대체로 금나라 사람의 후예로 자칭했기에 성으로 삼은 것이다. 『언청言鯖』을 살펴보니, "여진이 금으로 국호를 정하자, 몽고가 은으로 국호를 정했다"고 하였다. _『청장관전서』 앙엽기, 요금몽고국명遼金蒙古國名

장자열은 명나라 사람으로 『정자통正字通』을 지었고, 여종옥은 청나라 사람으로 『언청』을 지었다. 위의 글은 이들 책에서 인용한 것이다. 『몽골비사』에 여진을 주르처Jurce 또는 주르천Jurcen이라 하였으니, 영어 표기 주어천Jurchen, 주르첸도 여기서 유래했다. 주르천은 그들의 먼 조상인 '숙신'의 발음이 변한 것으로 보고 있다. 따라서 '여진'은 본래 발음과 거리가 있는 한자식 표기이다.

'몽고'는 은이란 뜻을 지녔다고 했지만, 그 나라 말로 몽고는 몽골Mongol이고, 은은 몽구monggu라서 다르다. 다만 몽구가 한자어 몽고와 발음이 유사해서 그런 해석이 나온 게 아닌가 생각된다. 몽고보다 앞서는 가장 이른 시기의 한자 표기는 몽올蒙兀이었으므로, 은과는 무관할 것이다.

위의 원문에 몽고 방언, 여진 방언이라 했는데, 지금 말하는 사투리란 뜻이 아니다. 중국인 입장에서 한어漢語 또는 청나라 입장에서 만주어를 기준으로 삼고, 나머지는 모두 방언이라 표현한 것이다.

따지고 보면 여진은 특정 종족 집단이 아니라 만주에 살던 변방 야인野人을 총칭하던 말이다. 숙신에서 읍루, 물길, 말갈, 여진, 만주로 명칭이 바뀌어 갔으나, 이들이 종족적으로나 언어적으로 동일 계통이라 단정하기는 어렵다. 그 안에서 많은 이합집산이 있었을 것이다. 거란은

그림 5 백성 유적(2004. 5.)

발해를 멸망시키고 말갈 후예를 숙여진熟女眞과 생여진生女眞으로 양분했다. 익은 것과 날것으로 나뉜 데서 짐작할 수 있듯이, 숙여진은 요나라에 복종하던 만주 남부의 여진족이고, 생여진은 이보다 북쪽에 방임해 두었던 여진족이다.

생여진의 완안부에서 일어나 여진족을 통일한 인물이 아골타이다. 그는 1115년에 금나라를 건국했고, 그 나라는 1234년까지 120년간 유지되었다. 여진족의 황금기였다. 금나라의 건국지는 지금의 헤이룽장성 아청阿城에 있는 백성白城이다.[그림 5] 만주에서만 따지면 역사상 가장 북쪽에 있었던 수도이지만, 12년 뒤에 남쪽으로 천도하고 만다. 그다음으로 북쪽에 있으면서 150년 이상에 걸쳐 장기간 유지된 수도는 발해 상경성이다.[그림 6]

금나라는 몽골에 무릎을 꿇고 여진족은 다시 산야에 흩어져 살았는데, 명나라 때에 와서는 크게 세 부류로 나뉘었다. 만주 남부의 두만강

그림 6 상경성 제1궁전지(2004. 5.)

과 압록강 일대에 살아서 조선왕조실록에 제일 많이 나오는 집단이 건주建州여진으로서, 누르하치가 여기서 나와 금나라의 후신을 건국하였다. 그 뒤에 종족 이름도 만주족으로 바꾸었다. 주션이란 종족 명칭에 노복, 종의 의미가 있기 때문에 청 태종이 족명을 만주로 바꾸게 된 것이다.

누르하치가 건국한 곳은 건주여진 가운데서도 제일 남쪽에 속하는 곳이다. 랴오닝성 신빈에 있는 허투알라赫圖阿拉고성이 그곳이다. 1616년 설날에 누르하치가 이곳에서 황제의 옷을 입고 대금大金 국호를 선포하였다. 청나라의 발상지요, 만주족이 흥기한 요람지이다. 성 안에 있는 여러 건물 가운데, 누르하치 생가가 복원되어 있어 눈길을 끈다.그림 7

건주여진보다 북쪽에는 해서海西여진이 있었고, 이보다 더 동북쪽 멀리에 야인野人여진, 즉 동해부東海部가 있었다. 이것은 단지 지역적인 구분에 불과하여, 그 안에도 다양한 집단들이 포함되어 있었다.

이들은 좁은 의미의 여진으로서 금나라 여진의 후예들이다. 여기에

그림 7 누르하치의 집(2012. 6.)

종족 계통이 분명하지 않은 오랑캐, 우디기 등과 같은 집단도 포함하는 경우가 많다. 오랑캐와 우디거의 종족명은 『용비어천가』에 등장한다.

『이역지異域志』에 이르기를, 작은 야인국은 여진의 북쪽에 있는데, 성질이 사납고 죽고 사는 것을 겁내지 않는다. 아버지와 아들 사이에 서로 죽이는 것을 보통으로 여긴다. 얼굴에 문신을 해서 종족을 표시한다. 또 큰 야인국이 있다. 우리나라 풍속에 알동斡東 등에 사는 올량합兀良哈, 올적합兀狄哈 및 여진 여러 종족을 야인이라 통칭한다. _『용비어천가』 제4장

원문에는 올량합에 '오랑캐', 올적합에 '우디거'라는 우리식 발음이 달려 있다. 오랑캐란 발음을 한자로 표기하다 보니 실록에 오랑개吾郎改, 오랑합吾郎哈, 오량개吾良介, 올랑개兀郎介 등으로도 나온다. 오랑캐는 시기에 따라 다양한 지역에서 다양한 종족을 나타내는 명칭으로 사용되었

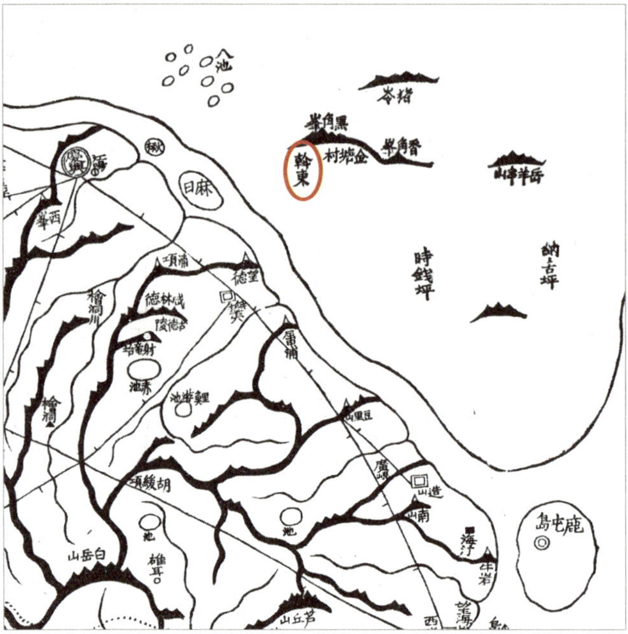

그림 8
알동의 위치

다. 다시 말해서 한자 표기가 같다고 해서 모두 동일한 종족이 아니다. 예를 들어 몽골에 속한 오랑캐가 있었는가 하면, 위와 같이 조선 변경에 살던 오랑캐가 있었다. 우디거는 들판이란 뜻을 가지는데, 실록에는 올적개兀狄介, 우적합于狄哈, 우적개亐狄介, 우지합亐知哈 등으로도 나온다.

오랑캐와 우디거는 알동 일대에 사는 종족이라 했다. 『대동여지도』에서 볼 수 있듯이, 알동은 두만강 하류 도시인 경흥, 즉 지금 북한에서 은덕이라 부르는 곳에서 강을 건넌 곳에 있었는데,[그림 8] 아마 지금의 러시아 땅에 해당할 것이다. 이곳에 이성계의 고조와 증조가 살았던 것으로 알려져 있다. 따라서 위에 인용한 두 종족은 만주 동부와 연해주 일대에 살았던 것을 알 수 있다. 특히 우디거는 연해주 시호테알린산맥에 사는 러시아 소수민족인 우데게이족과 연관이 있을 것이다.

여기서 '오랑캐'란 한글 표기가 처음 등장한다. 원래 특정한 종족명이었던 오랑캐는 시간이 흐르면서 이민족을 얕잡아 부르는 보통명사로 변해갔다. 호인胡人, 즉 되놈이란 말과 동일한 의미가 된 것이다. 나중에는 왜적까지 섬오랑캐로 부르게 된다. 지금 흔히 사용하는 오랑캐란 단어는 이렇게 만들어졌다. 중국이 주변 종족을 오랑캐라 불렀고, 우리도 여진이나 왜에 대해서 오랑캐라 불렀는데, 북방 민족은 오히려 중원의 한족을 남쪽 오랑캐蠻子로 불렀다.

수촌자에서 20리를 가서 만자령蠻子嶺을 넘었다. 고개 밑에는 길 왼편에 100여 호가 있는데, 이름을 만자촌이라고 하였다. 대개 북방의 풍속에 한인漢人을 '만자'라고 부른다. 원나라가 남송을 탈취하고 그 백성을 포로로 잡아다가 만군蠻軍이라 하면서 모욕을 주었다. 옛날부터 이미 그러하였다. _『연행기』 1790. 7. 8.

조선에서는 북방 민족을 번호藩胡와 심처호深處胡로 양분하였다. 다음은 함경도 경원현 새별 부근의 오랑캐가 반란을 일으켰을 때에 사관이 덧붙여 설명한 부분이다.

북방의 오랑캐 가운데 변방의 보루에 가까운 강 너머에 살면서 무역을 하고 공물을 바치는 자들을 번호라고 한다. 또 백두산 북쪽에 사는 여러 오랑캐로서 아직 친근하게 따르지 않은 자들을 심처호라고 하는데, 그들도 때때로 변경에 찾아와 정성을 바치기도 한다. 심처호가 국경에 들어오려 하면 번호가 즉시 보고하고 이들을 보호하거나 도와주는 역할을 한다. 선대 임금 때부터 번호를 후하게 대해준 것은 이 때문이다.
_선조수정실록 16년(1583) 2월 1일

번호는 말 그대로 국경 부근에 흩어져 살아서 조선의 울타리 역할을 하는 오랑캐이고, 심처호는 더 먼 곳에 있어서 왕래가 잦지 않은 오랑캐이다. 번호 가운데서도 세종 때에 함경도를 개척하여 설치한 육진六鎭 부근에 사는 오랑캐는 성저야인城底野人이라 불렀다. 누르하치가 속한 건주여진도 심처호였으니, 국경 부근에 살던 번호와는 다른 집단으로 분류되었다.

노병奴兵이 경원 아산보 경내에서 번호를 수색하고 노략했다【노奴는 곧 건이建夷이다. 처음에는 노호老胡라고 불렀는데 중국 조정이 노호奴胡로 개칭했다】. _광해군일기 3년(1611) 8월 12일

건이는 건주여진이다. 그 추장을 조선에서는 노을가적老乙加赤이라 하였기에 노호老胡라 불렀는데, 중국에서는 노아합적奴兒哈赤이라 하였기에 노호奴胡로 바꾸었다고 한다. 노을가적이나 노아합적이나 모두 청나라 건국자 누르하치를 가리킨다.

함경도 오지에는 여진인이 더 많고, 이를 방비할 조선인은 적었던 모양이다. 함경도 어사 어영준이 보고한 내용이다.

신이 회령에서 경흥까지 차례로 다섯 진鎭을 거쳐 왔는데, 저쪽 사람들은 강을 따라 열 지어 거주하여 취락이 잇닿아 있는 반면에, 우리는 백

성의 거주지가 1백 리나 되는 사이에 겨우 4, 5가구가 있을 뿐이었습니다. 성 안에 사는 사람들을 모두 모아서 병사로 삼았는데, 몸에 갑옷을 입지 않고 손으로 활시위를 당길 줄 모르는 사람이 절반이 넘었습니다. _중종실록 17년(1522) 6월 25일

같은 지역에 살더라도 여진인과 조선인은 생활습관이 달라서인지 구별되었다. 1990년대에 만주를 답사할 때에 한 조선족 학자가 시골집에 들어서면서 대뜸 조선말로 안에 사람이 있는지를 물었다. 어떻게 조선족 집인 줄 알았느냐고 물었더니, 집 모양새나 벽에 걸린 농기구, 생활용품 등을 보면 금방 알 수 있다고 대답했다. 아마 조선시대에도 이런 식으로 구별되었을 것이다.

1992년 11월에 아무르 강가의 나나이족 마을을 방문했을 때에 고려인 여성과 니브히족 남성이 부부를 이루고 있는 것을 보았다. 부득이한 일이었지만, 조선인이 여진 여성과 결혼했다가 소속 문제가 발생한 적이 있다.

이에 앞서서 창성부昌城府, 평안북도 창성의 아전 김효진이 신사년1461 겨울에 올적합에게 사로잡힌 다음에 팔려 나가서 자을지의 집안 종이 되었다. 이때에 이르러 그 아내 두지와 함께 도망해 왔다. 함길도 종성부에 이르자 김효진은 아내를 우리나라 사람이라고 하고, 야인은 여진 사람이라고 하여 다툼이 그치지 않았다. 절도사 허종이 두지를 야인에게 주었다. _세조실록 13년(1467) 10월 17일

이틀 뒤에 왕은 허종에게 지시를 내려, 두지가 우리나라 사람이라고 스스로 말하는데도 제대로 분간해보지도 않고 돌려주었다고 책망하고, 김효진이 고향으로 가서 살 수 있도록 배려해주었다.

여진족의 주된 생업은 수렵이었고, 조선인의 주된 생업은 농업이었다. 이에 따라 여진인은 가죽을 가지고 와서 소금, 철, 소와 바꾸어 갔다.

다음은 조선 전기에 서울에 온 여진족을 접대하던 관청인 북평관에서 예조에 보고한 여진족의 풍습이다. 여진족이 직접 구술한 내용이다.

> 대체로 본토의 산물로서 노루와 사슴이 많고, 곰과 호랑이가 그다음이요, 스라소니土豹와 노랑가슴 담비貂鼠가 또 그다음입니다. 소와 말은 사시사철 초원에 방목하되, 타는 말에게만은 꼴과 콩을 먹입니다. 만약 꼴과 콩이 부족하면 노루나 사슴 고기를 썰어서 물고기와 함께 사료로 삼습니다.
>
> 혼인 예법을 말하자면, 여자가 태어나서 10세 전에 남자의 집과 약혼합니다. 남자 집에서는 나이가 찰 때까지 세 차례 잔치하고, 두 차례 소와 말 각각 한 마리를 주고서, 나이 17, 18세가 되기를 기다려서 혼례를 지냅니다.
>
> 아비가 죽으면 그 첩에게 장가들고, 형이 죽으면 그 아내에게 장가듭니다. 우지합亏知哈은 부모가 죽으면 머리를 땋고 그 끝에 방울 두 개를 다는 것을 상복으로 삼습니다. 시신은 큰 나무 아래에 두고, 그 아래에 나아가서 말을 잡아 그 고기는 먹고 가죽과 갈기와 꼬리와 다리를 벌려서 겁니다. 이와 함께 생전에 쓰던 활과 화살도 둡니다. 상중에 고기 먹는 것을 꺼리지 않으나, 1백일 안에는 금수의 머리나 눈을 먹지 않습니다.

여진인은 시신을 화장합니다. 가죽 갓의 꼭대기에는 희고 굵은 베를 달아서, 앞으로는 얼굴과 눈을 가리고 뒤로는 어깨에 늘어뜨리며, 곧게 내려가는 옷을 입습니다. 칠칠일49일이 될 때마다 소나 말을 잡아서 고기를 삶아 제사 지내고, 이를 거두어서 먹습니다. _세종실록 21년(1439) 1월 10일

다소 과장된 듯하지만, 성현1439~1504은 이렇게 적었다.

야인 가운데 우리 평안도와 접경한 곳을 건주위建州衛라 하고, 우리 영안도永安道, 함경도와 접경한 곳을 모린위毛獜衛라 한다. 또 우리 성 아래에 의지하여 사는 자들에도 여러 부류가 있다. 매년 겨울에 상경하여 바치는 것은 디민 담비 가죽 몇 벌이며, 조정에서도 붉고 섬은 누병으로 보답한다. …

형이 죽으면 반드시 형수를 처로 삼되, 제수는 아내로 삼지 못한다. "아우는 내 아들과 같은데 어찌 아들의 아내를 내 아내로 삼을 수 있겠는가? 형은 내 아버지와 같으니 아버지의 물건을 자식이 어찌 이어받지 못하겠는가?"라고 말한다. 형이 살아 있을 때에도 형수를 취하는 자가 있다. 형이 사냥을 나가고 아우가 그 어머니, 형수와 더불어 집에 있을 때, 동생이 욕심이 생기면 형수에게 "형수여, 형수여, 원하건대 따뜻하고 부드러움을 빌려주세요" 하면 형수 역시 거절하지 않고 청을 들어준다. 만약 거절하면 그 어머니가 "사람들이 모두 그렇게 하는데 너는 무엇 때문에 불손하냐?" 하고, 아우도 때리고 핍박하여 간통한다. 혹시 진정으로 사랑을 품게 되면 그 형을 쏘아 죽이는데, 형 자식이 "무슨 까닭으로 우리 아버지를 죽이느냐?" 하고 또 작은아버지를 쏘아

죽이니, 이로 말미암아 원수 갚는 것이 그치지 않는다. …

심처호는 아비가 늙어서 움직이지 못하면 자식이 성찬을 베풀어 대접하고 "아버지, 곰이 되고 싶습니까? 호랑이가 되고 싶습니까? 아버지가 원하는 대로 되소서"라 말한다. 그런 다음에 가죽으로 주머니를 만들어 아비를 넣어 나무에 걸어놓고 화살을 쏘되 한 번에 쏘아 죽이는 것이 참된 효자이다. _『용재총화』

여진족의 조상인 물길족에게도 특이한 풍속이 있었다.

처음 혼인하고자 하면, 저녁에 남자가 여자 집에 가서 여자의 유방을 잡았다가 그만둔다. 그러면 곧 정혼이 되어 이내 부부가 된다. … 부모가 봄이나 여름에 사망하면 세워서 묻고 무덤 위에 집을 지어 비에 젖지 않게 한다. 가을이나 겨울에 사망하면 그 시신을 미끼로 담비를 잡는데, 담비가 그 살을 뜯어 먹다가 많이 잡힌다. _『위서』 물길 전기

여진인 가운데에는 조선으로 귀화해서 사는 사람들도 있었다. 이를 '향화 호인', 즉 감화되어 온 오랑캐라 한다. 사간원이 왕에게 비밀리에 아뢴 말에서 볼 수 있듯이, 이들은 한반도에 두루 퍼져 살았던 모양이다.

귀화한 호인들이 해서海西, 황해도로부터 경기와 양호兩湖, 호남과 호서에 이르기까지 바닷가 마을마다 없는 곳이 없으며, 그중에서도 양호에 더욱 많습니다. 이들 가운데 고기잡이로 생업을 삼으면서 나무를 베어 배를 만드는 자가 날로 불어나, 4도를 근거로 삼고 있는 배가 2백여 척에 이릅

니다. 바닷길에 익숙하여 배 부리기를 말 부리듯 하니, 실로 우리나라 사람은 여기에 미치지 못합니다. 만약에 급박한 사태가 벌어지면 이들은 반드시 다른 마음을 품고 저들과 서로 내통하거나 바다에 들어가 못된 짓을 할 것이니, 그 걱정이 어찌 적겠습니까? 조정이 만일 미리 손을 써서 변란이 일어날 훗날을 대비하지 않으면, 후회해도 이미 늦을 것입니다. _광해군일기 1년(1609) 4월 10일

이처럼 귀화해서 뱃사람이 된 오랑캐의 사례는 유희춘의 일기에도 등장한다.

안동 부사를 지낸 윤복의 집에서 여종을 보내와서 그 집의 사내종이 먼저 들어가 작미作米, 어떤 물건을 쌀로 바꿈할 것들을 실어 오려고 한다고 말하기에, 나는 즉시 올량합 배를 이용하여 모두 쌀로 바꾸어 각각 실어 오라고 했다. _『미암일기』 1571. 2. 3.

작미색作米色, 미곡 담당 관리 박환, 윤정수가 와서 올량합 배로 쌀을 실어 올 계획이라고 알려주고 갔다. _『미암일기』 1571. 2. 4.

향화 호인 가운데에는 무리 지어서 도둑질이나 강도질 등의 행패를 부리는 이들도 있었다. 비변사가 아뢴 다음 말에 그런 내용이 나온다.

비변사가 아뢰었다. "지금 경기감사 김신원이 올린 첩보를 보니 '용인에서 받아들인 향화인 박길상 등 10여 호의 남녀 80여 명이 고을 5리

안에 있는 장터 큰길가에 거주해 살아온 것이 이제 7, 8년이 되었습니다. 그곳은 크고 작은 행인들이 밤낮으로 오고가는 곳인데, 박길상 등이 수하 16명에서 18명까지를 거느리고 밤에 사냥한다고 말하면서, 어떤 자는 말을 타고 어떤 자는 걸으며, 활과 화살을 들거나 검과 몽둥이를 들고 무리를 지어 출몰하며 행인의 짐을 약탈합니다. 이렇게 한 것이 지난봄부터 더욱 심해졌습니다. 읍내의 원전元田, 量案에 올라 있는 농지을 이유 없이 빼앗아 경작하거나, 무성하게 자란 벼 곡식을 공공연히 베어 가며, 수많은 소와 말을 멋대로 놓아서 기릅니다. 백성의 고발에 따라 매번 사람을 보내어 부르면, 문득 관청에서 보낸 사람을 무수히 난타하여 손을 쓰지 못하게 하고 말도 못하게 만듭니다. 심지어는 나무하거나 소 먹이는 촌사람들조차 감히 혼자 출입하지 못할 정도입니다. 앞으로 시골의 도적으로 그치지 않을 것이 우려되니, 후환을 막지 않을 수 없습니다' 하였습니다. 본 고을에 향화인이 끼치는 폐단이 점차 만연하여 매우 걱정스러우니, 미리 잘 처리하지 않을 수 없습니다. 우선 양호에 가까운 곳으로 옮겨 각 고을에 나누어둠으로써 무리를 지어 횡행하지 못하게 하는 게 어떻겠습니까?"

이에 전교하였다.

"향화 호인들이 내륙에 뒤섞여 있다가 마침내 세력이 커질 거란 걱정은 예로부터 있었다. 이제 마땅히 멀리 떨어진 절해고도에 나누어두어, 이들을 통제하기 어려운 폐단이 없도록 해야 한다. 경기 근처에 살고 있는 종족은 점차로 다른 곳으로 옮겨라." _광해군일기 1년(1609) 8월 25일

생활 방식의 차이 때문인지 이들은 이질적인 집단을 이루며 살았던

것 같다. 그러나 세월이 흐르면서 지금은 올량합 출신이 누구인지 알 수 없게 융합되고 말았다. 그렇지만 국내에 들어와 일가를 이룬 경우도 있다. 청해 이씨는 조선의 개국공신인 이지란1331~1402, 그림 9이 시조인데, 그는 조선에 귀화하여 이성계 휘하에서 이씨 성을 하사받은 여진족으로서, 본명은 퉁두란이었다.

그림 9 이지란 초상

에필로그

영토 의식 | 한민족의 형성
이중나선의 역사 | 한국다움의 모색

영토 의식

우리나라 헌법 제3조에는 "대한민국의 영토는 한반도와 그 부속도서로 한다"고 되어 있다. 이것은 조선시대 이래 굳어진 우리의 영토 범위이다. 다음은 김종서가 세종에게 올린 글의 일부이다.

공경히 생각하옵건대, 우리 태조께서는 하늘이 내려주신 성스러운 무예에 힘입어 북방에서 일어나시어 우리나라大東를 차지하셨으니, 남쪽으로는 바다까지 다하였고, 서북쪽으로는 압록강까지 닿았으며, 동북쪽으로는 두만강까지 이르렀습니다. _세종실록 19년(1437) 8월 6일

이성계가 요동 정벌을 포기하고 위화도그림 1에서 군대를 돌린 일이 있고, 세종 때에는 압록강과 두만강 연안에 살던 여진족을 몰아내고 4군과 6진을 설치함으로써 마침내 압록강과 두만강을 경계로 하는 오늘날의 국경선이 마련되었다.

만주에서 부여와 고구려가 일어났던 고대에는 이보다 훨씬 넓은 한민족의 무대가 펼쳐졌다. 고구려의 북쪽 한계선은 오늘날의 중국 지린성 지린시까지였고, 부여는 지린시를 중심지로 하여 이보다 더 북쪽까

그림 1 단둥 시가 건너편의 위화도(2002. 8.)

지 지배했으니, 한반도는 물론이고 만주 중남부까지 활동 무대가 되었다. 발해 때에는 중심지가 더 북쪽으로 올라가서 오늘날의 만주 동부 헤이룽장성 일대와 러시아 연해주까지 통치하였다. 발해의 수도는 저 멀리 헤이룽장성 닝안寧安에 있었다. 그러나 발해가 이민족에게 멸망하고 고려가 새로 일어났을 때에는 압록강 하구에서 함흥 쪽을 잇는 선으로 대폭 축소되었다. 그런 다음 다시 북방 영토를 수복하는 정책을 편 결과 마침내 압록강과 두만강을 국경으로 삼게 된 것이다.

물론 이 얘기는 부여와 고구려, 발해가 우리 역사에 속한다는 전제 아래 가능하다. 최근에 중국에서 동북공정 사업을 실시하면서 이들 역사가 모두 중국사라고 하고, 한국사는 남쪽 신라사만 해당한다고 주장하고 있다. 이럴 경우에 한국사의 무대는 한반도 남부에서 시작하여 고려시대와 조선시대를 거치면서 북쪽으로 확장되어간 것으로 설명할 수

밖에 없다. 어느 중국 학자는 신라계 정권이 북방으로 중국 땅을 침략한 과정이 한국사의 흐름이라고 강변하기도 했다. 우리 역사를 한반도 남부에서 출발한 것으로 상정하게 되면 자칫 북한 땅에 대한 통일의 당위성마저 부정될 소지가 있다. 북방사를 잃어버리면 안 되는 이유가 여기에 있다.

동북공정 문제는 역사를 바라보는 시각의 차이에서 비롯되었다. 영토적 연고권과 역사적 연고권이 일치하느냐가 쟁점이다. 중국에서는 이제 내 땅이 되었으니 역사도 내 것이 되어야 한다고 주장하고, 우리는 땅이 바뀌었다고 역사까지 바뀔 수는 없다고 생각한다. 중국 측 생각은 역으로 땅을 잃어버리면 역사도 잃어버릴 수 있다는 것도 되겠는데, 이런 상황은 아예 염두에 두고 있지 않은 것으로 보아 다분히 제국주의적이라 할 수 있다. 우리는 역사는 역사이고 땅은 땅일 뿐이라고 생각하지만, 중국은 양자를 하나로 보려 한다. 그러기에 우리가 고구려나 발해사를 한국사로 간주하는 것을 만주 땅을 차지하려는 의도로 여긴다. 그러나 그것은 오해일 뿐이다. 동북공정은 이처럼 영토 범위와 역사 범위가 일치하지 않는 것이 발단이 되었다.

시대에 따라 통치 영역은 변모했지만, 정신적 영역은 이와 다르게 전개되었다. 실질적 경계와 정신적 경계가 달랐던 것이다. 압록강 건너 요동 지방만 해도 발해 멸망과 더불어 우리의 손을 떠났으나, 원래 우리의 강역이요 역사 무대였다는 생각만큼은 조선시대까지도 지속되었다. 고려시대인 993년에 거란족이 공격해 왔을 때에 서희 장군942~998, 그림 2은 이렇게 갈파하였다.

그림 2 서희 장군 묘소(2001. 7.)

거란 소손녕이 서희에게 말하기를 "당신 나라는 신라 땅에서 일어났고, 고구려 땅은 우리가 소유하고 있는데 당신들이 이를 침범하였다. … 만일 땅을 떼어 바치고 국교를 수립한다면 무사하리라"고 하니, 서희가 "그렇지 않다. 우리나라가 바로 고구려의 후계자이다. 그러므로 나라를 고려라고 부르고 평양을 수도로 정하였다. 경계를 따지자면 귀국의 동경東京이 모두 우리 국토 안에 들어와야 되는데, 어찌 침범했다고 말할 수 있겠는가? …"라고 비분강개한 어조로 말했다. 이에 소손녕도 강요하지 못할 것을 알고 드디어 논의 내용을 보고하였더니, 거란 황제가 "고려가 이미 화의를 요청하였으니 그만 군사를 돌리라"고 지시하였다. _『고려사』 서희 전기

거란 동경은 요동 지방인 랴오닝성 랴오양遼陽이다. 이곳은 발해 땅이었고, 발해가 멸망한 뒤에는 많은 유민들이 강제로 이주된 곳이기도

그림 3 요하 평원(1990. 8.)

하다. 하지만 이 대화에서 보이듯이 고려에서는 요동 지방은 고구려 땅이요, 고려는 고구려를 계승한 나라로 생각했다. 거란도 여기에 제대로 반박하지 못했다.

요하遼河는 쉽게 건널 수 없는 천혜의 장벽이었다. 선사시대 이래 압록강보다는 요하가 동과 서를 가르는 더 큰 경계선이었다. 구석기시대에는 지역적 문화 구분이 나타나지 않지만, 신석기시대부터 이미 요서와 요동의 문화상에 차이가 나타나기 시작하는 것은 이 때문이다. 요서에서는 이때부터 중원과의 연계성이 강하게 나타나는 반면에 요동은 그렇지 않았다.

요하 하류는 지금 넓디넓은 대평원의 곡창지대가 되어 남대창南大倉이라 부르지만,그림 3 개발되기 전에는 진흙 벌의 늪지대여서 요택遼澤이나 남대황南大荒이라 불렀다. 남대황은 '남쪽의 커다란 거친 땅'을 의미하고, 남대창은 '남쪽의 거대한 곡식 창고'를 의미한다. 이와 똑같이 만주 북방에서는 북대황이 북대창이 되었다.

645년 당나라 태종이 고구려 안시성을 공격하다가 회군할 때에 요하의 지류인 발착수渤錯水를 건넜는데, 이때 "진창에 막혀서 80리 길에 수레와 말이 다니지 못했다. 장손무기와 양사도 등이 1만 명을 동원하여 나무를 베어다 길을 쌓고, 수레를 연결하여 다리를 놓았다. 태종은 말 위에서 나무를 져다 날라 이 노역을 도왔다"고 하였다. 이러했기에 요하의 동쪽과 서쪽은 선사시대부터 서서히 구분되기 시작했다. 고구려나 발해 사람들도 요하를 건너 요서로 영토를 확장하지 않았다. 이리하여 요서는 이민족 땅이요, 요동은 우리 땅이라는 관념이 점차 형성되었다.

요동은 역사적으로 요하 동쪽에서 압록강까지를 포괄하는 개념으로 사용되었지만, 때로는 요하 동쪽에서 한반도 전체를 아우르는 개념으로도 사용되었다. 예를 들어 『제왕운기』에 "요동에 따로 한 세상이 있으니, 중국과 뚜렷이 구분되었도다"고 한 것이 그러하다. 요동이 우리 땅이란 생각은 고려 말기에도 찾을 수 있다.

정사일에 도평의사사가 동녕부東寧府에 글을 보내 "… 또 염려하건대 요양과 심양은 원래 우리나라 옛 강토이다. …" 하고, 강계만호부로 하여금 요양과 심양 사람들에게 방을 붙이게 하여 "요양과 심양은 본래 우리나라 땅이다. 대군大軍이 다시 출동하면 선량한 백성들에게 피해를 줄까 두렵다. 강을 건너와서 우리 백성이 되려는 자에게는 관청에서 양식과 곡식 종자를 주어 생업에 안착할 수 있게 하겠다"고 밝혔다. _『고려사』 공민왕 19년(1370) 12월

요양과 심양은 지금의 랴오양과 선양瀋陽으로서 요동 지방의 핵심 도시들이다. 동녕부는 원나라가 설치한 통치기관으로서 이때는 요동으로 옮겨져 있었다. 이성계가 위화도에서 회군한 뒤에도 요동에 대한 연고 의식은 사그라지지 않았다. 다음은 성종 때에 신숙주가 아뢴 말이다.

요동은 본래 우리나라 땅입니다. 신이 세종 임금 때에 여러 번 요동을 왕래하면서 동녕위東寧衛 사람들을 보니, 그 말과 옷과 음식이 모두 우리나라와 같고 중국 말은 하지 못했습니다. 그 사람들은 곧잘 충청도나 황해도의 고을 이름을 들먹이며 "우리의 고향이다"고 말했습니다. 천하가 어지러워지면 동녕위 전체가 우리나라로 들어올 것이라고 신이 아뢰었더니, 세종께서 "저들이 온다고 해도 의리상 받을 수 없는데, 이를 거절하면 수만 명의 무리가 변방의 우환이 될 것이니, 처리하기가 참으로 어렵겠다"고 하셨습니다. _성종실록 6년(1475) 5월 15일

동녕위는 명나라가 요양에 설치한 군사 거점이다. 연산군 때에도 신하들이 왕에게 이와 유사한 말을 아뢰었다.

다만 요동 등지는 본래 고구려 땅이었으므로, 압록강에서 요하까지 거주하는 사람은 모두 우리나라 사람이었습니다. 고황제高皇帝, 명 태조가 처음 천하를 평정하고 압록강을 국경으로 삼았지만, 두 나라 인민들이 서로 왕래할 것을 염려하여 동녕위를 설치해 원주민 사이에 둠으로써, 땅의 경계를 확실하게 구분해두려 했습니다. _연산군일기 8년(1502) 4월 30일

중국에서도 요동 사정을 잘 알고 있어서 명 태조가 동녕위를 설치하여 자신의 땅으로 확실하게 편입시키려는 조치를 취했다고 한다. 조선 후기까지도 중국에 표류하거나 사신으로 다녀오는 사람마다 요동 사람들에게서 친근감과 동질감을 느끼곤 하였다. 예를 들어 홍대용은 요동 사람 왕가王哥와의 대화를 그의 연행록에 이렇게 적었다.

"요동 동쪽이 옛날에는 조선에 속하였다 하니, 노야홍대용께서는 아십니까?" "내 어이 모르겠느냐? 너희 낭자산이 또한 조선 땅이니, 너도 근본은 조선 사람이다."

왕가가 웃으니 내 또 말했다. "만일 우리나라가 황제께 청하여 옛 땅을 도로 찾으면 너희도 다시 조선 백성이 되어 머리털을 길러 우리 복색을 좇을 것이니, 어찌 좋지 않겠느냐?" 왕가가 웃으며 말하기를, "머리털을 깎지 않으면 가려워 견디기 어려울 것입니다. 또 조선 사내들의 머리를 보면 계집과 다름이 없으니, 어찌 부끄럽지 않겠습니까?" _『을병연행록』 1765. 12. 23·24

마지막 부분은 청나라 사람이 변발을 한 데 비해 조선 사람은 머리를 깎지 않는 것을 빗대서 한 말이다. 조선에서 건너가 요동에 정착한 대표적인 사례로는 임진왜란 때에 명나라 원군으로 온 장수 이여송李如松 집안을 손꼽을 수 있다.

요동 동녕위에는 모두 우리나라 사람이 산다. 그러므로 그 사람들은 우리말을 잘 익히니, 대개 근본을 잊지 않기 때문이다. 영원백寧遠伯 이성량李成梁은 철령위鐵嶺衛 사람으로서 대대로 이름난 장수가 되었다. 그 아들 제독 이여송은 대장이 되어 동쪽 정벌에 나섰으니, 먼저 평양성을 함락하고 왜적을 무찔렀다.

일찍이 그를 접견했더니 그는 "내 조상은 본래 귀국 사람이었소. 내가 여기 나올 때에 아버님도 역시 이를 가르쳐주면서 경계하셨소. 그러니 내가 어찌 감히 귀국을 위해서 힘쓰지 않겠소?"라고 말했다. 그는 이처럼 숨기지 않았다. 듣건대 이성량의 조상은 본래 우리나라 강계 사람이라고 한다. _『지봉유설』 잡사부雜事部, 성족姓族

역시 임진왜란 때에 온 명나라 장수 조승훈祖承訓도 스스로 조선 사람이라고 선조에게 말했다.

임금이 예물을 적은 단자를 증정하자, 총병이 "이미 예물을 많이 받았는데, 나는 조선과 한집안 사람입니다【요동은 고구려의 옛 땅으로 동녕위 사람들은 우리나라를 가리켜 본래 고향이라고 한다】. …"고 말했다. _선조실록 31년(1598) 8월 9일

사관도 그의 말에 주석을 달아 보충하였다. 반면에 이 무렵 명나라 관료 정응태丁應泰는 이런 의식을 이용하여, 조선이 왜군을 끌어들여 "요하 동쪽을 탈취하여 고구려 옛 땅을 회복하려 한다"고 중국 조정에 무함해 큰 곤욕을 치르게 했다.

서북쪽 경계인 압록강 방면은 중국과 교섭하는 경로이기 때문에 경계 의식도 확고하였고, 관련 자료도 제법 풍부하다. 이에 비해 동북쪽

경계인 두만강 방면에 대한 인식은 상대적으로 소홀하다. 고려시대에 함경도 지역은 판도 밖에 있었다. 윤관?~1111 장군의 여진족 정벌은 이를 다시 우리 관할로 끌어들이는 계기가 되었다.

예종 2년1107에 평장사 윤관을 원수로, 지추밀원사 오연총을 부원수로 임명하였다. 이리하여 군사를 거느리고 가서 여진인을 쫓아낸 다음에 9성을 설치하고, 공험진公嶮鎭에 있는 선춘령先春嶺에 비석을 세워 이곳을 경계로 삼았다. _『고려사』 지리지, 동계

문제는 선춘령이 어디에 있는지 지금까지도 의견이 갈린다는 점이다. 두만강 건너 700리 떨어진 곳에 있다는 견해와 고려 국경 바로 넘어 함경남도 남부 일대에 있다는 견해가 대립한다. 어느 쪽이 옳은지는 판단할 길이 없으나, 두만강을 경계로 한 조선시대에도 그보다 북쪽에 선춘령이 있다는 생각은 지도와 글에서 지속적으로 등장한다. 규장각 한국학연구원에 소장되어 있는 「서북피아양계만리일람지도」에는 두만강 건너에 선춘령을 표시하고, 거기에 '윤문숙공비尹文肅公碑' 즉 윤관비, '고려경高麗境'이란 글씨도 써넣었다.그림 4 조선 후기에 만든 역사 화첩인 『북관유적도첩』에는 윤관 장군이 비석을 세우는 모습을 그린 「척경입비도」가 포함되어 있다.그림 5 다음 글도 이 견해에 힘을 실어준다.

윤관의 비석은 선춘령에 있으니, 두만강 북쪽 7백 리 되는 곳이다. 그 비에 새긴 글은 비록 오랑캐胡人가 긁어버리기는 했으나 옛날 흔적이 아직도 다 없어지지는 않았다.

그림 4 두만강 건너의 선춘령

그림 5 「척경입비도」(2009. 10.)

> 윤관이 6성9성의 잘못—지은이 주을 설치하고 공험진을 개설하였는데, 고령진高嶺鎭에서 두만강을 건너 소하강蘇下江 가에 이르면 옛 터전이 있으니, 곧 선춘령의 동남쪽이요 백두산의 동북쪽이다. 그가 이만큼 멀리 국경을 개척해놓았는데, 지금 두만강을 경계로 삼은 것은 김종서로부터 시작되었다. _『성호사설』 천지문天地門, 윤관비尹瓘碑

이 방면에 대한 관심을 다시 고조시킨 사건은 조선 숙종 때의 정계비 설치이다. 정계비는 말 그대로 국경을 정한 비석이니, 청나라와 조선 대표가 백두산 일대를 조사한 뒤 1712년 5월 15일에 압록강과 두만강의 발원지에 세웠다.그림 6 비석에 "우라총관 목극등穆克登이 황제의 뜻을

그림 6 정계비(2003. 5.)

받들어 변경을 조사해 이곳에 와서 살펴보니, 서쪽은 압록강이 되고 동쪽은 토문강이 되므로, 그 분수령 위에 돌을 새겨 기록한다"고 적고 양국의 조사자 이름을 새겼다. 이때 조선 측 대표였던 박권은 며칠 뒤에 임금에게 이렇게 보고했다.

> 총관摠管, 목극등이 백두산의 산마루에 올라 살펴보았는데, 압록강의 발원지가 과연 산허리의 남쪽에서 나오므로 그대로 경계로 삼았습니다. 토문강土門江의 발원지로는 백두산 동쪽의 가장 낮은 곳에 한 갈래 물줄기가 동쪽으로 흘렀습니다. 총관이 이것을 가리켜 두만강豆滿江의 발원지라 하면서 "이 물이 하나는 동쪽으로 하나는 서쪽으로 흘러서 두 개의 강으로 나뉘었으니, 분수령이라 일컫는 것이 좋겠다" 말하고, 분수령 위에 비석을 세우고자 하였습니다. 그리고 "경계를 정하고 비석을 세우

는 것은 황제의 뜻이다. 도신道臣, 사신과 빈신儐臣, 사신을 접대하는 신하도 마땅히 비석 끝에다 이름을 새겨야 한다"고 하기에, 신 등은 "함께 가서 조사하지 못했는데 비석 끝에다 이름을 새기는 것은 불성실한 일입니다"는 말로 대답했습니다. _숙종실록 38년(1712) 5월 23일

실제로 박권이 함경도 감사와 함께 산에 오르려 했으나, 나이가 많다는 이유로 목극등이 만류했었다. 이에 따라 비석 끝에는 조선 측 실무자의 이름은 있어도 박권의 이름은 없다.

박권의 보고에서 토문강과 두만강을 동일시한 것을 알 수 있다. 그러나 실록을 볼 수 없었던 후세인들은 두 강을 다른 것으로 보기 시작했다. 공교롭게도 목극등이 지목한 압록강 발원지는 옳았지만, 토문강 발원지는 오류였다. 협곡을 따라 흐르던 물이 개활지를 만나 사라지고 강으로 연결되지 않는 것이다. 이리하여 토문강은 송화강 상류의 한 지류이고, 두만강과는 무관하다는 주장이 제기되었다.

1860년대부터 조선 사람들이 두만강을 건너 간도를 개척하기 시작하면서 이 주장은 더욱 힘을 얻게 되었다. 토문강이 송화강의 지류가 되면 이론상으로는 송화강을 경계로 하여 만주의 동남부와 러시아의 연해주가 모두 우리 땅이 된다. 그러니 지금의 옌볜조선족자치주에 해당하는 북간도가 우리 땅이란 근거가 될 수 있다.

그러나 두 강이 다르다는 생각은 1885년에 실시된 청나라와의 국경조사에서 깨졌다. 조선 측은 토문강이 송화강이라고 주장했으나 청나라 측을 설복할 수 없었고, 현지 조사에서도 그렇지 않다는 사실을 이내 깨달았다. 이는 이 조사의 조선 측 책임자였던 이중하가 이듬해에

고종에게 따로 올린 글에 잘 나타난다.

목극등은 단지 비석 동쪽의 물길을 두만강의 발원지라 생각하고, 비석을 세워 동쪽은 토문이라고 새겨 넣었습니다. 따라서 조선에서는 목극등이 돌아간 다음 수년 동안의 공사를 거쳐 비석 동쪽에서부터 흙무더기와 돌무더기를 쌓아 동쪽으로 두만강 원류에 연결시키고자 하였으나, 두만강의 원류는 이 물길에 연결되지 않았습니다. 그래서 평평한 언덕에 나무 울타리를 설치하여 두만강 원류가 비석 동쪽의 물길로까지 연결되게 하고, 마침내 그것을 토문강 발원지라 부르게 된 것입니다. 지금은 수백 년이 흘러 나무 울타리가 모두 썩어 문드러지고 잡목이 울창하여, 예전에 경계를 표시한 것을 저쪽이나 이쪽 사람 모두 자세히 알 수 없게 되었고, 그리하여 오늘날의 논쟁에 이르게 된 것입니다.

그렇지만 이번에 백두산에 들어간 다음 은근히 그 형세를 살펴보니, 과연 예전의 표시가 여전히 우거진 수풀 사이에서 은근히 모습을 드러내고 있었습니다. 다행히 그들의 눈에는 드러나지 않았습니다만, 이 일은 매우 위태롭고 두려운 일이라 그 실상에 대해서 감히 상세히 보고하지 않을 수 없습니다. _김형종 책, 543~544쪽

정계비를 세운 뒤에 곧 토문강 발원지가 아니라는 사실을 확인하게 되었고, 이에 따라 돌무더기石堆와 흙무더기土堆, 나무 울타리木柵를 설치하여 실제 발원지와 연결시켰다. 그러나 세월이 흐르면서 나무 울타리가 썩어서 어디로 연결했었는지 알지 못하게 되었다. 그런데 이중하는 조사 과정에서 두만강 발원지로 연결된 표시를 발견하게 되어 청나라

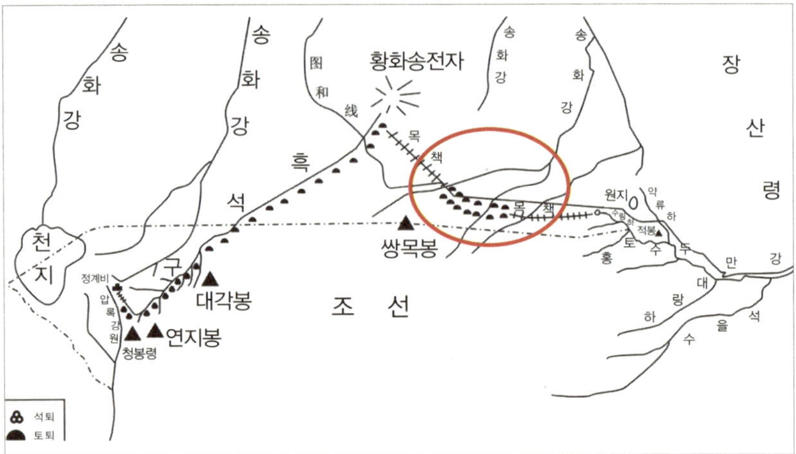

그림 7 정계비 주변 현황(이화자)

측에 발각될까 걱정했던 사실을 뒤늦게 임금에게 실토하였던 것이다.

근래에 중국의 조선족 학자가 현지 조사를 통해서 이 사실을 다시 한 번 확인했다. 북한과 중국의 국경을 오가야 하는 일이기에 우리로서는 꿈도 꾸지 못하는 조사였다. 그 결과 흑석구를 따라 흐르던 물줄기가 평지인 황하송전자를 만난 뒤 사라져버려, 두만강이나 송화강으로 연결되지 않음을 확인했다. 조선에서 쌓은 돌무더기와 흙무더기가 황하송전자까지 이어진 것은 이미 알려져 있는데, 여기서 남동쪽으로 방향을 틀어서 두만강 쪽으로 연결된 것을 보여주는 흙무더기들을 새로 발견하게 된 것이다.그림 7 그림의 목책은 추정이다.

2년 뒤인 1887년에 다시 열린 회담에서는 기존 주장을 포기하고 두만강 상류의 홍토수紅土水와 석을수石乙水 가운데 어느 것을 국경으로 삼을 것인가를 따졌다. 조선에서는 북쪽에 있는 홍토수를 주장하고 청나라에서는 남쪽에 있는 석을수를 주장하여 서로 조금이라도 많은 땅을 차지하려 하였으나, 결론을 내리지 못한 채 회담이 중단되고 말았다.

그 뒤 일본이 간도 문제에 개입하여 1909년 9월에 청나라와 간도협약을 맺으면서 석을수를 경계로 삼고, 간도 지역의 조선인에 대한 관할권을 청나라에 넘겨버렸다.

제1조 일·청 양국 정부는 도문강[두만강]을 청·한 양국의 국경으로 하고, 강 발원지에 있는 정계비를 기점으로 하여 석을수를 양국의 경계로 할 것을 밝힌다.

…

제4조 도문강 북쪽 지방의 잡거 구역[雜居區域] 안에 있는 개간지에 거주하고 있는 한국민은 청국의 법적 권한에 복종하고 청국 지방관의 관할 재판에 귀속한다. _순종실록 2년(1909) 9월 4일

1960년대 초에 북한과 중국이 국경조약을 맺으면서 국경선이 다시 바뀌었다. 천지 남쪽에 세워진 정계비를 국경으로 잡게 되면 백두산 천지가 우리 영역으로 들어올 수 없는데, 다행히 이때에 북한이 60퍼센트의 천지를 얻었다. 만약 정계비를 기준으로 삼았다면 천지는 포함될 수 없었을 것이다. 백두혈통을 강조하는 북한 정권으로서는 이 할양에 크게 집착했다고 한다. 아울러 석을수보다 북쪽에 있는 홍토수를 경계로 삼았다. 이처럼 중국이 북한을 크게 배려한 조약이었다. 이 조약의 내용이 알려지지 않다가 2000년 9월에 그 실체가 처음 드러났다. 이 당시에 중앙일보에서 압록강, 두만강 국경 답사를 할 때에 필자도 그 일원이었는데, 마침 옌벤에서 시간을 내서 헌책방을 뒤지다가 기밀문건으

로 분류된 책을 우리 일행이 우연히 발견하게 되었다.

그런데도 국내에는 간도가 우리 땅이란 생각이 팽배해 있고, 간도 되찾기 운동까지 벌어지고 있다. 이런 운동은 중국을 자극하여 그들이 동북공정을 벌이는 한 계기가 되었다. 간도는 원래 두만강 건너 지금의 옌벤을 가리킨다. 조선족이 살고 있는 이 땅을 우리 것이라 주장하니 중국의 신경을 건드리지 않을 수 없다. 그래서 중국에서는 '간도'란 말이 금기어로 되어 있다. 그러나 이 주장의 역사적인 근거는 찾을 수 없다. 더구나 간도는 우리 땅이라 하면서도 어디까지가 간도 땅인지 아무도 정의할 수 없는 모호한 개념에 불과하다.

한편, 한반도의 삼면은 바다로 되어 있어 일부 섬을 제외하고는 영토 분쟁의 소지가 그리 심각하지 않다. 그럼에도 중국, 일본과 아직 해양 경계를 정하지 못하고 있다. 서해를 두고 중국은 해안선 길이, 대륙붕 면적, 배후 인구 등을 고려해 중간선보다 더 동쪽에 긋자고 하고, 우리는 중간선으로 잡자고 주장한다. 이 때문에 우리가 해양기지를 설치한 제주도 남쪽의 이어도 영유권 문제를 중국이 제기한다. 중간선으로 따지면 우리 경제수역EEZ이지만, 중국 측 주장에 따르면 그들 경제수역 안으로 들어오게 되는 것이다.

일본과는 중간선으로 하자는 의견 일치가 있었으나, 독도 영유권 때문에 역시 해양 경계선을 긋지 못하고 있다. 일본은 1905년 2월 "다른 나라가 이 땅을 점령했다고 인정되는 흔적이 없어서" 시마네현에 소속시킨다는 고시를 일방적으로 발표했다. 다른 한편으로는 17세기 이래 자기네 영토였다는 주장을 펴면서 그 근거로 여러 문서들을 제시한다. 아쉽게도 우리는 이를 반박할 만한 충분한 자료를 가지고 있지 못하다.

그 주요한 원인은 섬을 비우는 조선시대의 공도정책空島政策에 있었다. 왜구의 침탈을 방지하고 나라의 역役을 피해 도망가지 못하게 이 정책을 실시함으로써, 섬들은 무인도로 남았다. 이에 따라 자연히 섬에 대한 관심이 멀어지고 기록도 소략할 수밖에 없게 되었다.

그런 점에서 17세기 말에 일어난 안용복安龍福 사건은 우리에게 가뭄에 단비와 같다. 그는 동래 출신의 어부요 군졸로서, 왜관에 출입하여 일본 말도 잘했다고 한다. 1693년 봄에 울릉도에 고기잡이하러 갔다가 일본 어부들에게 잡혀갔는데, 이를 기회로 그들의 불법 어로에 항의하고 그해 12월에 송환되었다. 3년 뒤에 그가 울릉도에서 일본인들과 다시 마주치게 되었으니, 이때의 일은 비변사에서 안용복을 심문한 내용에 잘 나타나 있다.

울릉도에 왜인의 배도 많이 와서 정박하여 있으므로 뱃사람들이 다 두려워하였습니다. 제가 앞장서서 "울릉도는 본디 우리 땅인데, 왜인이 어찌하여 감히 국경을 넘어 침범하였는가? 너희들을 모두 포박하여야 하겠다" 하고, 이어서 뱃머리에 나아가 큰소리로 꾸짖었더니, 왜인이 "우리들은 본디 송도松島에 사는데 우연히 고기잡이하러 나왔으니, 이제 송도로 돌아가겠다" 하므로, "송도는 자산도子山島로서 역시 우리 땅인데 너희들이 감히 거기에 사는가?" 하였습니다. 드디어 이튿날 새벽에 배를 몰아 자산도에 들어갔는데, 왜인들이 막 가마솥을 벌여놓고 고기 기름을 달이고 있었습니다. 제가 막대기로 쳐서 깨뜨리고 큰소리로 꾸짖었더니, 왜인들이 거두어 배에 싣고서 돛을 올리고 돌아가므로, 제가 곧 배를 타고 뒤쫓았습니다. _숙종실록 22년(1696) 9월 25일

여기서 일본인이 말한 송도와 안용복이 말한 자산도는 바로 독도이다. 그는 이 섬이 조선 영토임을 일본 어부들에게 분명히 주지시켰다. 그는 도망하는 일본인을 뒤쫓다가 옥기도玉岐島, 현 오키섬隱岐島에 표류하자 호키슈白耆州, 현 돗토리현까지 가서 항의하여 책임자로부터 "두 섬은 이미 너희 나라에 속하였으니, 이후 혹시 다시 넘어가는 자가 있거나 도주島主가 함부로 침범할 경우에 모두 국서를 만들어 역관을 통해서 보내오면 엄중히 처벌하겠다"는 대답을 듣고 귀국했다. 그는 함부로 외국에 가서 엄한 국법을 어겼으므로 사형에 처해질 위기에 놓였으나 남구만의 만류로 유배를 가게 되었다. 그의 이런 행적에 대해서 거의 동시대 사람인 이익1681~1763은 이렇게 평가하였다.

생각건대 안용복은 곧 영웅 친구이다. 미천한 일개 군졸로서 만 번 죽을 계책을 내어 국가를 위하여 강적에 항거함으로써, 간사한 조짐을 꺾어버리고 여러 대에 걸친 싸움을 종식시켜 한 고을의 토지를 회복했다. 이는 부개자傅介子와 진탕陳湯보다도 더 어려운 것이었으니, 특출한 자가 아니면 할 수 없는 일이다.

그런데 조정에서는 상을 주지 않았을 뿐 아니라, 앞서는 형벌을 내리고 나중에는 귀양을 보내어 그를 꺾어버리기에 겨를이 없었으니 애통한 일이다. _『성호사설』 천지문, 울릉도

부개자는 중국 한나라 때 신하로서 서역과 통하는 것을 막은 누란 왕의 목을 베어 돌아왔다. 진탕도 역시 한나라 때의 무신으로서 흉노 지배자의 목을 베어 왔다. 둘 다 기이한 공을 세운 인물들이다.

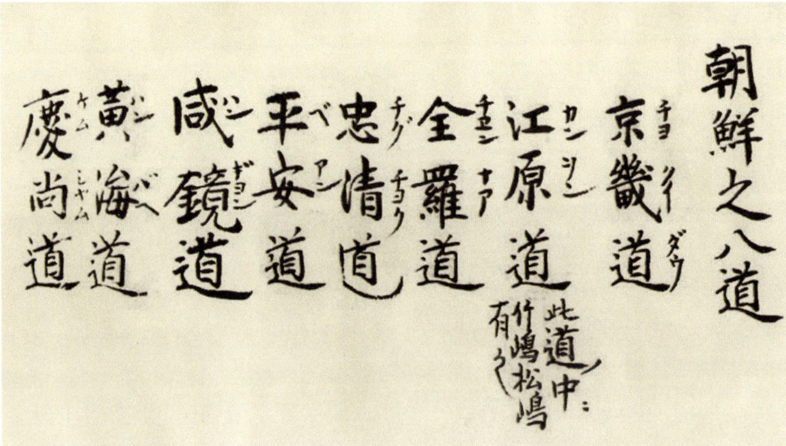
朝鮮之八道
京畿道
江原道
此道中ニ竹嶋松嶋有之
全羅道
忠清道
平安道
咸鏡道
黄海道
慶尚道

그림 8 오키섬 발견 문서

안용복은 생몰년을 모르고 독도와 관련된 기사 외에는 행적도 전혀 알 수 없을 정도로 일개 어부에 불과했지만, 독도 문제에서는 이처럼 큰 족적을 남겼다. 2005년 5월 일본 오키섬에서 발견된 안용복 조사 보고서 가운데에서 '죽도竹嶋, 울릉도와 송도독도가 강원도에 속한다'고 적힌 문서가 확인되었다.그림 8 안용복이 휴대한 지도를 옮겨 적은 것이라 한다. 독도가 우리 땅이었다는 또 하나의 증거가 확인된 것이다.

한민족의 형성

2014년 9월에 KBS에서 '코리안 이브'라는 프로그램이 방영되어 세인의 관심을 불러일으켰다. 부산 가덕도 신항만 공사장에서 발굴된 인골의 DNA 분석을 한 결과 유럽인의 인자가 발견되었다는 내용이었다. 유럽에서 멀리 떨어진 부산에서 유럽인의 흔적이 발견되었다니 놀랍지 않을 수 없다. 그러나 아직은 우리 민족이 유럽에서 왔다고 단정할 수는 없다. 이 자료가 너무 돌연하기 때문이다.

그러면 우리 민족은 어떻게 형성되었을까? 우리 민족을 가리켜 흔히 백의민족이니 배달민족이니 한다. 흥미롭게도 음식을 배달하는 배달 문화가 최근 한국을 대표하는 문화 가운데 하나가 되어 '배달의 민족'이란 앱까지 등장했다. 백의민족이란 흰옷을 입는 민족이라는 뜻으로, 이웃의 중국이나 일본과 구별되는 우리의 문화적 정체성을 나타낸다. 배달倍達이란 광명을 뜻하는 '볽돌'로서, 단군신화에 나오는 단군의 단檀, 즉 박달나무에서 유래한 것이다. 따라서 배달민족이란 단군의 자손과 같은 말이니, 단일민족의 또 다른 상징어이다. 모든 사람이 실제로는 단군의 후손이 아니므로 이것은 이념이나 신념의 표현이다.

2013년에 영국 남서부 콘월Cornwall 지방을 여행할 때에 아서 왕King

그림 1 틴타겔성(2013. 10.)

Arthur이 태어난 곳이라는 전설이 깃든 틴타겔성Tintagel Castle을 찾아간 적이 있다. 바닷가 절벽 위에 있는 거의 폐허화된 성터였는데,그림 1 원래 켈트인이 지었다고 한다. 실존인물인지의 여부가 쟁점이기는 하지만, 아서 왕은 원래 켈트인의 영웅으로 뒤에 잉글랜드인들이 받아들여 그들의 영웅으로 삼은 것이다. 이후 아서 왕 이야기는 우리의 단군신화처럼 영국 국민의 정체성 형성에 크게 기여했다. 이와 유사한 인물로 일본에는 제1대 천황인 진무神武천황이 있고, 중국에는 황제黃帝가 있다. 중국은 다민족 국가라는 논리에 따라 최근에는 염제炎帝를 추가하여, 우리가 '단군의 자손'이라 하듯이 그들은 '염황의 자손'이라 부른다.

우리 민족의 공식 명칭으로는 한민족韓民族이란 말을 쓴다. 여기에 두 가지 논점이 제기된다. 하나는 '한'의 기원에 관한 것이고, 다른 하나는 '민족'의 의미에 관한 것이다. 이제 이 두 문제를 중심으로 우리 민족의 이야기를 풀어가고자 한다.

첫째, '한'의 기원 문제이다. 가깝게는 근대에 등장한 대한민국의 어원과 관련된 논점이 있고, 멀리는 고대 삼한의 기원과 관련된 논점이 있다. 먼저, '대한민국'은 근대의 대한제국에서 비롯되었다. 1919년 4월 임시정부에서 대한민국을 선포하였으니, '대한'은 10년 전에 잃어버린 나라를 되살린다는 뜻이고, '민국'이라 한 것은 군주제를 지양하고 민주제를 채택한다는 뜻이다. 백성이 주인이 되는 나라를 선포한 것이다.

그러면 대한민국과 대한제국에 공통된 '대한'은 무슨 뜻인가? 다음은 '조선'을 버리고 '대한제국'으로 국호를 정할 때의 일이다.

심순택이 "옛날에 기자가 조선에 봉해짐으로써 그 이름을 따서 국호로 삼았으니, 애당초 합당한 것이 아니었습니다. 지금 나라는 오래되었으나 천명天命이 새로워졌으므로, 국호를 정하되 마땅히 전칙典則, 규범에 부합해야 합니다"고 아뢰고, 조병세가 "천명이 새로워지고 온갖 제도도 다 새로워졌으니, 국호도 역시 새로 정해야 할 것입니다. 지금부터 억만 년 국운이 무궁하기를 비는 터전이 실로 여기에 있습니다"고 아뢰었다.

상이 "우리나라는 곧 삼한三韓의 땅인데, 우리나라 초창기에 천명을 받고 하나의 나라로 통합되었다. 지금 국호를 대한大韓으로 정한다고 해서 안 될 것이 없다. 또한 매번 각 나라의 기록을 보면 조선이라고 하지 않고 한韓이라 하였다. 이는 아마 미리 징표를 보이며 오늘이 있기를 기다린 것이니, 세상에 공표하지 않아도 모두 다 대한이라는 칭호를 알고 있을 것이다"고 이르니, 심순택이 "중국의 삼대 이후로 국호는 예전 것을 따른 경우가 아직 없었습니다. 그런데 조선은 바로 기자가 옛날에 봉해졌을 때의 칭호이니, 당당한 황제의 나라로서 그 칭호를 그대로 따르는 것은 옳지 않습니다. 황제 계통의 나라들을 상고해보건대, 대한이라는 칭호는 옛날 것을 답습한 것이 아닙니다. 성상의 분부가 매우 지당하니, 감히 보탤 말이 없습니다"고 아뢰었다. _고종실록 34년(1897) 10월 11일

대한의 핵심어는 '한'이고, '대'는 크다는 의미로 '한'을 수식하는 한자어다. 우리가 쓰는 글을 한글이라고 하는데, 이 단어도 대한제국 이후인 20세기에 들어와 만들어진 것이다. 주지하다시피 이전에는 훈민정음 또는 언문이라고 일컬었다. 그러면 '한'은 무슨 의미인가? 위의 인용문에서 보듯이 '한'은 삼한에서 유래한 것으로서, 그 정체를 알려면 고대사로 거슬러 올라가야 한다. 중국의 역사서는 삼한에 대해서 이렇게 적었다.

한韓은 세 종류가 있으니, 하나는 마한馬韓, 둘째는 진한辰韓, 셋째는 변진弁辰이다. 마한은 서쪽에 있는데, 54국이 있으며, 그 북쪽은 낙랑, 남쪽은 왜와 접한다. 진한은 동쪽에 있는데, 12국이 있으며, 그 북쪽은 예맥濊貊과 접한다. 변진은 진한의 남쪽에 있는데, 역시 12국이 있으며, 그 남쪽은 역시 왜와 접한다. _『후한서』 한韓 전기

여기서는 삼한을 마한, 진한, 변진이라 했지만 일반적으로는 마한, 진한, 변한이라고 한다. 지금으로부터 1,800년 전 한반도 남부에 삼한이 있었으니, 마한은 지금의 경기도, 충청도와 전라도에 걸쳐 있었고, 진한은 경상도의 동부 지역에 있었으며, 변한은 경상도의 서부 지역에 있었다. 곧이어 백제는 마한 땅에서 일어나고, 신라는 진한 땅에서 일

그림 2 진솔선예백장 도장

어나고, 가야는 변한 땅에서 일어나게 된다.

진한 북쪽에는 예맥이 있었다고 하는데, 이 당시 한반도 북부와 중국 만주 지역에는 예족과 맥족이 퍼져 있었다. 고구려는 맥족이 세운 나라요, 부여와 옥저, 동예는 예족이 세운 나라로 알려져 있다. 관동 지방에 거주했던 동예란 '동쪽에 사는 예족'을 의미한다. 경상북도 영일에서 발견된 진솔선예백장晉率善穢佰長, 그림 2 도장은 중국 진나라가 한반도의 예족 군장에게 내려준 것이다. 아마 동예와 관련된 도장일 것이다. 한족 군장에게 준 것으로서 상주 출토로 전해지는 위솔선한백장魏率善韓佰長 도장도 있다. 또 평양에서 발견된 부조예군夫租薉君은 부조, 즉 옥저의 예족 군장이 지녔던 도장이다. 이로써 옥저가 예족 집단이었다는 것을 알 수 있다. 예족은 강원도와 함경도의 해안가를 중심으로 살았고, 맥족은 압록강을 주 무대로 삼아서 지역적으로 구분되어 있었다.

광개토왕이 살아 있던 4세기까지도 고구려인, 백제인처럼 국가별로 구분하지 않고, 예족이나 한족처럼 종족적으로 파악했던 것 같다. 광개토왕비에 이런 사실이 잘 나타나 있다. 다음은 광개토왕이 생전에 지시한 내용이다.

내가 죽은 뒤 나의 무덤을 편안히 지키는 일에는, 내가 직접 정벌하여

잡아 온 한인韓人과 예인穢人들만을 데려다가 무덤을 청소하게 하라. _광개토왕비

광개토왕이 정복한 지역은 백제, 동부여 등인데, 여기서 데려온 사람들을 '한인'이나 '예인'으로 부르고 있다. 비문에는 무덤을 지키는 사람, 즉 수묘인 명단도 있는데, 가령 '사조성舍蔦城의 한예韓穢 국연 3가, 간연 21가'라 적혀 있다. 고구려인은 맥족이고, 정복의 상대는 이종족인 한인이나 예인이었던 셈이다.

그런데 어느 때인가부터 예와 맥을 합쳐서 '예맥'이라고 부르기 시작했다. 서로 유사한 종족이었기 때문에 둘이 합쳐지게 된 것 같다. 예맥족과 유사한 사례로 영국 잉글랜드인의 기원이 되는 고대 종족인 앵글로색슨족을 들 수 있다. 게르만족의 일파로서 잉글랜드에는 앵글족과 색슨족 등이 기원후 6세기 이래 대륙으로부터 이주해 와 살았다. 버밍엄Birmingham처럼 엄ham으로 끝나는 지명은 앵글족의 정주지와 관련되고, 달링턴Darlington처럼 턴ton으로 끝나는 지명은 색슨족의 정주지와 관련된다고 한다. 이를 토대로 하면, 앵글족은 잉글랜드의 미들랜즈, 색슨족은 동남부와 서부에 밀집해서 산 것을 알 수 있다. 그런데 시간이 흐르면서 이들이 서로 뒤섞여 구분이 어려워짐에 따라 '앵글로색슨족'이라고 합쳐 부르게 되었다. 예맥족도 바로 그러한 경우이다.

그러면 한과 예맥은 어떤 종족이었을까? 예맥은 이른 시기인 주나라 때부터 많은 중국 문헌에 등장하지만, 산발적이고 단편적이어서 실상을 알기 어렵다. 더구나 초기 기록들은 정확히 해석하기도 쉽지 않다. 초기 기록의 한 사례를 들어보겠다.

커다란 저 한韓나라의 성은, 연나라 군사가 완성했네.

선조들이 받으신 명을 받들어, 오랑캐들까지 다스리신다.

왕이 한나라 제후에게, 추追와 맥貊을 내려주셨다.

북쪽 나라들을 모두 다 맡아, 그곳 책임자伯가 되셨도다.

성을 쌓고 못을 파고, 밭을 경작하고 세금을 정하였도다.

왕에게 비휴 가죽과 붉은 표범 가죽, 누런 말곰 가죽을 바쳤네.

_『시경』 한혁韓奕

한나라 제후를 찬미한 시로서, 이때의 왕은 서주 시기 선왕宣王, 기원전 827~782으로 생각된다. 따라서 춘추시대보다도 앞서서 중국 북방에 맥족이 있었던 셈이다. 여기에 '맥'과 함께 나타나는 '추'를 '예'로 해석하고, '한'을 중국의 한나라가 아닌 '삼한의 한'으로 해석해서, 한족과 예족 및 맥족이 중국 북방에서 한반도로 이동해 왔다는 주장이 제기된 적이 있다. 이와 함께 산둥반도를 중심으로 중국 동부 해안지대에 거주하던 동이족이 점차 한반도로 이동해 왔다고 하면서, 중국 방면으로부터의 민족이동설이 제기되었다. 이것이 과대포장되면서 마치 산둥 지역까지 우리 땅이었고, 심지어 산둥 출신인 공자까지 우리나라 사람인 것처럼 인식하는 일도 벌어졌다. 2002년 월드컵 응원 때에 치우蚩尤를 수호신으로 내세웠던 것도 이런 이유에서였다.

그간 축적된 고고학적 성과로 이런 주장은 타당성을 잃게 되었다. 만일 종족이 이동해 왔다면 출발 지점에서 도착 지점까지 이동 경로를 따라 문화적 연계성이 보여야 하는데 그렇지 않다. 따라서 종족이 이동해 온 것이 아니고 단지 명칭만 옮겨 온 것으로 보고 있다. 다시 말해 중원의 동이족과 한반도의 동이족, 중원의 맥족과 고구려의 맥족은 이름만 동일하지 실체가 전혀 다른 것이다. 따라서 공자가 중국 사람이듯이 치우도 중국 신화 속 인물일 뿐이다.

고고학 연구에 따르면 신석기시대에서 청동기시대로 넘어가면서 한반도의 주민이 교체되었을 가능성이 있다. 청동기 문화로 일시에 전면적으로 전환된 것은 주민의 교체를 반영하는 듯하다. 민무늬토기로 대표되는 새로운 문화를 지닌 집단이 그들이다. 그렇다면 예맥족이나 한족은 이와 같이 청동기 시대에 새로 이주해 온 사람들일지 모른다. 그러나 이들이 어디로부터 왔는지 현재로서는 알 수 없다. 아니면 이때 주민교체가 일어난 것이 아니어서, 훨씬 이전부터 그 자리에 살던 토착민이었는지도 모른다.

또 이들이 어떠한 종족적 차이를 지니고 있었는지도 알 수 없다. 심지어 예, 맥이 어떤 뜻을 지니고 있는지도 모른다. 예, 맥 모두 중국인들이 원래의 종족 호칭을 발음에 따라서 한자로 옮겨놓은 것이다. 그런데 중국인들은 이민족 명칭을 적을 때에 좋지 않은 뜻을 가진 한자로 적는 고약한 버릇이 있다. '흉악한 노예'를 연상시키는 흉노匈奴, '벌레가 꿈틀거린다'는 뜻을 가진, 유연의 다른 이름 연연蠕蠕이 그런 것들이다. 남쪽의 오랑캐를 남만南蠻이라 했는데, '만'이란 것도 쥐의 몸에 자라 머리가 달리고 개 짖는 소리를 내는 짐승이다.그림 3 이런 버릇이 예, 맥 호칭에도 나타났다. 예濊는 한자 그대로 더럽다는 뜻이고, 맥貊은 돼지 모양의 짐승을 이른다. 예족은 원래 예수濊水 부근에 살아서 그렇게 불린 것이고, '맥'은 밝음 또는 곰과 관련된 것으로 맥족은 광명족 또는 곰 토템족을 뜻한다는 해석이 있지만, 모두 확증할 길이 없다.

그림 3 만 짐승

다만 한족의 '한'은 뜻이 분명하다. 같은 한자를 쓰는 청주 한씨의 마을 이름에서 그 실마리를 찾을 수 있다. 청주 한씨의 시조인 한란韓蘭, 853~916이 살았던 곳이 청주 동남쪽에 있던 방정리인데, 지금은 청주시에 편입되어 방서동으로 바뀌었다. 이 마을을 현지에서는 '대머리'라고 부르고,그림 4 부근에 대머리공원도 조성되어 있다. 청주 한씨를 일명 대머리 한씨라고 부르는 것도 이 때문이다. 이 대머리는 머리가 벗겨졌다는 뜻이 아니라 대멀, 즉 큰 마을이라는 뜻이라고 한다. 여기서 '한'이 '크다'와 연계되어 있음을 유추할 수 있다.

사실 알타이어에서 '한'은 '크다'는 뜻을 지닌다. 할아버지는 큰아버지란 의미의 한아버지에서 변한 말이다. 처의 고향이 큰 고개 마을이란 뜻의 대치리인데, 현지에서는 한재라고 한다. '한'이 크다는 뜻인 것을 여기서도 알 수 있는데, 이런 지명은 전국에 두루 퍼져 있다. 또 몽골족이나 만주족 등 북방 민족들은 최고 지배자를 중국식 명칭인 왕이나 황제 대신에 한汗이나 가한可汗이라 불렀으니, 이것도 한韓과 통하는 말이다. 몽골 제국을 건설한 칭기즈 칸의 '칸'이 바로 그것이다. 신라 관등에 간干, 한旱, 찬湌, 飡, 한翰, 邯 등 다양한 한자가 들어 있지만 뜻은 한가지로서 큰 사람, 곧 족장을 의미한다. 결국 대한제국의 대한은 '큰 족장'이나 '큰 지배자'란 뜻을 담고 있다고 할 수 있다.

그림 4 대머리 마을 기념비(2015. 6.)

'한'은 원래 한반도 남부에 거주하던 세 집단인 마한, 진한, 변한을 의미하였으나, 시간이 지나면서 범위가 확대되어 한반도 전역을 아우르는 고구려, 백제, 신라를 의미하게 된다. 다시 말해 삼한이 삼국, 나아가 우리나라란 말과 동일한 의미로 확장되었다. 유구국오키나와의 궁궐 안에 있던 1458년 제작의 종에도 대명大明, 일역日域, 일본과 함께 삼한을 언급하고 있으니, 이 삼한은 조선과 같은 말로 사용된 것이다.

그러한 변화는 이미 삼국시대 말기에 나타난다. 645년 당 태종이 안시성을 공격할 때에 항복한 고구려 장수 고연수와 고혜진을 당나라에서는 '마한 추장'이라고 불렀다. 고구려는 한족과 무관한데도 마한으로 부른 것이다. 당나라 사람들의 묘지명을 검토한 연구를 보면, 이 무렵부터 고구려를 삼한의 하나로 부르는 사례가 다수 나타난다. 이것이 삼한을 삼국과 동일시하는 삼한삼국론의 출발점이다.

신라 말기 내지 고려 초기에 만든 것으로 추정되는 청주 운천동 사적

그림 5
운천동 사적비
(2014. 9.)

비그림 5에서는 삼한이 삼국 또는 후삼국과 동일한 의미로 사용되었다.

사악함을 징벌하고 백성을 사랑하였고, 삼한을 통합하여 땅을 넓혔으며, 창해에 살면서 위세를 떨치시니 … _운천동 사적비

운천동 공동 우물의 빨래판으로 사용되다가 발견된 이 비석은 원래 도살장 작업대로도 사용되었다고 한다. 이 때문에 곳곳이 움푹 패여 문장을 제대로 판독하기가 어렵다. 그럼에도 불구하고 신라인 또는 고려인의 생각을 읽을 수 있는 중요한 자료이다. 여기에서는 삼국통일 또는 후삼국통일을 가리켜 삼한을 통합한 것이라고 적고 있다.

신라 말기에 최치원이 중국에 보낸 글에서도 삼한과 삼국이 동일시된 것은 잘 알려져 있다.

그러므로 그의 문집에 태사 시중에게 올린 편지가 있는데 다음과 같이 쓰여 있다. "엎드려 듣건대 동쪽 바다 밖에 삼국이 있었으니, 그 이름은 마한, 변한, 진한이었습니다. 마한은 고구려, 변한은 백제, 진한은 신라가 되었습니다. …" _『삼국사기』 최치원 전기

이로써 '삼한'은 '예맥'을 밀어내고 우리나라를 대표하는 단어가 되었다. 진한에서 일어난 신라가 삼국을 통일했기 때문에 이런 결과가 나왔을 것이고, 혹시 고구려가 통일을 했다면 사정은 달라졌을지 모른다. 이런 과정을 거쳐서 지금 우리나라를 대한민국, 우리 민족을 한민족, 우리가 살고 있는 땅을 한반도, 우리가 쓰는 글을 한글이라 부르게 되었다. 반면에 북방 역사를 계승한 것으로 생각하는 북한에서는 '한'을 '조선'으로 바꾸어서 조선민족, 조선어, 조선반도 등으로 부른다.

둘째, '민족'의 의미이다. 민족이란 말은 원래 동양에 없던 것으로서 서양어 'nation'을 번역하면서 만든 것이다. 조선시대까지의 문헌에는 민족이란 단어가 보이지 않는다. 한민족이란 단어는 20세기에 처음 등장하였다.

민족이란 무엇인가? 앞서 DNA 검사를 언급했듯이 종족은 혈연 공동체를 가리킨다. 이에 비해 민족은 더 나아가 비혈연적인 다양한 요소를 포괄한다. 민족은 워낙 복잡 미묘하고 가변적인 실체라서 몇 가지 요소로 간단히 정의할 성질의 것이 아니다. 다만 얘기를 풀어가기 위해 민족의 네 가지 주요 요소를 제시한 레닌-스탈린의 이론을 들어보겠다. 이들은 "민족이란 언어와 영토, 그리고 경제생활의 공동체이며 동시에 공통된 문화생활로 표출되는 심리적 본성의 공동체이다"고 하면

서, "이런 요소들 중에서 어느 하나라도 갖추어지지 않은 집단이 있다면 그 집단은 결코 민족이라 여겨질 수 없다"고 하여, 민족을 구성하는 네 가지 필수 요소를 들었다. 이 논리대로라면 분단국의 경우 경제적 공통성을 가질 수 없으므로 서로 다른 민족이 된다. 이에 따라 과거 동독에서는 자신들을 사회주의 민족, 서독을 부르주아 민족으로 나눈 뒤 자신들이 한 단계 진전된 민족이라 주장한 적이 있으나, 오히려 서독에 흡수되는 아이러니를 가져왔다.

이런 문제를 인식한 북한의 주체사관에서는 경제 요소를 혈통 요소로 대체하였다. 김일성 저작집에 실린 "조선민족은 한피줄을 이어받으면서 하나의 문화와 하나의 언어를 가지고 몇천년동안 한강토우에서 살아온 단일민족입니다"는 문장이 그런 생각을 담고 있다. 북한에서는 한민족이란 말 대신에 조선민족이라고 한다. 고조선을 계승한 것을 강조하기 위한 것이다. 단일민족 의식, 단군의 자손 의식을 남한보다 더 강조하는 것도 이 때문이다. 1994년 10월에 단군릉을 거대한 피라미드로 개건한 것은 이를 상징적으로 보여준 사건이었다. 이렇게 우리 민족의 원 시조라고 하여 단군을 강조하더니 김일성이 사망한 후에는 그가 사회주의 조선의 시조라고 하여 '김일성 민족'이란 말까지 만들어냈다. 조선시대에 국가를 처음 세운 임금인 단군과 문명 교화를 시작한 임금인 기자를 함께 숭상한 것과 유사하다.

레닌-스탈린이 제시한 네 가지 요소 가운데서도 언어의 공통성은 더욱 중시되는 요소이다. 서로 말이 통해야 공동체가 형성될 수 있기 때문이다. 이리하여 우리말의 언어적 계통을 찾는 것은 바로 민족의 기원을 찾는 것과 같은 것으로 생각되었다. 우리말이 알타이어족에 속한다고 하니까 알타이산맥이 마치 우리 민족의 고향인 것처럼 오해되기도 한다. 그러나 뒤에 고려보나 박가구의 사례에서 볼 수 있듯이 우리말을 잊어버려도 동족 의식은 사라지지 않는 경우가 있다.

고대 삼국인의 동질성과 관련하여 이들의 언어 소통 여부는 많은 사람의 관심사이다. 2003년 영화 「황산벌」에서는 백제군이 쓰는 '거시기'란 단어의 뜻을 몰라 신라군 간첩이 고생하는 장면이 익살스럽게 나온다. 이것은 지어낸 것이고, 실제로 어떠하였는지는 알 길이 없다. 신라 거칠부가 고구려 혜량법사를 만나 대화할 때나 김춘추가 보장왕을 만나 대화할 때, 고구려인 선도해가 잡혀 있는 김춘추에게 '토끼의 간' 이야기를 해줄 때에 통역자가 있었다는 기록은 없다. 또 신라 관리인 조미갑이 백제에 포로가 되어 좌평 임자의 집에서 종살이하다가, 몰래 김유신과 임자 사이를 왕래하였을 때에도 그러하다. 이를 근거로 신라 말과 고구려 말, 백제 말이 통했다고 볼 수 있다. 그러나 통역자의 존재를 굳이 드러낼 필요가 없어서 적지 않았을 가능성도 제기할 수 있다. 오늘날 국어학계에서는 삼국 말을 동일한 언어의 서로 다른 방언 정도로 이해하고 있다. 그렇다면 삼국인 사이에 말이 통했을 것이다.

이와 달리 한군현과 한반도 토착인 사이에는 통역이 필요했다. 지황 연간기원후 20~22년에 낙랑군은 항복해 온 진한 족장 염사치를 통역으로 삼아 진한에 잡혀 있던 한인漢人들을 데려오게 했다. 또 대방군과 마한인 사이에 통역이 잘못되어 246년에 마한의 한 나라가 대방군 기리영을 공격한 일도 벌어졌다. 참고로 금나라 때의 기록을 보면 서로 말이 다른 북방민족들 사이에서는 한어漢語를 매개어로 삼았다고 한다.

고려에서도 비슷한 사례를 볼 수 있다. 고려에서는 발해인이나 거란,

여진과 교섭하기 위해서 서리직인 발해통사, 거란통사, 여진통사를 두었다. 그런데 거란과 여진에 대해서는 통사와는 별도로 역관을 두어서 의사소통을 했지만 발해인에 대해서는 역관을 따로 두지 않았다. 실제로 역관이 중개한 흔적도 나타나지 않는다. 삼국시대처럼 발해와 고려 사이에도 통역이 필요 없을 정도로 의사소통이 가능했던 것으로 보인다. 이는 이민족인 거란이나 여진과 통역을 사이에 두고 대화하던 상황과 구별되는 것이다.

방언 이야기가 나왔으니 조선시대 방언에 대해서도 언급할 필요가 있겠다. 이옥1760~1815은 그의 경험을 이렇게 적었다.

지방에 방언이 있는 것은 어디나 그렇지 않은 곳이 없다. 영남의 말은 더욱 기호지방과 다른 것이 많다. 내가 처음 이곳에 왔을 때는 대부분 알아들을 수 없었으나, 한 달 남짓이 되자 점점 익숙해지고 이해할 수 있게 되었다. _『이옥전집』 2, 방언

삼국 말의 차이도 이 정도이거나 조금 더 큰 정도였을 것이다. 그런데 1822년 박내겸이 평안도에 암행어사로 돌아다녔을 때 서울말을 쓰는데도 불구하고 아무도 의심하지 않았다. 남원 지역에서 양반 마을 사람들은 사투리가 아닌 표준말을 썼다는 증언도 있지만, 조선시대에 궁벽진 시골에서도 외지 말을 쓰는 사람의 출입이 잦았기에 말씨는 특별히 주목받지 않았을 가능성도 있다.

고대에도 외지 말씨가 주목받지 않았을 가능성을 뒷받침해 주는 사례가 있다. 신라 문무왕 때에 차득공이 전국을 암행하며 민정을 살필 때에

무진주현재의 광주광역시의 관리 안길이 그가 비범한 인물임을 알고 극진히 대접했는데, 이런 판단은 그의 말씨 때문은 아니었던 것 같다. 7세기 후반 호남에서는 경주 사람의 말투가 크게 문제 되지 않았던 듯하다.

동일한 말을 쓰는 사람들이 일정한 공간에 거주해야 민족이 형성된다. 영토적 공통성이란 것이 이것이다. 조선시대의 정치적 공간은 한반도에 국한되었으나, 민족적 공간은 국경을 넘어 요동 지방에까지 걸쳐 있었다. 이미 인용한 적이 있지만, 임진왜란 때에 온 명나라 장수 조승훈이 스스로 조선 사람이라고 선조에게 말했는데, 요동 사람들은 이처럼 중국인이면서도 조선 사람이란 자의식이 있었다.

임금이 예물을 적은 단자를 증정하자, 총병이 "이미 예물을 많이 받았는데, 나는 조선과 한집안 사람입니다【요동은 고구려의 옛 땅으로 동녕위 사람들은 우리나라를 가리켜 본래 고향이라고 한다】. …"고 말했다. _선조실록 31년(1598) 8월 9일

마지막으로 문화적 공통성이다. 그중에서 특히 생활문화는 우리와 타자를 구별하는 중요한 기준이 된다. 이미 인용한 다음 두 가지 글이 그 사례이다.

기생이 상을 마주하고 앉아서 안정란을 자세히 보니, 귀에 둥근 구멍이 뚫려 있었다. 비로소 의심하고는, "당신의 귀가 늘어지고 구멍이 있는 것을 보니 고려인이 아니냐?"라고 했다. … 술잔을 들어 서로 권할 때에 안정란이 잔을 들면서 손톱으로 잡고 술을 따랐다. 중국 사람은 술

잔을 잡을 때 으레 두 손가락을 사용하여 술잔 바깥쪽을 잡으며, 손톱을 술에 닿게 하지 않는다. 그런 까닭에 기생들은 안정란이 술잔 잡는 것을 보고는 크게 놀라 "술잔 잡는 것이 정말 고려인이구나" 하고는 손바닥으로 안정란의 등을 때리며 매우 화를 내고는 내쫓아 버렸다. _『어우야담』 만물

지난번에 십만 중국 군사가 우리나라에 오랫동안 머물렀는데, 풍속의 다름을 서로 비난하며 비웃었다. 우리나라 사람은 회를 즐겨 먹지만 중국인은 대부분 침을 뱉으며 더럽게 여겼다. … 우리나라 사람이 밤에 어두운 방에 앉아 있었다. 중국인이 문밖에서 들어와 냄새를 맡으며 "분명히 고려인이 있군" 하였으니, 이는 비린내가 난다는 말이다. 우리나라 사람은 물고기를 많이 먹어서, 비록 스스로는 냄새를 맡지 못해도 반드시 비린내가 나기 때문이다. _『어우야담』 학예

이상 네 가지 요소를 언급했지만 민족을 정의하기가 결코 쉽지 않다. 언어만 해도 그렇다. 학계에서는 민족과 언어가 필연적으로 연관되어 있는지 아니면 단지 역사적으로 우연히 조합을 이룬 것인지에 대해 의견이 일치하지 않는다. 영어처럼 어떤 언어는 원래 사용되던 지역을 넘어서 새로운 문화권으로 확산되기도 하고, 어떤 언어는 원래 지역에서 사멸되고 다른 종족이 대신 사용하는 경우도 있다. 청나라를 세운 만주족은 지금 만주어를 거의 모두 잊어버렸지만 아직도 만주족으로 남아 있다. 이런 점에서 민족의 실체를 학문적으로 정의하기가 매우 어렵다.

서양의 'nation'은 국가, 국민, 민족으로 번역되는 만큼 정치공동체적

성격이 농후한데, 그 번역어인 '민족'에는 족族 자가 들어가 있어서 혈연공동체적 성격이 강조되는 경향이 있다. 이리하여 동양과 서양에서 민족을 바라보고 이해하는 시각의 차이가 나타난다. 단군의 자손이니 단일민족이니 하는 말은 모두 혈연공동체 의식을 반영한 것이다.

민족이란 말 대신에 '겨레'나 '동포'라는 단어도 사용되었다. 겨레는 원래 일가나 친족을 의미하는 겨레붙이란 말처럼 혈연관계가 있는 사람을 이르는 말이고, 동포는 이보다 좁게 한 부모 아래서 태어난 형제자매를 이른다. 둘 다 직접 피를 나눈 범위에 국한되는 말이었지만, 근대에 이르러서는 민족과 동일한 의미로 확대되었다. 그런데 동포란 말은 전근대에 이미 의미가 확대되어 왕이 백성을 일러 '나의 동포'라고 부르기도 했다. 영조가 유생들에게 한 다음 말이 그런 사례이다.

> 위로 삼공三公으로부터 아래로 선비와 서인庶人에 이르기까지 부역은 고르게 해야 한다. 또 백성은 나의 동포요, 만물은 나와 동배同輩라 하였다. 너희들이 백성을 볼 때에는 너와 나의 구별이 있을지 모르나, 내가 볼 때에는 모두가 나의 적자赤子이다. 피차간에 어찌 애증이 있겠는가?
> _영조실록 26년(1750) 7. 3.

중국 북송 때부터 '동포'가 백성을 가리키는 말로 사용되기 시작했는데, 영조는 이를 원용하였다. 왕의 입장에서 백성을 바라보는 일방적 시각을 보여주는 말로서, 상하관계를 전제로 한다. 이것이 민족공동체와 동일한 의미로 다시 변형된 것은 근대에 와서의 일이다.

동서양의 차이는 민족 형성 시기에 관한 논쟁에서도 나타난다. 학계에서는 두 가지 설이 대립하고 있다. 민족이 고대로부터 존재해 왔다고 보는 설과 근대에 등장했다고 보는 설이 그것이다. 서양에서는 주로 근대에 와서야 민족이 형성된 것으로 생각한다. 오늘날의 민족국가 모습이 이때에 와서야 등장하기 때문이다. 국내에 잘 알려진 『상상의 공동체』의 저자인 베네딕트 앤더슨Benedict Anderson은 민족을 18세기 말 이후 자본주의가 발달하면서 새롭게 형성된 역사적 공동체라고 정의한다.

국내 학계에서도 의견이 양분되어 있다. 근대사 연구자들은 서양의 이론을 받아들여 근대에 형성된 것으로 보고 있고, 이에 반해 고대사 연구자들은 서양과 다르게 고대로부터 형성되기 시작한 것으로 보고 있다. 근대에 외국의 침략에 맞서 싸우면서 민족의식이 크게 강화되었던 것은 사실이다. 그렇다고 해서 근대에 민족이 형성되었다고 단정할 수 있는지는 의문이다. 동아시아에서는 서양과 달리 고대부터 중국과 한국과 일본이 지리적으로나 정치적으로나 서로 구별되는 독립 집단을 이루었다. 민족이 이른 시기에 형성될 수 있는 기반이 마련되어 있었다고 할 수 있다.

이 두 견해는 몽골의 침략이나 왜의 침략 등에 맞서 백성들이 들고 일어나 싸운 것이 민족의식의 발로인지 아닌지를 두고도 이견을 드러낸다. 민족이 형성된 뒤에 민족의식이 나타날 수 있으니, 근대사학자는 민족의식이 아니라고 한다. 하지만 과연 전근대에 외적을 물리친 것과 근대에 의병을 일으켜 일본 침략에 맞서 싸운 것이 본질적으로 다른 것일까? 조선 초기에도 옷차림이 특이하여 이질적인 사람들로 취급된 이슬람인, 본래 오랑캐 출신이어서 자기들끼리 집단생활을 하며 떠돌아다녔던 백정, 여진족으로서 조선에 귀화하여 뱃사공으로 활발히 활동

한 향화 호인 등을 이방인으로 취급하면서 조정에서 동화시키려 노력한 것은 역으로 이들과 구별되는 동질적인 집단이 이미 형성되었던 증거일 터이니, 이것이 바로 전근대 시기 민족의 실체일 것이다.

다음 사례들도 과연 무슨 의식을 드러낸 것일까 한번 생각해봄직하다. 중국의 고려보에 대해서는 우리역사읽기 제4책 『농사짓고 장사하고』에서 이미 인용한 적이 있는데, 여기서는 다른 자료를 인용하겠다.

고려보高麗堡를 지나니 이곳은 옛적에 고려 사람들을 사로잡아 살게 한 곳이다. 이런 고로 이름이 고려보라 하였다. 책문을 든 후에 각색 곡식을 다 밭에 심었고, 물 대어 논을 만든 곳을 보지 못하였는데, 이곳에 이르러 길 좌우에 약간 논이 있어 밤이 도심히 잘고 두렁이 거칠어 해포 진폐한 곳 같으나, 사람의 풍속이 오히려 전하는 곳이었다. 이곳에 이르러 이 마을 이름을 듣고 이 제도를 보니 극히 반가웠다. 파는 떡이 있는데 좁쌀로 만들었다. 밤과 대추를 넣어 맛이 의연히 우리나라 음식이니, 전하여 오는 것이라 하였다.

이전에는 우리나라 사행이 들어오면 이 마을 사람들이 스스로 고려의 자손이라 일컫고 각각 집으로 청하여 대접이 관곡하였는데, 해마다 조선 사람이 그 관곡함을 이용하여 거짓말로 속이고 세간을 도적하니, 근래는 우리나라 사람을 보아도 또한 반기지 아니하고, 혹 고려 사람의 자손 있음을 물으면 대답하기를, '고려의 조상은 있으나 고려의 자손이 예 어이 있으리오' 한다 하였다. _『을병연행록』 1765. 12. 24.

고려보는 지금의 탕산시唐山市 평룬구豐潤區 고려포촌高麗鋪村에 해당한다. 오래전에 한반도를 떠나 중원으로 옮겨 갔지만 과거의 풍속을 지니며 우리와 동족이라고 스스로 생각하였으니, 이것이 민족의식이 아니고 무엇이겠는가?

2002년 8월에 중국 랴오닝성 가이저우시蓋州市에서 50킬로미터쯤 떨어져 있는 박가구朴家溝 마을그림 6을 물어물어 찾아간 적이 있다. 주민들에 따르면 400호 가운데 100호가 박씨 집이라고 했다. 그들은 우리말을 하나도 하지 못했지만 동족 의식에 반가움을 표했다. 조선족이 일반적으로 19세기 후반에 중국으로 넘어간 것에 비해 이들은 훨씬 이전, 아마 병자호란이나 정묘호란 때에 중국에 들어가서 우리말을 모두 잊어버렸다. 그럼에도 박씨라는 성과 더불어 그 뿌리가 한국인이라는 의식은 그대로 가지고 있었다. 박씨는 중국에 없는 성씨이다. 이러한 연유로 1982년에 스스로 한족에서 조선족으로 족적을 고쳐서 화제가 된 적이 있다. 이 밖에 번시현本溪縣 산청자향山城子鄉의 박보촌朴堡村, 랴오양시遼陽市 타이쯔허거우太子河溝의 박가구촌朴家溝村도 그런 박씨 마을로 알려져 있다. 이런 박씨의 의식이나 앞서 본 고려보 사람들의 의식이 본질적으로 다르다고 하기는 어렵다.

이런 사실들은 민족 내지 민족의식이 이미 근대 이전에 성립되어 있었던 것이 아닌가 생각하게 한다. 동족 의식이란 말을 썼지만 민족의식과 다르지 않은 것이다. 다만 근대에 외세의 침략과 식민 지배에 맞서 싸우면서 단일민족 의식, 단군의 자손 의식에서 보이듯이 민족의식이 크게 강화되었을 뿐이다. 단군의 자손이란 인식은 1908년에 처음 확인된다고 한다. 일제강점기에 한민족을 여러 종족이 혼합된 잡종으로 바라본 일본인의 시각은 우리의 단일민족 의식을 더욱 강화시켜주었다.

그림 6 박가구 마을(2002. 8.)

다음은 조선총독부에서 펴낸 책에서 우리의 민족 구성에 대해 언급한 부분이다.

문무양반이라 칭하는 귀족의 대부분은 신라의 계통을 잇는 한족韓族으로서, 문무로 구별은 하지만, 조선에서는 무인은 주로 세력이 약하고, 문인이 정치의 중심이 되어 세력의 중추를 이루고 있다.

즉 조선반도 정치의 중심은 태고로부터 한족의 수중에 있었다. 상민은 삼남 지방의 한족 위주며, 서쪽으로 이를수록 한족漢族, 즉 지나인의 혈통이 더해지고, 북쪽으로 갈수록 부여, 여진족 등이 혼혈된다.

대체로 한족韓族을 비롯해 서방 지나인과 북방 지나인 및 동방 일본인의 혈통이 혼합되어 오늘날의 조선인이 형성된 것이기에 일종의 특별한 종족성을 가지고 있다고 할 수 있다. _조선총독부 책, 132~133쪽

해방이 되어 근래에 이르기까지도 남북통일 문제, 식민주의 극복과

맞물리면서 그런 민족의식은 더욱 강화되었다. 2007년 7월 교육인적자원부가 여론에 밀려서 교과서의 일부 내용을 바꾸게 한 것이 대표적인 사례이다. 이전의 교과서에서는 기원전 2333년에 단군왕검이 고조선을 "건국했다고 한다"고 하였으나, 이를 "건국했다"로 고쳐서 마치 역사적 사실인 양 호도하였다.

그런데 2000년대 들어와서 우리 사회에서 단일민족 신화가 깨져가고 있다. 2007년 유엔 보고서에서는 한국에서 단일민족 의식을 너무 강조함으로써 다른 인종, 국가 출신을 차별할 소지가 있다고 지적한 적이 있는데, 2010년 국내 여론조사에서는 10명 가운데 7명이 한국은 다문화 사회라고 보았다. "이제 단일민족 국가가 아니라 다문화 사회"라고 대답한 것이다. 다문화 가정이 늘면서 역사 수업 시간에도 학생들 앞에서 우리가 단일민족 국가라고 얘기하기가 불편해졌다고 한다. 이에 따라 군대 선서문의 '국가와 민족을 위하여'라는 구절이 '국가와 국민을 위하여'로 바뀌게 되었다.그림 7 마침내 우리 역사에서 단일민족의 시대가 서서히 저물고 있는 듯하다.

명확한 기준이 있는 것은 아니지만, 대체로 하나의 민족이 전체 인구의 90퍼센트를 넘으면 단일민족 국가nation state로 본다고 한다. 유엔 회원국 193개국 가운데 이 기준에 맞는 나라는 20개국 정도에 불과하다. 예를 들어서 이집트에서는 이집트인이 99퍼센트를 차지한다. 독일이나 프랑스, 이탈리아 등은 원래 단일민족 국가였으나, 이민자가 많아지면서 다민족 국가로 분류되고, 거꾸로 폴란드는 원래 다민족 국가였으나 제2차 세계대전 당시 유대인이 나치에 학살되고 전후에는 동부 영토가 러시아에 편입되면서 폴란드인이 97퍼센트를 차지하는 단일민족 국가

민족 → 국가 위해 충성!

군 선서문 '다문화' 반영해 변경

군이 다문화 시대를 맞아 충성 대상을 '민족'에서 '국민'으로 바꾸기로 했다.

국방부는 11일 임관 및 입영 선서문에 "국가와 민족을 위하여 충성을 다하고…"란 문구를 "국가와 국민을 위하여 충성을 다하고…"로 바꾸는 군인복무규율 개정안을 입법 예고했다. 최근 다문화 가정이 급증하고 있어 '민족'을 고집하기보다는 '국민'으로서의 공감대를 반영하겠다는 취지가 담겼다.

국방부 관계자는 "적합한 용어 사용으로 국군의 이념과 사명에 부합되는 선서를 하도록 했다."면서 "한국 국적을 가진 다문화 가정 구성원들도 대한민국 국민이라는 공감대를 넓혀 가게 됐다."고 말했다.

이와 함께 군인 배우자의 출산 휴가를 현행 3일 이내에서 최장 9일 이내로 늘리는 등의 내용도 이번 개정안에 포함됐다. 개정안에 따르면 현재 3일인 배우자 출산 휴가는 첫째와 둘째 출산 시 5일 이내, 셋째 출산 시 7일 이내, 넷째 이상 출산 때는 9일 이내로 각각 늘어난다. 영내 거주 의무가 있는 군인의 배우자가 출산할 때도 7일 이내의 청원휴가를 주기로 했다.

또 자녀 결혼 때와 본인 및 배우자의 형제·자매가 사망한 때에도 청원휴가를 하루 주기로 했다. 자녀를 입양할 때는 현행 14일에서 20일 이내로 휴가를 늘리고, 배우자의 유산 때는 최장 열흘 동안의 휴가를 준다. 본인의 불임치료 때는 시술 당일 휴가를 주고 건강검진을 받을 때는 공무휴가를 내도록 하는 조항도 신설됐다.

군인복무규율 개정안은 내년 2월부터 시행될 예정이다.

그림 7 민족 대신 국가로(서울신문 2011. 11. 12.)

가 되었다. 아시아에서는 일본과 한국이 단일민족 국가에 속한다.조선일보 2014. 8. 28. 중국은 한족이 93퍼센트에 가까운데도 스스로 다민족 국가로 규정하는 반면에, 우리는 아직 이민족의 수가 미미한데도 다민족 국가 의식으로 나아가고 있어 대조적이다. ■

이중나선의 역사

영국 케임브리지대학 앞에는 관광객의 발길이 끊이지 않는 이글 펍Eagle Pub이 있다. 이곳은 1953년에 케임브리지대학의 두 연구자가 DNA의 이중나선 구조에 대해서 처음으로 발표했던 곳이다. 이를 기념하여 입구에는 '생명의 비밀'을 밝힌 곳이라는 둥그런 안내판이 붙어 있고, 안에서는 'Eagle's DNA'란 이름의 특별한 생맥주를 팔고 있다.그림 1

중국에도 이중나선과 비슷한 그림이 있다. 고대부터 인류의 시조로

그림 1 이글 펍의 DNA 생맥주(2013. 8.)

여겨 온 복희와 여와의 그림이다. 남성인 복희는 곱자를 들고 있고 여성인 여와는 원을 그리는 컴퍼스를 들고 있는데, 우리의 눈을 끄는 것은 두 사람의 하체이다. 뱀 모양으로 되어서 두 사람이 나선형으로 꼬여 있다.그림 2 여기서 DNA를 연상하는 이도 있다.

그림 2 복희와 여와

역사도 이중나선으로 결합된 구조가 아닐까 생각한다. 인간 세상사는 논리와 비논리, 변화와 불변, 보편과 고유, 공존과 대립, 자생과 외래 등의 다양한 대립항들이 서로 맞물려 돌아가는 것이다. 이들의 이중주가 바로 역사일 것이다. 그런가 하면 과거 전제정치나 독재정치의 산물을 이제 와서는 자랑스러운 문화유산으로 내세우듯이 이율배반과 자기모순을 배태하고 있는 면이 있기도 하다.

그런데 기존의 역사학에서는 이런 구조를 제대로 보지 않았다. 학자로서 써야 하는 논문은 논리적이어야 한다. 자연히 사료 덩어리에서 합리적으로 이해할 수 있는 자료만 관심을 갖고 뽑을 수밖에 없고, 그 나머지는 방치되거나 버려지게 된다. 그러나 우리 주변에서 일어나는 일만 해도 논리적으로 설명될 수 없는 일들이 얼마나 많은가. 또 인류 역사는 발전한다는 생각에 매몰되어 수많은 역사학자들이 발전의 요소를 찾으려 매진할 때에 그저 변화에 불과한 세계는 뒷전으로 밀려 빛을 보지 못하게 된다.

대나무가 실은 나무가 아니듯이 인간사에는 역설도 있다. 흥부가 착한 사람이라고 가르치지만, 흥부 집보다 놀부 집이 장사가 더 잘된다. 옛날에는 열심히 저축하는 개미가 칭찬받았으나, 지금은 노래 잘하는 베짱이가 출세하는 세상이다. 학교 담장에 붙어사는 학생이 먼 데 사는 학생보다 지각을 더 많이 한다. 가까운 산은 언젠가 가겠지 하고 먼 산에만 등산을 다니니, 일례로 내가 서울대학교에 입학한 것은 1975년이었지만 관악산 정상을 밟은 것은 2005년경이었다. 반공 이데올로기로 레드 콤플렉스가 있는 나라이면서도 국가대표 축구 선수복의 상징색이 붉은색이고 응원단은 온통 붉은 물결의 붉은 악마이다. 삼국시대에 가장 후진적이었던 신라가 삼국통일의 최종 승자가 된 것도 그러하다. 그런가 하면 장사 수완이 좋은 중국인은 현대에 와서 사회주의 국민이 된 반면에 상업을 천시했던 한국인은 자본주의 국민이 되었다. 이처럼 인간사는 일관된 얼굴만 가진 게 아니다.

이러한 것들을 놓치게 되면 자칫 역사의 진실에서 멀어지게 된다. 이제 여기서는 지금까지 연재해왔던 사실들을 상기하면서 변화와 불변, 보편과 고유, 공존과 대립이라는 세 주제로 나누어 다시 생각해보고자 한다.

첫째, 변화와 불변의 세계이다. 세상에 변하지 않는 것은 없다. 다만 상대적으로 오랜 지속성을 가진 것을 불변이라 하고, 그렇지 않은 것을 변화라 부를 수 있겠다. 인류 역사에서도 사라지거나 생겨나는 것과 변함없는 것들이 맞물려 돌아가는 것을 흔히 볼 수 있다. 일본에서도 전통의학이 사라질 정도로 많은 부분에서 서구화되었지만 천황제도나 신사神社는 꿋꿋이 제자리를 지키고 있다.

변화의 속도와 강도는 시간이 흐를수록 눈덩이처럼 커져만 간다. 지금의 10년은 과거의 100년 못지않은 변화를 가져온다. 그만큼 사라지고 생기고 하는 것들이 정신을 차리지 못할 정도로 많아졌다. 지난 50년간 변해온 추석 선물을 소개한 기사를 보았다.중앙일보 2015. 9. 25. 1950년대는 쌀이나 계란, 참기름 등 농산물, 1960년대부터는 설탕, 라면, 양말 등 공산품, 1970년대는 커피세트나 과자종합선물세트, 1980년대는 지갑 등 잡화, 참치 통조림, 1990년대는 영광 굴비 등의 지역 특산품이나 상품권, 2000년대는 올리브유, 치즈 등의 웰빙 건강음식들로 변모해왔다고 한다. 50년 동안 고속으로 이루어진 우리 사회의 변천을 대변해준다.

생활사 책을 쓰기 위해 글을 연재하기 시작한 10년 전에는 우리나라를 커피자판기가 많은 나라로 묘사했었다. 지금도 음식점마다 무료 커피자판기가 설치되어 있기는 하지만, 그 뒤로 갑자기 우후죽순처럼 생겨난 각종 브랜드 커피전문점들이 길거리를 메우고 말았다. 바야흐로 카페의 천국으로 바뀌어가고 있다. 젊은이들은 식사를 한 뒤에 카페로 발길을 돌려 때로 밥값보다 비싼 커피를 사 드는 것이 버릇처럼 되었다. 지하철 풍경도 그렇게 변했다. 과거에는 신문이나 책을 보던 것이 10년 전에는 핸드폰을 비롯하여 MP3 플레이어, PDA, 게임기 등 다양한 모바일 기기를 사용하는 모습을 연출하더니, 이제는 스마트폰 일색이 되었다. 또 우리 사회의 이공계 홀대 풍조가 지적되어왔는데, 어느 샌가 돌변하여 문과생이 취직이 안 되어 심지어 '문송합니다문과라서 죄송합니다', '인구론인문계 졸업생의 90퍼센트가 논다'이란 말까지 생겨나게 되었다.

필자는 1974년 말에 서울에 올라와 MBC 프로그램에 출연한 적이 있는데, 이때 무심코 안내인을 따라 올라갔다가 정작 혼자 내려올 때에 엘리베이터를 탈 줄 몰라서 10여 층을 비상계단으로 내려온 적이 있었다. 그때 엘리베이터를 처음 보았다. 대학 1학년이던 이듬해에 화신백화점에 가서는 에스컬레이터를 타려는데 속도에 맞추어 발을 올려놓지 못해 고생한 기억도 있다. 1980년대 초부터 타자기를 쓰다가 PC를 처음 산 것은 1988년 초이고, 인터넷과 전자우편을 시작한 것은 1990년대 중반이다. 1990년대에 앞으로 사람마다 전화기를 가지고 다니는 시대가 올 것이라 예견했는데, 설마 하던 일이 불과 몇 년 만에 현실화되어 필자도 2000년대 초부터 핸드폰을 들고 다니게 되었다. 이는 불과 수십 년 사이에 벌어진 일들인데, 이런 것들이 없던 시절에 어떻게 살았을까 물어보면 지금 학생들은 전혀 감을 잡지 못할 것이다.

1990년대 중반 학과에서 유적 답사를 갔을 때에 학생들이 아침 식사에 나온 산채에 전혀 손을 대지 않고 고기만 먹는 모습을 본 적이 있다. 안 먹어봐서 어떻게 먹는지 모르겠다는 대답이 돌아오기에, 그러면 왜 산채정식을 시켰냐고 물었더니 가격이 제일 싸기 때문이라고 하였다. 이때부터 학생들의 세대가 달라졌구나 하는 거리감이 느껴지기 시작했다. 2014년 가을 답사 때에는 학생들이 고인쇄박물관에서 활자를 일일이 식자하는 장면을 보고 이해를 하지 못했다.

미국 시사주간지에서 인터넷의 발달로 지난 10년간 우리 주변에서 사라진 것 열다섯 가지를 선정한 적이 있다.조선일보 2010. 12. 10. 아무 때나 전자우편으로 지시하는 상사 때문에 9시에 출근해서 5시에 퇴근하는 라이프 사이클이 깨졌고, 비디오테이프나 DVD 대여점이 사라졌다. CD나 전화번호부, 편지 쓰기, 폴라로이드와 필름, 백과사전 등도 자취

그림 3 칼국숫집의 변화(2010. 10.)

를 감추었다. 공부하면서 음악을 듣는 등으로 집중력이 흐트러지고, 온라인의 익명성 때문에 예의도 실종되었다. 늘 핸드폰을 끼고 살아야 하는 불안감에 휩싸이게 되었고, 조용히 보내고 싶은 시간도 가지기 어렵게 되었다. 사생활은 지키기 어려워졌고, 온갖 소문과 괴담과 허위가 난무하면서 진실도 실종되었다. 오직 자극적인 것과 흥미로움, 새로움만이 인터넷을 지배하게 되었다.

20세기에 민족주의 사학이 발전을 찾는 데 매진하면서 위와 같은 세계는 홀시되었다. 대전역 부근의 오래된 한 칼국숫집에서 1960년대부터 2000년대까지 사용한 그릇과 가격의 변천을 벽에 붙여놓아 내 눈길을 끌었다.그림 3 시간의 흐름에 따른 변화를 보여주는 이것도 '아! 옛날에 이랬구나' 하고 추억하게 해주는 우리 현대사이다.

우리의 매장 의례는 시대 이념에 따라 변해왔다. 고대에는 흙무덤이나 돌무덤에 시신을 안치하다가 불교가 들어와 화장으로 바뀌었다. 성리학 이념에 따라 불교식 화장은 배척되고 조선시대에 다시 토장이 유행하였다. 그러나 토장이 국토를 잠식하는 주범이 되면서 후손과 자연

환경을 위해 화장으로 되돌아가고 있다. 다방, 제과점이란 말은 사라져 가고 그 자리를 커피숍, 베이커리가 차지하는가 하면, 버스 대합실은 터미널이란 말에 밀려나 흘러간 옛 노랫말이 되어버렸다. 이런 것들은 발전이라기보다 변화라 부르는 것이 적절하다. 이런 변화에도 주의를 기울일 필요가 있다.

국립문화재연구소에서 사람의 일생 의례인 출생, 혼례, 상례, 제례를 전국에 걸쳐 조사한 결과가 신문에 보도된 적이 있다.조선일보 2011. 7. 7. 이 기사에서는 우리 사회가 급격히 서구화되면서 사라진 의례와 살아남은 의례를 각각 소개하였다.

사라진 것은 다음과 같다. 아기가 태어나면 무병장수를 빌며 삼신상을 차리던 것이 일부 지역을 제외하고는 거의 없어졌고, 아기를 낳으면 대문에 금줄을 치는 것도 이제는 볼 수 없게 되었다. 아기의 첫 외출 때에는 잡귀가 붙지 못하게 아기 얼굴에 숯 검댕을 발라주거나 붉은 고추를 옷깃에 꿰매주었는데, 이것도 사라졌다. 오리고기를 먹으면 아이 손가락이 붙어 나오고, 볶은 미역을 먹으면 아이 얼굴에 부스럼이 생긴다고 해서 먹지 않았지만, 지금은 아무도 믿지 않는다. 혼례는 신부 집에서 한다는 원칙이 무너지고, 양가 합의 아래 예식장에서 올린다. 신부가 신랑을 따라 처음으로 시댁에 갈 때 요강에 찹쌀을 넣어 가져가 시어른께 대접하던 풍습도 사라졌다. 오줌이 요강에 모이듯이 재물이 모이라는 의미에서 그리했던 것이라 한다. 요강 혼수가 사라진 것이다.

반면에 여전히 살아남거나 새로 생겨난 것도 있다. 아기의 백일과 돌에는 수수팥떡이나 백설기를 돌리고, 돌날에는 여러 물건을 늘어놓고 무엇을 잡는지 보는 돌잡이를 한다. 중국 남북조시대 말기에 안지추顔之

推, 531~595?가 후손을 위해 지은 『안씨가훈』에 돌잡이 풍속이 나오는 것을 보면, 중국에서 오래전에 들어와 끈질긴 생명력을 보이고 있는 것임을 알 수 있다. 그런가 하면 1960년대부터 반지를 선물하기 시작했고, 1970년대부터는 돌상에 케이크가 오르기 시작했다고 한다. 결혼에서 함을 보내는 일이나 예식장에서 폐백을 올리는 일은 아직도 흔하다. 그러면서 전에 없던 약혼식이 새로 생겨났다. 상가 음식으로는 육개장을 흔히 내놓는데, 붉은색이 귀신을 쫓는다는 생각 때문이라고 한다. 지역에 따라 팥죽이나 닭죽 등을 대접하던 것이 이제는 육개장으로 거의 통일되었다.

이처럼 시대가 변하면서 사라지는 것이 있고, 그대로 생존하는 것이 있으며, 새로운 환경에 맞추어 새로 등장하는 것이 있다. 추석날 풍속만 해도 그렇다. 중국에서 월병을 먹듯이 우리는 추석에 햅쌀로 송편을 빚어 먹는다. 언제부터 시작되었는지는 모르겠지만, 근대화 과정에서도 살아남아 지금도 송편 먹기를 당연하게 생각한다. 반면에 농사가 가장 잘된 곡식을 골라서 묶은 뒤에 기둥이나 방문에 걸어놓아 이듬해 풍년을 기원하는 올게심니는 이름조차 생소한 것이 되어버렸다.연합뉴스 2015. 9. 27. 또 온 가족이 모두 모일 수 있는 추석 연휴에 해외여행을 떠나는 사람들이 부쩍 늘어나고, 그곳에서 차례를 지내는 신풍속도가 나타나게 되었다. 적자생존의 법칙이 문화에도 적용되는 것이다. 이런 주제들을 민속학의 영역으로만 돌릴 이유는 없다.

우리 역사를 크게 보면 세 차례에 걸쳐 커다란 문화적·사상적 변동을 겪었다고 할 수 있다. 고대에 들어온 불교와 중국 문화, 근세의 절대적 이념이었던 성리학, 근대에 들어온 서구 문화와 기독교가 각각 기존

사회를 뒤흔들어 놓았다. 이들이 큰 필터 역할을 하면서 어느 것은 걸러지고, 어느 것은 무난히 통과하고, 어느 것은 변형되거나 새로 생성되는 과정을 겪었다. 게다가 고대 문화보다는 성리학이, 성리학보다는 근대 문화가 더욱 강렬한 영향력을 발휘하였다. 위에서 든 일생 의례의 큰 변화도 근대 문화가 초래한 것이다.

사람을 희생 제물로 삼는 순장 풍습이나 형수를 아내로 맞이하는 취수혼娶嫂婚 풍습은 불교와 중국 문화의 필터를 통과하지 못하고 사라졌다. 아마 우리 고유의 창세 신화도 있었을 것이고, 단군신화에 등장하는 곰으로 보아 시베리아 민족이나 아이누족의 곰 의례와 같은 것도 있었을 터인데, 이것도 이 무렵에 소멸의 길로 들어섰을 것이다. 신라나 고려에서 보이던 근친혼이나 조선 초기까지 행해지던 남녀의 균분 상속은 성리학 이념에 따라 더 이상 유효하지 않게 되었다. 그 대신에 조선시대에 강조되었던 남성 중심의 사회 질서는 현대의 성 평등 의식에 따라 빛이 바래가고 있다. 근대 문화는 우리의 의복을 서양식 복장 일색으로 바꾸어놓았고, PC방이니 노래방이니 하는 새로운 문화를 우리 사회에 잉태시켰다.

한편으로 큰 난관을 뚫고 지나가면서 꿋꿋하게 버텨내는 문화도 있다. 흰옷을 선호하거나 머리에 깃털 장식을 꽂거나 한자를 주로 사용하는 일, 또 여물을 썰기 위해 작두질하거나 무거운 물건을 나르기 위해 지게질을 하는 것들은 근대 문화에 휩쓸려가기 전까지는 고대로부터 조선시대까지, 심지어 20세기 전반기까지 면면히 이어졌다. 위만이 고조선에 들어올 때에 오랑캐 옷을 입고 북상투魋結를 틀었다고 특별히 언급한 것으로 보아, 중국과 구별되는 방식으로 상투를 틀었던 것 같다. 약수리 고분, 삼실총 등의 고구려 벽화에서도 맨상투 인물이 보이듯이, 우리의 상투는 고조선에서 고대를 거쳐 조선까지 면면히 이어져 온 전통이었던 것으로 여겨지는데, 근대 단발령으로 단절되고 말았다.

그러면 고대로부터 지금까지 변함없이 살아남은 것은 없을까? 첫째로 꼽을 수 있는 것이 온돌이다. 초기 철기시대에 등장하여 지금까지도 우리 생활의 중요한 부분을 차지하고 있다. 1960년대부터 아파트가 보급되며 소멸될 위기에 있었으나, 구들장 대신에 파이프로 온수를 돌리는 보일러나 전기 패널까지 만들어지면서 새롭게 태어났다. 우리는 바닥이 따뜻하지 않으면 안 되는 체질이 되어버린 것이다. 축제처럼 떠들썩한 장례식 풍경도 조선시대에 그렇게 없애려 하였고, 근래에 기독교계 병원에서도 추방하려 하였으나 결국은 손을 들고 말았다. 옛날만 못해졌지만 장례식장은 쥐 죽은 듯이 고요해서는 안 되는 것이 우리의 정서이다. 풍수도 고대에 들어와 고려와 조선시대를 풍미하였고, 지금도 대학에서 풍수지리를 가르치고 신문에 풍수에 관한 글이 연재되고 있다. 또 묏자리를 잡을 때에 지관을 대동할 정도로 끈질기게 이어져오고 있다.그림 4 2015년 11월 기독교인인 김영삼 전 대통령의 장례 때도 지관이 참여하였다.

우리의 제사상 차리기는 중국인도 놀랄 정도로 옛 모습을 간직하고 있다. 간편함을 추구하는 현대사회에서도 홍동백서니 어동육서니 하며 옛날 음식인 밤, 대추, 고사리 등을 올린다. 조선시대에 중국 고대의 차림법을 받아들인 것이 지금까지도 고수되고 있다. 중국은 이미 변하여 요즈음 음식을 올리는데, 우리 조상들은 아직도 피자나 바나나, 양념치킨을 한 번 맛보지 못하고 있다. 공자 관련 학술회의를 관장하는 사람

그림 4
고령 터미널의
풍수 광고(2015. 9.)

이 이를 보고 아직도 중국 춘추시대 것을 쓰냐고 놀라워한 적이 있다.중앙일보 2014. 7. 8. 장례식이나 제사 등을 방해한 사람을 3년 이하의 징역 또는 500만 원 이하의 벌금에 처한다는 형법 규정은 아마 우리나라에만 있을 것이다. 이처럼 조상과 관련된 장례, 상례, 제례 등에서는 신중할 수밖에 없어 감히 고치기 어려우므로 그만큼 보수성이 강하게 마련이다. 바로 여기서 변화와 불변의 작동원리 하나를 발견할 수 있다.

또 하나 지적할 수 있는 작동원리는 민중성 또는 대중성이다. 지금 서울 강남에 사는 상류층과 다른 곳에 사는 서민층의 생활 모습을 비교해보면, 서민들은 옛날 모습 그대로 간직하며 살아가는 데 비해 상류층 사람들은 새로운 유행에 민감하게 반응하며 살아가는 것을 볼 수 있다. 상류층 사람들은 코스트코나 프리미엄 아울렛에서 쇼핑하고 외국 명품 옷을 자랑스레 걸치고 다니지만, 서민들은 재래시장에서 장을 보며 싸구려 옷을 입고 다닌다. 상류층으로 갈수록 새로운 조류나 풍조에 재빨리 반응하는 것은 고금과 동서를 막론하고 동일할 것이다. 머리에 깃털 장식을 다는 것은 조선시대가 되면 상층부에서는 오랑캐 풍속이라 비하되면서 점차 하층의 풍속으로 전락해간다. 여기서 변화와 지속의 주체가 다른 것을 발견하게 된다. 프랑스 아날학파가 언급한 바대로 장기 지속성은 바다 상층에서 바람에 따라 바뀌는 파도가 아니라 심해에 흐르는 해류에서 찾을 수 있다.

전통시대 놀이인 격구와 석전에서 이를 대비해볼 수 있다. 격구는 고대부터 유행하여 조선 초기까지 지속되다가 명맥이 끊기고 말았다. 상류층의 놀이였던 데다가 조선의 이념에서 사대부의 무술 연마는 별로 중요하지 않았기 때문이다. 석전도 고대부터 시작된 것이지만 고려와 조선, 근대를 거쳐 1960년까지도 사라지지 않았다. 민중의 놀이였기에 사회적 격변기에도 큰 타격을 받지 않았다. 이처럼 외래문화이건 고유문화이건 우리 사회에서 상류층의 문화로만 남는 경우보다 그것이 침잠되어 내려갈수록 그 생명력은 더욱 강고해지게 된다. 그런 민중성은 불교의 연등놀이에서도 보인다. 조선시대에 들어와서는 당연히 금지시키려 하였지만, 끝까지 살아남아 지금도 4월 초파일의 중요 행사가 되고 있다.

한편 고래로 중국에서 한반도를 거쳐 일본으로 문화가 전파되었다고 하더라도 삼국은 제 나름의 변화 궤적을 보이면서 각각 독자성을 드러냈다. 같은 기와집이라도, 처마 선이 중국은 아주 곡선적이고 일본은 직선적이며 한국은 그 중간적 성격을 띠고 있는 것이 그런 예이다. 옛 책의 제본에서도 다른 점이 보인다. 조선에서는 다섯 번 묶어 제본한

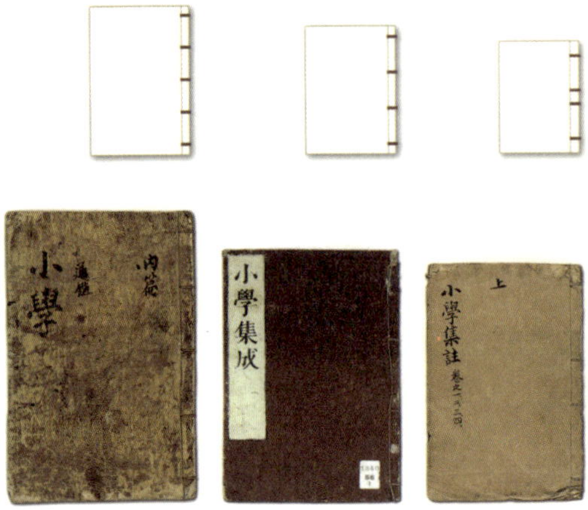

그림 5 조선, 일본, 중국 책 비교

데 비해 중국이나 일본에서는 네 번 묶는 방식을 많이 채택했다.그림 5

중국에서는 한자음이 크게 변했는데, 우리와 일본은 고대 음을 간직하고 있다. 이처럼 문화 중심지는 끊임없이 변하지만 주변부는 과거 모습을 간직하는 경우가 많다. 그러나 반드시 그런 법칙이 통하는 것은 아니다. 중국이나 일본은 고대에 수저를 함께 사용하다가그림 6 젓가락을 주로 사용하는 문화로 변모한 반면에 우리는 수저 병용의 고대적 전통을 고수하고 있다. 반면 불상에 실제 옷을 입히는 풍습은 중국과 일본에서 지금도 찾아볼 수 있으나 우리는 언제부터인가 사라진 것 같다. 장천1호분 고구려 벽화에 그려진 불상에 옷이 입혀져 있는 듯하고, 고려 숙종 4년1099 9월에 승가굴僧伽窟에서 재齋를 지내면서 옷과 허리띠를 보시한 것으로 보아 사라진 시기는 고려 이후로 내려올 것 같다. 불상만 그런 것이 아니라 고려 태조 왕건 동상에도 옷을 입혔던 것이 확인되었다. 그런가 하면 일본 절에서는 우리나 중국과 달리 대웅전, 무량수전 등의 현판이 보이지 않는데, 일본 절이 오히려 고대적인 모습을 간직하고 있는 듯하다.

다른 한편으로 중국 문화가 한반도까지만 들어와서 일본에는 없는 요소도 보인다. 마을과 백성을 보호하기 위한 읍성邑城은 중국과 한국에만 있다. 일본에서는 고대에 중국과 한반도로부터 영향을 받아 헤이조경平城京이나 헤이안경平安京과 같은 도성을 만들었으나, 전국시대 이후로는 오사카성大阪城, 그림 7이나 구마모토성熊本城처럼 지배자를 위한 성이 발달했을 뿐이다. 일본에는 복을 상징하는 박쥐 그림이 없다. 일본 가라쓰唐津에 있는 다카토리高取 저택에 장식된 박쥐 그림은 한반도의 영향을 받은 것이라는 설명을 현지답사 때에 들었다.

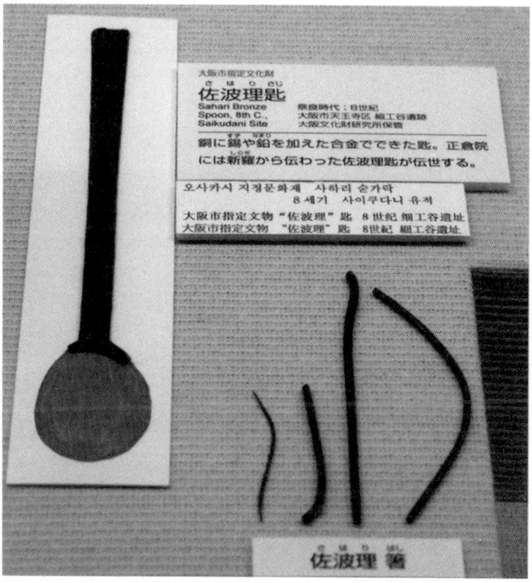

그림 6 일본 고대의 수저(2015. 10.)

둘째, 보편과 고유의 세계이다. 철학은 인간의 보편적 사유를 다루는 학문이다. 이에 비해 역사는 각 문화의 고유성에 더 관심을 가지는 학문이라고 해도 과언이 아니다. 물론 인류 역사를 거시적으로 바라보는 연구도 있지만, 이제는 흘러간 유행처럼 되어 지금은 그런 움직임이 별로 보이지 않는다. 이제 역사에서도 보편과 고유의 문제를 함께 바라보아야 한다.

비록 단편적이기는 하지만, 신윤복과 샤갈의 밀애 장면 그림, 조영석과 이집트의 「우유 짜기」에 눈물 흘리는 어미 소 그림, 제의의 일종으로서 성행위하는 장면이 묘사된 신라와 로마의 그릇처럼 시공간을 넘어서 공통되는 몇 가지 장면들을 우리역사읽기의 전 책에서 이미 소개한 적이 있다.

그림 7 오사카성(2015. 10.)

신분의 차이를 인물의 크기로 표현하는 것도 이집트에서 우리나라에 이르기까지 고대에 보편적으로 나타나는 현상이다. 사람을 희생 제물로 삼아 신이나 조상에게 바치는 것이나 머리를 납작하게 변형시키는 편두, 생니를 뽑는 발치 풍습, 머리에 깃털 장식을 다는 풍속도 동아시아에서 멀리 떨어진 다른 지역에서 찾을 수 있다. 우리와 멀리 떨어진 아프리카에서도 장례식을 축제처럼 지내는 나라가 있는 것을 보면 신기하기만 하다. 귓불을 뚫어서 귀고리 치장을 하거나 목걸이를 걸치는 것은 선사시대 이래 세계 거의 모든 지역에 퍼져 있는 행위이다. 윗사람을 공경하고 자식이 부모에게 효도하기를 강조하는 것은 유교문화권에서 특히 두드러지지만, 부모가 자식을 사랑하고 아끼는 것은 만인 공통이다. 존속살해나 근친상간이 어느 곳에서나 반인륜적으로 여겨지는 것과 마찬가지다.

서양의 귀족이나 조선의 양반이나 아래로부터 성장해 올라오는 계층이 따라오지 못하도록 그들의 예법매너을 복잡하게 만들었다. 또 어느 곳에서나 현실의 괴로움으로부터 탈출하려는 욕구를 가지고 있었고, 그것을 그들 나름의 이상향으로 발전시켰다. 동서양을 막론하고 이상향은 평화와 풍요의 세계로 그려졌다.

2015년 8월 두바이에서 물에 빠진 스무 살 딸을 구하려는 인명구조 요원을 저지해 결국 딸을 숨지게 한 비정한 아버지가 경찰에 체포되었다는 기사가 난 적이 있다.연합뉴스 2015. 8. 11. 낯선 남자가 딸의 몸에 손을 대어 딸이 더렵혀지는 불명예를 당하느니 차라리 죽게 내버려두겠다고 하였다 한다. 이 기사를 보면서 조선시대 역관의 딸인 정신남의 죽음을 떠올렸다. 우리역사읽기 제2책 『시집가고 장가가고』 '효도와 절개'에서 이미 열녀의 극단적 사례로 소개한 적이 있는데, 병자호란 때에 강화도에 피란 갔다가 다시 나룻배를 타려 했으나 배에 오를 수 없었다. 이에 한 사람이 손을 내밀었지만, 그녀는 몸을 더럽힌다고 생각하여 스스로 물에 빠져 죽었다. 두 사건은 시대와 장소, 그리고 이슬람과 성리학이란 사상적 배경이 전혀 다르지만, 외간남자와의 접촉을 금지한 사회 관념이 여성 개인을 죽음에 이르게 했다는 점에서는 서로 통한다. 또 집에 불이 났을 때에 조선시대에는 자식보다 조상의 신주를, 북한에서는 김씨 부자의 초상화를 먼저 꺼내 오게 하고 이를 찬양한 것은 이념이 인지상정을 어기게 만든 비극이라는 점에서 통한다.

그러나 보편적일 것이라고 예측했다가 낭패를 볼 수도 있다. 때로는 같은 행동이나 신호가 전혀 다른 의미로 사용되는 경우가 있기 때문이다. 우리나라에서 자동차 전조등을 번쩍이는 것은 상대방에 대한 경고나 내가 먼저 가겠다는 의사 표시이지만, 영국에서는 상대방에 대한 배려와 양보의 의미로 사용하여 이를 알지 못하면 자칫 사고를 내기 쉽다. 영국에서 운전할 때에 처음으로 들은 조언이 이것이었다.

똑같은 신호등이라도 영국인과 독일인에게 달리 받아들여진다. 한 영국 교포가 쓴 글이다.

> 영국에서는 사거리에서 우회전 금지 표시가 없으면 우회전을 자유롭게 한다. 거의 다 비보호 우회전이다. 유턴 금지 표시가 없으면 유턴이 자유롭다. 분명히 건너편에서 차가 오는데도 눈치를 봐서 잽싸게 차를 돌린다. 독일에는 유턴 가능 표시가 있어야만 유턴이 가능하다. 이런 식으로 영국은 금지 표시가 없으면 할 수 있는 포지티브 시스템이고, 독일은 할 수 있다는 표시가 없으면 금지인 네거티브 시스템이다. … 영국에는 보행자 교통법규 자체가 아예 없다. 영국 거리에서 차가 안 오는데도 빨간불이라고 횡단보도에서 신호를 기다리고 서 있으면 분명 독일인이다. _권석하 책, 8쪽

우리는 태양을 붉게 보지만 프랑스나 몽골 등에서는 노랗게 본다. 고흐의 그림이나 몽골 국기에는 태양이 노랗게 그려져 있다. 양귀비는 영국, 캐나다 등에서 순국 장병의 넋을 위로하는 의미를 담고 있지만, 중국이나 우리는 아편을 먼저 떠올린다. 2010년 11월 중국에 도착한 영국 총리가 현충일을 기념해 양귀비 배지를 달았는데, 중국에서 1840년 두 나라 사이에 벌어진 아편전쟁을 연상시킨다고 달지 말아달라고 요청한 적이 있다.동아일보 2010. 11. 11. 외국인이 제일 무서워하는 음식점이 '할머니 뼈다귀 해장국집'이나 '맛있는 아빠 고깃집'이라는 우스갯소리

도 그런 문화적 차이를 반영한다.

당연한 일이지만 우리 역사에서는 다른 곳에서 찾을 수 없거나 찾기 어려운 고유성도 발견된다. 우선 산이 많은 지형적인 조건은 독특한 문화를 만들어내는 데 기여했다. 도로가 발달하지 않아서 수레나 전차戰車를 사용하기 어려웠고, 물건은 남부여대하거나 조랑말, 당나귀에 실어 날랐다. 다른 나라에서도 남성이 등에 지거나 여성이 머리에 이는 장면을 볼 수 있으나, 남자는 지고 여자는 이는 양자의 궁합은 우리나라에서만 찾을 수 있다. 그러기에 봇짐장수와 등짐장수인 보부상은 한국적인 상인들이었고, 우리나라에서만 발달한 지게는 고대부터 필수 운반 수단이었다. 한 학생은 리포트에서 자신이 지게를 져보거나 심지어 실물을 본 적이 없는데도 중국 영화 「수호지」를 보면서 당연히 지게를 지는 장면이 나올 것으로 예상했다고 하였다. 아파트에 사는 아이마저 시골집을 그리면 지붕에 온돌의 굴뚝을 무의식적으로 그려 넣는 것과 유사하다.

또 산성을 쌓는 것을 창안해내고, 나아가 평지의 거주성과 짝을 이루는 방어 기술도 개발했다. 중국에서는 바둑판처럼 토지구획을 할 수 있어 정전법을 이상형으로 삼았으나, 우리나라에서는 평지가 적어서 이를 그대로 수용하기 어려웠다. 지금은 등산 천국이 되어 세계 아웃도어 문화를 선도하고 있다. 고급 등산복이 한국인에게는 외국 여행을 하거나 간단히 산책을 할 때도 입는 일상복처럼 되어버렸다.

이처럼 자연조건은 고유성의 원천이다. 1998년 영국을 처음 여행할 때에 산에 큰 나무가 없고 꼭대기까지 양 떼가 노니는 목초지로 변해 있는 풍경이 낯설었다. 알고 보니 우리나라처럼 폭우가 내리지 않고 비가 늘 부슬부슬 내려서 산사태 걱정이 없었다. 이렇게 자연조건의 차이가 다른 경관을 만든다. 일본에 치과가 가장 많은 것도 자연조건과 연관이 있다. 일본은 화산암 지대이기에 유황 성분이 많은데, 유황 성분이 치아를 약하게 만든다고 한다. 그러기에 일본인들은 우리보다 치열이 고르지 않은 편이고, 편의점보다 치과 의사가 더 많다는 말이 있다. 우리나라는 돌이 많기에 석탑이 발달했으니, 벽돌로 쌓는 중국의 전탑, 나무로 짓는 일본의 목탑과 대비된다. 다들 자연조건에 맞추어 발달한 것이다. 우리나라에서 적석묘, 석실묘, 석곽묘, 석관묘나 고인돌처럼 돌로 만든 무덤, 그리고 돌로 쌓은 석성이 발달한 것도 그러하다.

생활의 기본이 되는 의식주도 보수성을 지니고 있어서 독자성이 두드러진다. 흰옷을 즐겨 입고, 머리에 깃털 장식을 꽂거나 새 날개 모양의 관 장식을 달며, 여성이 일할 때는 머리에 수건을 쓴다. 고대 무덤에서 발굴되는 태환식 귀고리나 금동 신발도 중국이나 선비족에는 없다. 여성의 치마와 저고리도 일본의 기모노着物나 중국의 치파오旗袍처럼 고유 복장을 대변한다. 주거로서는 일차적으로 온돌, 그리고 여기서 파생된 찜질방 문화를 손꼽을 수 있다. 온돌의 파급에 따라 자연히 단층집 위주의 좌식생활이 우리 사회에 자리 잡게 되었다.

식사에서는 밥과 함께 국이 꼭 따라붙어야 하고, 젓가락과 숟가락을 함께 사용한다. 중국이나 일본과는 달리 밥을 먹을 때에 숟가락을 사용했으므로, 십시일반十匙一飯이란 한국적인 한자 성어도 만들어졌다. 남부여대男負女戴란 단어의 유래와 유사한 것이다. 젓가락도 이웃 나라와 달리 나무가 아니라 음식 집기에 미끄러운 쇠젓가락을 쓴다. 또 차보다는 숭늉을 즐겼다. 특히 뜨거운 국물을 즐겨 마시며 뜨거운 욕탕에 들어갈 때처럼 시원하다고 한다. 일본인이 뜨거운 음식을 먹지 못하여 '고양이 혀'란 의미의 '네코지타猫舌'라 불리는 것과 대조적이다. 즐겨 먹는 음식으로는 김치, 개고기, 불고기, 삼겹살, 비빔밥 등을 들 수 있을 것이고, 매운 음식을 좋아하는 것도 빼놓을 수 없다. 이제는 전용 냉장고를 사용할 정도로 김치는 한국인의 필수 음식이 되었고, 겨울을 대비하며 다 함께 모여 김치를 담그는 김장문화는 그 독특한 공동체 문화가 인정되어 유네스코 무형유산에 등록되었다. 밥공기를 상에 내려놓고 먹는 식습관도 일본이나 중국과 다르고, 이 빠진 그릇을 싫어하는 것은 중국 관습과 정반대다. 윗사람의 밥상을 아랫사람에게 물려주는 상 물리기 풍습도 오래전부터 내려온 특색 있는 풍습이다.

삼국 사이에 선호하는 동물에서 차이가 나는 점도 지적할 만하다. 중국에서는 개와 까마귀를 선호하는 것 같은데, 우리는 개와 까치를 선호하고 고양이를 싫어하는 편이다. 반면에 일본에서는 개와 고양이, 까마귀를 모두 좋아한다. 일본에서는 반려동물로서 머지않아 고양이가 개를 제치고 1위를 차지할 것이란 기사가 최근에 난 적이 있다.한겨레 2015. 10. 27.

기호 식품인 술과 담배의 역사도 조금 다르다. 한국은 서민의 술로서 전통적으로 막걸리가 대표적이고, 현대에는 폭탄주가 발달한 나라이기도 하다. 온돌이 아파트 문화를 만났을 때 보일러로 새로운 변신을 해서 살아남았듯이, 술이 자가용 문화와 충돌할 때에 대리운전을 고안해냈다. 우리는 고대로부터 음주와 가무를 즐기는 민족으로 알려졌다. 노래방과 K-pop이 발달할 수밖에 없는 기질을 가지고 있는 것이다. 윗사람 앞에서 담배를 피우지 못하는 담배 예절은 우리나라에서만 발생했고, 담배가 들어온 뒤에 다른 나라와 달리 금연령이 한 번도 내려지지 않을 정도로 선호되었다.

혼인에서 처가살이 전통은 강한 생명력을 가지고 이어졌고, 비록 조선시대에 처와 첩을 구분하기는 했지만 고대부터 내려온 다처제적인 측면도 발견된다. 중국과 일본에는 없는데 우리말과 만주어에만 혼인한 두 집안 부모를 일컫는 '사돈'이란 단어가 있다. 시아버지나 시어머니 등에 쓰이는 '시媤' 자도 우리만 사용한다. 일본과 달리 우리는 성씨를 바꾸는 것을 치욕으로 여기기에, 일제강점기에 창씨개명에 대한 강렬한 저항이 일어났다. 나이를 세는 방법도 일본이나 중국, 서양 모두 만滿 나이로 따지는데, 우리만 옛날식인 세는나이로 한 살을 더 추가한다. 동아시아에서는 전통적으로 세는나이를 사용했는데, 일본은 1902년에, 중국은 문화대혁명 당시에 만 나이로 바꾸었다. 심지어 북한도 1980년대부터 만 나이만 쓰게 되어 있어서, 탈북자들이 혼란을 겪는다고 한다. 우리도 민법상으로는 만 나이를 쓰게 되어 있으나, 실생활에서는 여전히 과거 전통을 고수하고 있어서, 외국인은 이를 '한국식 나이'라고 부른다.JTBC '팩트 체크' 2015. 12. 30.

장례를 축제처럼 시끌벅적하게 지내는 풍습도 질긴 생명력을 보여주었다. 좋은 무덤 자리를 찾느라 음택 풍수가 발달하고, 주발 같은 봉분을 만들고 떼를 입혀 명절 때마다 벌초하느라 전국이 난리가 나는 것도 외국에서는 볼 수 없는 풍경이다. 또 중국에서 도교가 발달하고 일본에서 신사가 발달했다면, 우리에게는 절과 교회가 있다. 그러기에 불탄일과 크리스마스가 모두 휴일로 지정된 나라이기도 하다.

한국어와 한글 사용은 단연 한국 문화를 대표한다. 이집트 알렉산드

그림 8 평양 능라도의 판소리 장면

리아에 있었던 세계 최고의 고대 도서관 자리에 새로 지은 도서관 외벽에는 여러 나라 문자들이 새겨져 있는데, 한글도 당당히 한 자리를 차지하고 있는 것을 보고 뿌듯해했던 기억이 있다. 이 밖에 판소리^그림 8^나 무당굿, 사당패 놀이, 장승, 널뛰기, 양다리로 된 디딜방아와 발로 밟는 작두, 소에 코뚜레 하기, 중국의 우슈나 일본의 가라데와 구별되는 태권도 등도 내세울 만하다.

그런가 하면 조선시대적인 고유문화도 여러 가지 찾을 수 있다. 암행어사의 파견, 임금에 대한 간쟁 전담 기구인 사간원의 설치, 면신례 풍습 성행, 정밀한 초상화와 의궤의 발달, 왕이 열람하지 못한 실록, 공명첩 발행, 노비제도 발달, 전매제도 거의 미실시, 사가독서 제도, 개가 금지와 열녀 양산, 서얼의 자자손손 차별, 태실제도, 환관 처첩제, 여성의 가체 사치와 남성의 갓끈 사치, 남성 중심의 가부장적 질서 등을 나열

할 수 있고, 형벌제도로서 곤장의 사용과 사약 제도, 화형 미실행 등도 추가할 수 있다. 이 밖에 왕이나 동궁이 각종 행사 장면에서 직접 그려지지 않고 상징적으로 처리되는 것도 조선시대 고유 현상이다. 중국에서 황제가 행사 장면 그림에 등장하는 것과 대조적이다.

특히 "몸과 터럭, 살갗은 부모에게서 받은 것이니 감히 훼손하지 않는 것이 효도의 시작이다身體髮膚, 受之父母, 不敢毁傷, 孝之始也"는 『효경』의 가르침 때문에 신체를 중시하여 머리를 자르지 않아서 근대에 단발령에 큰 저항이 일어났고, 조선 후기에는 귓불을 뚫을 수 없어서 귀고리가 발달하지 못했으며, 일부러 거세한 환관도 조선에는 없었다. 또 사대부의 신체를 훼손하지 않기 위해서 사약을 내려 죽음을 맞이하게 하였다. 이와 비슷한 일이지만 "터럭 하나라도 다르면 이는 다른 사람이다一毫不似, 便是他人"라는 원칙 때문에 아주 정밀한 초상화가 발달하여 얼굴에서 질병까지 추정할 수 있게 되었고, 근대 이전에는 감히 안경을 낀 모습을 그리지 못했다. 이처럼 이념도 고유성을 발현하는 한 요인이다. 아마 고대나 고려에서도 고구려 벽화나 석굴암, 팔만대장경이나 섬세한 고려 불화처럼 그 나름의 고유한 문화 현상들을 찾아낼 수 있을 것이나, 문헌 기록이 빈약하여 조선시대만 언급하고 말았다.

고유성이란 것도 실은 절대적인 개념은 아니다. 고유하다고 일컬어지는 것들 중에는 오랜 역사를 지닌 것도 있고, 그리 오래되지 않은 것도 있다. 동아시아에 한정해서 볼 때 고유하게 보이지만 온 세계로 넓히면 비슷한 현상들이 독립적으로 나타나는 경우도 있다.

그런데 이를 망각하고 외국에서 우리 생활문화와 비슷한 것들이 보이면 우리 민족과 연관시키려 드는 아마추어들이 많다. 태국의 치앙마이 라후족에게서 보이는 공기놀이, 실뜨기, 그네 타기 등등을 예로 들어 그들이 고구려 후예라고 하는 설이 한참 세인의 관심을 끈 적이 있었다. 심지어는 아메리카 인디언 풍속까지 우리 민족과 연관시키는 헛된 주장이 인터넷을 달군다. 한 민속학자가 동아시아의 놀이를 검토하여 우리나라에만 있는 것은 널뛰기 하나뿐이고, 그네, 고누놀이, 씨름, 제기차기, 팽이치기 등은 모두 중국에서 들어온 것이란 결론을 내렸다.조선일보 2004. 3. 5. 우리 생활문화가 모두 우리에게만 고유하게 있는 것이 아닌데, 이를 모르고 몇 가지 사실을 단순 비교하여 결론을 내리는 것이다.

또 연원을 따져 올라가다 보면 자생적인 것도 있고, 외부에서 들어와 고착된 것도 있다. 상당 부분은 원류를 따지기 어렵지만, 수저의 병용이나 여성의 치마저고리 같은 것은 중국의 고대 풍속과 연관된다. 여성 복장은 저고리 위에 치마를 입는 당나라 복식을 받아들인 신라에서 비롯되었는데, 고려시대에 치마 위에 저고리를 입는 방식이 새로 등장하여 병행되다가 조선시대에 와서 당나라 방식은 사라져버렸다. 반면에 상투를 트는 것은 고조선부터 내려온 고유 풍속이었던 것 같다.

한편 고유성은 계층성과도 연관된다. 불변의 세계가 주로 사회 기층에서 보이듯이, 오랜 기간 생명력을 지닌 고유성도 상층보다는 하층에서 많이 발견된다. 하층 사회는 장기지속과 고유성을 담고 있는 호수이다.

그러한 대비로 들 수 있는 것이 안동 하회마을에 내려오는 두 가지 축제의 운명이다. 하나는 상민들이 주체가 된 별신굿 탈놀이고,그림 9 다른 하나는 양반들이 주체가 된 선유줄불놀이다. 탈놀이 하면 웃는 모습의 하회탈을 쉽게 떠올리는데, 마을 주민들이 지내던 별신굿에서 벌이

그림 9 하회 별신굿 탈놀이

던 놀이다. 또 선유줄불놀이는 배를 타고 풍류를 즐기면서 공중에 매단 줄에 불을 붙여 장관을 이루게 하는 놀이다. 둘 다 일제강점기에 중단되었는데, 탈놀이는 부활하여 하회를 상징하게 되었지만, 줄불놀이는 몇 번 행해지다 명맥이 끊어지고 말았다.

심지어 조선시대에 떠들썩한 장례식, 흰옷 입기, 장가가기 풍습을 지배층에서 바꾸려 하였으나, 끝내 성공하지 못하였다. 그런가 하면 영국의 차 문화가 위에서 아래로 퍼졌듯이 문화나 풍습은 보통 상층에서 하층으로 전해지는데, 온돌은 원래 하층 문화였다가 점차 상층으로 퍼지면서 조선시대에 궁궐에까지 유입되어 보편화된 특이한 이력의 한국 고유문화이다.

셋째, 공존과 대립, 또는 모矛와 순盾의 공존 현상이다. 우리 동네에 연리목이라 불리는 나무가 있는데, 참나무와 벚나무가 엉겨 붙은 채 꽈

배기처럼 서로 어울려 자라고 있다. 나무나 풀이 돌과 일체가 된 '석부작'이란 분재도 있다. '갈등'이란 말도 원래 칡과 등나무가 서로 얽혀 있음을 뜻하는 것이지만, 이와 반대로 서로 화합하지 못하는 것을 가리킨다. 칡은 왼쪽으로 감아 올라가고 등나무는 오른쪽으로 감아 올라가는 덩굴 식물이라서 둘이 만나면 서로 얽히고설키기 때문이다.

우리나라에서는 다른 나라와 달리 전통문화와 근대문화가 자연스럽게 융합되지 못하고 대립각을 세웠다. 자발적이기보다 타율적으로 유입되면서 그런 구도가 형성된 것 같다. 그러기에 음악에서 국악과 양악이 분리되어 있다. 음악시간에 국악이 홀시되고 양악 위주로 교육을 받은 기억이 있다. 전통 한의학과 서양 의학도 서로 불신만 하고 있는데, 한의원이 따로 있는 것은 중국이나 일본에서 볼 수 없다. 이런 갈등을 해소하고자 최근에 협진병원 체제를 만든 사례가 있고, 근래에는 전통의학이 사라진 일본에서 오히려 우리나라 한방병원을 찾아오는 추세라고 한다. 의사와 한의사를 통합하는 의료 일원화 협상도 이제 시작되었으나 이견이 너무 커서 아직은 갈 길이 먼 상태이다.조선일보 2016. 1. 5.

몇 차례 진통 끝에 음력설과 양력설을 모두 쇠고 있는 것도 중국이나 일본과 다르다. 일본에는 음력설이 아예 없다. 그런가 하면 지금도 한자를 병용할 것인가 아니면 한글 전용으로 할 것인가를 두고 실용성과 자주성의 차원에서 첨예하게 대립하고 있다.

종교에서도 그런 현상이 많이 발견된다. 스페인 코르도바의 메스키타 사원그림 10은 모스크이던 것을 성당으로 개조한 것인데, 반대로 지금은 박물관으로 바뀐 터키 이스탄불의 성 소피아 사원은 성당을 개조하여 모스크로 만든 대표적인 건물이다. 기독교와 이슬람교 모두 아브라

그림 10 메스키타 사원(2013. 11.)

함의 후손이면서도 끝없는 피의 대립을 벌여왔는데, 이 두 건물은 너무 아름다워 파괴하지 않고 회칠하여 자신들의 성전으로 삼았다. 공교롭게도 시간이 흐르면서 두 곳 다 회벽이 떨어져 원래의 성화들이 드러난 부분이 있다.

중국에 가면 우리 눈에 도교 사원인지 절인지 구분하기 어려울 정도로 서로 습합되어 있는 것을 볼 수 있는데, 우리나라의 절 뒤편에 산신각이 세워져 있는 것도 재래 신앙을 자연스럽게 받아들인 결과물이다. 영주 부석사는 재래의 부석 신앙과 연결되어 있는 절이고, 사명대사 등의 위패를 모신 사당이 있는 밀양 표충사는 불교와 유교가 공존하는 곳이다. 국내 기독교에서 장승을 미신으로 백안시하는 분위기 속에서, 경기도 가평의 한 교회 이정표 옆에 나란히 서 있는 장승그림 11은 신선한 충격을 준다.

그림 11 교회 이정표와 장승(2015. 7.)

반면에 멕시코를 정복한 스페인이 현지인이 신성시하는 피라미드 성전들을 허물고 그 위에 성당을 많이 지었듯이, 조선시대에는 절을 허물고 그 자리에 서원을 지은 것이 많다. 최초의 서원인 소수서원은 숙수사 절터에 지은 것이고, 서울의 도봉서원은 영국사 터에 세운 것이다. 2012년 도봉서원을 발굴하였을 때에는 금강령 등 불교 의식에 쓰이던 유물 77점이 쏟아져 나왔다.그림 12

속세에서도 모순의 공존은 어디에나 있다. 나 자신의 행동과 사고만 보더라도 정반대인 경우가 많다. 세종이 직접 지적한 유정현도 그러하였다. 그는 궁궐의 불교 행사를 앞장서서 막더니 막상 자신이 임종할 때에는 절에 5천여 섬을 시주하여 부처를 공양하고 중에게 재를 올리게 하였다.세종실록 1433. 7. 15.

조선시대 궁궐에서 명당자리를 찾아 갓난아이 태를 묻는 풍습이나

그림 12 도봉서원 출토 불교 유물

사대부들이 산송이라는 무덤 싸움을 빈번하게 벌이게 만든 풍수설은 성리학과 거리가 있는 것이다. 유교 국가의 임금이라도 극심한 가뭄에 시달리면 어쩔 수 없이 주술에 의존하곤 했다. 성리학의 대가인 퇴계마저 아들에게는 조용한 절에 가서 공부하라고 여러 차례 편지를 보냈다. 이름 있는 가문은 특정 사찰과 밀접하게 연결되어 있는 경우가 많았다. 또 '군사부일체'라고 하여 스승을 임금이나 아버지와 같다고 하면서도 현실에서 선생은 한직 대우를 받았다.

한국학중앙연구원의 장서각에서 17세기 초 사대부 집안의 가정 규범이 적힌 책을 공개한 적이 있는데, 여기에는 사대부들이 드러내놓고 할 수 없는 일들이 많이 적혀 있었다. 가족의 사주 보기, 병을 쫓기 위해 부적을 쓰는 방법 등이 그런 것이다. 영조는 자기 딸인 화순옹주가 남편을 따라 죽자 화를 내며 정려문 내리기를 거부했다. 임금으로서의 처신과 아비로서의 인정이 상충하였을 때의 모습이다. 순정한 문장을 짓기를 강조한 정조도 개인 편지에서는 '호로자식' 등 상소리를 섞어가며 감정을 표현하였다.

어떤 상황에 대하여 지당한 얘기를 내뱉기는 쉽지만 막상 자기 일이 되었을 때에는 정반대로 나가는 경우가 있다. 자식을 미국에 조기유학을 보내놓고 자신은 공공연히 반미를 외치거나, 부르주아 생활을 향유하면서 민중을 외치는 사람들도 볼 수 있다. 영어나 중국어 단어는 거리낌 없이 사용하면서 너무나 일상화된 '애매', '입장' 등과 같은 일본식 단어마저 쓰지 말자고 주장하는 것도 그 심정은 이해되지만 세계화 시대에 맞지 않는다. 실생활에서 흔히 쓰는 '물류', '택배' 등도 일본에서 들어온 말이다. 반일 감정을 드러내면서도 일제 물건은 좋아라 하던 시절이 떠오른다.

이처럼 모순과 이율배반 속에 역사의 진실이 있는지 모르겠다. 모순덩어리가 역사일진대 이를 한가지로 풀어내기는 어려운 노릇이다.

한국다움의 모색

1997년 후반기부터 미국에서 연구년을 보냈는데, 그곳 매스컴은 남한의 외환위기 사태와 재벌 문제, 북한의 기아 문제를 단골로 삼았다. 한국에 대한 이미지가 어찌 형성될지는 불 보듯 뻔한 일이었다. 귀국할 때에는 사람들이 흔히 일본 가전제품을 사 오곤 했다. 그러나 2006년 캐나다에서 연구년을 보내고 돌아올 때에는 아무것도 사 올 것이 없었을 정도로 우리나라 기업이 성장해 있었다. 또한 과거에 해외 원조를 받던 나라가 어느 사이엔가 당당히 선진국의 일원이 되어 이제는 거꾸로 해외 원조를 하는 유일한 나라가 되었다. 우리 역사상 가장 감격스런 순간이 지금 펼쳐지고 있다고 해도 과언이 아니다. 우리가 위대한 것은 역사적으로 볼 때에 중국이란 강대국 옆에 붙어 있으면서 그들의 강력한 구심력에 흡수되지 않은 점 때문이요, 현재를 볼 때에 식민지 지배를 한 제국주의 국가에서 출발하지 않고 오히려 식민지 지배를 받았던 후진국에서 출발하여 개발도상국을 거쳐 짧은 시간에 산업화와 민주화를 이루며 마침내 선진국으로 우뚝 올라선 점 때문이다.

이런 기적적인 성장에 보조를 맞추면서 한류가 형성되어 한국의 브랜드가 전 세계로 확산되기 시작하였다. 1990년대 후반에 중국, 대만 등에 대중문화인 드라마와 가요가 퍼지기 시작하면서 한류가 형성되기 시작했다고 한다. 이런 한류의 확산은 필자도 여러 번 체험하였다. 2004년 중국에서 만난 학자들이 학문적 대화는 제쳐두고 '사랑이 뭐길래'를 시청하고 있는 것을 이구동성으로 자랑하여 한국 드라마의 위력을 처음으로 실감하였다. 또 이 무렵 베트남에 한국사 교재를 만드는 일로 오가면서 대형 광고판 모델이 그곳에서 한참 인기 있는 한국 남자 배우라는 사실을 알았다.

2009년 이란에 갔을 때에는 '(대)장금'의 현지식 발음인 '양금'이만 말하면 모두들 알아들었다. 시청률이 90퍼센트 가까이 되었다니 이해할 만하다. 2014년에 스리랑카에서는 대장금의 시청률이 99퍼센트로 열풍을 일으켰다고 하니문화일보 2014. 3. 10. 경이로울 따름이다. 2010년 중국 신장성 답사를 갔을 때에 한 유적지에서 만난 연구원이 한국어를 몇 마디 하기에 한국에 다녀온 적이 있냐고 물었더니 한국 드라마를 보면서 배웠다고 하였다. 2011년 우즈베키스탄의 국립박물관에 갔을 때는 한 경비원이 한국에서 온 내게 뭐라 계속 말을 건넸는데, 나중에야 '주몽'이라 말하는 것을 알았다.

한국에 머무는 일본인 교수 부인에게 한국 드라마의 어떤 점이 좋으냐고 물으니, 부부 싸움 하는 장면이 나오는 것이라는 의외의 대답이 돌아왔다고 친구 교수가 전해주었다. 일본 드라마에는 그런 장면이 없어서 한국 드라마를 보며 스트레스를 푸는 모양이었다.

2013년 영국에서 연구년을 보낼 때에는 싸이의 '강남스타일'이 아직도 인기를 끌고 있었다. 한국에서 왔다고 하면 강남스타일 얘기를 먼저 꺼내는 것을 여러 번 경험했고, 시골 축제에서 아이들이 말춤 공연

그림 1 시골 축제의 말춤 공연(2013. 8.)

을 하는 것도 보았다.그림 1 에든버러 축제에서는 뉴질랜드 군악대가 강남스타일을 연주와 춤으로 보여주어 관중을 흥겹게 하였다. 오스트리아 모차르트의 고향에서는 한 꼬마가 우리 일행을 보자마자 말춤을 춰 눈길을 잡아끌었고, 헝가리 부다페스트의 한 노점 판매대에는 가수 싸이의 인형그림 2을 걸어두어 그 위력을 실감케 하였다.

이런 한류 바람은 외국 대학의 한국학 전공 학생이 폭증하는 현상을 낳았다. 프랑스 파리 7대학을 보면, 1980년대에는 한 학년에 10명 이내였던 것이 근래에는 한 학년 최대 인원인 100명을 다 채워서 교수 3명이 400명의 학생을 가르치느라 허덕이고 있다. 이런 현상은 외국의 다른 대학들에서도 비슷하게 일어난다. 1997년 말 환란이 일어났을 때에 마침 하버드대학 옌칭연구소에 머물렀는데, 환란이 일어난 직후의 학기에 한국학 수강자가 대폭 줄었다는 얘기를 들은 기억이 떠올라 격세지감을 느낀다. 그 무렵에 그 대학 출판부 서점에 한국사 책이 1달러짜리 떨이로 나와 있어 거의 대부분을 내가 사서 주변 사람들에게 나눠주는 오기를 부렸었다. 이때 우리의 국력이 외국의 한국학 성쇠를 얼마나 좌우하는지 절감했었다.

한류 바람은 한국 닮기, 따라 하기로 이어졌다. 서울 명동 거리에는 외국인을 위한 화장품 가게가 즐비하고, 일본어나 중국어로 호객하는 소리가 여기저기서 들린다. 오래전에는 프랑스 화장품이나 일본 화장품을 최고로 여기더니 이제는 한국 화장품이 대세가 되었다. 한국을 찾은 외국인은 화장품과 향수를 주로 구매하는데, 전체 쇼핑 물품의 59.6퍼센트에 달한다고 한다. 화장품 수출액도 2012년 4억 5,811만 달러에서 2015년 12억 9,233만 달러로 3배 가까이 늘었다.주간무역 2015. 10. 23. 또 한국 배우를 닮으려는 욕망은 성형 열풍도 불러왔다. 서울 강남에서는 외국어 표기가 된 성형외과를 곳곳에서 찾아볼 수 있다. 국내 의료기관에서 진료를 받은 외국인 성형외과 환자가 2009년 2,851명이던 것이 5년 사이에 13배나 급증하여 2014년에 3만 6,000여 명에 달했다고 한다.연합뉴스 2015. 9. 17.

그림 2 가수 싸이 인형(2013. 6.)

한국 드라마의 영향력은 2014년에 중국에서 일었던 치맥 광풍에서 단적으로 드러났다. 드라마 '별에서 온 그대'에서 여주인공이 "눈 오는 날에는 치맥인데…"라고 말한 대목 때문에 치킨과 맥주가 불티나게 팔려서 조류 인플루엔자로 빈사 상태에 빠졌던 중국 양계업계를 살려준 일이 있다.동아일보 2014. 2. 20. 그러나 강남스타일의 유행도 영원할 수 없듯이, 유행은 쉽게 식기 마련이다. 일본에서 한류에 힘입어 막걸리 붐이 일면서 덩달아 국내에서도 막걸리가 인기를 끌게 되자 수많은 막걸리 상품들이 등장했다. 그러나 이내 열기가 식으면서 김치와 막걸리 수출이 급감했다.조선일보 2015. 9. 24. 대중문화에만 계속 의존한다면 한류는 오래가지 못할 것이다.

여기서 그다음에 대비하는 전략이 필요하다. 정부에서도 대책을 세우고 있지만, 아직 시행착오를 겪고 있는 것 같다. 2001년에 국가 브랜드로 'Dynamic Korea'를 내세웠더니 남북 분단이나 시위 등 부정적인 이미지 탓에 불안한 느낌이 드는 데다가 '다이너마이트 코리아'로 잘못 읽힌다는 비판을 들었고, 2007년에 'Korea Sparkling'을 내세웠더니 한국은 광천수, 탄산수가 많이 나는 나라인가 하는 물음이 되돌아왔다. 2014년에 다시 'Imagine your Korea'를 제시하니 이번에는 뜬금없이 뭘 상상하란 것이냐, 외국인에게는 '너의 한국'이 뭐냐는 의문이 제기되었다.동아일보 2014. 7. 29. 서울시에서도 그동안 외치던 '하이 서울'을 버리고 2015년 가을에 'I Seoul U'를 공표했으나 문장조차 안 된다며 역시 비판에 직면했다. 차라리 유행가 제목으로도 우리에게 익숙한 'Lucky Seoul'이 나을 것 같다.

2015년 광복 70주년을 맞아 문화체육관광부에서 대한민국이라 하면 무엇이 떠오르는지 두 달간 전 국민을 상대로 공모한 것도 그런 작업의 일환이다. 이 자료들을 모아서 추후에 한국을 체계적으로 알리는 홍보 수단으로 삼을 계획이라 한다. 이제야 한국적인 것, 즉 한국다움Koreaness을 찾기 시작하게 되었다. 그 결과 과거는 한글, 현재는 열정, 미래는 통일이 우리를 대표하는 첫 번째 단어로 결정되었다. 전체적으로 보면 열정, 희망, 사랑, 아름다움 등의 가치 개념과 한글, 아리랑, 한복, 케이팝 등의 문화콘텐츠 낱말이 대부분을 차지하였다.서울신문 2015. 11. 20. 외국인은 '어메이징amazing', '꿈dream', '아름다운beautiful' 순으로 대답했다고 한다.연합뉴스 2015. 12. 9. 장차 이런 추상적 개념들을 세계에 어떻게 구체적으로 드러낼 수 있을지 궁금하다. 이제는 과거로 눈을 돌리거나 공간을 확대하여 고유한 우리의 문화를 찾아내 지속가능한 한류의 원천을 찾는 노력이 필요한 시점이 되었다.

영국에서 머무는 동안에 한국 유물이 전시되어 있는 유럽의 박물관들을 찾아보았다. 이미 예상하기는 하였지만, 중국이나 일본에 비해 유물이 너무 빈약하고 적었다. 그리고 일본 유물 전시와 비교하여 또 다른 문제점을 생각하게 되었다. 우리 자신을 어떻게 드러낼 것인지에 대한 전략이 없다는 점이었다.

암스테르담의 국립미술관에서는 기다란 전시장 전체에 기모노만 나란히 채워 넣고그림 3 맞은편 전시장에는 황금색 병풍 두 점을 넣은 것이 인상적이었다. 이에 비해 우리 유물은 도자기 몇 점이 중국실 옆에 전시되어 있었다. 런던의 브리티시 박물관에서는 사무라이 갑옷이 전시실 한가운데에서 자신의 존재를 뽐내고 있었다. 이에 비해 한국실은 구색을 맞추기에 급급한 인상이었다. 전시실을 둘러보고 나온 관람객은 기모노나 사무라이의 나라로 일본을 떠올리겠지만, 한국에 대해서는 아무런 이미지도 떠올리지 않을 것만 같았다.

중국을 말하면 만리장성, 용과 옥, 다양한 먹을거리, 거대한 땅과 문화유산 등을 떠올릴 것이고, 일본을 말하면 사시미와 스시, 사무라이와 닌자, 게이샤, 가부키 등을 쉽게 떠올릴 것이다. 더구나 주변국 사람들에게 끔찍한 인상을 지워준 닌자마저 '닌자 거북이' 등 긍정적인 개념으로 치환되어 전 세계에 퍼졌다. 이렇게 그 나라를 상징하는 아이콘이 나라마다 있게 마련인데, 우리나라는 무엇을 내세우려 하고 외국인이 무엇을 기억해주길 바라는지 얼른 떠오르지 않는다. 고구려 벽화, 신라

그림 3 일본 전시실(2013. 9.)

금관, 고려청자와 불화, 조선 백자와 선비 정신, 이런 것들을 과연 외국인들이 떠올릴 것인가?

국가 이미지에서도 중국과 일본이란 강대국 사이에 끼어 있어 우리 색깔을 내지 못하고 있다. 고래 싸움에 새우 등이 터지는 꼴이다. 경희대학교의 한 외국인 교수는 선비 정신을 내세울 것을 주창하였고, 그 밖에 사랑방 문화, 추석 등도 손꼽았다. 이런 지적들이 백가쟁명으로 나와야겠지만, 그가 지적한 것들은 박물관에서 내세우기에는 너무 추상적이고, 국가 이미지로 어떻게 만들어야 할지도 아직은 막연한 느낌이다.

우리는 근대에 식민지를 겪는 뒤틀린 역사 경험 때문에 아직도 우리의 우수성을 보여주려는 잠재적 콤플렉스에 사로잡혀 조바심을 보인다. 우리 역사가 우수하다고 과연 중국이나 유럽에 가서 큰소리칠 수 있겠는가? 외국인이 원하는 것은 그런 것이 아니다. 예를 들어 세계 최대 여행 출판사인 론리 플래닛Lonely Planet에서는 세계 500대 관광지에 한국의 창덕궁과 함께 DMZ, 남산 N서울타워를 넣었다.조선일보 2015. 9. 26. 한 국악 전공자는 찬란한 조선시대의 궁중 건물이나 궁중 의례를 우리가 자랑스럽게 생각하지만, 외국인들은 오히려 향토적인 무당굿을 가장 신비로운 것으로 손꼽는다고 했다.

국내에 거주하는 한 캐나다인이 쓴 칼럼도 이 물음에 답하는 단서가 될 수 있다. 남동생이 방문하러 오자 어디를 데려가야 할지 고민하다가 서울시티버스, 전쟁기념관, 비무장지대, 인사동, 한옥마을, 덕수궁을 다녔지만, 정작 한국의 맛은 다른 곳에서 느꼈다고 한다. 도심 직장인들이 좁은 감자탕 집 방바닥에 앉아 바쁘게 식사하는 모습과 같은 일상생활, 덕수궁 돌담 아래에서 한 손으로 글자를 새기는 조각가, 시골 민박집의 뜨끈한 온돌에서 잠을 자고 하이킹을 하며 자연을 즐기던 일, 김치는 물론이고 길거리에서 파는 떡볶이와 호떡과 번데기, 노량진 수산시장에서 먹은 산낙지, 구멍 뚫린 테이블 위에서 먹은 삼겹살이 그런 것이었다. 한국에 오래 살아 대수롭지 않게 여겼던 이런 것들이 한국의 최고 문화가 아닐까 하고 글을 맺었다.중앙선데이 241호 2011. 10. 23.

또 한 외국인은 친한 친구에게 서울에서 경험할 것으로 하나만 추천하라면 포장마차를 들겠다고 하였다. 그는 포장마차를 '스트리트 텐트 레스토랑street tent restaurant'이라 부르면서 그의 책에 "이보다 한국인의 삶을 잘 보여주는 곳은 없을 것이다. 영하 10도 바깥 날씨는 매우 춥지만, 안에선 처음 보는 사람들끼리 가스난로 주변에 모여 앉아 이야기를 나눈다. 분위기와 열기가 남다를 수밖에 없다. 포장마차의 또 다른 매력은 교육, 출신, 소득 수준에 상관없이 모두가 마시고, 먹고, 즐기고, 함께 즐거움을 누린다는 것이다. 모르는 사람일지라도 가볍게 얘기를 나눌 수 있는 분위기에 젖을 수 있다면, 한국의 추진력이라고 할 수 있는 공동체 의식, 바로 '우리'를 느낄 수 있을 것이다. 건배!"라고 썼다고 한다.중앙일보 2013. 11. 29.

우리도 외국에 여행을 가면 낮에는 정해진 유명 관광지를 다니며 고급문화를 접하다가, 밤이 되면 느긋하게 뒷골목을 어슬렁거리며 사람들이 어찌 사는지 이리저리 구경하고 새로운 것이 있는지 두리번거려 본다. 이따금 현지인과 어울려 한잔하거나 길거리 음식을 먹으면서 더 강한 기억을 남긴다.

이처럼 우리가 내세울 것이 반드시 고급 문화여야 하는 것은 아니다. 조선시대에 천대받던 사람들이 공연한 광대놀이나 사당패놀이만 봐도 그러하다. 오히려 감동을 줄 수 있는 것은 남과 다른 우리의 일상인 것이다. 그런 점에서 외국인의 시각은 우리가 미처 깨닫지 못하는 신천지를 제공해준다.

세계적인 유행 선도자의 한 사람이 해외에 수출해야 할 한국의 문화상품 열 가지를 추천한 적이 있는데, 평소 너무 익숙해 우리가 눈여겨보지 않았던 것이 많았다. 우리는 때로 부정적으로 생각하는 유니폼 문화에서 시작하여, 설화수 화장품, 옥수수차, 소녀시대, 인천공항 경영, 빈대떡 등이 목록에 들어 있다.중앙일보 2011. 1. 15. 그중에서도 빈대떡이나 옥수수차는 더욱더 의외이다.

2011년 5월에 CNN에서 운영하는 사이트에서 '서울의 매력 50가지 50 reasons why Seoul is No. 1'를 소개한 적이 있다. 여기에는 갈비, 반포 달빛무지개분수, 찜질방, 화려한 밤 문화, 김치, 명동교자의 칼국수, 물보다 싼

소주, 해장국, 비빔밥, 스크린 골프, 한류 드라마, 각종 심부름 서비스와 음식 배달, 지드래곤과 원더걸스 등의 아이돌 그룹, 산낙지 등이 포함되어 있다. 이 밖에 유명인의 스캔들, 웰빙 열풍, 서대문형무소역사관, 코엑스, 외국어로도 안내하는 다산 콜센터, 저렴한 인터넷 전화, 태권도 수업, DMZ 여행, 팁 없는 서비스, 온돌, 온라인게임 전문 채널, 극장 커플석, 인천공항, 무선인터넷, 메인 요리보다 많은 반찬 등도 지목했다. 여기에 술에 취한 사람들을 위한 대리운전도 추가할 수 있지 않을까?

2010년 11월에 서울에서 열렸던 G20 정상회의를 앞두고 CNN에서는 한국을 소개하는 간단한 특집을 마련하여 연일 방영하였다. 마침 중국 호텔에서 보게 된 것이 '남한에서의 매운 음식 도전South Korea's spicy challenge'이었다. 한 방송인이 떡볶이 집에 가서 네 단계의 매운 떡볶이를 차례로 먹어보는 도전기였다. 중국의 기름진 음식과 일본의 달큰하거나 담백한 음식과 대비되면서 한국의 매운 음식이 서양인에게는 인상적이었던 모양이다. 아메리카에서 유럽을 거쳐 제일 마지막으로 한국에 도착하여 매운 고추 문화가 꽃을 피운 것은 신기한 일이다.

한 프랑스인은 "온탕·냉탕·사우나가 겸비된 한국의 목욕탕이야말로 한국의 특징에 대한 아주 좋은 단서를 제공한다. 한국에서는 극단적인 것들, 냉기와 온기가 별 탈 없이 공존한다"면서 목욕 습관을 지적하고, "가장 놀라운 사실은 밤늦게까지 이렇게 반 죽은 듯이 취해 있던 사람들이 다음날 아침이 되면 언제 그런 적이 있었냐는 듯이 일자리로 복귀한다는 것이다. 시원한 사우나나, 인삼주와 같은 해장술이나 해장국의 기적과 같은 복원술 때문인 것이다"고 하면서 음주 문화를 지적하였다.에릭 비데 책, 23, 72쪽. 한국식 목욕은 외국인에게 인상적으로 비치는 경우가 있다. 탕에서 몸을 불린 후에 '이태리 타올'로 피부가 벌겋게 될 때까지 빡빡 문지르는 때밀이 목욕도 그렇다. 이태리 타올은 수입품이 아니라 1960년대 초에 우리나라에서 처음 만든 특허품이다.

외국인 의전관광을 전문으로 하는 한 여행사가 384명에게 설문 조사를 한 결과, 인상 깊었던 한국 문화로 빠른 인터넷 속도가 45퍼센트로 1위, 24시간 배달음식이 2위, 웃어른 공경이 3위, 노래방이 4위였다. 반면에 이해할 수 없는 한국 문화로는 똑같은 스타일로 성형을 하는 한국 여성이 48퍼센트로 1위, 화장실에 비치된 휴지통이 2위, 키가 커 보이게 하기 위한 하이힐과 깔창 문화가 3위였다.문화일보 2013. 3. 14.

지금까지 외국인들이 한국적인 것으로 지목한 것을 보면, 전통문화에 해당하는 것보다 현대에 새롭게 탄생한 것이 더 많다. 역사학자들이 빠지기 쉬운 함정이 전통성 내지 유구성이다. 그러나 우리가 내세울 것에는 오히려 근래에 생성된 것들이 많다는 것도 잊지 말아야 한다. 전통은 영원한 것이 아니요 끊임없이 변화하고 생성·소멸되는 것이다. 전통은 과거를 계승하는 것이면서 동시에 지금도 만들어가는 것이기도 하다. 역사는 화석화해서도 안 되고 고인 물로 만들어서도 안 된다.

김치만 해도 그렇다. 원래는 무를 소금에 절인 것이었다가 중국에서 결구형 배추가 들어오고 여기에 새로이 고추가 첨가되면서 오늘날의 배추김치가 탄생하게 되었다. 이리하여 배추김치가 주류가 된 것은 불과 100여 년밖에 되지 않았다고 한다.중앙일보 2010. 10. 22. 온돌도 현대사회에 맞게 전기장판, 온수 보일러나 전기 패널, 찜질방 등으로 변신해왔다.

용은 전통적으로 황제의 상징이었는데, 이것이 중국인 전체의 상징으로 변화된 것은 1930년대 이후의 일이라고 한다.조선일보 2011. 11. 3. 돈가스는 서양의 커틀릿을 일본인의 입맛에 맞게 개량하여 만든 근대의 산물이고,동아일보 2011. 11. 22. 이탈리아의 따뜻한 샌드위치인 파니니의 역사도 오래되지 않았다. 파니니에 쓰이는 빵인 치아바타는 1982년에 탄생하였다고 한다.조선일보 2014. 8. 28. 우리의 삼겹살 음식 문화가 그리 오래되지 않은 것과 마찬가지다.

근대에 만든 태극기도 중국의 주역에서 비롯된 도안이지만,그림 4 지금은 우리나라의 상징이 되어버렸다. 이처럼 외래적인 것도 우리 방식으로 재창조한 것이 많다. 태권도만 해도 태껸이 가라데와 결합되어 변형된 현대의 산물이다. 라면은 일본이 원조이지만 우리의 매운 라면이 중국에서 큰 인기를 끌고 있다. 가라오케도 일본이 발명하였지만 음주가무를 즐기는 우리 정서와 궁합이 잘 맞아 노래방 문화를 꽃피웠다. 1990년 중국 옌볜에 처음 갔을 때에는 가라오케가 있었으나 지금은 온통 노래방으로 바뀌었다. 단팥빵도 일본에서 건너왔지만 이제는 '코빵'이란 이름으로 프랑스 파리까지 진출하여 호평을 받고 있다. 빼빼로와 같은 막대 과자도 일본에서 처음 만들어서 한국에 들어와 큰 인기를 끈 것인데, 1990년대에 11월 11일을 '빼빼로 데이'로 삼기 시작하여 지금에 이르렀다. 2015년 11월에는 이 과자를 두고 한·일 간에 원조 논쟁이 벌어졌다. 짜장면이 인천의 화교가 중국 요리를 변형해서 만들어낸 음식이라면, 짬뽕은 일본 나가사키의 중국인 음식에서 출발한 것으로 알려져 있다. 기실 중국 문화란 것도 따지고 보면 중원 지역의 문화뿐 아니라 주변 문화를 끊임없이 받아들인 결과물이다. 베트남의 쌀국수는 프랑스 음식에서 유래한 것으로 추정되고, 일본의 덴푸라는 포르투

그림 4 병산서원의 태극과 괘(2015. 9.)

갈 상인을 통해서 들어왔다는 설이 유력하다고 한다.조선일보 2013. 3. 21.

프라이드치킨의 원조는 미국이지만 양념으로 버무린 우리의 다양한 양념치킨은 미국 시카고 트리뷴지에 소개될 정도로 유명해졌다.*Chicago Tribune* 2013. 4. 10., 그림 5 뉴욕에 사는 미국인 친구가 "본고장에서 정통 한식을 제대로 맛보고 싶다"면서 서울에 온다기에 뭘 먹고 싶냐고 물었더니 예상 밖으로 양념치킨을 말해서 되물었더니 "양념치킨이 뉴욕에서 얼마나 난리인데! 한국 음식 중에서도 제일 인기일걸"이라는 답변이 돌아왔다는 기사를 본 적이 있다.조선일보 2013. 3. 21. 전국의 치킨 집이 3만 6천 개가 넘어서 전 세계 맥도날드 매장보다 많다고 한다.서울신문 2015. 10. 6. 그만큼 생존경쟁이 치열해지니 다양한 유형의 치킨이 개발되어 쏟아져 나온다. 커피믹스와 초코파이도 1970년대에 우리나라에서 탄생한 명물이다.

그림 5 양념치킨 소개(*Chicago Tribune* 2013. 4. 10.)

외국에서 들어온 인터넷도 이제는 우리가 세계를 선도하고 있다. 1990년대 말에 외국에 없던 PC방이 생겨나면서 인터넷 인구를 대폭 늘려놓았고, 스타크래프트 등의 게임 산업을 크게 육성시켰다. 미국과 일본에서 발달한 만화를 웹툰으로 변모시켜 만화 한류를 이끌고 있다. 인터넷 속도도 가장 빠른 나라이고, LTE 가입률도 세계 1위를 차지하고 있다. 이 때문에 외국에 나가면 느린 속도 때문에 속 터지는 경험을 하곤 한다.

때로는 과거에 사라진 전통이 복고풍을 타고 부활하는 일도 있다. 디지털 시대에 질려버린 사람들이 아날로그 시대를 그리워하는 것과 같다. 디지털 음악에 싫증을 느낀 사람들이 진공관 앰프나 잡소리 섞인 레코드판을 찾듯이, 언젠가 다시 필름 사진이 등장할지 몰라 필자도 필름 카메라를 간직하고 있다. 아기를 등에 업는 육아법은 우리의 독특한 문화인데, 이때 사용하는 포대기가 우리 사회에서 사라지는가 싶더니 'podaegi'란 이름으로 서양에 알려지고 있어 부활의 시대를 맞았다. 전통의 새로운 탄생은 상호의 활용에서도 볼 수 있다. 1926년 순종의 국장 사진에 우연히 '이힉 박는 집'이란 치과 간판이 보인다.그림 6 어렸을 때만 해도 치과에 가서 '이를 해박는다'고 했었다. 이를 활용하여 북촌 한옥마을에 동일한 이름의 한옥 치과가 생겨났고,그림 7 노량진역 앞에도 'e해박난 치과'가 있다. 서초역 부근에는 '백화요란 골동반'이란 음식점이 있는데, '골동반'은 비빔밥의 한자어이다. 여성부 장관이 부산의 성매매 여성 모임인 해어화 회원들과 만났다는 기사가 난 적이 있는데,중앙일보 2005. 4. 14. 해어화는 '말을 알아듣는 꽃'이란 의미로 전통시대에 기생을 일컫는 말이었다. 새마을운동으로 초가지붕이나 흙집이 모두 사라졌다가 근래에 복고풍이나 웰빙 바람을 타고 소생하는데, 실은 유구한 전통문화라 부르는 것들도 따지고 보면 일제 식민지배나 근대화 과정을 거치면서 한동안 명맥이 끊겼다가 되살려낸 것이 적지 않다.

그림 6 근대의 치과 간판

지금까지 다양한 시각에서 한국적인 것들에 대해서 살펴보았는데, 이런 것들을 우리가 놓치지 말아야 한다. 여기에 더하여 한국학

그림 7 서울 북촌의 치과(2015. 5.)

연구자가 이국의 관점을 가지는 것도 중요하다. 우리 사회를 내부에서만 바라보았을 때는 우물 안 개구리와 같은 한계를 지니게 된다. 가령 삼족오를 고구려 고유의 문양으로 생각하면서 고구려를 소재로 한 드라마에 빠짐없이 등장시킨다. 일본에서 삼족오를 사용하는 소식이 전해지자 우리 것을 빼앗아간다고 여론이 들끓은 적이 있다. 그러나 삼족오는 중국에서 전해진 것이다. 이국에서 우리와 전혀 다른 문화와 부닥칠 때에 비로소 우리 스스로를 무엇으로 어찌 설명해야 할 것인지 하는 문제의식이 살아나게 된다. 이국 문화가 우리를 바라보는 창이 되는 것이다. 워싱턴의 유명한 박물관에서 고려청자가 다른 나라 것들과 비교 전시된 것을 본 적이 있다. 이때 자원봉사자가 다가와 한국 청자가 제일 아름답다는 말을 하는 것을 보고서 "아! 외국인도 그렇게 평가하는

구나" 하는 생각이 들어 새삼 청자를 다시 보게 되었다. 한국학 연구자도 외국 문화를 많이 접해야 하는 이유가 여기에 있다.

과연 우리가 내세울 한국다움이 무엇인지 내 나름의 결론을 제시하지는 않겠다. 내 역량이 그에 미치지 못하는 것은 물론이고, 다른 한편으로는 역사뿐 아니라 수많은 분야의 사람들이 공동으로 시행착오를 겪으면서 지속적으로 찾아내고 만들어가야 하는 과제이기도 하기 때문이다. 이 글 제목에 '모색'이란 단어를 넣은 것은 이러한 이유에서이다.

참고 자료

왕국과 제국

『견한잡록』(심수경 저, 『대동야승』 수록); 한국고전번역원 홈페이지

『고려도경』(서긍 저); 한국고전번역원 홈페이지

『고려사』; 누리미디어 홈페이지

『난중잡록』(조경남 저, 『대동야승』 수록); 한국고전번역원 홈페이지

『담헌서』(홍대용 저); 한국고전번역원 홈페이지

『삼국사기』(김부식 저); 동방미디어 홈페이지

『상변통고』(유장원 저); 한국고전번역원 홈페이지

『성호사설』(이익 저); 한국고전번역원 홈페이지

『속일본기(續日本紀)』

『속잡록』(조경남 저, 대동야승 수록); 한국고전번역원 홈페이지

『쇄미록』(오희문 저); 이민수 역, 『쇄미록』 상·하, 해주오씨추탄공파종중, 1990; 장서각 디지털 아카이브

『수서(隋書)』(위징 등 저)

『연려실기술』(이긍익 저); 한국고전번역원 홈페이지

『열하일기』(박지원 저); 한국고전번역원 홈페이지

『을병연행록』(홍대용 저); 정훈식 역, 『을병연행록』 2, 경진, 2012

『임하필기』(이유원 저); 한국고전번역원 홈페이지

『재조번방지』(신경 저); 한국고전번역원 홈페이지

『조선부』(동월 저); 董越 저, 윤호진 옮김, 『朝鮮賦』 까치, 1995

조선왕조실록; 국사편찬위원회 홈페이지

『표해록』(최부 저); 서인범·주성지 옮김, 『표해록』 한길사, 2004

『한중록』(혜경궁 홍씨 저); 이선형 옮김, 『한중록』 서해문집, 2003

『해동잡록』(권별 저, 『대동야승』 수록); 한국고전번역원 홈페이지

W. E. 그리피스 지음, 신복룡 역주, 『은자의 나라 한국』 집문당, 1999
고병익, 「유교사상에서의 진보관」 『중국의 역사인식』 상, 창작과비평사, 1985
구범진, 「역법 문제와 한국사 서술」 『역사교육』 94, 2005
구범진, 「청의 조선사행 인선과 '대청제국체제'」, 『인문논총』 59, 2008
구범진, 『청나라, 키메라의 제국』 민음사, 2012
그레이스 E. 케언스 지음, 이성기 옮김, 『역사철학』 대원사, 1990
김호동, 『몽골제국과 고려』 서울대학교출판부, 2007
노명호, 「고려시대의 다원적 천하관과 해동천자」 『한국사연구』 105, 1999
문중양, 「'향력'에서 '동력'으로」 『역사학보』 218, 2013
박성래, 「한국 전근대 역사와 시간」 『역사비평』 50, 2000
송기호, 「대외관계와 국가위상」 『한국사특강』 서울대학교출판부, 2008
정상우, 「개항 이후 시간관념의 변화」 『역사비평』 50, 2000
정연식, 「조선시대의 시간과 일상생활: 시간의 앎과 알림」 『역사와현실』 37, 2000
최병헌, 「고려시대의 오행적 역사관」 『한국학보』 13, 1978
최종석, 「베트남 외왕내제 체제와의 비교를 통해 본 고려전기 이중 체제의 양상」 『진단학보』 125, 2015
펠릭스 클레르 리델 지음, 유소연 옮김, 『나의 서울 감옥 생활 1878-프랑스 선교사 리델의 19세기 조선체험기-』 살림, 2008
필립 아리에스·조르주 뒤비 책임 편집, 폴 벤느 편집, 주명철·전수연 옮김, 『사생활의 역사』 1, 새물결, 2002
한국고대사회연구소 편, 『역주 한국고대금석문』 I, 가락국사적개발연구원, 1992
혼마 규스케 저, 최혜주 역주, 『조선잡기: 일본인의 조선정탐록』 김영사, 2008

이웃 나라 이웃 민족

『갑진만록』(윤국형 저, 『대동야승』 수록); 한국고전번역원 홈페이지
『계갑일록』(우성전 저, 『대동야승』 수록); 한국고전번역원 홈페이지
『계원필경』(최치원 저); 한국고전번역원 홈페이지
『고대일록』(정경운 저); 남명학연구원 옮김, 『孤臺日錄』 상·하, 태학사, 2009
『고려사』; 누리미디어 홈페이지
『고사기(古事記)』; 노성환 역주, 『고사기』 하, 예전, 1999

『공사견문록』(정재륜 저); 강주진 역, 『동평위 공사문견록』 양영각, 1985; 동방미디어 홈페이지
『금사(金史)』(탈탈 등 저)
『기재사초』(박동량 저, 『대동야승』 수록); 한국고전번역원 홈페이지
『난중잡록』(조경남 저, 『대동야승』 수록); 한국고전번역원 홈페이지
『담헌서』(홍대용 저); 한국고전번역원 홈페이지
『대명회전』(이동양 등 저); 『大明會典』 3, 江蘇廣陵古籍刻印社, 1989
『동문선』(서거정 등 저); 한국고전번역원 홈페이지
『동사강목』(안정복 저)
『동사록』(강홍중 저, 『해행총재』 수록); 한국고전번역원 홈페이지
『동사일기』(임수간 저, 『해행총재』 수록); 한국고전번역원 홈페이지
『만주원류고』(아계 등 저)
『무오연행록』(서유문 저, 『연행록선집』 수록); 한국고전번역원 홈페이지
『문견별록』(남용익 저, 『해행총재』 수록); 한국고전번역원 홈페이지
『문소만록』(윤국형 저, 『대동야승』 수록); 한국고전번역원 홈페이지
『미암일기』(유희춘 저); 담양향토문화연구회, 『미암일기초』 1992; 장서각 디지털 아카이브
『봉사일본시견문록』(조명채 저, 『해행총재』 수록); 한국고전번역원 홈페이지
『부연일기』(미상, 『연행록선집』 수록); 한국고전번역원 홈페이지
『북사(北史)』(이연수 저)
『북학의』(박제가 저); 안대회 옮김, 『북학의』 돌베개, 2003
『삼국사기』(김부식 저); 동방미디어 홈페이지
『삼국유사』(일연 저); 동방미디어 홈페이지
『삼국지(三國志)』(진수 저)
『성호사설』(이익 저); 한국고전번역원 홈페이지
『속일본기(續日本紀)』
『속잡록』(조경남 저, 『대동야승』 수록); 한국고전번역원 홈페이지
『송고승전(宋高僧傳)』(찬녕 저)
『송막기문(松漠紀聞)』(홍호 저)
『송와잡설』(이기 저, 『대동야승』 수록); 한국고전번역원 홈페이지
『송자대전』(송시열 저); 한국고전번역원 홈페이지
『쇄미록』(오희문 저); 이민수 역, 『쇄미록』 상·하, 해주오씨추탄공파종중, 1990; 장서각 디지털 아카이브
『신당서(新唐書)』(구양수 등 저)

『심전고』(박사호 저, 『연행록선집』 수록); 한국고전번역원 홈페이지
『어우야담』(유몽인 저); 현혜경 등 역주, 『어우야담』 2·3, 전통문화연구회, 2003
『연행기』(서호수 저, 『연행록선집』 수록); 한국고전번역원 홈페이지
『연행록』(최덕중 저, 『연행록선집』 수록); 한국고전번역원 홈페이지
『연행일기』(김창업 저, 『연행록선집』 수록); 한국고전번역원 홈페이지
『열하일기』(박지원 저); 한국고전번역원 홈페이지
『오주연문장전산고』(이규경 저); 한국고전번역원 홈페이지
『용비어천가』(정인지 저); 이윤석 옮김, 『용비어천가』 1, 솔, 1997
『용재총화』(성현 저, 『대동야승』 수록); 한국고전번역원 홈페이지
『용천담적기』(김안로 저, 『대동야승』 수록); 한국고전번역원 홈페이지
『우서』(유수원 저); 한국고전번역원 홈페이지
『월정만필』(윤근수 저, 『대동야승』 수록); 한국고전번역원 홈페이지
『위서』(위수 저)
『을병연행록』(홍대용 저); 정훈식 역, 『을병연행록』 1·2, 경진, 2012
『일본삼대실록(日本三代實錄)』
『일본서기(日本書紀)』; 연민수 외, 『역주 일본서기』 2, 동북아역사재단, 2013
『일본일사(日本逸史)』
『일사집략』(이헌영 저, 『해행총재』 수록); 한국고전번역원 홈페이지
『임하필기』(이유원 저); 한국고전번역원 홈페이지
『입당구법순례행기(入唐求法巡禮行記)』(엔닌 저); 圓仁 저, 신복룡 번역·주해, 『입당구법순례행기』 정신세계사, 1991
『재조번방지』(신경 저); 한국고전번역원 홈페이지
『점필재집』(김종직 저); 한국고전번역원 홈페이지
조선왕조실록; 국사편찬위원회 홈페이지
『조천기』(허봉 저, 『연행록선집』 수록); 한국고전번역원 홈페이지
『졸고천백』(최해 저); 한국고전번역원 홈페이지
『증보 문헌비고』; 세종대왕기념사업회, 『국역 증보문헌비고』 선거고 1, 1994
『지봉유설』(이수광 저); 누리미디어 및 한국고전번역원 홈페이지
『징비록』(유성룡 저); 김홍식 역, 『징비록』 서해문집, 2003
『청성잡기』(성대중 저); 한국고전번역원 홈페이지
『청장관전서』(이덕무 저); 한국고전번역원 홈페이지
『청회전(淸會典)』(곤강 등 續修); 『淸會典』 5, 臺灣商務印書館 간행 국학기본총서 수록, 1968

『탐라문견록』(정운경 저); 정민 옮김, 『탐라문견록, 바다 밖의 넓은 세상』 휴머니스트, 2008
『통문관지』(김지남 저); 세종대왕기념사업회, 『국역 통문관지』 1, 1998
『패관잡기』(어숙권 저, 『대동야승』 수록); 한국고전번역원 홈페이지
『필원잡기』(서거정 저, 『대동야승』 수록); 한국고전번역원 홈페이지
『해사록』(김세렴 저, 『해행총재』 수록); 한국고전번역원 홈페이지
『해사일기』(조엄 저, 『해행총재』 수록); 한국고전번역원 홈페이지
『해유록』(신유한 저, 『해행총재』 수록); 한국고전번역원 홈페이지

구범진, 『청나라, 키메라의 제국』 민음사, 2012
국립중앙박물관, 『통일신라』 2003
국사편찬위원회 편, 『전쟁의 기원에서 상흔까지』 두산동아, 2006
권덕영, 『고대한중관계사-견당사 연구-』 일조각, 1997
권덕영, 「수·당과의 사절 왕래」 『신라의 바다 황해』 일조각, 2012
권석하, 『영국인 재발견』 안나푸르나, 2013
김문식, 「성해응이 증보한 『丁未傳信錄』」 『진단학보』 115, 2012
김주원, 『조선왕조실록의 여진족 족명과 인명』 서울대학교출판부, 2008
김주원, 「朝鮮王朝實錄에 나타난 女眞語·滿洲語(2)」 『최명옥 교수 정년퇴임 기념 국어학 논총』 태학사, 2010
나카노 히토시(中野等), 『文祿·慶長の役』 戰爭の日本史 16, 吉川弘文館, 2008
나폴레옹 샤농 지음, 양은주 옮김, 『야노마모: 에덴의 마지막 날들』 파스칼북스, 2003
남동신, 『원효』 새누리, 1999
노영구, 「조선 군대는 어떤 무기로 어떻게 싸웠을까」 『조선시대 사람들은 어떻게 살았을까』 2, 청년사, 1996
노태돈, 『삼국통일전쟁사』 서울대학교출판부, 2009
당인핑 저, 마중가 역, 『최치원 신연구』 한림대학교 아시아문화연구소, 2004
류저밍(劉哲明) 외, 『東北大地』 地質出版社, 1989
리윈취안(李云泉), 『朝貢制度史論』 新華出版社, 2004
민경삼, 「중국 서안 발견 신라인 김가기사적비 연구」 『중국어문논총』 21, 2001
박원호, 「15세기 조선과 명의 관계」 『명초조선관계사연구』 일조각, 2002
박지향, 『영국사』 까치, 1998
박한제, 『영웅시대의 빛과 그늘』 박한제 교수의 중국 역사 기행 1, 사계절, 2003
박한제·김호동·한정숙·최갑수, 『유라시아 천년을 가다』 사계절, 2002

백성현·이한우 지음, 『파란 눈에 비친 하얀 조선』 새날, 1999
부산박물관, 『임진왜란』 특별기획전, 2012
서성호, 「덕수1784 "織物馬牌"의 정체와 明 符驗」 『동원학술논문집』 16, 2015
손승철, 『조선통신사, 일본과 통하다』 동아시아, 2006
손진기 저, 임동석 역, 『동북민족원류』 동문선, 1992
송기호, 「빈공과 급제자의 등장」 『발해정치사연구』 일조각, 1995
송기호, 「대외관계에서 본 발해 정권의 속성」 『한국 고대국가와 중국왕조의 조공·책봉관계』 2006
신병주, 「규장각에 소장된 주요 자료들」 『규장각』 서울대학교출판문화원, 2009
신형식, 「신라의 숙위외교」 및 「나말여초의 숙위학생」 『한국고대사의 신연구』 일조각, 1984
심광주, 「한성백제의 '烝土築城'에 대한 연구」 『향토서울』 76, 2010
양시은, 『고구려 성 연구』 서울대학교 고고미술사학과 고고학 전공 박사학위논문, 2013
양자오취안(楊昭全)·한쥔광(韓俊光), 『中朝關系簡史』 遼寧民族出版社, 1992
유승주, 「청과의 무역」 『한국사』 33, 국사편찬위원회, 1997
윤영인, 「10-13세기 동북아시아 다원적 국제질서에서의 책봉과 맹약(盟約)」 『동양사학연구』 101, 2007
윤용구, 「양직공도의 유전과 모본」 『목간과 문자』 9, 2012
이계황, 「한국과 일본학계의 임진왜란 원인론에 대하여」 『동아시아 세계와 임진왜란』 경인문화사, 2010
이기동, 「신라 하대 빈공급제자의 출현과 나당 문인의 교환」 『신라골품제사회와 화랑도』 일조각, 1984
이성무, 『한국 과거제도사』 민음사, 1997
이성시 저, 김창석 역, 『동아시아의 왕권과 교역』 청년사, 1999
이영, 『왜구: 그 역사의 현장을 찾아서』 에피스테메, 2007
이우성·임형택 역편, 『이조한문단편집』 상, 일조각, 1973
일문(日文) 위키피디아, 「神道」
자크 제르네 지음, 김영제 옮김, 『전통중국인의 일상생활』 신서원, 1995
장페이페이 지음, 김승일 옮김, 『한중관계사』 범우, 2005
전해종, 『한중관계사 연구』 일조각, 1970
정구선, 「선초 조선 출신 명 사신의 행적」 『경주사학』 23, 2004
정구선, 『중세 시대의 환관과 공녀』 국학자료원, 2004
정동훈, 『고려시대 외교문서 연구』 서울대학교 국사학과 박사학위논문, 2016

정옥자, 『조선후기 조선중화사상 연구』 일지사, 1998
정은주, 『조선시대 사행기록화』 사회평론, 2012
주경철, 『테이레시아스의 역사』 산처럼, 2002
주한포르투갈문화원, 『포루투갈-국가, 역사, 문화-』 1998
진홍섭, 「홍무 23년의 馬符」 『고고미술』 23, 1962
최경국, 「에도시대 말 대중문화 속의 호랑이 사냥: 가토 기요마사를 중심으로」 『일본연구』 48, 2011
최광식 외, 『한국무역의 역사』 청아출판사, 2010
최영희, 『임진왜란 연구』 최영희선생10주기추모위원회, 2015
카에망 베르낭 저, 장동현 역, 『잉카: 태양신의 후예들』 시공사, 1999
페르낭 브로델 저, 주경철 옮김, 『물질문명과 자본주의 I-2』 일상생활의 구조 하, 까치, 1995
하마다 고사쿠(浜田耕策), 「唐朝における渤海と新羅の爭長事件」 『古代東アジア史論集』 下, 吉川弘文館, 1978
한명기, 『광해군-탁월한 외교정책을 펼친 군주-』 역사비평사, 2000
한울문화재연구원, 『종로2가 40번지 시전행랑 유적』 2010
헤로도토스 지음, 천병희 옮김, 『역사』 숲, 2009

에필로그

『고려사』; 누리미디어 홈페이지
『대금국지(大金國志)』 (우문무 저)
『삼국사기』 (김부식 저)
『삼국지(三國志)』 (진수 저)
『서수일기』 (박내겸 저); 오수창 역해, 『서수일기』 아카넷, 2015
『성호사설』 (이익 저); 한국고전번역원 홈페이지
『시경(詩經)』
『신당서(新唐書)』 (구양수 등 저)
『어우야담』 (유몽인 저); 현혜경 등 역주, 『어우야담』 2·3, 전통문화연구회, 2003
『을병연행록』 (홍대용 저); 정훈식 역, 『을병연행록』 1, 경진, 2012
『이옥전집』; 실시학사 고전문학연구회 편역, 『완역 이옥전집』 2, 휴머니스트, 2009
조선왕조실록; 국사편찬위원회 홈페이지
『지봉유설』 (이수광 저); 누리미디어 및 한국고전번역원 홈페이지
『후한서(後漢書)』 (반고 저)

강룡범, 「중국 료녕성 개현 진툰향 박가구촌 조선족에 대한 역사적 고찰」 『한국학연구』 3, 인하대학교 한국학연구소, 1991
권덕영, 「당 묘지의 고대 한반도 삼국 명칭에 대한 검토」 『한국고대사연구』 75, 2014
권석하, 『영국인 재발견』 안나푸르나, 2013
규장각한국학연구원, 『규장각, 세계의 지식을 품다』 2015년 특별전 도록
김문자, 「우리 옷의 기본형과 시대별 변천」 『옷차림과 치장의 변천』 두산동아, 2006
김백철, 『조선후기 영조의 탕평정치』 태학사, 2010
김상기, 「한·예·맥 이동고」 『동방사논총』 개정판, 1984
김주원, 「한국어의 계통과 형성에 대한 연구사적 고찰」 『한국고대사논총』 1, 한국고대사회연구소, 1991
김주원, 「한국어사와 삼국의 언어」 『공학교육』 11-2, 2004
김형종 편역, 『1880년대 조선-청 국경회담 관련 자료 선역』 서울대학교출판문화원, 2014
박지향, 「전설의 두 영웅: 아서 왕과 로빈 후드」 『역사와 문화』 10, 2005
박홍갑·이근호·최재복, 『승정원일기, 소통의 정치를 논하다』 산처럼, 2009
베네딕트 앤더슨 지음, 윤형숙 옮김, 『상상의 공동체』 나남출판, 2007
에릭 비데 지음, 니코비 그림, 최미경 옮김, 『한국의 일상 이야기-어느 프랑스인이 본 처가의 나라 꼬레-』 눈빛, 2003
윤용구·김락기 외, 『예맥 사료집성 및 역주』 백산자료원, 2012
이영석, 「윌리엄 호스킨스, 풍경의 역사」 『역사가를 사로잡은 역사가들』 푸른역사, 2015
이화자, 「백두산 정계의 표식물: 흑석구(黑石溝)의 토석퇴에 대한 새로운 고찰」 『동방학지』 162, 2013
이훈, 「조선후기 독도를 지킨 어부 안용복」 『역사비평』 33, 1996
임마누엘 페스트라이쉬, 『한국인만 모르는 다른 대한민국』 21세기북스, 2013
정재서, 『정재서 교수의 이야기 동양 신화, 중국편』 황금부엉이, 2004
조선총독부 편저, 김문학 옮김, 『일제가 식민통치를 위해 분석한 조선인의 사상과 성격』 북타임, 2010
한국고대사회연구소 편, 『역주 한국고대금석문』 I·II·III, 가락국사적개발연구원, 1992

사진, 그림 출처

왕국과 제국

「혼일강리역대국도지도」의 동아시아 부분; 국립문화재연구소 자료(20쪽)

시찰 중인 쇼와천황; 인터넷 자료(21쪽)

독립문; 서울대학교 박물관 유리원판 사진(37쪽)

독립신문사터; 송기호 사진(37쪽)

대한국 태황제 폐하(고종) 사진; 서울시립대학교 박물관, 『엽서로 보는 근대이야기』 2003, 51쪽 (38쪽)

황제지보 국새; 송기호 사진, 국립고궁박물관 전시(39쪽)

발해 정효공주 묘지의 '황상' 부분; 『길림성박물관』 도록(41쪽)

고구려 금동판의 '천손' 부분; 송기호 사진(42쪽)

「몽골제국도」의 고려; 송기호 사진(44쪽)

황궁우; 송기호 사진(45쪽)

천단; 송기호 사진(46쪽)

황색 곤룡포를 입은 고종; 최석로 해설, 『민족의 사진첩』 III, 서문당, 1994, 26쪽(50쪽)

황포를 입은 가정황제; 인터넷 자료(51쪽)

자금성의 황기와; 송기호 사진(55쪽)

베트남 궁전의 황기와; 송기호 사진(55쪽)

구장복; 문화재청 자료(56쪽)

십이류관; 인터넷 자료(56쪽)

우전국 천자 공양상; 송기호 사진(62쪽)

종묘대제의 팔일무; 송기호 사진(71쪽)

북경의 벽옹; 송기호 사진(72쪽)

묘호가 적힌 종묘 정전의 신위; 문화재청 자료(75쪽)

종묘 정전; 송기호 사진(78쪽)

낙산사 황제 명문 기와; 송기호 사진(79쪽)

봉정사 극락전 외벽; 송기호 사진(79쪽)

태인 성황당 위패; 송기호 사진(79쪽)

동짓날의 고분 내부; 인터넷 자료(81쪽)

스톤헨지; 송기호 사진(82쪽)

석굴암 본존불; 송기호 사진(83쪽)

진아춘 시계들; 서울대학교 기록관(92쪽)

유달산의 오포; 송기호 사진(94쪽)

덕수궁 자격루; 송기호 사진(96쪽)

자명종; 서울대학교 박물관(98쪽)

자명종이 보이는 선비 초상; 진준현 제공(99쪽)

그리니치 천문대 자오선에서; 송기호 사진(100쪽)

교황 그레고리 13세 무덤에 새겨진 새로운 역법 채택 축하 모습; 인터넷 자료(104쪽)

『경진년대통력』의 일부분; 문화재청 사진, 국립민속박물관 소장(107쪽)

세종 때의 관측기구들; 송기호 사진(108쪽)

1767년 시헌서; 국립중앙박물관 사진(114쪽)

마야 달력; 송기호 사진(115쪽)

중국 화상석의 전쟁 모습; 송기호 사진(122쪽)

마르크스 무덤; 송기호 사진(123쪽)

이웃 나라 이웃 민족

중국 투먼의 조선족 집; 송기호 사진(127쪽)

알타이어 분포도; Evolution of Human Language Project - The Tower of Babel 홈페이지에서 수정(128쪽)

협시불 귀고리와 목걸이; 朝日新聞社, 『法隆寺金堂 · 聖靈院內陣と四騎獅子狩文錦』 1995, 36쪽(130쪽)

술 마시는 모습; 국립중앙박물관, 『조선시대 풍속화』 2002, 230쪽(131쪽)

여말선초 식기 세트; 군산대학교 박물관 전시, 송기호 사진(133쪽)

이탈리아 산상 마을; 송기호 사진(137쪽)

가족 행상; 강우방 · 김승희, 『감로탱』 예경, 2010, 116쪽(138쪽)

시장 풍경; 강우방 · 김승희, 『감로탱』 예경, 2010, 238쪽(139쪽)

방건 쓴 선비; 국립중앙박물관, 『조선시대 풍속화』 2002, 233쪽(144쪽)

난삼 입은 선비; 인터넷 자료(145쪽)

곽재우 갓끈; 문화재청 자료(146쪽)

갓의 변화; 김은정, 「조선시대 남성의 표상, 갓」 『문화재사랑』 5월호, 2012(147쪽)

조선 관리의 갓; 숭실대학교 한국기독교박물관, 『서양인이 본 근대전환기의 한국·한국인』 2012, 10쪽(148쪽)

삼전도비; 송기호 사진(152쪽)

인조의 항복 모습; 송기호 사진(153쪽)

「동궐도」의 대보단; 한국문화재보호협회, 『동궐도』 1991, 151쪽(158쪽)

「화양구곡도」의 만동묘; 국립청주박물관, 『화양서원과 만동묘』 2011, 39쪽(159쪽)

조종암의 재조번방과 만절필동; 송기호 사진(160쪽)

동일한 명문의 자기; 중국 인터넷 자료(161쪽)

청나라 사람들; 中國歷史博物館, 『華夏文明史圖鑑』 4, 朝華出版社, 2002, 237쪽(165쪽)

변발의 변천; 중국 인터넷 자료(166쪽)

장발 단속; 인터넷 자료(166쪽)

청 태종이 묻힌 북릉; 송기호 사진(170쪽)

백제 사신과 왜국 사신; 羅宗眞 주편, 『魏晋南北朝文化』 學林出版社, 2000(172쪽)

조선 관리와 부인; 사고전서 수록 『황청직공도』 권1(173쪽)

조선시대 사신 행로; 실학박물관 전시, 송기호 사진(174쪽)

당성과 그 주변; 2012년 10월 문화재청 발표 '화성 당성 종합정비계획 조감도'(175쪽)

구련성터; 송기호 사진(178쪽)

조반 부부 초상; 국립중앙박물관, 『고려 시대를 가다』 2009, 202~203쪽(184쪽)

통신사 행렬도의 수역; 송기호 사진, 국립중앙박물관 전시(188쪽)

자금성 오문; 송기호 사진(189쪽)

사신의 대기 장면; 金衛東 主編, 『明淸風俗畵』 商務印書館, 2008, 123쪽(189쪽)

갑군; 정은주, 『조선시대 사행기록화』 사회평론, 2012, 310쪽(196쪽)

명나라 부험; 국립제주박물관, 『한국의 馬, 시공을 달리다』 2014, 72~73쪽(197쪽)

엔닌 묘소; 송기호 사진(198쪽)

당나라 때의 흑인상; 섬서성박물관 편, 『隋唐文化』 中華書局, 1990, 301쪽(202쪽)

송나라 과거 장면; 國立傳統藝術中心, 『科擧文化特展圖錄』 臺北, 2006, 12쪽(208쪽)

이색 초상화; 국립중앙박물관 자료(209쪽)

명 태조 초상화; 中國歷史博物館, 『華夏文明史圖鑑』 4, 朝華出版社, 2002, 54쪽(211쪽)

아베노 나카마로; 일본 인터넷 자료(212쪽)

가야산과 해인사; 朝鮮總督府, 『朝鮮古蹟圖譜』 13, 1933, 1798쪽(215쪽)

무덤 속에서의 귀신 꿈; 국립경주박물관, 『원효대사』 2010, 107쪽(218쪽)

헤어지는 원효와 의상; 국립경주박물관, 『원효대사』 2010, 108쪽(219쪽)

최흔 석상; 송기호 사진(222쪽)

의주에 도착한 명나라 사신 일행; 「의순관영조도」의 일부, 규장각한국학연구원 소장, 국립중앙박물관, 『사농공상의 나라 조선』 2010, 62쪽(227쪽)

압록강에서의 칙사 영접; 阿克敦 저, 黃有福·千和淑 校註, 『奉使圖』 遼寧民族出版社, 1999, 제3폭(228쪽)

모화관에서 칙사를 맞는 숙종 왕세자; 阿克敦 저, 黃有福·千和淑 校註, 『奉使圖』 遼寧民族出版社, 1999, 제14폭(231쪽)

모화관, 신문, 남대문의 위치; 이찬, 『한국의 고지도』 범우사, 1991, 198쪽(232쪽)

회경전 평면도; 편찬위원회, 『조선유물유적도감』 10, 1991, 153쪽(232쪽)

숙종과 칙사가 함께한 전별연; 阿克敦 저, 黃有福·千和淑 校註, 『奉使圖』 遼寧民族出版社, 1999, 제18폭(233쪽)

사신 일행을 구경하는 지방의 여인들; 阿克敦 저, 黃有福·千和淑 校註, 『奉使圖』 遼寧民族出版社, 1999, 제7폭(235쪽)

공자 묘비; 송기호 사진(237쪽)

명 사신 웅화의 행차 모습; 규장각한국학연구원, 『영접도감사제청의궤』 1998, 218쪽(241쪽)

명나라에서 사용한 은정; 中國歷史博物館, 『華夏文明史圖鑑』 4, 朝華出版社, 2002, 67쪽(243쪽)

국제친선전람관; 송기호 사진(246쪽)

당나라와 주변국의 관계; 요시노 마코토 저, 한철호 역, 『동아시아 속의 한일 2천년사』 책과함께, 2005, 112쪽(248쪽)

검은 오벨리스크의 조공 장면; 브리티시 박물관 전시, 송기호 사진(251쪽)

스키타이인 사신; 페르세폴리스 유적, 송기호 사진(252쪽)

연경에 도착한 조선 사신; 실학박물관, 『연행, 세계로 향하는 길』 2010, 57쪽(257쪽)

'신라낙랑군왕' 명문의 일부; 國家文物局 주편, 『2003 中國重要考古發現』 文物出版社, 2004, 144쪽(262쪽)

중국 사신 앞에서 책봉받는 유구국왕 모형; 송기호 사진, 오키나와 슈리성 전시실(264쪽)

발해 사신이 배를 탔던 염주 성터; 송기호 사진(267쪽)

목책 시설; 울산발전연구원 문화재센터, 『울산 반구동유적』 2009, 원색사진4(269쪽)

신라금; 奈良國立博物館, 『正倉院展』 1987, 70쪽(270쪽)

신라 먹; 奈良國立博物館, 『正倉院展』 1988, 50쪽(270쪽)

청해진 자리; 송기호 사진(271쪽)

신안선; 송기호 사진, 국립해양문화재연구소 전시(271쪽)

책문 일대; 「서북피아양계만리일람지도」 부분, 규장각한국학연구원 소장(278쪽)

「요계관방지도」 요령성 부분; 규장각한국학연구원 소장(280쪽)

사천왕사 왔소 축제; 송기호 사진(288쪽)

미즈키 유적; 송기호 사진(289쪽)

가토 기요마사의 호랑이 사냥; 인터넷 자료(295쪽)

마상재 모습; 부산박물관 특별전 전시, 송기호 사진(296쪽)

무나가타 대사의 신목; 송기호 사진(298쪽)

신사의 신물들; 신도박물관 전시, 송기호 사진(299쪽)

신사에서의 기도; 다자이후 덴망구에서, 송기호 사진(299쪽)

전탑(대안탑), 석탑(다보탑), 목탑(호류지탑); 송기호 사진(300쪽)

금강봉사 방화수; 송기호 사진(302쪽)

아이누의 이로리; 송기호 사진(303쪽)

구마모토성의 대형 이로리; 송기호 사진(304쪽)

도요토미 히데요시 동상; 송기호 사진(310쪽)

나고야성과 마을; 송기호 사진(313쪽)

「동래부순절도」의 한 부분; 부산박물관, 『임진왜란』 특별기획전도록, 2012, 29쪽(314쪽)

동래읍성 해자의 목익과 인골; 문화재청 보도자료(315쪽)

조선 후기 임진나루; 김양기, 「임진서문」, 인터넷 자료(316쪽)

항미원조 기념관; 송기호 사진(317쪽)

해귀 모습; 부산박물관, 『임진왜란』 특별기획전도록, 2012, 167쪽(320쪽)

해전 장면(직지사 감로탱); 강우방 · 김승희, 『감로탱』 예경, 1995, 77쪽(323쪽)

이순신 장군 무신도; 해군사관학교 박물관, 『博物館圖錄』 1997, 97쪽(324쪽)

「수군조련도」의 거북선; 송기호 사진, 국립중앙박물관 전시(325쪽)

공평동에서 발굴된 불에 탄 집; 송기호 사진(328쪽)

전쟁 장면(보석사 감로탱); 강우방 · 김승희, 『감로탱』 예경, 1995, 43쪽(330쪽)

잠수 장면; 송기호 사진(334쪽)

땅굴 장면; 송기호 사진(334쪽)

요시노가리 유적의 목책과 환호; 송기호 사진(337쪽)

데인베리 힐포트 복원도; 송기호 사진(337쪽)

환도산성; 송기호 사진(341쪽)

영성자산성 원경; 송기호 사진(343쪽)

오녀산성 천지; 송기호 사진(344쪽)

유달산 노적봉; 송기호 사진(345쪽)

풍납토성 축조 모형; 송기호 사진, 한성백제박물관 전시(349쪽)

무너진 삼년산성 성벽; 송기호 사진(351쪽)

양궁 기사; 서울신문 2004. 8. 21.(353쪽)

통아에 넣은 편전과 일반 화살; 송기호 사진, 영집궁시박물관 전시(355쪽)

만주리 시가; 송기호 사진(358쪽)

가셴둥 입구; 송기호 사진(359쪽)

금나라 때의 여진인; 徐秉琨 등 주편, 『東北文化』 商務印書館, 1996, 212쪽(360쪽)

추대받은 만주 시조; 王永强 등 주편, 『中國少數民族文化史圖典』 東北卷, 廣西教育出版社, 1999, 126쪽(361쪽)

백성 유적; 송기호 사진(365쪽)

상경성 제1궁전지; 송기호 사진(366쪽)

누르하치의 집; 송기호 사진(367쪽)

알동의 위치; 『대동여지도』(368쪽)

이지란 초상; 경기도박물관 제공(377쪽)

에필로그

단둥 시가 건너편의 위화도; 송기호 사진(381쪽)

서희 장군 묘소; 송기호 사진(383쪽)

요하 평원; 송기호 사진(384쪽)

두만강 건너의 선춘령; 규장각한국학연구원 소장(390쪽)

「척경입비도」; 송기호 사진(390쪽)

정계비; 송기호 사진, 서울대 구간도서 사진첩 촬영(391쪽)

정계비 주변 현황; 이화자, 「백두산 정계의 표식물: 흑석구(黑石溝)의 토석퇴에 대한 새로운 고찰」 『동방학지』 162, 2013, 264쪽(394쪽)

오키섬 발견 문서; 동북아역사재단 자료(399쪽)

틴타겔성; 송기호 사진(401쪽)

진솔선예백장 도장; 문화재청 사진(404쪽)

만 짐승; 『삼재도회』 조수 4(408쪽)

대머리 마을 기념비; 송기호 사진(409쪽)

운천동 사적비; 송기호 사진, 국립청주박물관 전시(410쪽)

박가구 마을; 송기호 사진(421쪽)

민족 대신 국가로; 서울신문 2011. 11. 12.(423쪽)

이글 펍의 DNA 생맥주; 송기호 사진(424쪽)

복희와 여와; 국립중앙박물관 소장, 중국 투르판 아스타나 출토(425쪽)

칼국숫집의 변화; 송기호 사진(429쪽)

고령 터미널의 풍수 광고; 송기호 사진(434쪽)

조선, 일본, 중국 책 비교; 규장각한국학연구원, 『규장각, 세계의 지식을 품다』 2015년 특별전 도록, 45쪽(436쪽)

일본 고대의 수저; 송기호 사진, 일본 오사카 시립박물관 전시(437쪽)

오사카성; 송기호 사진(438쪽)

평양 능라도의 판소리 장면; 서울대학교 박물관 「평양도」 병풍의 한 부분(445쪽)

하회 별신굿 탈놀이; 문화재청 자료(448쪽)

메스키타 사원; 송기호 사진(450쪽)

교회 이정표와 장승; 송기호 사진(451쪽)

도봉서원 출토 불교 유물; 문화재청 보도자료(452쪽)

시골 축제의 말춤 공연; 송기호 사진(456쪽)

가수 싸이 인형; 송기호 사진(457쪽)

일본 전시실; 송기호 사진(460쪽)

병산서원의 태극과 괘; 송기호 사진(466쪽)

양념치킨 소개; *Chicago Tribune* 2013. 4. 10.(467쪽)

근대의 치과 간판; 최석로 해설, 『민족의 사진첩』 I, 서문당, 1994, 154쪽(468쪽)

서울 북촌의 치과; 송기호 사진(469쪽)